21世纪管理学系列教材

创业管理

Entrepreneurial Management

夏清华 编著

WUHAN UNIVERSITY PRESS
武汉大学出版社

21世纪管理学系列教材

致 谢

在一个较新的知识领域从事学术创业，希望能为中国学生、商界人士以及其他对创业感兴趣的读者提供一个有阅读价值的作品，会面临着知识的学习、吸收、消化与创新的演进与挑战，而这种挑战是非常有价值的。欧美学者在创业研究和教育领域走在了世界的前列，他们的开创性的研究成果奠定了创业研究和教育的基本范式和框架，也是本书创作的基础。然而，处于创业研究与教育“创业期”的中国学术界，也肩负着研究中国创业特征、为潜在创业者提供适合与中国相关的创业指导的使命。国际化与“中国化”的确是有差异又不可分离的两个概念。融合与创新都需要艰苦的努力和探索，也一定会有很多不成熟之处。如果没有很多人的支持和帮助，这本书也不可能顺利完成。

本书被列入了武汉大学“十一五”教材规划项目。作者感谢武汉大学教务部和武汉大学出版社对本书的出版资助！感谢武汉大学出版社经管图书事业部范绪泉博士的耐心与全程支持！感谢武汉大学经济与管理学院副院长曾国安教授对创业教育的重视与支持！感谢中国创业教育与研究的重要开创者与推动者之一、南开大学商学院副院长张玉利教授在学术上的帮助和支持！

我要特别感谢我的几个研究生，他们是万娟、曹吉琳、王一丁和韩华，他们曾经和我一起“创业”，帮助收集创业方面的资料，参加本书从第2章到第9章部分章节初稿的编写。后来几易其稿，而在这变化完善的过程中，他们于2006年6月毕业参加了工作，开始了他们自己各自的创业历程。如今，凝结着他们的努力贡献的书稿终于正式问世，希望他们能够明白，这也是他们创业成果的一部分，也祝愿他们在各自的工作岗位上取得更大的进步！

夏清华

2007年5月武汉

引 言

在国际化的环境下，中国经济要持续增长，有赖于企业和企业家们将新的挑战转化为成功商机的能力。在有限的资源条件下识别和捕捉机会的能力以及创业者的特质，对企业在国际市场上建立和保持竞争优势已变得日益重要，因而培养企业家思维和技能比以往任何时候都更加重要。

创业教育的目的在于为那些有志于创立或进入新创企业的学生提供必要的知识结构和技能，也为那些打算进入正进行企业内部创业的处于成长期和成熟期企业的学生提供职业指导。联合国教科文组织指出："创业教育，从广义上来说是指培养具有开创性的个人。"

创业者是一个特殊的群体——能够将稻草变成金条的神秘人物或群体，但他们不是从稻草开始，而是从梦想和创意开始，并将它们变成了金条——帮助他们迅速致富的新企业。成功的创业需要的不仅仅是运气和金钱，它是创造力、承担风险和战略计划的整合过程。如今，越来越多的学生和年轻人正在选择去成为一个创业者，开创新事业，实现自由和独立自主的梦想，希望成就辉煌的职业生涯。如何教授学生创业的知识和技能也成为今天大学教育的一个最有挑战性的任务之一。

这本书正是为实现创业教育的这些目标而设计。其核心内容包括：介绍创业的基本知识以及创业在社会经济中的作用；分析什么样的环境有利于创业机会的出现以及企业家的产生；理解什么样特质的人适合创业以及潜在创业者应该具备哪些创业所需的知识和技能；提供产生企业创意和识别创业机会的方法和技术；研究成功的创业计划与创业模式的规范与经验；掌握建立新企业的过程与资源整合的策略，强调新创企业早期管理的重点与方法以及管理新企业成长的战略等。

创业既有收益，也有风险。正如著名的创业专家 Edward Blackwell（2004）所说的，启动一个新事业就好比走入一个热带丛林去寻宝。你可能满载财富和个人的满足而收获，也可能遭遇各种危险而迷失方向。因此，对于有志于创业的潜在创业者，了解创业过程和发展的规律，掌握创业的基本技能，做一个充满激情而有理性的创业者，更能增强创业成功的概率。

目 录

第一章
创业、创业精神与创业社会

引导阅读：我们需要怎样的企业家精神①

有人说，《财富》全球论坛，是天下最富有的头脑的聚会，找到他们，就能找到财富的奥秘。

2005年的《财富》论坛，聚焦在中国——本世纪经济增长速度最快、最具创业活力的国家。用《财富》全球论坛主席罗伯特·比尔曼的话说，是创记录的。由CEO出席本次论坛年会的全球500强企业有77家，而中国各行业的领军人物，也集聚于此，与世界交流、碰撞。

本次北京《财富》论坛最后的主题是我们需要怎样的企业家精神。来自不同产业的领军人物在讨论中提出了不尽相同的看法。但如果把他们的观点结合起来，将创新精神、创造财富和创造价值融为一体，却能很好地诠释中国未来发展中所需要的企业家精神，即创业精神。

搜狐网首席执行官张朝阳在发言中说："我生长在中国，在美国学习生活了10年，我很自然地把两个国家进行对比。我觉得中国文化，或者说中国人，他们的创业精神在世界上是独一无二的。企业家精神应该包含两个因素：一是强烈的取胜愿望，这是能否获得成功的动力。二是思想上的独创性，能够独辟蹊径。有了这两个文化特质，中国人就有非常强的实力。张朝阳认为，儒家思想比较深厚的中国，现在仍然很多人认为生活的目的是工作，工作的目的不是生活，不是个人享受，而是要齐家治国，要让你的国家为你骄傲。有了这种儒家思想，中国人的内心就有了获得成功的驱动力。而且中国地域辽阔，不同的人，不同的地方，有不同的思考方式，这种差异化思维的能力，能使中国成为一个大的熔炉，成为产生创新的地方。正是中国的传统文化使中国人具有创新精神。

作为传统制造业的代表，远大中央空调有限公司董事长兼首席执行官张跃则认为，应该给企业家精神一个更广泛的定义，即创造价值。他说："我觉得现在谈创

① 周魏，王晋．我们需要怎样的企业家精神．经济日报（财富特刊），2005-05-19.

业，谈企业家精神已经很多了，我一直思考，如何给企业家精神一个准确的定义。IT业现在发展速度非常快，它属于完全靠智力和智慧发展的产业，很能诠释我们平常谈论的冒险、创造财富的企业家精神。但是，我觉得还要增加一些含义，在目前信息发达的时代，社会真正缺乏的不仅仅是财富，企业家要把以创造财富为中心转移到创造价值，不论是对自己的员工、股东、客户还是对社会，如果时时刻刻把价值创造放在首位的话，我认为企业可以有更大的、更长久的赢利。同时，企业家本人也会很开心。”

张跃认为，企业家到一定的时候，应该很像艺术家，应该把为别人带来快乐、带来愉悦看成是重要的东西，把他事业中创造性的东西，反映智慧的东西看成最重要的。

中国企业最需要什么样的企业精神？阿里巴巴公司董事长兼首席执行官马云的回答很简单：永不放弃，不要被别人的评价所左右。

马云认为，中国的机会很多，有的是机会，中国不缺乏机会，不缺主意，也不缺能人；执著和永不放弃很重要，在学习中成长，用智慧和诚信去创造。他说自己运气很好，生在这个时代，要是20年前，不可想象电子商务能发展到这个程度。投资没有大小，只要能为客户创造真正的价值就行，只要值得就行。中国这个市场，要投合适的钱，投得太多会死，投得太少又不够。所以，企业不能为500强而500强。

从以上阅读材料里，我们可以看出中国企业家们对企业家特质、企业家精神、创业机会以及创业目标的理解和观点。虽然观点不尽相同，但他们谈论的都是关于创业的一些核心主题，即标题所称的企业家精神，因为在英文里，创业和企业家精神是同一个词，都是 entrepreneurship。在以下这一章里将围绕着创业学的一些基本概念而展开分析。

第一节　创业、创业者与企业家

创业、创业者与企业家三个概念密切相关，在演变过程中，创业者与企业家两个概念又出现交叉、重叠与分离的特征。

一、什么是创业

可以从两个角度定义创业。一个是从创业的经济作用的角度来定义；另一个是将创业作为个人的品质特征来定义，比如，敢于冒险、勇于创新、乐观、自信和强烈的进取心（事业心）等。

创业与经济的联系长期以来被接受为一种规范。事实上，直到20世纪50年代，大多数创业的定义和参考文献都来自于经济学家。

早在二三百年前，创业 entrepreneurship 一词就出现在经济学文献中。1775 年，法国经济学家理查德·堪提龙（Richard Cantillon）将在经济中承担风险的行为与创业者联系在一起，认为创业（者）的本质特征是"承担风险"。

卡内（Gartner，1990）用德尔斐（DELPHI）法对创业的概念进行了研究，认为创业的内涵体现在企业家个人特质和创业的行为结果两方面。企业家个人特质包括人格与心理特性、创新性（能力）、独特性、开拓新事业和谋求发展；而创业的行为结果则被理解为价值创造、追求利润、成为企业所有者和管理者以及创建组织。

莫里斯（Morris，1998）回顾了欧美期刊和教科书中出现的 77 个创业定义，找出出现频率最高的关键词有：开创新事业，创建新组织；创造资源的新组合，创新；捕捉机会；风险承担；价值创造。

萨尔曼（Sahlman，1999）等将创业定义为一种管理方法，将其定义为捕捉一切机遇，而不管眼前是否有资源可用的一种行为现象。他认为创业行为包括六个方面：战略导向，把握机遇，获取资源，控制资源，管理结构以及激励与补偿机制。

巴隆（Robert A. Baron）和谢恩（Scott Shane）认为，创业是一个随着时间而展开的动态过程。这一过程受三个重要因素的影响：个体（创业者）、群体（合作伙伴、顾客、风险投资家等）和社会（政府调控、市场条件等）。创业过程分为以下几个阶段：机会的识别，决定开发机会并整合必要资源，开办一个新企业，创立成功，收获回报。他们认为，创业的核心是要回答"是什么让某个人成为了创业者"（而不是其他人）。创业的本质是创造或认识到新事物的商业用途（识别它是一个机会），并积极采取行动将机会转变成可行的、有利可图的企业（Baron；Shane，2005）。

经济学家罗伯特·荣斯达特（Robert C. Ronstadt）进一步分析到："创业是一个创造不断增长的财富的动态过程。财富是由那些以财产、时间、职业参与等形式承担风险，或为某些产品或服务提供价值的人创造的。产品或服务可以是，也可以不是新的或独创的，但价值必须是由企业家通过接受和配置必要的技能和资源而注入的。"在几乎所有对企业家的定义中，普遍认同的是创业者从事的是这样一些行为：（1）首创；（2）组织和重组社会和经济制度，使资源和环境转化为实质的利益；（3）接受风险或失败。

按照德鲁克的思想，创业行为不仅存在于各种经济组织中，还存在于各种社会服务性机构中。事实上，一些社会服务性机构，如大学、医院、政府、工会组织，甚至非营利性组织如教会和慈善机构等也需要创业。因为当今社会、技术和经济的快速变化一方面对这些组织构成了严重的威胁，另一方面也提供了更大的机遇，而他们要进行创新可能比官僚制的企业遇到更大的障碍，因为追求规模而不是效率往往是衡量服务机构绩效的一个标准，所以这些机构更需要创新和企业家精神以求得发展（德鲁克，1995）。所以，现代的创业者所做的事情如此之多，以至于有必要拓宽创业的定义。今天，创业者是一个创新者或开发者，他们能识别和抓住机会，并将这些机会转化成有市场价值的理念，通过投入时间、努力、金钱和技能去增加价值；承担执行这些理念的市场竞争的风险；从他们的努力中获取回报。

总的来看，创业的内涵主要包括：开创新业务，创建新组织；利用创新这一工具实现各种资源的新组合；通过对潜在机会的发掘而创造价值。

由此可以给创业下一个简单而有具有综合性的定义：创业是商业行为者在一定的创业环境中识别并利用机会，筹集资源，创建新组织，或开展新业务，或创造新价值的活动。①

要准确地理解这一定义，应注意以下几点：

第一，创业需要必要的投入。只有那些经历了创业过程，付出了大量的时间和努力的人才能创造出新的价值并使之投入运用。

第二，创业需要承担风险。这些风险有多种形式，它取决于创业者的努力或投入领域，但通常集中在经济、社会和心理方面。但承担风险并不意味着创业者一定要敢于或乐于冒险，事实上，大多数创业活动是理性决策的结果。正如一位成功的创业者所说的："关于风险和收益，我希望是别人去冒险，而我来获取收益"（Sahlman，1999）。

第三，创业从事的是一种经济行为过程，这一过程很难用一个统一和具体的时间来衡量。对大多数创业者而言，创业意味着创建一个新的组织，但新组织的建立，并不意味着创业过程的完成，而是开始。一个完整的创业过程包括识别与把握机会，制定战略与经营计划，整合与调动资源，创建组织，管理企业，收获与成长。

第四，由于不同创业者的动机不同，因此创业活动的最终目标也因人而异。取得最终的金钱或物质收入、追求个人独立性、寻求一种新的生活方式、自我满足、创造出有价值的新东西等都可能成为个体创业目标。

第五，无论创业的最终结果如何，从概念上来看，创业必须是创造了新东西或新价值。新东西相对于创业者所要面对的用户或对象而言是有价值的。这些用户可能是个体用户，也可能是机构购买者。Shane 将新事物定义为四个方面：新产品或

---

① 国外学者将 entrepreneurship 定义为企业家的一种状态（the condition of being an entrepreneur），企业家的角色或职能（the role or function of entrepreneur），创业能力或行为（entrepreneurial ability or activity），与追逐机会相关的管理风格（a management style that involves pursuing opportunity）等。因此，中文里翻译 entrepreneurship 这个词，可以根据上下文把它译为"创业"、"创业化"、"创业型"、"创业活动"以及"企业家精神"。

服务、新市场、新生产过程或原材料、组织现有技术的新方法等。

根据这一定义，可以判断哪些行为属于创业行为。比如：Scott Shane 教授举例说，一位妇女善于在家里制作开胃食品，后来，她建立了一家公司制造和销售开胃食品。这位妇女所做的就是创业活动。一位从事基础生物化学研究的科学家做出了能推动该领域前沿发展的重要发现，但他对开发该发现的实际用途毫无兴趣，而且从未尝试那样做。因此，这位科学家的行为不是创业行为（Shane，2005）。

德鲁克认为，企业家往往指创建自己的、新的小企业的人，但并不是所有的小企业都是企业家的，或代表创业。他举例说：一对夫妻在美国郊区开了一家熟食店，他们当然冒了一点风险，但他们不是企业家，因为他们所做的不过是被重复多次的老一套而已。他们把赌注投在该地区外来人口日渐增加上，但并没有创造新的满意点，也没有增加新的消费需求。从这一点上看，他们当然不算企业家，即使他们建立的是新企业。但麦当劳却是创业性质的，具有企业家精神。尽管它没有发明任何新东西（任何一家不错的餐厅很早就生产它供应的消费产品）。但是，麦当劳通过应用管理概念和管理技巧（研究顾客所注重的“价值”）使“产品”（服务）标准化，设计制作程序和工具，对要进行的工作进行分析，并根据分析结果培训人员，然后制定所要求的标准，不仅大幅度提高了资源的产出，而且还建立了新的市场和新的顾客群。

德鲁克和 Shane 实际上都强调创业必须是创造了新价值的行为，而且德鲁克的思想隐含了这样一种观点，即仅仅是满足需求而不是创造新的需求（需要承担风险）的行为不是创业行为，其行为者也不能称为企业家。①

二、创业者与企业家

创业者和企业家是两种不同的职业称谓，但二者在创业过程中又是紧密相关的。在考察创业过程时，习惯把创业主体称为创业者，但在研究创业企业的经营管理时，则喜欢把创业者称为企业家。

那么，什么是企业家？其实，至今尚未出现一个被普遍接受的关于企业家的定义。让我们首先回顾企业家理论和企业家术语本身的发展历程。见表 1-1。

“企业家”（entrepreneur）一词来源于法语中的 entreprendre，按字面翻译，其含义是“中间人”或“中介”。

在中世纪，企业家是那些管理重大生产项目的人，无须承担风险，只是运用已有的、通常由政府提供的资源来管理城堡及其防御工事、公共建筑、修道院和大教堂等项目。

17 世纪，企业家与创业风险联系起来了。当时法国经济学家理查德·堪提龙

① 关于这一定义，学术上可能存在争议，但本文作者认可这一观点。

(Richard Cantilon) 观察到商人、农夫、手工业者和其他独立业主们“以一定的价格购买，却以不确定的价格出售，他们都在风险下经营”。堪提龙将创业者定义为在市场交易中以商定的价格购买劳动力和生产资料，然后再以不确定的价格把相应产品卖出去的商业行为者；并说明创业者的本质特征是“承担风险”，因此把企业家视为风险的“承担者”。

到了18世纪，企业家与资本供给者开始分离。企业家需要资本创业，资本持有人需要选择投资项目。出现这种情况的原因之一是，工业革命发生并在整个世界扩展。在这一大背景下，出现了许多新的发明，这是对变化中的世界的一种反应。当时许多发明者都没有足够的财力来支持他们的创新创业活动，如著名的发明家爱迪生就是如此。爱迪生从私人手中募集资金以支持他在电和化学方面的试验与开发研究。爱迪生是资本的使用者（企业家），而不是风险资本的供给者（风险资本家）。风险资本家是从事大量资本风险投资并获取高额投资回报率的专业性资本管理人。

19世纪末20世纪初，企业家与管理者（经理）常被混为一谈，而且更多地是从经济的角度考察。如理查德·埃利（Richard T. Ely）和阿尔法·海斯（Ralph H. Hess）就曾如此描述企业家：“简单地讲，企业家组织和经营一家企业以谋取个人收益。他按现价支付企业中消费的各种原材料、使用的土地、雇用雇员的人工服务，以及所需的资金。他贡献出自己所有的积极性、技能和独创性，计划、组织和管理企业。他还预计出在不可预计和不可控制环境下亏损和盈利的可能性。扣除了各种已付成本之后的企业年收入的净剩余就留给了企业家自己。”

经济学家弗兰克·奈特（F. Knight，1921）认为企业家应该是那些在不确定性环境下承担风险并进行决策的人。

著名经济学家约瑟夫·熊彼特（J. A. Schumpeter，）认为，企业家是创新者、经济变革和发展的行动者。在他看来，“企业家”就是能将生产要素进行重新组合（包括新产品、新工艺的开发，新市场的开拓，新原料的利用）的经济人物。他把具有创业与创新精神视为企业家的唯一标准。企业家的任务就是“创造性的破坏”。他还认为，在资本主义的发展中，实施生产要素新组合活动中企业家起着核心作用。企业家的职能就是实现创新，引进生产要素的新组合，而创业活动就是创造竞争性经济制度的重要力量。

企业家能够利用自己特有的知识来识别这种机会，并通过对机会的开拓获取回报。对经济学来说，企业家就是那些整合资源、劳动力、原材料和其他资产，使之产生比以往更大价值的人；同时也是那些引入变革、创新和新秩序的人。对社会心理学家来说，这样的一种人通常受某种力量的驱动，如为获取或得到某些东西，为实践、为成功的需要，或为了逃避其他人的权力。

经济学家艾伯特·夏皮罗（Albert Shapero）认为，企业家（创业者）的行为包括：(1) 首创；(2) 组织或重组社会和经济制度，使资源和环境转化为实质的利益；(3) 承受风险或失败。

经济学家卡尔·范思珀（Karl Vesper）认为，对一个经济学家来说，企业家是一个将资源、劳动、原材料和其他资产组合起来并创造比原先更大价值的人，也是引入变革、创新和新秩序的人。

罗伯特· 希斯里克（Robert D. Hisrich）在分析学者们关于企业家的多种定义后，发现他们都强调了企业家的一些基本特性，如创新性、乐观、自信、强烈的进取心、敢于承担风险、对商机的把握、具有捕捉市场机会的“敏锐性”（alertness）等。

综上所述，创业者泛指具有创业精神和创业行为的商业行为者，包括通常所谓的企业家和创业者，即成型企业中负责经营决策的领导者和新企业的创办人。企业家本质上也是创业者，是现有企业中具有创新精神和创业行为的领导者，而不是执行日常管理职能的经理人员。

表 1-1 关于创业者或企业家的一些定义

创业者一词出自法语，意思是中间人或中介。
17 世纪，与政府签订固定价格合同，承担盈利和风险（亏损）的人。
1775 年，理查德·堪提龙（Richard. Cantilion）提出，创业者/企业家是承担了与资本供应者不同风险的人。
1876 年，弗朗西斯·沃克（Francis Walker）区分了从提供资金获取利息的人与从管理能力中获取利益的人的差别；
1921 年弗兰克·奈特（Frank Knight）认为企业家应该是那些在不确定性环境下承担风险并进行决策的人。
1934 年，约瑟夫·熊彼特（Joseph Schumpeter）认为企业家是创新者，是开发从未尝试过的技术的人，能够“改革和革新生产的方式”；创业是资本主义经济增长的推动力。
1964 年，彼得·德鲁克（Peter Drucker）提出企业家是使机会最大化的人。
1972 年，科斯纳（Kirzner）认为企业家是“经纪人”（middleman）。
1982 年，卡森（Casson）综合和扩展了企业家定义，认为企业家是擅长于对稀缺资源的协调利用作出明智决断的人；企业家是一个市场制造者（造市者）。
1985 年，罗伯特·希斯里克（Robert Hisrich）提出，企业家是通过付出必要的时间和努力去创造新价值，承担相应的经济、心理和社会风险，并获取相应的金钱报酬和个人满足的一类人。

从这个意义上讲，企业家和创业者属于同一个概念。但在特定的研究环境下，当着重研究新创企业或新业务的发动者时，更多使用“创业者”这一术语；当泛

指具有创新精神和创业行为的商业行为者时，一般用“企业家”。对于一个新创企业，伴随着企业的成长，创业者所扮演的角色毫无疑问会发生巨大转变，创业者应当发展成为企业家；从企业生命周期看，当一个企业达到成熟时，如果企业不能够保持创新，就会走向衰退，因此，成功转变为企业家的人，还需要保持创业精神。

三、创业与创业精神

创业的英文对应词 entrepreneurship 在中文里就具有“创业精神”或“企业家精神”的含义。但当我们要回答什么是创业精神的时候，需要我们做一些完整的分析。

在德鲁克和熊彼特的著作里能够发现他们把创新精神看作是创业精神的核心，甚至有时候把这两个概念等同起来。但在下面的创新与创业概念的区分里，我们将会发现这两个概念的细微差别。创业需要创新，但创新不等同于创业。爱迪生具有创新精神和创新能力，他发明了很多新技术和新产品，但他不会创业。他曾经创办了几个企业，但最后都因经营管理不善而失败。同样，中国是具有创新能力的国家，有很多新的技术发明，但同时，中国有大量的技术发明成果处于闲置状态，许多高校和科研机构的实验室里“躺着”大量没有转化成产品的专利技术，还有很多有技术含量和消费价值的产品却难以形成产业规模，没有扩展成足够的市场份额。这些都是为什么？因为我们缺乏创业能力，不知道把创新与市场结合起来，不能把技术优势转化成经济优势，从而造成创新的低效率或无效率，是极大的资源浪费。

所以，创业精神除了创新精神以外，还应该包含其他的一些因素，这些因素是完成创业过程，保证创业成功的创业者特质与能力。

从创业的本质特征来看，创业是创造新价值或创建新的组织的一个过程，而要完成这一过程，要求潜在创业者具有事业心和进取精神（enterprising）。一个人是否具有事业心和进取精神，关键是看他（她）面对问题时的态度和处理问题的方法。一个富有事业心和进取精神的人，任何时候都能够以积极的态度面对和处理日常生活中所遇到的任何挑战和问题。

通常，任何项目或事业，只要有从“想法”到“计划”、“执行”、“活动”，并且最终还有“回报”这五个步骤，就可以被称为“enterprise”，即企业在生活中，一个人，无论在什么时候，做什么事情，或处理什么问题，只要能够系统地遵循了以上五个步骤，那么这个人就是一个有事业心和进取精神（enterprising）的人，当然也可以创办自己的企业。

要想具有事业心和进取精神，需要做到以下几点：

1. 精力充沛，努力工作，为了成功地实现创业计划和目标，为所面临的挑战和问题寻找解决办法。

2. 要有获得成功的欲望和完成任务的决心。无论做什么事情，积极的态度和对任务的把握都有利于取得比较满意的结果。它会使你比一般人工作更加努力。

3. 具有任务导向的行为，相信只有很好地执行并按时完成任务，才会获得满意的回报。对结果的关注有助于把精力集中在要做的事情上。

4. 能够进行换位思考，善于体会潜在顾客的感觉和想法。

5. 足智多谋，具有领导智慧。善于把握问题，组织并有效利用完成任务所必需的各类资源。

6. 做事有明确的计划，比如创业需要有一个正式的书面计划，回答诸如：为什么建立这个企业、需要做什么事情、如何做、谁来做、何时完成等问题，以便把握事业的整体情况。这样做有助于进一步明确形势，做出是否建立企业的决策。

7. 敢于承担风险。无论干什么事情，开展什么活动，都必须做相应的决策。有事业心和进取精神的人会在调查研究之后做出决策，因此他们通常会取得最后的成功并得到回报。

8. 创新能力。创新能力是具有进取精神者的另一个特点，它会让人另辟蹊径。无论身处何种环境，通过个人的主动性、想像力、直觉和洞察力，总能够改变一些事情，也总是能够找出做事的方法。信息是创新的基础。有事业心和进取精神的人都非常重视各类信息，对信息非常敏感，并擅长进行信息搜集、整理和研究工作。

9. 具备必要的技能。具有事业心和进取精神的人都有执行并完成任务的知识和技能。人们一般都有一定量的知识、观点和实际技能，这些都是顺利实现一项任务所必需的。要善于评估自己的才能和技能水平，并分析怎样才能更好地将它们应用于工作之中。应该充分利用自己的才干和技能，否则它们就只能被遗忘并白白浪费掉。

10. 执著和坚持。创办一个企业会面临许许多多的困难和挑战，其中不乏负面和消极的挑战。面对前进道路上的诸多挑战，为了创办你的企业并获得所期望的报偿，做到持之以恒和坚持不懈是非常关键的。为了应对各种可能遇到的身体上和精神上的挑战，必须具备忍耐、坚持和自信等态度。

四、古典创业与公司创业

古典或者早期的创业研究主要研究如何创办一个新企业，侧重于个体创业行为研究，主要考察的是创业者如何创办新、小企业和开展新业务，专注于创业与经营的前期，与全球创业观察（Global Entrepreneurship Monitor，GEM）将成立时间不长于42个月的企业视为创业企业的定义一致。

现代创业研究不仅研究如何创办新企业，更主要研究如何在现有企业内创业，即公司创业，这是一种战略性创业行为。

最近二三十年，内部创业的主题变得相当流行。大多数研究者认为这个术语指的是为了实现创新的目的而有组织制度支持和资源投入的企业家行为。内部创业是在现有组织环境下有盈利性的创新过程。内部创业的主旨是在组织内发展企业家精神（创业精神），使得创新的环境或文化得以繁荣。

公司创业和创新的概念既有联系，也有差异。一般认为，公司创新是一个更宽泛的概念，它包括新理念或行为的产生、发展和执行。一种创新可能是一个新产品或服务，一个管理系统，或者一个新的组织成员计划；而公司创业集中在如何使一个组织重新具有活力和增强企业获取创新的能力。公司创业的更详细的内容将在第十章再做分析。

总之，创业不仅仅是新企业的创立，尽管它是创业的一个非常重要的方面，但不是全部。寻求机会、承担风险并有毅力将一种创意变成现实这样一种创业特征构成了创业者的特殊的一面。现有企业由于官僚文化或结构惰性，常常会阻碍创造力，影响对新产品和新业务的开发。意识到这些阻碍因素，有着创造和创新需求的公司尝试着在自己组织内部培养内部创业精神。在激烈竞争的年代，对新产品和内部创新精神的需求越来越大，导致越来越多的公司致力于开发一种采用战略业务单元（SBU）形式的内部创业环境，重视在研究和开发上的投资，使得现有组织保持创新和活力。所以，广义的创业或者说现代创业研究既包括如何创办一个新企业，也包括在现有组织内创业，它是一种创新导向的战略行为和管理方法。关于创业与创新、创业管理与一般管理的区别与联系将在下文做进一步分析。

第二节 创业与创新

一、创新的概念及创新理论

20世纪初，“创新理论”在美籍奥地利经济学家约瑟夫·阿洛伊斯·熊彼特1912年出版的《经济发展理论》一书中首次提出来。熊彼特以“创新理论”为核心，研究了资本主义经济发展的实质、动力与机制，探讨了经济增长和经济发展的模式和周期波动，预测了经济发展的长期趋势，提出了独特的经济发展理论体系。

熊彼特以创新理论为其经济学说的核心内容，在经济发展、经济增长和经济周期等领域开辟了一条新的研究途径，其理论学说在西方经济学中自成体系。

熊彼特创新理论的基本要点有如下六个方面。

（一）熊彼特关于创新的概念

熊彼特认为，“创新”就是把生产要素和生产条件的新组合引入生产体系，即“建立一种新的生产函数”，其目的是为了获取潜在的利润。

所谓生产函数，是在一定时间内，在技术条件不变的情况下生产要素的投入同产出或劳动的最大产出之间的数量关系，它表示产出是投入的函数。每一生产函数都假定一个已知的技术水平，如果技术水平不同，生产函数也不同。比如，生产一种产品，原来实行手工劳动，需要劳动力较多，生产工具比较简单，现代科技和经营管理方法很少适用，这是一种生产函数。现在改用机器操作，劳动力较少，现代科技和经营管理方法得到广泛应用。这里生产函数发生了改变，或是生产要素和生产条件实现了“新组合”，其结果是后者可以比前者获得更多的利润。

这种“创新”或生产要素的新组合包括五种情况：

一是引进新的产品，即产品创新。制造一种消费者还不熟悉的产品，或一种与过去产品有本质区别的新产品。

二是采用一种新的生产方法，即工艺创新或生产技术创新。采用一种产业部门从未使用过的方法进行生产和经营。

三是开辟一个新的市场，即市场创新。开辟有关国家或某一特定产业部门以前尚未进入的市场，不管这个市场以前是否存在。

四是获得一种原料或半成品的新的供给来源，即开发新的资源，不管这种资源是已经存在，还是首次创造出来。

五是实行一种新的企业组织形式，即组织管理创新。如形成新的产业组织形态，建立或打破某种垄断。

（二）创新与发明

发明属于科技成果在某领域中的新创造。通常指人们做出前所未有的重大成果。这种成果包括有形的物品和无形的方法等，其特征是这些物品或方法在发明前客观上是不存在的。

创新是把一项新技术、新工艺、产品新创意引入生产，进而到市场销售的过程，并实现了价值。创新不一定非要是重大技术进展的商业化，它也可能仅仅是对渐进变化的技术诀窍的利用。

蒸汽机的出现是发明；将它从煤炭开采业应用于其他工业如纺织业，则是创新。

彼得·圣吉在《第五项修炼》中指出，1903年，莱特兄弟制造了简陋的飞行器，这是发明创造；30年后，麦道公司设计、制造出第一架飞机用于商业航空，这就是创新。

发明是一个具体结果，强调新颖性和独特性，注重首创，可以申请发明专利。创新是一个完整的过程，强调社会性、价值性和实用性。虽然不少创新的基础不少是发明创造，但创新是发明创造的实用化、商品化、市场化的过程。

根据创新的程度不同，可分为根本性创新和渐进性创新。渐进性创新指每一次创新只产生微小的技术改进，没有质的突破，但随着创新的日积月累，最终可能产生质的飞跃。渐进性创新要比根本性创新容易得多，所以人人都有创新的机会，成功的机会也大。在企业里，一些渐进性创新能为企业提高效率、降低产品成本、提高产品性能带来实实在在的进步，作用不可低估。

（三）创新概念的延伸

熊彼特的创新概念主要属于技术创新范畴，也涉及到了管理创新、组织创新等，但他强调的是把技术与经济结合起来，因而他所说的创新是一个经济学的概念，是指经济上引入某种“新”的东西，不能等同于技术上的发明，只有当新的技术发明被应用于经济活动时，才能成为“创新”。他把发明与创新分开，强调第一个将发明引入生产体系的行为才是创新。

1992 年，在英国贸易工业部主持的第一届创新演讲大会上，当时的索尼公司董事长盛田稻夫指出，创新绝对不仅仅是技术上的突破。他的演讲题目是：S≠T，T≠I，意思是科学不等于技术，技术不等于创新。他分析道，“仅仅有了创新性的技术，并不能说自己已经实现了创新。我认为，真正的创新必须包括三个核心要素，也就是我们所说的‘三个创新力’，即技术上的创新力，加上产品规则上的创新力以及市场营销方面的创新力”（Stamm，2003）。

从那时起，这种广义上的创新概念开始变得越来越普及。今天，大多数的人已经把创新理解为一种思维方式和理念，而不仅仅是具体的技术上的突破。这种观点对于在组织中推行创新的企业家来说显然是非常贴切的。它意味着为了增长组织的创新力，仅仅在研发方面投入大量的资金还远远不够，他们需要对组织的每一个方面都加以考虑，比如组织的系统、流程和结构，战略、组织文化乃至领导风格都要加以调整。

创新无处不在，在我们生活的每一个角落都存在着创新。事物之所以可以被叫做创新，往往是因为它改善了我们的工作质量，改善了我们生活的质量。

（四）创新与企业家

熊彼特指出：“我们把新组合的实现称为‘企业’；把职能是实现新组合的人们称为‘企业家’。”企业家活动的动力来源于对垄断利润或超额利润的追逐，其目的或结果是实现“新组合”或创新。可以说，创新的承担者（主体）只能是企业家，企业家的创新活动是经济兴起和发展的主要原因。

发明者不一定是创新者，只有企业家才会有能力把生产要素和生产条件的新组合引入生产体系，实现“创新”。同样，资本家和股东也不同于企业家，资本家和股东是货币所有者，物质财富的所有人，而企业家则是资本的使用人、实现生产要素新组合的首创人。企业家可以同时是一个资本家或是一个技术专家，或是一个技术发明者，但拥有资本的资本家或技术发明者如果不把他们的资本和技术用于生产方式的新组合，没有创新行为，那他们就不能成为企业家。

在熊彼特看来，企业家应具备三个条件：

一是有眼光，能看到市场潜在的商业利润；

二是有能力，有胆略，敢冒经营风险，从而取得可能的市场利润；

三是有经营能力，善于筹集和组织社会资源，进行并实现生产要素的新组合，最终获得利润。

企业家之所以创新，是因为他看到创新可能带来的赢利机会，或使潜在的赢利机会变成现实的利润。经济发展的动力是利润和企业家精神（创业）。

（五）创新与经济增长

熊彼特认为，经济会由于创新而增长，但这种增长呈现周期性。

创新能够导致经济增长，是因为创新者不但为自己赢得利润，而且为其他企业开辟了道路，起了示范。创新一旦出现，往往会引起其他企业模仿。普遍的模仿，会引发更大的创新浪潮，于是经济走向高涨。当较多的企业模仿同一创新后，创新浪潮便消逝，经济出现停滞。如果经济要再度增长，就必须有新一轮的创新。只有不断创新，才能保证经济持续增长。

资本主义经济增长的过程是通过繁荣、衰退、萧条和复苏的周期过程实现的，而创新是决定这种周期的主要因素。经济危机是创新过程中不可避免的周期性的经济现象，繁荣之后，便是衰退，衰退和萧条就是危机，摆脱经济危机只有通过创新。

（六）创新与经济发展

熊彼特认为，经济发展是一种“质变”或生产方法的“新组合”，它与经济增长的最大区别在于经济发展是一个动态的过程，它是内部自行发生变化的结果。

用熊彼特的话来说，创新就是实现生产方法的新组合，创新就是经济发展。因此，“创新”、“新组合”、“经济发展”实际上是一个意思或同义语。

在熊彼特看来，创新是一种创造性的破坏。他注意到，创新的过程，是不断破坏旧的结构，不断创造新的结构的过程，是一个创造性的破坏过程。一批又一批企业在创新浪潮中被淘汰，一批又一批新的企业在创新浪潮中崛起。具有创新能力和活力的企业不断发展，生产要素在创新过程中实现优化组合，经济就会不断发展。持续创新，持续破坏，持续优化，持续发展。这就是创新的经济发展逻辑。经济发展了，必然带动社会发展。所以，创新也与社会发展密切相关。

二、创新与创业

熊彼特的创新理论认为创新来源于创业，创新应该成为评判创业的标准。企业家的职能就是实现创新，引进生产要素的新组合，而创业活动就是创造竞争性经济制度的重要力量。熊彼特的创新理论强调技术与经济的结合，并把创新与单纯的技术发明相区别，因此，他的创新概念似乎与创业概念是同一个含义，尽管在他的著作中并没有明确说明。

对创新与创业理论做出进一步分析的当数彼得·德鲁克。

德鲁克认为，凡是能够改变已有资源创造财富的潜力的行为就是创新行为。创新就是改变资源的产出，它从需求角度将创新定义为改变资源赋予消费者的价值和满足的行为。创新行动赋予资源一种新的能力，使它能够创造财富。事实上，创新本身创造了资源。只有当人类在自然界中发现了某个东西的用途，并赋予它经济价值时，这个东西才成为资源。在此之前，植物只是杂草，矿物只是另一种石头而已。社会和经济领域的情况也是如此。没有比购买力更重要的资源了，但购买力也是企业家创新的结果（企业家创造了分期付款，任何领域只需引进分期付款制，就能将经济从供给驱动型转变为需求驱动型）。

德鲁克认为创新理论需要说明何时、何地及如何系统地寻找创新机会，如何判断成功的机遇和失败的风险，即企业家需要进行系统化的创新。只有将创新与创业结合起来，才能成为真正的经济增长的推动力。他认为创业既不是一门科学，也不是一门艺术，它是一种实践（Drucker，1995）。他强调现在的经济已由“管理的经济”转变为“创新的经济”，企业唯有重视创新与企业家精神，才能再造企业生机。

总之，创新是一种有计划的、有组织的行为。创新与创业密不可分。创新是创业的特殊手段，创业是把资源从生产率和产出率低的领域向生产率和产出率高的领域转移。创业必须能够创造新的价值。创业的过程从创新的好点子开始，然后决定做什么，用什么规则（方式）来做，改变消费者的价值观、生产方式，提高质量，标准化等都可能是产生新价值的创业行为。

第三节　创业管理与一般管理

一、创业管理的含义

创业管理（entrepreneurial management）从英文的字义来看，也可称作企业家管理。对这一概念的解释在不同时期有不同的含义，这种变化从一定程度上反映了管理思想，尤其是企业战略管理思想的演变过程。

狭义的创业管理概念，即把创业管理的研究对象定位于企业设立前后的管理，也就是企业开业之前的各项准备工作和起步之后早期所涉及到的管理，包括识别与利用机会，组织资源，制定计划，创建新组织等。大多数日本学者也采用狭义的创业管理概念，其日文名称为“起业管理”。

后来，随着企业的发展，企业家和管理者意识到，即使在现有企业或成熟企业里，由于竞争、市场需求、产业演变和环境的变化，企业需要不断地寻求新的增长机会，开发新的业务，只有具有创新与创业精神的企业才能具有活力和竞争力，这就需要企业战略思想和管理方式的调整。因此，创业管理从理论概念来讲，它不仅仅是新企业的事情，现有成熟企业也存在和需要创业管理。

作为一种管理思想或方法的调整，创业管理与一般意义上的管理有哪些细微差别？先来看看学者们对创业管理的不同定义。

（一）创业管理是企业家与管理的结合

在德鲁克的论述中，“创业管理”或“企业家管理”（entrepreneurial management）是“创业”（entrepreneurship）和“管理”（management）的合成。他认为，无论是完善的大型机构还是一个白手起家的个体经营者，创业的原则都是一样的。不论创业者是营利性机构还是非营利性的公共服务组织，也不论创业者是政府组织还是非政府组织，他们中间并没有多少或根本没有差别。原则差不多是相同的，起作用或不起作用的因素也都大同小异，创新的类型和来源也如此。

（二）创业管理是战略管理与创业的结合

Diana L. Day 认为创业管理是创业与战略管理之间的交叉。Day 将创业管理定义为，与新企业的创建以及利用新资源或是资源重新配置进行创新开发有关的所有管理行为和决策，而不论这种行为是发生在新企业还是已有的大型企业中。她还将战略管理与一般管理做了延伸比较，如竞争战略（创造条件、建立领先优势、进入战略）、公司战略（关于成长和成长阶段、多元化、风险模式）、战略计划（不确定性和风险的作用、风险—回报关系、革新过程）与一般管理（领导模式、高层管理团队、持续计划）的行为差异。

（三）创业管理是一种管理系统和管理哲学

Raphael H. Amit 等学者认为，创业管理是一种授权组织成员像企业家那样思考和行动的系统；同时创业管理也是一种管理哲学，这种管理哲学能促使企业战略的敏捷、柔性、创造力和持续创新。因此，创业管理系统的首要目标是要求组织的所有人员要像企业家那样思考和行动。

（四）创业管理是创业的精神层面和实质层面的结合

我国台湾学者刘常勇教授认为创业包含两方面的含义：一是精神层面，代表一种“以创新为基础的做事与思考方式”；二是实质层面，代表一种“发觉机会、组织资源建立新公司，进而提供市场新的价值”。他认为创业管理的关键在于创业过程能否“将新事物带入现存的市场活动中”，包括新产品或服务、新的管理制度、新的流程等。

综上所述，创业管理是一种以机会为驱动、以创新为导向的管理活动和方式，它不仅存在于新建企业，现有企业或大公司也需要创业管理。所不同的是，新企业的创业管理需要从机会导向向行为导向转变（即从机会管理、任务管理向对人的管理转变，开始追求效率和制度化、规范化）；而现有企业的创业管理强调创新，旨在发觉新的机会和进一步提高效率，是机会管理和行为管理的结合。

二、创业管理与一般管理①

(一) 三种不同的学术观点

关于创业管理与一般管理的差异，有三种不同的理解。

1. 替代说

所谓替代说就是部分学者如 Shane 和 Storey 等人认为，创业管理与传统管理是两个不同的问题，或是两个不同的领域，并认为创业管理优于传统管理。如英国著名学者 Storey（2002）对行政管理（即传统管理）和创业管理进行了区分，认为行政管理主要关注如何避免亏损和进行内部协调，而创业管理则关注价值创造机会的把握或是在今天发现明天的商机，两者是一种互相替代关系。

2. 阶段说

阶段说认为创业管理与传统管理是两个不同的研究层面或处于不同阶段，创业管理主要研究新创企业，而传统管理主要研究已有大企业的不同层面或不同阶段。如 P. Davidsson 等人认为在企业发展中，初期主要是创业管理，后期主要是传统管理。

Davidsson 对创业管理与传统管理进行了比较。他认为，创业包括两个过程：一是发现过程，包括最初的机会发现和机会提炼等。二是开发、利用过程，是要解决资源获取和新资源整合问题。创业管理主要在第一个过程，第二个过程则属于传统管理。“最初发现”（initial discovery）完全属于创业。对于正在继续的活动的“协调”（coordination of ongoing activity）则完全属于管理。但它们之间的界限并不十分明确，如属于创业的开发、利用过程与传统管理是交叉的，从发展趋势上看，两者呈现融合的趋势。

3. 融合说

融合说是指创业管理和传统管理都存在自身的缺陷和不足，因此两者有融合的趋势。这一方面表现为创业管理仍然沿用了传统管理的部分职能，如计划、领导、控制等，但这些内容的本质开始发生变化，呈现创业化等特征；另一方面，传统管理也增加了创新变革等新的职能，发生着德鲁克称之为管理的基本假设的改变的变化，也就是管理范式的转变。

再如爱迪思的生命周期模型（PAEI）也反映了这个观点。在 PAEI 模型中，企业家要面临四种决策角色：执行（perform）、行政（administer）、创新精神（en-

① 相对于创业管理，其他或过去的管理怎么定义？似乎国内外学者有两种不同的解释。一种叫作传统管理，一种叫作一般管理。叫法不一样，其内涵和外延似乎不完全相同，但又有交叉重叠。本文取“一般管理”的概念，侧重于管理的一般原则和范式，不考虑历史和企业成长的阶段，因此也不含有对所谓“传统管理”的否定。

trepreneurship）和整合（integration）。所谓执行就是执行任务或完成组织目标，是属于短期有效果的任务，在决策层面上就是“做什么”；行政就是制度化、惯例化，日常组织的活动走上轨道，日常正确的事情能够适时的完成，是属于短期有效率的任务，在决策层面上就是“怎么做”；而创业精神就是积极主动面对改变，具有创造力与风险承担力，是属于长期有效果的任务，在决策层面上就是“何时做”；整合则是培养一种相互依赖感和亲密性，以便发展企业特有的文化，是属于长期有效率的任务，在决策层面上就是“谁去做”。

（二）两种不同的研究范式

以制造业为基础的传统管理是，通过对包括物、人、资本、知识和信息等在内的全部资源实施计划、组织、领导和控制等过程，来提高生产效率和组织效率，以取得最大经济效果为目的，以不同的组织为研究单元，运用经济学、心理学和数学等多种方法来研究组织运行规律的一门综合性学科。传统的管理范式聚焦于商品，是技术导向型的，研发、设计、工程、大批量制造、大市场大规模操作、自动化和专业化都是重要因素。生产效率发挥主要作用，质量意味着与技术标准和规范化相一致。

创业管理是以环境的动态性与不确定性以及环境要素的复杂性以及异质性为假设，以发现和识别机会为起点，以创新、超前认知与行动、勇于承担风险等为主要特征，以创造新事业的活动为研究对象，以研究不同层次事业的创业导向为主要内容，以心理学、经济学、管理学和社会学等为工具，研究创业活动内在规律的科学体系。

对传统管理与创业管理进行比较，两者之间存在明显的差异，具体表现为两种管理理论或方法所依据的基础不同。传统的管理理论是以现有的大公司为研究对象，而创业管理理论则是以不同层次的新建事业以及新的创业活动为研究对象；两者的出发点不同，传统管理的出发点是效率和效益，而创业管理尽管也要注重效率和效益，但更侧重于通过找寻机会来取得迅速的成功；传统管理通过计划、组织、领导和控制来实现生产经营，而创业管理则是在不成熟的组织体制下，更多地依靠团队合作、创新和冒险来实现新事业的发展。

创业思维体现为机会导向，因为其面对的技术、社会价值观等环境因素是快速的变化，商业机会成为最重要的资源，在动态复杂、超强竞争的年代能否发现有价值的机会是创业型企业的基本战略思维。传统职能管理思维体现了一种资源导向，因为其面对的主要是外部合同契约、股东绩效考核和组织内严格计划系统的压力，有多少资源办多少事情，把占有资源、获取资源放在战略思维的最高层。

在商业机会面前，创业思维是超前认知与行动，理性地冒险并设法转移，但有时可能被认为是缺乏决策支持信息的非理性行为。传统职能管理思维在机会面前则相对缓慢，在充分考虑资源现状的基础上，尽量收集较充足的决策支持信息，进行规范的决策程序，设法降低风险。由于技术生命周期的缩短，技术转移加快，在机会面前，越来越难以收集较充分的信息，甚至对于是否存在机会都存在着极大的争议。创业思维就是在信息尚不充分之时，创业者能够从支离破碎，看起来毫不相关的信息中，发现有价值的商机。

如果说一种范式应该涉及到研究对象、研究内容与重点、研究目标、逻辑主线和研究方法等方面的内容，那么创业研究与管理研究至少在目前还不能在以上所有方面与一般管理尤其是战略管理有鲜明的不同之处。因此，创业管理研究的独特范式仍然处于探索之中。

图 1-1 是美国百森商学院归纳的创业管理范式的变化（小斯蒂芬·斯皮内利，2006），从中可以看出创业思维与一般管理（尤其是战略）思维的不同。

一般管理范式	创业管理范式
● 资源分配模型	● 机会驱动模型
● 一般管理	● 创业领导力
● 成本导向	● 成长导向
● 强调稳定性	● 强调创新和风险
● 受资源约束	● 以创新为框架
● 区域性	● 全球视角

图 1-1　两种管理范式的比较

三、新企业的管理与成熟企业的管理的不同

虽然创业精神在新创企业和成熟企业中体现的原则、种类和来源大同小异，但在创业管理的过程、路径以及侧重点方面却有着明显的区别。

第一，一方面，创业管理对成熟企业来说，核心在于创新，而对新创企业来说，核心则是管理（德鲁克，1995）。现有的企业经过长时间的努力和关注已经形成了既定的管理模式和组织体系，但由于组织惰性和路径依赖，就需要学习如何创新。新创企业则正处于由个人理性向组织理性转变的过程中，还不是一个真正意义上的组织，因而新创企业需要通过创业管理就企业的愿景和目标达成共识，建立共同遵循的组织原则和制度，培育各司其职、分工协作的团队。另一方面，从企业生命周期的视角来看，企业作为有机的生命体，在不同的发展阶段，具有不同的特征，会遇到不同的问题，必须采用相应的管理模式和解决方案。总体看来，这种生命周期特性体现在创业管理中便是：成熟企业里，原有的体制和成功是推行创业的主要障碍，而新创企业的主要障碍在于缺乏团队和约束。缺少高层管理团队，是新

创企业在初步成功后无法转变成真正意义上的组织的关键所在。柯林斯和波勒斯（2002）指出永续经营且受人尊敬的企业都在创业初期注重组织建设，其领袖有着强烈的组织导向，致力于建立深植于组织的基本程序。高层管理团队的建设正是新创企业组织建设的重中之重。

第二，新创企业和成熟企业在追求创新的过程中采取不同的创业模式。对于新创企业而言，在有效的营销管理和现金流管理的基础上，构建具有共同价值观、相互信任、彼此协作的高层管理团队。打造创业型组织是需要关注的要点，以免创业活动仅仅停留在商业活动层面而无法成为有组织的行为。成熟企业的创业活动成败关键在于能否处理好新业务与旧业务、新组织与旧组织的关系。既要构造一个有利于孕育创业活动，培养创业精神的组织，又要使创业机构这个具有不同成长规律的新组织在原有组织中独立发展。而且，独立发展并不等于完全分离，需要的是不同的政策和模式。更重要的是，不同的创业管理模式下，必定会产生不同的创业行为以及不同的投资者和创业者的关系。

成熟企业已经历过市场竞争的检验，建立了带有组织特征的管理模式和制度规范。这些构成了未来发展的重要基础，但同时为创业活动设置了潜在的障碍。其中最大的障碍在于企业容易沉浸在过去的成功中。解决问题的思路包括两个方面：如何建立有利于培育创业精神的组织，如何使创业活动在组织中顺利开展。

第三，新企业和成熟企业的管理具有不同的结构特征。

新企业的结构特征是：

1. 集权决策。在一个小组织内，总经理通常做出有关公司经营的大多数决策，当经营规模足够小和简单时，一个人就能了解与制定决策相关的全部信息。

2. 非正式管理。创业型公司具有典型的非正式性。它很少有正式的程序、系统和结构。因为公司很小，各项活动通过创业者的个人监督即可。况且，公司很年轻没有经验，它并没有学到取得成功所必需的常规之道。成熟企业的管理是一种专业管理（一般管理），专业管理具有以下特征：

（1）决策责任的分配。大公司规模复杂，个人不能做出公司全部的管理决策，因此总经理必须将责任授权给下一级管理人员。这种授权的方式既决定了公司的结构，又反过来被公司的结构所决定。

（2）正式控制体制的使用。相对于决策责任的分配，公司采用了正式的体制，因为总经理本人不能事必躬亲，这就需要一些体制来指导和评估那些决策人的业绩。这些体制通常包括：制订目标，监控违反目标的行为，奖励积极的行为。除此之外，总经理还制定政策和标准工序来指导下属的经营活动。

第四，新企业也有自己的优势。新企业相对于现有企业而言有一个优势就是不像现有企业那样为产品或服务找市场。新企业有点子，有构想。它可能还有产品或服务，或者有销售（市场），甚至还相当可观。但它所缺乏的是“事业”，一种能生存的、可操作的、有组织的“存在”。在其中，人们能知道他们将向何处，他们想干什么，以及结果如何或结果应该如何。如果一个新事业不能发展成为一个新的经营有方的事业并步入“管理”阶段，那么无论它有多么聪明绝顶的商业点子，无论它吸引了多少投资，产品如何好，甚至无论市场对它的需求有多大，它也不会存活下去。19世纪最伟大的发明家爱迪生就是因为拒绝接受这些事实，致使他创办的每一个企业均遭失败。他想当然地认为，“管理”就是当老板。他拒绝成立管理小组。所以，当他的四五家企业发展到中等规模时，无一例外地失败了，最后这些公司只好请爱迪生自己走人，代之以专业的管理人员才幸存了下来。

总之，完善的大企业领导面临的问题、局限性不同于个体创业者，他们需要学习不同的事情。换句话说，大企业知道如何管理，但它的领导有必要学习如何成为一个企业家，如何去创新。新起步的企业创业者则必须学习如何成为一个企业家，如何创新，除此之外，他还需学会如何管理。

对于现有企业来说，创业管理的中心词是企业家（以创业者为中心的活动），而对于新企业来说，创业管理的中心词是管理。在现有企业中，既有的东西会变成创业的主要障碍；在新企业中，主要障碍是什么都没有。

如何从创业管理向专业管理过渡？这将在第十章“新企业的成长管理”中做详细分析，这里只做简要导入。

实行专业管理为一个较大规模、较复杂的组织提供了协调行为的方法，同时避免自由放任管理和官僚管理的弊病。向成功的专业管理过渡需要几个步骤。

1. 认清变化的需要。创业者策略的改变，在角色定位上完成一种转换，即管理者由亲自参与获得个人满足感，转变到通过他人的努力来取得成就感。

2. 开发人力资源。新企业的员工要随着公司的发展壮大发展自己更加专业的技能，不能仅凭员工对创业者个人的忠诚；挖掘那些更适合关键岗位的员工。

3. 责任分配与授权。专业管理的力量在于使责任靠近正确决策所需的信息源，这通常需要建立一支管理队伍，将责任委派给那些最接近消费者、供应商和竞争对手的经营者。

4. 建立正式的控制机制。随着责任分配的开始，管理者再也不能控制整个组织中的个人行为。控制的重心转移到个人的业绩，而不是其行为。公司应根据自身的情况制定一些政策和程序，做到责任明确，激发创造性解决问题的方法。

第四节　创业对社会经济发展的推动作用

在分析新企业对创新乃至对长期经济增长的贡献时，熊彼特、德鲁克和伯克（Birch）等的思想和著作提供了大量有影响的理论框架和实证研究结果。另一些创业研究领域的学者如蒂蒙斯、谢恩、谢尔曼、毕海德、史蒂文森等也进一步分析了创业促进产业进步和新产业的形成，以及对社会文化各方面的影响作用。归纳起来，创业对经济社会发展的促进作用具体表现在以下几个方面。

一、创业是经济增长的推动力

无论是在发达国家，还是发展中国家，创业成为一个国家经济发展中最具活力的部分，是经济发展的原动力。在西方发达国家，新一代的创业者创造了全新的成长型企业，对经济产生了巨大的影响。在过去的30年里，美国出现了创业革命，高新技术与创业精神相结合是美国保持世界经济“火车头”地位的“秘密武器”。在20世纪70年代，美国每年只有5 000万至1亿美元的风险资本投资，现在这个数字已上升到20亿美元。当今美国95%以上的财富是在1980年后创造出来的。社会调查结果无一例外地将美国列为最富有创业精神的国家之一。而且，自20世纪70年代中期以来，美国新企业的诞生率以惊人的速度增长。每年新成立的企业数量已经达到了自从有记录以来（过去的150年）从未有过的水平。作为这种创业激情荡漾的结果，每年大约有4%的劳动力参与到创造新企业的过程中（多于每年结婚或生育的人数）。这使得总的企业主数量达到了非农业劳动力总数的13%左右。如今，代表着创业与创新精神的化身的硅谷、波士顿128号公路成为美国乃至世界的创业与创新中心。进入21世纪，以中国和印度为代表的发展中国家经济持续增长，成为最具创业活力的国家和地区。中国经济从改革开放20多年以来一直保持高速增长，从前10年两位数的增长到后10年约9%的增长率，令世界瞩目。我国经济发展在目前和今后一段时间处于双高状态，即高市场增长率和高市场变化率，这将为创业创造出很多机会。

不断增长的创业现象也在世界其他地方不同程度地存在，说明创业精神已日益成为推动经济发展的重要力量。此外，我们的经济是通过创造性破坏的过程来运行的。每年有一些大型成熟企业的垄断地位被新成立的企业所颠覆。这些新创企业经营业务的方式创新使得成熟企业的竞争优势面临巨大挑战。只要看一看过去几十年美国《财富》500强的排行榜就可以发现，排行榜上的企业更换速度之快令人难以置信。几乎没有一家进入《财富》500强的企业能够在《财富》500强位置上坚守10年或20年。每年都有新企业上市，并利用企业所募集的资本挑战成熟的行业领导者。

创业对经济增长的促进作用也推动了政府创业政策的改变。

1994年，联合国大会一致通过了一项决议，支持并鼓励所有经济起飞国家和发达国家把创业作为一项国策。1997年12月，欧盟委员会在巴黎召开了有关“创新、新企业建立和就业”的第一次圆桌会议，提出欧洲必须大大提高创业与创新精神。会议成立了由企业家、金融家、研究人员和其他角色参加的三个专门小组，集中研究如何最好地筛选出有助于建立新企业的项目，如何支持这些企业的创办，如何使它们成长。

英国政府 1998 年发表了《我们竞争的未来：建设知识推动的经济》的白皮书。首相布莱尔在宣读白皮书时说："我们的成功取决于如何善用我们最宝贵的资产：我们的知识、技能和创造力。若有一个稳定的金融和经济背景，有一个支持创业的商业和社会环境，市场、技术和资金容易获得，有一支受过良好教育和技术熟练的、灵活的劳动队伍，创业就更可能获得成功。"新加坡为推动科技企业发展和培养科技企业家，设立 10 亿美元的科技企业家投资种子基金，还实现"科技公司培养计划"，该计划与"科技基金"相辅相成，两者的不同在于前者为商业潜能较强的科技公司而设，强调管理指导与援助，后者偏重于通过奖励的方式提高回报，激励更多专业人士和创业基金公司对规模较小的起步期的科技公司进行投资。新加坡将从教育、基础设施、管理条件和融资四个方面着手，以创造适宜企业成长的环境。它的首要目标是使新加坡成为能够将科技与市场结合的人才荟萃中心。

日本从 1998 年 4 月起，通产省和文部省携手开始进行"创业教育"，其目的是将开创新兴产业的希望寄托在下一代身上，以缩小在新兴产业商业活动中与美国的距离。日本创业教育的目标是，在高中生进行今后去向选择以前，就培养学生的创业精神，从中学生时代起就培养他们对职业的兴趣与基本的商业意识，以鼓励他们的创业热情。印度科技部为鼓励大学生自主创业，设立了一项专门鼓励各科技专业大学毕业生自愿发挥创业精神的专项计划。此外，印度政府还在 12 个地方创办了科技创业园，这些园区设在工业机构及学校研究开发中心内或周围。中国自实施改革开放政策以来，也开始了创业的浪潮。如果说，20 世纪 80 年代开始的改革开放政策使得中国开始酝酿创业的土壤，那么 1992 年邓小平南方讲话之后开始出现第一次创业热潮。当时，许多有志于创业的人士离开工作的学校、政府机关和企业，纷纷南下广州、深圳和海南，开始自主创业或从事经营活动，用当时时髦的话来说，叫作"下海经商"。1999 年之后，伴随中央一系列鼓励创业的政策措施出台，以及网络技术和新经济的热潮，中国掀起了第二次创业高潮，许多新兴的网络公司、中关村和全国其他地区科技园、创业园区的大量涌现以及大批留学人员回国创业成为这一时期的典型特征。

1999 年 6 月在全国教育工作会议上，江泽民主席指出："要帮助受教育者培养创业意识和创业能力。通过教育部门的努力，培养出越来越多的不同行业的创业者，就可以为社会创造更多的就业机会，对维护社会稳定和繁荣各项事业就会发挥重大的作用。"主管教育的李岚清也在会上指出："要探索鼓励高校毕业生自主创业的有效途径和相应的政策措施。通过政府设立小额贴息贷款，或借助社会风险投资基金等方式，支持大学生开办、承包和改造企业，特别是小型科技民营企业。"同年，中国科技部和财政部共同设立了科技型中小企业技术创新基金。由科技部、教育部、人事部、财政部、中国人民银行、国家税务总局、国家工商行政管理总局联合发布《关于促进科技成果转化的若干规定》，提出的新政策，旨在引导科技机构、高等学校和广大科技人员去积极转化科技成果，创办高新技术企业，加速我国高新技术产业化进程。在这些政策的鼓励下，一些大学允许学生在校期间从事创业活动，学校为他们保留一至二年的学籍，甚至提供一些资金和经营条件的支持。

中国经济已经持续了10多年的高速增长，也成为21世纪全球经济增长速度最快、最具创业活力的国家之一。2005年的《财富》论坛，聚焦在中国北京，充分显示了中国经济对全球的吸引力。

二、创业创造了大批新的企业家和大量的就业机会

现代创业经济中产生颠覆行业巨人企业的新企业的趋势造就了成功的创业者。从美国硅谷到中国的中关村，新经济时代的一个典型的特征是涌现了一大批年轻的成功的创业者，他们拥有知识、技能和团队的智慧，他们不仅依靠自我积累，更依靠外部资金的支持，在较短的时间内为自己和社会创造了大量的财富，成为新时代的"知识资本家"。美国微软公司（Microsoft）的比尔·盖茨（Bill Gates)、亚马逊网上书店（Amazon）的杰夫·贝泽斯、苹果电脑（Apple Computer）公司的史蒂夫·乔布斯（Steve Jobs)、电子港湾（Ebay）公司的梅格·惠特曼（Meg Whitman）等，中国百度公司的李彦宏、中兴微电子公司的邓中翰、盛大网络公司的陈天桥、阿里巴巴公司的马云等这些中外成功的创业者是潜在创业者的偶像，他们以创新、责任、影响力、推动力正在改变着商业世界。

1979年，MIT的研究者大卫·伯克（David Birch）在他的创新性文章"工作创造过程"（*The Job Generation Process*）中发表了具有划时代意义的研究成果。他的研究结果推翻了以前认为大型企业是经济支柱和新就业机会提供者的各种说法。事实上，一位获得诺贝尔奖的经济学家获奖原因就是他"证明"了：我们这个星球上任何一家不超过百人的企业都不会影响经济和政策制订。但伯克的结论正好与此相反，使得研究者、政治家和企业界深感惊讶，他的结论是：从1969年到1976年，新的较小型成长企业创造了美国经济中81.5%的新就业机会，此数据符合每年的大致情况。

20世纪90年代，美国每年产生60万个新企业，大约是五六十年代经济繁荣时期的7倍（Drucker，1995)，而1996年8月，美国全国独立企业联盟的研究结果称，每年各种新企业的诞生数是350万（Timnons，1999)。从总体情况来看，是规模在100人以下的公司创造了美国经济中绝大部分就业机会。当大公司纷纷裁员的时候，小（新）公司却在创造新的就业。

新小企业的创业活动对大企业在社会功能方面的部分替代作用至少在以下三个方面表现出来：

第一，成熟产业中存在的大企业在20世纪90年代经历规模缩减、结构重组和

再造，现正处在繁荣期。当大企业变得更精简时，它们的销售和利润急剧增长。比如，通用电气公司（GE）削减了40%的劳动力，从20年前的40万人，到1996年不到24万人；而同期销售却增加了4倍，从不到200亿美元增加到800亿美元。这一目标是通过核心竞争力和部分业务外包而完成。

第二，当大企业忙于转型时，新企业正茁壮成长，创造的就业吸收了成千上万的雇员。25年前不存在的新公司在过去10年已累计创造了140万个新工作岗位。

第三，成千上万的新小公司建立于国家的每个地方和所有的经济部门，这些企业对经济的发展做出了巨大的贡献。根据统计，到2004年，中国企业总数里99%的是中小企业，它们创造了全国总产值的60%，销售额的53%，利税的40%，出口创汇的60%，城镇新增岗位的75%。

另外，来自中国劳动统计年鉴的数据显示，2003年中国中小企业达到2 160万家，2004年达到2 200万家，到2006年中国中小企业达到2 300万家。预计到2007年中国企业数量将会达到2 640万家左右，其中个体工商业户的企业亦被计算在内。① 见表1-2。

表1-2　中国中小企业数量及其变化

年份	企业数量（万）	增长率（%）
1998	2 004	—
1999	2 071	3.3
2000	2 085	0.7
2001	2 116	1.5
2002	2 133	0.8
2003	2 160	1.3
2004	2 200	1.85
2005	2 260	2.7
2006	2 300	1.77

三、创业是科学技术和市场的纽带，创业与创新相互促进

源于20世纪中叶的新一轮科技革命，不仅带来了前所未有的物质财富，而且把创业这一理念推到了前所未有的高度。随着新科技革命的发展和商业竞争的加

① http://www.businessinfo.net.cn/xinhuaxin31shengshigongshangminglu.htm.

剧，科学技术转化为现实生产力的速度空前加快。以往的事实表明，创新能力很大程度上蕴藏于创业精神，没有创业精神，很难谈得上提高创新能力。创业精神的培养和创新能力的获得，又需要我们大胆地投入到火热的创业实践中去。

创业过程的中心是创新精神。第二次世界大战以来，美国一半的创新、95%的根本性的创新是由小型的创业公司完成的，小型创业企业的研究开发比大型公司更有效率：小型创业企业在研究开发上每花1美元，就可以产生2倍于巨型公司的革新项目。

小型企业的创新环境可以解释半导体和晶体管行业的发展状况。今天，摩尔定理（Moore Law）——计算机芯片的工作能力每18个月翻1倍，价格不变——实际上已经被现代的芯片技术超越。根据管理大师德鲁克的假说：任何技术生产率若增长10倍，都会导致经济的不连续性（经济的急剧变革），这样算来，每5年生产率就会有10倍的增长，经济就将有一次不连续性发生。George Gilder认为，通讯带宽每12个月就会翻倍，每3到4年就会造成经济的不连续性。创新依赖于创业才能实现其价值。没有创业，再先进的知识和技术发明都只能停留在发明人的头脑中或实验室里，而不能对人类社会的进步产生实际推动作用。只有通过创业，才能够将科学技术转化为生产力。在我国，目前企业和科研院所的技术发明60%～70%处于闲置状态或在专利人手中未转化为产品或商业上的应用，也就是没有创造新的价值。这其中的原因有多种解释。其中，技术发明人不了解市场，发明缺乏商业应用价值；技术发明人缺乏市场化的能力（资源需求、管理和营销能力等）；发明家和企业家缺乏沟通的渠道等是主要原因。许多技术专家在创办新企业时都经历过困难阶段。他们可能缺乏管理技能或营销技能，或者缺乏财务资源。他们的发明常常是不切合实际的，需要进行巨大的改进才能将其市场化。企业家的出现则可弥补技术和市场之间的差距。企业家们知道该如何去将技术转化为市场需要的产品，如何去和风险资本家、银行家、供应商、分销商、广告代理商以及顾客打交道。创建新企业，是把新产品和服务引入市场的最有效的方法。所以说，正是通过企业家的创业活动，才将技术（知识）和市场联系起来，成为推动经济社会发展的巨大动力。

四、创业催生新行业的形成

创业一代不仅创建了一些杰出公司，还创建并领导了全新的行业，这些新行业改变了整个经济。熊彼特最先表述了老行业的消亡、新行业的诞生的过程，而Birch则描述了该过程是如何从20世纪60年代到90年代期间加速发展的。表1-3列示了从20世纪开始出现的一些新行业。

表 1-3　　创业一代开创的新产业

个人计算机	语音邮件信息技术服务
生物技术	手机服务
无线闭路电视	CD-ROM
数字媒体与娱乐	网络出版与网上购物
快速换油	虚拟成像技术
PC 软件	快餐、超市
桌面信息	宠物护理服务
手控设备	保健生活用品
电子传呼	数字媒体与娱乐

资料来源：Timmons & Spinelli. 创业学. 北京：人民邮电出版社，2006：8.

五、创业催生了风险资本产业的成长

风险资本的发展在美国是最早也是最成熟的。解释风险资本如何支持高速成长的企业就好比解释企业是如何创建的。如果把创业比作是美国经济的发电机，那么创新就是此发电机的汽缸，风险资本是这个发电机的高速燃料。

为了促进新小企业的发展，我国也正在加快发展风险投资业。早在 1999 年，中国科技部和财政部就共同设立了科技型中小企业技术创新基金，旨在引导科技机构、高等学校和广大科技人员去积极转化科技成果，创办高新技术企业，加速我国高新技术产业化进程。2006 年 2 月 9 日中央颁布《国家中长期科学和技术发展规划纲要（2006～2020 年）》（以下简称《纲要》）。《纲要》第八条（若干重要政策和措施）第五款（实施促进创新创业的金融政策）提出了通过发展风险投资业促进创新与创业发展的重要政策：建立和完善创业风险投资机制，起草和制定促进创业风险投资健康发展的法律法规及相关政策。探索以政府财政资金为引导，政策性金融、商业性金融资金投入为主的方式，采取积极措施，促进更多资本进入创业风险投资市场。这标志着中国风险投资业已走上了专业化、规范化和制度化发展的良性运行轨道。

六、创业与社会进步

创业可以创造富有而充满活力的创业社会。创业让贫穷变富有（而不是富的越富，穷的越穷，否则，中产阶级必将消失）。

根据 1996 年 Forbes 400 最富有名单揭示：86% 的富人是自我（创业）造就的。

创业创造平等机会而非平等收入。创业让经济和社会发生转变：穷人正以较快的速度变得比较富有。努力改善自身条件并不仅仅是个人美德，它种下了经济增长和技术进步的种子。

创业有利于自主自强和敢于承担风险的创业精神的培养和社会氛围的形成。美国“考夫曼创业领导中心”1999 年发表的研究报告显示，每 12 个美国人就有一个人期望开办自己的企业，91% 的美国人认为，创办自己的企业是“一项令人尊敬的工作”，而持相同看法的日本人仅占 8%。中国政府高度重视创业环境和创业能力的培育，把创业问题提高到国家发展战略的高度，因为解决就业的根本出路不是为失业者找到新的岗位，而是需要唤起社会的创业精神，由创业者创造出新的工作岗位和新的经济发展空间。在鼓励创业的法律建设方面不断有新的政策出台。2000 年 1 月 1 日，《中华人民共和国个人独资企业法》正式实施，与公司法相比，该法律调整的对象是传统意义上的私营企业和个体工商户。个人独资企业法对个人独资企业的最低注册资本没有限制，放宽市场准入，旨在弘扬创业精神，鼓励民间投资。2004 年底，《中华人民共和国公司法》（简称《公司法》）修订草案完成。修订后的《公司法》取消了公司投资限制，新增了一人有限责任公司形式。和个人独资企业相比，一人有限责任公司的发起人（即股东），只需要承担注册资金的有限责任，而个人独资企业的投资者要承担无限责任。此举极大地鼓励了公民将资本融入市场，极大地方便和鼓励个人创业，有利于促进市场经济的发展。2006 年 8 月底，全国人大常委会又审议通过了合伙企业法修正案。修正草案增加了有限合伙企业，旨在为风险投资开道，促进科技创新投入，鼓励创业。

此外，政府还支持投资建立创业孵化器、创业服务中心，经常开展社区创业服务和教育培训，对下岗职工进行再就业培训，鼓励他们自我创业。

总之，新创业型企业对经济发展有两个不可替代的作用。第一，新企业重新构成了新经济的创新过程的一个整体部分。创业企业在导致技术变革和生产率提高的创新过程中起到关键的作用。它们与变革和竞争密切相关，因为它们改变了市场结构。第二，创业企业是进入社会经济主流的必要的机制。创业使得很多人，包括妇女和少数民族通过创业致富而进入主流社会，新企业是新增就业的关键基础。

尽管我们的经济具有强烈的创业倾向，而且成功的创业者拥有偶像地位，但是，在我们的经济中发生的大多数创业行为实际上都失败了。就像很多普通的彩民们梦想成为头奖赢家而手握满把的没有中奖的票根一样。有时候竞争就是这么残酷，每天有多少新企业产生，每天就可能有多少企业在消失。一般的创业者的努力是以没有为创业者带来任何经济利益的企业关闭而告终的。在美国所有新成立的企业中有 40% 存活不到 1 年，2/3 以上在第 5 个生日之前死亡，而只有 25% 的新企业存活了 8 年。另外，大多数创业者几乎没有赢利。只有少数创业精英通过有效的管理能使企业存活 10 年以上。

表 1-4 中来自湖北省的统计数据也显示，每年注销的企业数量大于新开业的企业数量，企业总数是在下降。当然，这可能有多种解释，一是发生了并购，使得企业数量在减少而规模在扩大。二是因为亏损而破产或其他原因停业而注销。

表 1-4　　近年湖北省企业数量变化情况

年份	年末合计	企业法人			营业单位		
		年末企业	本年开业	本年注销	年末企业	本年开业	本年注销
2001	207 898	86 711	4 896	11 485	121 187	9 998	27 980
2002	175 537	79 643	5 009	12 531	95 894	9 101	33 976
2003	158 616	71 052	5 246	10 278	87 564	7 933	14 222
2004	148 302	68 512	5 303	4 742	79 790	7 469	10 724
2005	141 421	66 471	4 785	7 002	74 950	5 831	10 525

资料来源：湖北省工商行政管理局。

所以，创业既有收益，也有风险。正如著名的创业专家 Edward Blackwell (2004) 所说的，启动一个新事业就好比走入一个热带丛林去寻宝。你可能满载财富和个人的满足而收获，也可能遭遇各种危险而迷失方向。因此，对于有志于创业的潜在创业者，了解创业过程和发展的规律，掌握创业的基本技能，做一个理性的创业者，更能增强创业成功的概率。

小　结

作为一种商业活动，创业的本质特征在于创造新的价值。从宏观层面来分析，创业对社会经济的促进作用是巨大的，它是经济增长的动力，这一增长的推动力是通过创业者的持续的创业活动不断促进创新和创新成果的转化、增加社会就业、创造新的产品（或服务）和新的产业等来实现的。充满了创新与创业精神的创业者们也创造了一个充满活力和希望的社会。

创业管理是一种以机会为驱动、以创新为导向的管理活动和方式，它不仅存在于新建企业，现有企业或大公司也需要创业管理。所不同的是，新企业的创业管理需要从机会导向向行为导向转变，而现有企业的创业管理强调创新，旨在发觉新的机会和进一步提高效率，是机会管理和行为管理的结合。

思 考 题

1. 分析新企业对经济增长的作用。

2. 由个人把一种产品推向市场与政府把一种产品推向市场哪一个更容易成功，哪一个更容易失败？为什么？

3. 举例说明什么是创业、什么是创新？在什么情况下两者又是融合的？

4. 比较创业管理与一般管理的差异。

讨论案例 伊士曼的柯达人生

1839 年，法国光学机械师发明了世界第一架照相机，然而真正将照相带入普通人生活的还是美国人乔治·伊士曼。

1878 年，在罗切斯特储蓄银行做簿记员的伊士曼，准备到加勒比海的多米尼旅行。在当时的美国，出国旅游算是一桩奢侈的举动，因此同事们建议他拍几张照片带回来，让大家开开眼界。伊士曼觉得这个主意不错，就花了 49.58 美元买了一套照相设备，包括照相机、三脚架、感光片、小暗箱，以及小型化学实验室的材料等。那些东西又笨又重，旅行时非得用马驮着不可。更糟糕的是这些机器操作起来有许多麻烦的步骤，还要调和一大堆化学品，如果不严格按照技术要领操作，结果不是漏光，就是照得模糊不清。

伊士曼只好付了 5 美元参加技术培训。他似乎与照相机有着莫名的缘分，一沾上就如痴如狂。培训结束后，他又买来与照相机有关的书籍关起门来阅读，而且越读越有兴趣，越读越想读。不知不觉间，假期就被他“读”完了。

计划已久的多米尼之行泡汤了，可伊士曼并没有感觉到遗憾。过去他以为自己最大的爱好是旅游，现在才发现还有一个“真爱”是相识不久的照相机。神奇的照相技术令他痴迷，唤醒了伊士曼内心的创造欲，从此照相事业成了他生活中最重要的内容。

当时的照相技术处于初创阶段，效果很不理想，伊士曼决心探索革新之路。每天从银行回家后，他就一头钻进了自己的爱好中。家里的厨房成了他的实验室，他买来各种化学试剂做着试验。他把屋子遮得严严实实地做那些似乎永远也做不完的实验，累了就躺在地板上睡一会，醒了又接着干。这种无休止的单调生活他一点也不觉得苦，他的心中充满了创造带来的快乐。

1878 年夏天，伊士曼发明了一种感光乳剂，以及能将玻璃光底片与感光乳剂粘合在一起的设备。他还前往英国申请了两项专利。

由于工作中一起不公平事件，1881 年他果断舍弃了年薪已达 1 400 美元的银行工作，彻底投身于金融区斯泰特街 73 号的伊士曼干性感光片公司。他的合作者和投资者是母亲的房客斯特朗，一个生产马鞭的商人，他先后投资给伊士曼 5 000 美元。结果，他们成了终身合作的生意伙伴。

那年，伊士曼的梦想就是创建一个感光企业。但就他的家庭而言，没什么资本能够支持他。他来自一个不幸的家庭。在 1854 年出生之前，他的姐姐就因小儿麻痹症致残，一个哥哥夭折。自从其父的生意在 1867 年大萧条中失败后，伊士曼一家的命运就开始持续衰败。在伊士曼 7 岁时，父亲死于精神错乱。整个家要靠其母玛利亚出租房屋和为房客提供膳食才得以勉力支撑。母亲是一个坚强的女性，她顽强地挑起了家中的重担。她没有多少文化，只能替人做零工挣钱，但她下决心让孩子接受教育。小乔治理解母亲的苦处，在上了 7 年学以后，就辍学到一家保险公司做杂役，尽管收入很微薄，伊士曼还是全部交给母亲。自己的活干完后，他还到母亲那去帮忙，同时还寻找各种赚钱的机会。如推销书架和毛衣针等。他在晚上学习会计学，准备寻找更好的工作。

1881 年的伊士曼，还想不到日后自己就是这个行业的伟大人物。他当时正在全神贯注地思考伊士曼干性感光片公司如何生存，因为公司推出的早期产品遇到一些麻烦，几乎将这家刚创建的公司推到破产边缘，但他以免费为顾客更换新底片的方式为公司获得了声誉。

据说，在伊士曼找到自己的路之前，他和生产马鞭的斯特朗有一次无意间的对话。伊士曼当时曾忧心忡忡地说："投资照相机也不见得有多大的前途呀，一个照相馆买一台，一年又能卖出去几台呢？"想不到对于摄影一窍不通的斯特朗说："你难道感觉不到，照相可是个人人都喜欢的事啊。家庭为什么不买照相机呢？因为它太笨重，使用起来又太复杂。如果照相机能做得轻一些，操作方便一些，出外旅游人手一架，这个生意你忙得过来吗？"

斯特朗一句随口应答的话，却给伊士曼指明了主攻方向。于是，他把全部精力投入到照相机的改进上——如何把机器做得更小、更轻、更方便。经历了无数次的失败，1888 年伊士曼研制的新式照相机终于诞生了。他把照相机的商标定名为"柯达"（KODAK），第一个字母和最后一个字母之所以都是 K，是因为他母亲名字是以 K 起头的，柯达这个名字寄托着他对母亲的深深怀念。当伊士曼将一个柯达相机送给正在海边度假的斯特朗时，斯特朗像一个孩子般的快乐。

那时摄影设备的市场只局限在职业摄影者和具有专业精神的业余爱好者之间。换句话说，摄影隔绝了大众。伊士曼带给这个时代的革命，使摄影成为平民化的事。

创业 10 年后，伊士曼树立了新的目标——把柯达公司缔造成世界级企业。早在 1894 年，伊士曼就说：伊士曼柯达公司的命运是要么成为世界上最大的摄影材料生产商，要么就垮台。

伊士曼很快就推动柯达进入了海外市场。1885 年至 1891 年陆续进入英国、加拿大、法国、德国、意大利等国。1901 年柯达在日本建立了亚洲第一家销售点。1927 年，柯达终于来到中国，在上海建立了销售办事处，大力开发中国照相市场。这是柯达与中国的第一次相遇。

但伊士曼的根在罗切斯特。他与母亲生活在一起，直到死亡降临。伊士曼终生未娶，柯达是他一生的挚爱。

一切似乎都已经尘埃落定了，柯达从罗切斯特走向美国，又从美国走向大西洋另一边的西方世界，最终走向了世界每个地方。在 20 世纪最初 10 年，柯达已经成为世界上最重要的影像工业的中心。

1919 年，伊士曼重组了企业，创立了 9 人管理小组。他开始淡出柯达。

“我的工作完成了，还等什么呢？”1932 年 3 月 14 日的一个下午，乔治·伊士曼在一张纸上如此简洁地写下这句话，随后开枪自杀。

（本文摘自 2005 年 3 月 20 日的《经济日报》）

问题：

从伊士曼的创业故事里试着归纳出一些创业的要素与概念。

第二章 创业环境

引导阅读：汉正街与义乌小商品市场：谁主沉浮？

闻名遐迩的汉正街，曾是与江西景德镇、河南朱仙镇、广东佛山镇齐名的湖北汉口镇上的一条“正街”，汉正街由此而得名。

汉正街南临汉水，东接长江，有500多年的历史，明末清初便是中国中部最大的货物集散地，呈现一派“十里帆樯依市立，万家灯火彻宵明”的繁荣商贸景象。1979年，汉正街在中国率先突破计划经济体制的束缚，开放小商品市场，走出了一条有中国特色的发展个体民营经济之路。汉正街万商云集，小商品吞吐全国，人称“天下第一街”。大批创业者在这里淘得了第一桶金，率先成为那一部分“少数先富起来的人”。20世纪80年代末90年代初，汉正街市场规模不断扩大，集散功能迅速增强，享有“买全国，卖全国”之美誉，全国曾有17个小商品市场挂上了汉正街牌子，市场也曾参与过缅甸、泰国、俄罗斯等国的边贸。但近年来，随着全国各大新兴市场的兴起，市场竞争日趋激烈，汉正街市场的辐射范围逐步萎缩，大多数商品只能销往周边省市，正在“退化”为一个区域市场。

曾几何时，义乌人把汉正街人当“师傅”。1982年，当《人民日报》发表社论，把汉正街誉为“中国小商品市场改革开放的排头兵”时，浙江中部的贫困县义乌，才刚刚有小商品摆上露天小摊点。1982年，刚刚起步的浙江中部山区的义乌市场，销售额仅为700万元，相当于汉正街市场的45%。20年后的2002年，汉正街市场销售额108亿元，而义乌市场销售额达289亿元，相当于2.7个汉正街。昔日的“徒弟”成了全国小商品市场的“龙头”，越来越多的创业者加入到这个市场中来。义乌市场利用后发优势，从区域市场发展到“买全国、卖全国”，如今进而响亮提出“买世界、卖世界”。与义乌对接的国际小商品集散地有阿联酋迪拜的“中国产品交易中心”、南非的“中华门”、柬埔寨的“中国商城”、俄罗斯的“海宁楼”、巴西的“中华商城”等10多个商品集散地。

目睹汉正街的兴衰、义乌的崛起和它们竞争优势的演变，让我们思考：什么因素导致了竞争格局的改变？从环境差异分析中可以找到答案吗？

首先是地理环境的差异。汉正街位于“九省通衢”的武汉。武汉是湖北的省会城市，面积8 406平方公里，人口749万，地处长江、汉江交汇处，孕育了古汉口商业文明。“货到汉口活”，是对汉正街最经典的诠释。义乌则是浙江中部的县级市，土地面积1102.8平方公里，人口仅仅65万，人均耕地不到半亩，且多为红壤丘陵，改革开放前这里地瘠人贫。但也有人说，义乌地处沿海，近距离接受长三角经济圈的辐射，地理环境优于武汉。

其次是历史文化的差异。汉正街地处中部，相对东部地区来说，思想较为保守，计划经济的作用还较强，人们在长期活动中自然形成了重平庸忌冒险、重和谐忌竞争等为主要特征的文化传统，这显然是与为追求经济利益最大化而不惜冒险竞争、创业拼搏和极力扩张的市场经济发展要求相抵触的。义乌拥有源远流长的“鸡毛换糖”文化，该文化造就了义乌创业者不畏艰辛、务实求效、自强自立、敢想敢干、重商尚利的社会意识和精神。义乌比汉正街的创业者具有更强的创新意识，其理念顺应了市场经济的发展。义乌市委宣传部人士表示，为别人所不愿为，勤奋节俭，是义乌商人走向世界的“秘诀”。

再次，悠久的商业文化传统使汉正街的经营者对过去的经营模式产生了浓厚情结，依恋过去美好时光，渐渐失去创新的动力和危机意识。尽管最初凭借政府提供的“公平竞争”的环境带来先发优势，但是随着市场经济的不断深化，各地的小商品市场也得到国家及地方政府的大力支持，这种优势就逐渐丧失。义乌与温州邻近，温州人的成功产生标杆效应，义乌人不断向温州人学习兴办民间专业市场的经验，这种跟进学习也节省了很多的“学习成本”。

最后，尽管汉正街所在的武汉市人才资源丰富，但是汉正街陈旧的管理方式和经营理念对人才不能产生吸引力，大量人才都流向沿海和江浙地区，因此，武汉市的人才不能为汉正街所用；而义乌的创业者，尽管接受学校正规教育不够充分，但是他们在奋发进取、艰苦创业的过程中不断学习和创造。他们通过“干中学”使自己获取信息的能力、资源配置的能力、生产活动的技能技巧等方面都有了很大的提高，再加上周边的其他浙江城市的创业者，恋乡不恋土，遍布全国和世界各地，他们对义乌创业者也起到了很好的传播知识、信息和技能技巧的作用。

总之，竞争优势是动态的，环境成就了创业者，也可能成为进一步创业的阻力。

汉正街的兴衰，义乌的崛起，伴随的是一代又一代、一批又一批的创业者的沉浮与交替。潜在创业者在做出创业决策之前，应该如何分析与评价要开展创业活动的地区的创业环境，如何适应、改变环境以增加创业成功的可能性？这一章将对创业环境质量进行分析。

第一节　环境对创业的影响及其评价

一、环境对创业的影响

当一个人决定到一个地区或国家进行创业或投资时，首先需要考虑的是什么？环境。创业环境是指进行创业活动所需要的一系列情景或条件，是一个比投资环境概念小一些或者相近的概念。

人的行为是个体素质与环境的函数，每个人都基于外在环境和自我环境这两大变量从事自己的社会实践。创业行为的产生，也必然受到创业环境的影响。一个新企业获取资源以及在市场上竞争都离不开其所处的环境。创业环境决定了创业理念、资金、职业或管理专家等能否有效成长、繁荣与沟通。

广义的企业经营环境包括内部和外部环境两个方面。本文所研究的创业环境是创业者建立新企业或开发新业务的环境，它更多的是指外部环境，不涉及到创业者个人的特质因素。

外部环境对创业者的影响既可能是积极的，也可能是消极的。和谐的创业环境，能够使创业者之间的竞争在一个有序的环境中进行，形成既有竞争又有合作的良好风气，从而有助于激发创业者的灵感，而且能够对创业者产生一种“筑巢引凤”的亲和力、吸引力。通常良好的创业环境意味着在一定时期和一定的区域范围内社会、经济与文化的发展状态有利于创业者或企业家群体的产生和出现。

环境对创业的影响具体表现在以下几个方面。

第一，环境会影响创业机会。

一般情况下，创业环境好，会增加创业机会。因为创业环境很好，创造愿望得到尊重，创造活动得到支持，创造才能得到发挥，创造成果得到肯定，这势必会增加创业机会。但在有些情况下，创业环境某些要素的改善，会产生另外一些不利的要素，从而会减少创业机会。比如在原有的创业环境下，新增了一条高速公路，这本应是一种增量创业环境，但是，因为这条路的影响，客流和车流发生了转移，反而使本地的商机减少了。

第二，创业环境对创业人才具有吸引力。

创业环境对创业人才具有一种吸引力。创业环境越好，这种吸引力越大。比如北京，丰富的智力资源、规范的市场环境、成熟的商业运作模式营造了优质的创业环境，再配以“中关村”的品牌和申奥成功带来的巨大商机，北京成为科技创业者眼里诱人的“香饽饽”。上海，成熟的商业文化和无限商机赋予上海永恒的魅力。广州，地理位置、创业历史以及政府支持是广州得天独厚的条件。

第三，创业环境影响创业成功。

良好的创业环境具有支持、助力、加快创业成功的作用。好的创业环境往往意味着在创业融资渠道、融资成本、创业培训与信息、人才供给、法律支持等方面具有更多的便利和优势，从而增加了创业成功的可能性。

当然，创业环境既可能促进创业的发展，也可能成为创业的限制因素。当环境对创业者来说是一种“顺境”时，创业者如鱼得水，他们可以在激励创业的宏观环境或微观环境里大展拳脚，开拓创新。相反，当创业环境对创业者而言是一种“逆境”时，创业者会经历更多的挫折，甚至创业失败。

总之，创业环境对创业活动的开展，对创业的成功，对创业者能否快速发展和崛起，具有十分重要的作用。研究和利用这些作用是对创业主体的一项基本的素质要求，也是创业者一项重要的环境选择能力。

二、创业环境评价与分析

创业环境因素通常包括宏观环境，如社会文化风气、金融投资政策、税收政策、就业状况与政策、劳动力供给与人才市场等；技术、产业竞争程度、现有成熟企业和大企业的社会影响力；地理位置等。以下从一般环境分析的 PEST（政治与政策、经济、社会、技术）方法与典型的创业环境分析方法两个方面分析创业环境。

（一）PEST 分析方法

1. 政策和法律环境

政策和法律对创业的影响可以从我国改革开放以来的创业发展历程中得到理解。中国改革开放后的第一个创业高潮出现在 1988 年。当年 4 月通过的宪法修正案明确提出“国家允许私营经济在法律规定的范围内存在和发展”，下海经商一时成为知识分子之间的热门话题，柳传志、段永平等商界名家就是从那时候开始创业的。1992 年邓小平南方讲话，提出“三个有利于”的新标准，又一次解放了人们的思想，出现了改革开放后的第二次创业高潮。1999 年 3 月修改的宪法明确要提高非公有制经济的地位，同年末通过的《中华人民共和国个人独资企业法》更是掀起了改革开放后的第三次创业高潮。

从政策和法律方面来看，中国的创业环境还在不断地改进和完善。2006 年 2 月 9 日中央颁布《国家中长期科学和技术发展规划纲要（2006~2020 年）》（以下简称《纲要》）。《纲要》第八条（若干重要政策和措施）第五款（实施促进创新创业的金融政策）提出了通过发展风险投资业促进创新与创业发展的重要政策：建立和完善创业风险投资机制，起草和制定促进创业风险投资健康发展的法律法规及相关政策。探索以政府财政资金为引导，政策性金融、商业性金融资金投入为主的方式，采取积极措施，促进更多资本进入创业风险投资市场。在鼓励创业的法律建设方面不断有新的政策出台。2000 年 1 月 1 日，《中华人民共和国个人独资企业法》简称《个人独资企业法》正式实施，与《公司法》相比，该法律调整的对象是传统意义上的私营企业和个体工商户。《个人独资企业法》对个人独资企业的最低注册资本没有限制，放宽市场准入，旨在弘扬创业精神，鼓励民间投资。2004年底，《公司法》修订草案完成。修订后的公司法取消了公司投资限制，新增了一人有限责任公司形式。和个人独资企业相比，一人有限责任公司的发起人（即股东），只需要承担注册资金的有限责任，而个人独资企业的投资者要承担无限责任。此举极大地鼓励了公民将资本融入市场，极大地方便和鼓励个人创业，有利于促进市场经济的发展。2006年8月底，全国人大常委会又审议通过了《合伙企业法》修订草案。修订草案增加了有限合伙企业，旨在为风险投资开道，促进科技创新投入，鼓励创业。

政府的一些管制措施对大企业和新企业的影响也是不一样的。比如，对航空、铁路、电信、金融等领域严格的经营资格和进入限制会有利于大企业和国有企业的发展，而对新企业的创立是不利的。对产品安全、质量、环保等方面的限制也会影响企业行为。比如那些提高产品安全性和环保标准的管制措施会具有很高的事先成本，这会阻碍深受资本约束的创业者进入某一个产业。比如在药品开发和医疗设备领域几乎很少有自力更生的新企业的出现，除非受到大量风险资本支持的后起之秀。相反，缺乏严格管制的健康食品和营养品市场却是新企业的理想温床。如果政府对某个行业的市场进入加以严格限制，那么新创企业就很难考虑以这样的市场为目标。

一旦政府管制政策发生重大的变化（比如航空业和电信业的放松管制）常常会造成市场混乱和无法预料的机会，而灵活的新小企业比成熟的大企业更容易利用这些机遇。

另外，税收政策也会从不同方面影响新企业的建立。例如，对投资的税收抵扣、加速折旧、对研发和广告投入较低的资本所得税率甚至研发补偿制度都对现有成熟企业有利，鼓励企业创新，而对新企业的影响却有限。因为新企业很少有大规模的研发、固定资产和广告投资。个人所得税对新企业形成的影响取决于现行税收体制下的避税或逃税机会。较低的个人所得税有助于个人积累创业所需资本，从而应该有助于新企业的兴起。但是，如果作为企业主比作为职员更容易逃税或避税的话，较高的个人所得税率也可能会促使个人创办自己的企业。

促进新企业形成的政策有时会阻碍它们以后的发展。比如可能的避税机会会鼓励个人创办自己的事业，对工作场所的安全性、工作机会的平等性、工作时间不超时等规定方面，新小企业比大企业有更低的遵从成本，这会导致大企业将一些业务外包给小企业，有些企业不愿意做大，它们害怕发展壮大后引起税务和管制机构的注意，而这种状况必然会阻碍小企业的发展。

政策法律环境从另一个方面来看是创业的制度环境和创业保障机制。一个地方的创业状况受多种因素影响，其中最根本的原因是制度与机制环境。

制度环境因素是影响全民创业的主要原因，这里的制度环境主要是指行政制度和政务环境。行政权力过多介入到经济社会的具体事务中，一方面易滋生权力寻租，抬高创业门槛，加大创业风险，增加创业成本，从而遏制人们的创业冲动；另一方面，权力寻租带来的高收益，在社会上往往会产生错误的利益导向，使人们更愿意追逐权力，而放弃创业，这种风气一旦形成，便会压缩创业空间，淡化创业氛围，阻碍经济的发展。

世界银行发布的《2005 年全球企业经营环境报告：消除经济增长的障碍》，选取全球 145 个国家作样本，对政府经济监管和监管效率分析发现，富裕国家实施的投资环境改革举措是贫困国家的 3 倍。研究报告还得出另一个评估结论：在富裕国家开家新企业平均要 6 道手续，支付相当于人均年收入 8% 的费用，外加 27 天时间；而在贫困国家或中低收入国家，上述三个指标分别为 11 道手续、年收入 122% 的费用和 59 天的时间。有专家学者对此提出“制度贫困”一说，意思是不合理的制度容易导致贫困。我们日常所见到的普遍现象是，越是贫困的国家和地区，发展经济的制度空间越是狭隘，经济活动越不自由，创业观念越是淡漠。因为越是贫穷落后的国家和地区，权力寻租的冲动越强烈，导致创业的空间越小、人们追逐权力的欲望越大这样一种“社会越贫困——权力越寻租——社会越贫困”的恶性循环！

要解决“制度贫困”问题，需强化改革思维，加快制度创新，不断探索有效推进全民创业的新模式和新路子，从根本上消除导致“贫困”的不合理制度，建立和完善有利于“致富”的合理制度。（1）要有高效廉洁的政务体系。要进一步转变政府职能，简化办事程序，规范行政行为，限制行政权力，最大程度上提供宽松和自由的创业政策。（2）要有公平的竞争环境。要让每个社会成员在平等的条件和规则下，享有公平的竞争机会和通过劳动获取利益的机会。竞争环境往往会对普通民众创业产生直接的影响力。（3）要有社会化创业服务体系。要加大政策、信息、技术、市场、资金、人才等方面的支持力度，建立健全全方位、多层次的创业支撑服务体系，加强效能建设，深化细化服务举措，实现从管制思维到服务思维的转变。

“橘生淮南则为橘，生于淮北则为枳”，不同地方机制与环境的差异会孕育出不同的文化氛围，而影响到当地创业与发展的活跃度。比如，个人创业随时面临可能失败的风险，如何评估这种风险以及风险带来的后果是创业者必须考虑的。如果一旦创业失败可能会危及基本生活条件或引发生存危险的话，一个理性的人会自觉回避这种后果，特别是原来已经有稳定生活来源的，很难抛弃已有的东西去重新创业。说到底就是个人创业如果失败不起就很少有人会主动去创业，这样机会型创业便会减少，从而生存型创业占主导、整个社会创业质量降低和总量减少，这从本质上来讲就是创业活跃度不足。因此；要鼓励个人主动参与创业首先要解决保障机制的问题，要建立宽容失败、善待失败者、保护失败者的氛围和机制。因此，要鼓励创业不是仅仅去奖励表彰创业成功者，更重要的是保护和关心那些失败者，宽容失败对创业者来说是最重要的激励。这种保护要更多的体现在机制和制度上，要为创业者解决后顾之忧，为失败者创造东山再起的机会和条件。比如上海市推出了创业失败者贷款免还举措，对创业者所扶助的贷款，一旦创业失败，无力偿还，就可以依照规定给予创业者免除贷款债务。

2. 经济环境

企业作为市场的主体，受宏观经济环境的影响很大。宏观经济周期的波动、经济运行方式、经济形势、经济结构、经济政策等的变化，无时无刻不在催生或者压抑创业的发展。创业是否正值“天时”，取决于消费需求、物流配置、资金融通、劳动力市场繁荣的现状。现在不少地方建有“创业园区”，其实就是创设一个适宜创业的经济环境。

在经济方面，创业者应该考虑的主要变量，包括国内生产总值（GDP）总额和人均GDP、某一地区的失业状况、消费者的可支配收入等。这些数据比较容易从政府机构获得。

国内生产总值反映一个地区经济的规模，通常在不考虑人口因素的时候，GDP越高，市场规模越大。但是，市场的需求主要是由人们的购买能力所决定的。因此，人均GDP基本上决定了人均收入水平，从而决定居民的购买力，这是决定市场需求的基本因素。同样，就业状况、可支配收入等都是影响市场需求的主要因素。经济因素可能直接影响各种经营战略的可行性，对新创企业的战略决策非常重要。

资本和劳动力市场是影响新企业建立和成长的重要因素。传统的金融市场结构对企业成长所产生的影响远远大于对企业创立的影响。对于大多数新企业的创业者而言，金融市场的运作方式无关紧要，因为它们在筹集外部资金方面面临着许多无法逾越的障碍，只能以有限的资金开始创业。对于大多数企业而言，后续资金的可获得性是后期发展的一个重要决定因素，比如，银行信贷、股票融资。

在鼓励公司发展的金融市场上，资本是流动的，金融市场是看重过去的绩效还是未来潜在的收益决定了新企业和现有企业各自的融资前景，从而决定了各自的成长可能。只有传统的金融市场结构和风险资本市场都很发达成熟的时候，新企业和成熟企业才有可能同时获得成长的资本支持。

劳动力和人才市场的供给能力是影响新企业创立和发展的重要因素。虽然一些新创企业是由一些缺乏工作机会和工作经验的员工组成，但其后的发展会要求创业者从成熟企业那里引进有经验的员工。所以，这里取决于两个因素，一是劳动力市场有大量的劳动力供给，二是有经验的员工能否从成熟企业转向新企业取决于他们的离职成本和再就业的风险，比如，退休金或养老金的可转移性，晋升是否注重内部选拔等，会直接影响有经验的员工到企业中去。

3. 技术环境

一般的理论文献大多讨论了新企业对创新和技术变化的作用，现在要反过来思考，技术如何影响新企业。

并不是所有的技术进步都对新企业有利。学者艾克斯和奥德莱希认为，只有“新的柔性技术的实现才是导致小企业纷纷出现的最具决定性的因素”，因为大批量生产的标准化的技术天生就是“非柔性化”的，更有利于大企业。诸如可编程机器人和数控机床之类的新技术的出现，使得柔性的小批量生产可以在成本方面与标准化产品相当。不断变化的消费偏好和个性化需求也支持向柔性技术的过渡，从而减轻了“小规模生产所固有的成本劣势”。

毕海德教授的研究则发现，在美国《有限公司》杂志所列的公司里，只有一家企业使用数控机床之类的工具，资本束缚阻碍了绝大多数创业者使用柔性生产工艺来开创自己的事业，而只有“数字技术”才使得前景广阔的新兴企业能够克服资本束缚，赢得顾客。在依赖“数字技术”的业务领域，由于计算成本和通讯成本的迅速降低使得创办一个新企业所需的固定成本和经常性开支不断下降，大批受资金困扰的个人已经可以承担这些费用。此外，新技术还缓解了企业家面临的信用问题，因为新技术的应用模糊了实力雄厚的成熟企业和资金紧张的新企业在表面上的差异。所以，数字革命已经为备受资源约束困扰的创业者创造了可资利用的机会。而今，消费者对网络技术的信心确信无疑。当顾客更愿意去拥抱新技术的时候，他们更愿意给新企业一次机会。

4. 社会文化环境

社会文化环境主要指一个国家或地区的民族特征、价值观念、生活方式、风俗习惯、宗教信仰、伦理道德、教育水平、语言文字等的总和。

文化环境对于包括创业活动在内的人类活动具有不容忽视的重要作用。一个有利于创业的社会文化有效地影响创业者、创业组织、社会群体的人格，进而形成一个有利于创业的既有竞争又有合作的“和谐”的社会文化大环境。创业文化一定蕴含有公正平等精神、竞争和合作精神、坚忍不拔的精神、效率意识、风险意识、宽容失败、开放大度、开放开明、大气开放的精神、求新求变、求发展的精神，其中鼓励创新、宽容失败尤其重要。人们在解释美国波士顿128号公路周围创业为什么没有硅谷成功时，就是因为前者缺乏对失败的宽容。

社会文化环境对创业起到非常重要的影响。以美国和日本为例，美国和日本同样属于经济发达的国家，但日本人创业占就业的比重却大大低于美国，这也许与美国崇尚个性与自由、追求自我的文化，而日本残留的武士道精神却宣扬“忠于”、“服从”有很大的关系，同时日本也是世界上储蓄倾向最大的国家之一。

文化的重要内容之一——社会态度是如何影响创业者个人创办企业和从事其他职业选择的？它可以通过社会对企业家的社会地位和认可以及信任的产生而表现出来。社会对企业家的认可和奖赏程度会以不同的方式影响个人创办有前途的新企业的意愿。在不尊重企业家的社会里，创业者大多是一些离经叛道者或者主流社会的局外人。相反，在给予企业家很高地位的社会里，主流人士也会被声望和精神奖励所吸引而投身于这种职业中去。榜样和从众心理可以影响许多人的选择偏好，而公众和媒体对新企业和企业家的兴趣可以间接地增加潜在企业家对重大成功的可能性的估计。对于企业家而言，既能实现丰厚报酬又没有多少不利因素的机会经常取决于顾客和其他资源提供者承担风险的意愿，这种意愿需要一种信任。在一种有益于新企业的社会环境中，顾客和资源提供者并不会过多地追问企业家的背景，尽管人们并不假定所有人都是诚实的，但人们可能存在对违约的容忍。但这并不表明对违约的绝对容忍可以带来有利于新企业的社会环境，鼓励大多数人在大多数时间内诚实守信是创业社会的道德标准。

5. 地区与自然环境

自然环境主要是指地理条件、气候条件、交通状况、自然物产情况等。俗话说"一方水土养一方人"，大自然母亲养育了创业者，赋予其智慧和灵气，创业讲究"天时、地利、人和"，其中的"地利"便来自自然环境。也就是说，地方是否具有某种独特资源，交通是否便捷，气候是否好等特点对创业而言都是十分重要的。

相对而言，地区环境对创业的影响更直接、更具体。分析地区环境，关键在于思考所创办的企业相对这个地区内其他企业的规模、影响程度和发展前景有多大。

新创企业在一个地区内的重要性和影响力，一方面取决于企业的营业额、员工数量和纳税额，另一方面与新创企业对该地区所作的其他贡献如增加就业有关。新创企业，应尽量使当地的资源得到有效的开发利用。当创业者的活动能为当地的经济发展做出贡献时，也就赢得了该地区的支持和客户忠诚。

一个地区对创业者的支持程度取决于创业者对该地区的承诺、忠诚和贡献。创业者评价地区环境对创业的支持程度，可通过评价在这个地区创业的发展程度来进行。例如，在该地区目前存在什么类型的创业者？有多少？创业者与供应商、银行、员工、顾客和政府的关系如何？

创业者在对地区环境评价时要考虑以下因素：

(1) 创业者对该地区的熟悉程度。

(2) 创业者在这个地区内有多大的影响力？

(3) 拟创立的企业在这个地区会产生什么积极和消极影响？

(4) 任何有影响的地区成员将支持或反对你要创办的企业吗？

(5) 创业者有特别的人际关系技能来培养关键的地区关系吗？

(6) 可以采取什么实际步骤来加强地区支持和使当地创业机会最大化？

（7）可以采取什么实际步骤来减少地区的反对或使当地问题最小化？

（二）典型的创业环境分析

在专门研究创业环境的文献里，学者和研究者们有不同的研究角度和关注点。熊比特（1936）认为创业型企业通过创新导致的市场不均衡促进了经济的增长，创业型企业会在一定时期内以集群的方式产生。波特（1998）也认为创业集群会在某些产业领域向全球转移。Bruno & Tyebjee（1982）通过研究证实当在一定时间一定的地点社会经济环境鼓励创业的时候就会出现创业者群体。Eisinger（1988）提出国家和地方政府也在努力通过多种方式创造环境鼓励创业，比如建立企业孵化器。Shapero（1982）认为创业希望的产生受创业者个人周围的人或事这类环境影响，潜在创业者的老师、家庭、同事或同行等的（成功或失败的）创业经历会影响个人对创业的渴望或预期。

综合以上研究得出创业环境的构成要素，这些环境要素包括：

1. 创业资本可得性
2. 成功创业者的产生
3. 大量技能劳动力
4. 供应商支持
5. 新的消费者或新市场的出现
6. 有利的政府政策
7. 临近大学的支持
8. 土地或设备的可得性
9. 交通便利
10. 地区居民的态度
11. 基础服务支持
12. 有吸引力的生活条件
13. 创业成功的预期

这些要素可以归纳为三大类：创业资源可得性（resources availability），创业经营成本（cost of doing business）以及创业成功预期（perception of desirability）。

创业资源的可得性包括是否容易获得银行贷款、风险资本、管理支持、技术支持、大学支持以及熟练技能的劳动力等。创业资源可得性影响新企业的成功起步和企业的最终状态，包括风险资本的退出、并购和衍生出新企业。

创业经营成本包括多种成本，如空中运输、陆地运输、营运成本、税收成本和保险成本。经营成本影响企业起步和决定了在企业成长阶段能否成功。

创业成功预期也与前面两类因素一样共同影响新企业的起步和经营绩效。经营成本影响成功启动一个企业或业务的能力，当企业成功地为投资者带来收益时，它就会鼓励其他人进一步为企业投资或投资创建其他新企业。

第二节 全球创业观察的环境分析方法

一、全球创业观察简介

全球创业观察 GEM（Global Entrepreneurship Monitor），是由英国伦敦商学院和美国百森商学院共同发起成立的研究项目，旨在研究全球创业活动态势和变化、发掘国家创业活动的驱动力、创业与经济增长之间的作用机制，以及评估国家创业政策。该项目 1997 年开始设计，1999 年第一次开始实施，截止到 2004 年，有 34 个国家和地区的 200 多所学校参与了这个项目。

GEM 研究的核心内容是研究早期的创业活动，探讨创业活动与经济发展的关系。然而，影响一个国家或地区经济增长的因素是多方面的，是非常复杂的。要想得到精确的结论必须获得多个国家和地区多年的大量数据。GEM 的数据来源有三个渠道：

1. 成年人抽样调查。各个国家和地区完成样本量不低于 2 000 个成人的访谈调查。该项调查包括两个层次。第一个层次是关于创业活动的基本问题，涉及已参与创建的新企业、参与的创业活动和将来可能参与的创业活动或创建新企业，以及对创业活动的投资等。第二个层次建立在第一个层次的基础上，用于获得创业动机、行为和机会等特征的数据。

2. 专家访谈。按照 9 个方面的创业环境条件选择本国 36 个以上、在这 9 个方面有声誉的专家进行面对面的访谈，同时请他们回答一份标准的专家问卷。该问卷包括大量与 9 个方面创业环境条件有关的问题。

3. 国家经济、社会和文化等方面的数据。这些数据选自各种各样的国内外出版物和数据库。

GEM 研究的基本思路是：通过大样本的调查统计得出不同国家和地区的全员创业活动指数（TEA 指数），该指数可以衡量一个国家或地区的创业活跃程度；将国家或地区的 TEA 指数与 GDP 增长率进行时间序列回归分析。

2002 年，中国第一次参加 GEM 项目，并由清华大学经济与管理学院中国创业研究中心与美国百森商学院建立合作关系，负责研究和发布“全球创业观察中国报告”部分，至今已分别发布了 2002 年、2003 年、2005 年“全球创业观察中国报告”。

二、GEM 关于创业环境的九个指标

GEM 开发出包括 9 个方面的创业环境条件。通过对本国和本地区专家的访谈和填写一份标准问卷，GEM 获得了各个国家和地区的关于创业环境评价的信息。

这9个方面分别是：金融支持、政府政策、政府项目支持、教育培训、研究开发转移、商业和专业基础设施、进入壁垒、有形基础设施、文化和社会规范。

1. 金融支持。当我们讲创业的金融支持时，其基本含义是指新的和成长型企业在获得金融资源上的可得性，包括拨款和补贴。

2. 政府政策。政府的创业政策是指激励创业的政策，包括对创业活动和成长企业的规定、就业的规定、环境和安全的规定、企业组织形式的规定、税收的规定等。政府政策包括中央政府和地方政府的政策。

3. 政府项目支持。政府项目支持作为创业环境的独立要素，是政府政策的具体化。政府项目不限于提供资金和政策支持的项目，尽管这是我国政府项目的基本形式。政府项目还包括政府为创业提供服务、支持和帮助的组织。

4. 教育培训。教育培训是创业活动得以开展的必要条件，也是创业者将潜在商业机会变为现实的基础。

5. 研究开发转移。研究开发的转移过程是否顺利，从结果上看是研究开发转移是否实现了商业化，但是，从过程上看，则是创业是否有效率，创业者是否能够抓住技术和商业机会。研究开发的转移与创业的关系涉及五个方面。一是研究开发成果是否能够从它的发源地和来源，例如大学、科研机构和发明者个人，通过新创企业走向市场；二是创业企业是否与大企业有同样的机会接触新研究和新技术；三是研究开发成果实现转移是否具备转移的条件（企业承受能力和政府资助）；四是国家是否具备支持至少某一领域内具有世界水准的技术型公司的创立；五是知识产权保护。

6. 商业和专业基础设施。创业的商务环境（中国研究组将商业和专业基础设施与有形基础设施并入一个环境要素方面，具体涉及商务环境和有形基础设施）包括3个方面：一是创业企业能获得哪些资源，例如分包商、供应商、咨询机构资源。二是创业企业能获得哪些服务，包括金融服务和非金融服务。非金融服务包括法律服务、会计服务等，金融服务包括银行服务等。三是创业企业能否使用得起这些服务和资源。

7. 进入壁垒。进入壁垒主要涉及国内市场开放程度，体现在创业企业进入市场时是否存在行业准入壁垒，是不是一个公平竞争的环境。市场的变化是反映进入壁垒的一个重要侧面。这是因为市场的变化孕育着机会，大的市场变化孕育着大的市场机会。在市场变化大的创业环境中，行业的进入壁垒就难于维系，进出行业的活动频繁，创业企业的进入壁垒就会下降。

8. 有形基础设施。这包括道路、公用设施、通信等，通信能否快速、低廉地开通获得，水、电、气等基础服务费用能否负担，能否较快获得公用设施服务。

9. 文化和社会规范。文化和社会规范与创业的关系比较复杂，主要涉及两个方面。一是社会对个人创业的态度，二是个人与集体的关系。

表 2-1 是关于以上 9 个方面的 GEM 专家调查问卷的问题。

表 2-1　　　　GEM 专家调查问卷

金融支持

问题	内　　容
问题 1	有充足的权益资金提供给新成立的和成长型公司
问题 2	有充足的债务资金提供给新成立的和成长型公司
问题 3	有充足的政府支持提供给新成立的和成长型公司
问题 4	个人（除了创始人外）是新成立的和成长型公司的重要金融来源
问题 5	创业投资是新成立的和成长型公司的重要私人权益来源
问题 6	首次公开发行（IPO）是新成立的和成长型公司的重要权益来源

政府政策

问题	内　　容
问题 1	政府政策（如公开采购）一直对新成立公司优惠
问题 2	对新成立的和成长型公司的扶持是中央政府制定政策时优先考虑的
问题 3	对新成立的和成长型公司的扶持是地方政府制定政策时优先考虑的
问题 4	新成立的公司可以在一周内获得所需要的准许和许可证
问题 5	税务机构不构成对新成立的和成长型公司的负担
问题 6	政府对新成立的和成长型公司的税务和其他管制是可预见的和稳定的

政府项目

问题	内　　容
问题 1	新成立的和成长型公司可以通过单一代理机构获得广泛的政府支持
问题 2	科技园和企业型孵化器给新成立的和成长型公司提供了有效的支持
问题 3	有足够数量的政府项目提供给新成立的和成长型公司
问题 4	政府机构的工作人员能够信任那些支持新成立的和成长型公司的工作
问题 5	几乎所有想从政府项目中获得帮助的新成立的和成长型公司都可如愿

续表

教育培训

问题	内　容
问题 1	中小学教育鼓励创造性、自立和个人的主动性
问题 2	中小学教育提供了充分的市场经济原理的指导
问题 3	中小学教育充分关注创业和创办公司
问题 4	大学里设置了足够的关于创业的课程和项目
问题 5	商业和管理教育的水平是世界一流的

研究开发转移

问题	内　容
问题 1	新技术、新科学和其他知识迅速从高校、研究机构向新成立的和成长型公司转移
问题 2	新成立的和成长型公司拥有和大型、成熟公司同样的机会接触新技术、新研究
问题 3	新成立的和成长型公司可以负担得起最新技术
问题 4	政府提供的新成立的和成长型公司足够的资助用于获得新技术
问题 5	科技基础能够支持至少某一领域内具有世界水准的技术型公司的创立

知识产权

问题	内　容
问题 1	知识产权保护是完备的
问题 2	知识产权保护法的实施是有效的
问题 3	非法销售盗版软件、音像制品和其他具有版权、商标权的商品是不普遍的
问题 4	新成立的和成长型公司相信它们的专利、版权和商标是能够得到尊敬的
问题 5	社会广泛认为发明者的发明权应当得到尊重

商务环境

问题	内　容
问题 1	有足够的分包商、供应商和咨询机构为新成立的和成长型公司提供帮助
问题 2	新成立的和成长型公司能够负担得起分包商、供应商和咨询机构的费用
问题 3	新成立的和成长型公司容易找到一流的包商、供应商和咨询机构
问题 4	新成立的和成长型公司容易得到好的、专业的法律和会计服务
问题 5	新成立的和成长型公司容易得到好的银行服务（会计核准、汇兑、信用证）

续表

有形基础设施

问题	内　容
问题 1	基础设施（道路、公用设施、通信等）为新成立的和成长型公司提供了良好的支持
问题 2	新成立的和成长型公司可以比较低廉地获得通信（电话、互联网等）服务
问题 3	新成立的和成长型公司可以在一周左右开通通信（电话、互联网等）服务
问题 4	新成立的和成长型公司可以负担得起水、电、气等基础服务费用
问题 5	新成立的和成长型公司可以在一个月左右获得公用设施服务（水、电、气等）

市场开放度

问题	内　容
问题 1	消费品和服务市场每年的变化很大
问题 2	工业品和服务市场每年的变化很大
问题 3	新成立的和成长型公司能够很容易地进入新市场
问题 4	新成立的和成长型公司负担得起市场进入成本
问题 5	成熟公司没有设置不公平的市场壁垒妨碍新成立的和成长型公司进入
问题 6	反垄断方面的法律是有效的并得到了有力的执行

创业文化

问题	内　容
问题 1	民族文化非常鼓励个人通过个人的努力获得成功
问题 2	民族文化提倡自立、自治和个人主动性
问题 3	民族文化鼓励创业者承担风险
问题 4	民族文化鼓励创造和创新
问题 5	民族文化强调个体生活中个人的责任，而不是将责任归于集体

资料来源：姜彦福，等．全球创业观察中国报告（2002）．北京：清华大学出版社，2003：27-39.

三、中国的创业环境质量

（一）2002 年中国创业环境

由于参加 GEM 项目的各国和地区研究团队采用同样的方法和指标，以同样的方式独立完成，所以不同国家和地区之间就可以直接进行比较，从而能揭示各国家和地区创业活动水平的差异。

中国的创业环境在37个GEM参与国家和地区中排在第23位，属于中下水平，在亚洲GEM参与国家和地区中，中国大陆位于第5位，仅高于日本和印度，明显低于中国台湾、中国香港和新加坡，总体而言仍然属于创业环境水平低的国家。

中国创业组为了对中国创业环境的总体状况做出判断，总结了中国创业环境优势和劣势（见表2-2），设计了创业环境的综合指标，将创业环境要素评分进行了综合评分。

表2-2　**中国有关创业环境优势和劣势与GEM成员的比较**

	中国	所有GEM成员
金融支持		
当前的融资途径	非常缺乏权益、债务资本来源，缺乏IPO渠道，非正式私人投资占绝对主导地位，创业投资比例极低	有非正式私人投资、创业投资和IPO三种途径。以非正式私人投资为主
政府政策和政府项目		
政府效率	需要增强，新创企业管制成本较高	发达国家政府效率较高，新创企业管制成本低
税收优惠	较为明显	新创企业税收负担较大
政府政策制定	地方政府政策制定优先考虑，但中央政府政策制定以及政府采购方面有差距	中央政府、地方政府和政府采购对于新创企业的扶持力度不够
政府具体项目	政府的资金和政策支持项目有优势，政府提供创业服务的组织不足	政府提供创业服务的组织较多
教育培训		
中小学教育内容	相对落后	对于创业以及市场经济规则的教育需要加强
管理与创业教育	很落后	商业和管理教育有相当的水平，但是创业教育不足
研究开发转移		
技术成果转移	能从新技术发源地转移技术，转移条件弱	新创企业难以接触最新技术和承担高技术研发，技术转移难度大

续表

	中国	所有 GEM 成员
知识产权保护	重视程度和实施力度不够，差距明显	总体上较为重视，措施较有力
商业基础和有形基础设施		
基础设施	有形基础设施有优势	总体水平较高
商务与法律环境	为创业提供金融和非金融的服务缺乏	总体水平较高
进入壁垒		
市场变化	很快	不明显
进入壁垒	市场进入成本较低，但存在不公平壁垒	市场进入成本高，但反托拉斯法的实施有一定难度
文化与社会规范		
创业文化	个人优势明显，缺乏团队精神	需要改善

资料来源：姜彦福，等．全球创业观察中国报告（2002）．北京：清华大学出版社，2003. 45-46.

在创业环境评价指标的 9 个方面，中国的评分多数在平均水平以下。与全球相比，中国的创业环境条件中确实有不错的方面，如有形基础设施和进入壁垒高于 GEM 平均水平。新创企业可以在短时间内得到相关的通讯等基础设施服务，且有能力支付相应的费用。但与 GEM 先进水平相比，我国依然落后，加上我国地域发展不平衡，进一步加强有形基础设施建设对于改善创业环境仍然是十分必要的。

1. 中国创业环境中接近 GEM 平均水平的指标

政府政策中的优势是，地方政府对创业的积极政策和税收优惠等明显高于平均水平；政府项目中，我国在政府提供资金和政策支持方面具有明显的优势，如科技园和孵化器对创业的贡献比均值大得多；在研究开发的转移方面，我国的研究开发成果能较好地从发源地通过创业企业向市场转化，而且创业企业在接触新技术、新研究上与大企业具有相同的机会。

2. 中国创业环境中的弱项指标

虽然我国的创业环境在某些方面有一些优势，但总体上较弱。

金融支持方面，在总量上我国排在第二位，但我国创业活动金融支持最主要的来源是私人权益资本，包括自有资金、亲戚朋友投资或其他的私人股权投资，几乎看不到创业资本的部分。单纯看创业资本占 GDP 的比重，GEM 调查报告显示中国排在最后一位。若按照我国 2002 年创业投资发展报告的数据，我国创业资本占

GDP的比重约为0.03%，比GEM估计的0.01%要高一些，可排在倒数第三位，但与GEM的平均水平0.2%还相差甚远。这说明我国的创业资本是很不发达的。

我国政府在为创业提供的政策方面，还存在劣势，如政府的直接扶持低于均值，中央政府没有表现出对创业企业的积极政策，新公司的审批成本高等。

在政府项目中，最弱的一个方面是我国政府对创业企业的支持缺乏一个有效的单一代理机构作为中间桥梁，创业企业获得政府支持的过程存在效率低的现象。所以，增加政府对创业企业的组织支持应成为政府项目设置时考虑的新问题。

中国的教育与培训处于落后水平，尤其在大学创业教育和商业管理教育方面落后是我国创业环境改善时面对的重要瓶颈。创业培训是一种对具有创业意向和创业条件的人员，进行提升创业能力的一种培训。创业培训是一个国家创业成熟度高低的重要标志，更是一个国家和地区创业能力强的原因之一。对中小企业实施创业辅导是世界各国、各地区政府普遍采用的一种通行做法。据不完全统计，有70%左右的美国企业在创立之初曾得到过美国小企业局（SBA）的资助和辅导。在我国台湾地区，绝大部分中小企业特别是资讯科技企业都得益于创业综合辅导计划。

我国依据《中小企业促进法》赋予各级政府部门的职责，已经将建立中小企业创业培训体系作为完善城市功能、实现国家长治久安的重要举措，并已确定了深圳等一批试点城市，还拨出专款设立"民营与中小企业发展专项资金"，重点支持建立各类中小企业。当前，我国的创业培训主要分为三种层次。第一层次是对具有创业条件的，或是准备创业的人员组织开展"创业基础知识"为主要内容的理论知识和实际操作技能的培训；第二层次是对非正规就业劳动组织负责人、新办劳动就业服务企业负责人和小型私营企业主等主要是开展提升业务能力的培训和对开办的企业提供诊断和跟踪指导的服务；第三层次是对已下岗再就业的人员进行创业培训，主要是使下岗人员增长技能，坚定信心，走自主创业之路。有的地方政府还将它和发放小额贷款结合起来，对经过创业培训的人员给予小额创业贷款扶持，使他们尽快找到生活的出路和致富的门路。

经过几年的创业培训实践，目前我国在培训的内容和方法上已进行了很大的改进，包括：引入国际化培训课件，对创业者进行心理测评。劳动和社会保障部与国际劳工组织合作，已经在北京等14个试点城市引进和开展"创办和改善你的企业"（SIYB）培训项目，截至2005年，有8 000多人参加培训，培训结束后有5 000多名学员成功创办企业，同时带动社会上2.55万人实现再就业，实现了创业培训、就业倍增的效果。

尽管我国在创业教育与培训方面取得了一些成就，但在培养全民的自主创业的意识和能力方面与发达国家和地区的创业教育与培训水平还有很大差距。

研究开发的转移过程是否顺利，既要看是否实现了商业化，也要看是否有效率、创业者能否抓住技术和商业机会。我国比较落后的方面是研究成果转化的条件差，无论是企业的承受能力，还是政府的资助方面还不能满足创业过程中研究开发转移的效率要求。而且，在知识产权保护方面，我国全面落后，知识产权法规的制定和实施难以起到有效效果，新创公司很难相信它们的专利和技术能得到有效保护。

创业的商务环境，即创业的软环境，我国均接近 GEM 参与国家和地区的最低水平。我国创业企业在获得资源和是否使用得起这些服务和资源方面，处于 GEM 总体表现差而我国更差的状况；而在获得金融和非金融服务方面，我国创业企业处于 GEM 总体表现好但我国差的状况。

比较而言，我国的文化和社会规范对鼓励个人创业具有积极作用，但在个人责任与集体责任的关系处理上，低于 GEM 均值，所以我们应提倡个人的责任心和团队精神。

根据 2002 年的报告，总体上，中国属于创业环境差，但创业较活跃的地方。中国在政府资金和政策支持创业、文化和有形的基础设施等历史和硬件方面有优势。但是，在金融、服务、商务环境等软环境方面则显劣势。

（二）2005 年中国创业环境①

2005 年《全球创业观察中国报告（2005）》阐释了中国最新的创业态势、创业特性、驱动因素；比较评判了创业环境优劣，考察了创业政策得失；并且首次完成了覆盖我国中东西部的 16 个城市的创业环境报告。报告对 16 座城市的创业环境、创业机会和能力、创业政策进行了深入研讨。

2005 年《全球创业观察中国报告（2005）》的主要发现：

1. 中国在全球的创业活动中处于活跃状态

中国的创业活动在 2005 年处于更为活跃状态。2005 年，中国的全员创业活动指数为 13.7%，即每 100 位年龄在 18 ~ 64 岁的成年人中，有 13.7 人参与创业活动。在 2005 年的全球创业观察成员中处于前列，排名第五位（排在美国的前面）。在 2002 年和 2003 年排名均为第九位，全员创业活动指数在 2003 年是 11.6%。

2. 生存型创业②仍然是主导的创业类型

生存型创业是中国的主导类型，而对于其他国家而言，尽管也存在生存型创业形态，但是，不仅是发达国家，而且其他的发展中国家，生存型创业都小于中国的

---

① 清华新闻网，2006-05-30，8：57：19。

② 生存型创业是指创业者出于生存目的，为获得个人基本生存条件不得已而选择创业的形态。在我国，生存型创业者大多为下岗工人、失去土地或因为种种原因不愿困守乡村的农民，以及刚刚毕业找不到工作的大学生。清华大学的一份调查报告说，这一类型的创业者，占中国创业者总数的 90%。根据全国工商联组织研究、编写的中国首部《民营企业发展报告》中调查得出的中国民营企业家的创业类型，是“以生存型创业为主、机会型创业为辅”。

比重，因此，中国的生存型创业活动指数排在了第二位。这里也有两个含义：第一，中国的生存型创业多于其他国家；第二，中国的创业活动比较活跃。两者的共同作用导致中国的创业活动相对于其他国家而言是典型以生存型创业为主导类型的创业活动。

中国的机会型创业①活动指数在35个国家中排在第12位。属于较为活跃的状态，这里有两个含义：第一，机会型创业在中国不是主导的创业类型，所以，按照创业类型计算的全员创业活动指数中，其排名相对靠后；第二，其他国家与中国的主导创业类型有所不同，因此，在按照创业类型计算机会型创业指数时，那些国家的排名会提前。

生存型创业和机会型创业产生的社会经济效应是不同的。机会型创业比生存型创业创造更多的就业、出口和市场。在金融、保险、房地产等商业服务业，创业的主导形式是机会型创业。在零售、汽车、租赁、个人服务、保健、教育服务、社会服务和娱乐业，生存型创业相对多一些。而且，创业活动也主要发生在这些产业部门。

3. 中国的创业者特性

我国创业活动最多的年龄段在25～34岁；男性比女性更多地参与创业活动；绝大多数创业者是有就业经历的人；创业者的学历以高中生为主。

4. 创业环境总体仍处于非良好状况

创业环境在创业环境条件框架的9个方面的综合评分中仍然处于一般水平，排在第17位。没有达到良好状况。相对于发达国家，我国的创业环境是较差的；但是，相对于发展中国家，中国的创业环境较好。在创业环境条件框架的9个方面，中国相对好的方面是市场开放程度、研究开发转移、政府政策和政府项目以及有形基础设施；相对较差的是金融支持、教育和培训以及知识产权保护，最差的方面是商务环境，即为创业提供服务的环境条件（参见图2-1）。

5. 创业动机、能力和机会

中国的创业属于创业意愿强、创业机会多、创业精神强、创业能力弱的状况。

---

① 机会型创业一般是指创业者通过发现或创造新的市场机会，为追求更大发展空间而选择创业的形态。典型例子有比尔·盖茨因为认识到软件发展的机遇，中止学业开创了微软公司；杨致远感受到互联网的机会，停止研究生学业创办了雅虎公司。同样的例子在国内也有，张朝阳从美国回到国内创建了门户网站搜狐；百度创始人李彦宏也在留美回国后推出了以“百度”为品牌的中文搜索引擎。机会型创业情况往往能反映一个地方经济活跃度。机会型创业比例越大，说明该地创业氛围越浓，经济越有生机，发展水平越高。一般来说，机会型创业比例沿海发达地区比内地高，国外发达地区比国内高。很多世界著名的大企业都是从机会型创业成长起来的，特别是知识经济迅猛发展的近三四十年里，迅速崛起的世界级知名企业戴尔、苹果、甲骨文、Google等都是机会型创业的代表。

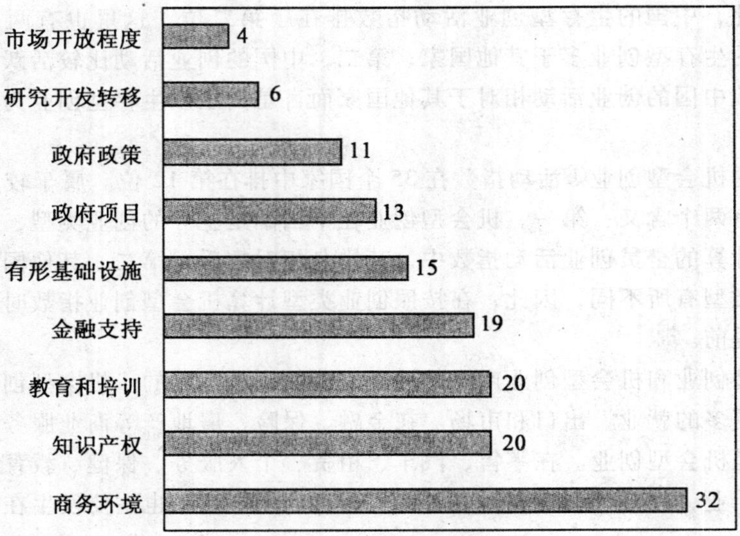

图 2-1　中国创业环境在 33 个国家中的排名

创业意愿强和创业机会多表现在：期望在 3 年内创业的人的比重排在第一位，远远高于第二位的水平；创业精神强表现在：中国的创业活动不惧失败，在“对失败的恐惧会妨碍创业”一项中与美国一样，排在最前面。创业能力弱表现在：在过去 12 个月内关闭企业的比重高，排在对比国家的第一位；具备创办企业的技能和经验的比重排在倒数第二位。见表 2-3。

表 2-3　　创业机会和创业能力的比较

	所有 GEM 成员平均	美国	澳大利亚	新西兰	新加坡	中国
期望在 3 年内创办企业	12.25	16.37	14.99	18.72	16.97	28.51
在过去 12 个月内关闭企业	2.68	3.63	3.80	3.05	2.26	5.18
个人认识在过去两年中创办企业的企业者	37.28	41.40	42.76	43.65	31.30	47.02
认为在随后 6 个月中存在创办企业的良好机会	36.30	32.32	49.74	56.76	17.48	25.49
本人具备创办企业的技能和经验	45.30	52.13	56.26	59.81	29.00	32.73
认为对失败的恐惧会妨碍创业	37.64	22.88	34.33	25.32	38.51	23.73

6. 我国的创业活跃程度存在明显的区域特征，存在四个不同活跃程度

创业活跃的地区也是经济增长快的地区。高活跃地区包括：京津地区（北京、天津），长三角地区（上海、江苏、浙江），珠三角地区（广东）。上海从 2002 年至 2004 年连续 3 年居于榜首，而北京连续 3 年居于其次，并且上海与北京之间的差距有扩大的趋势；北京、上海、天津这三个直辖市一直保持着较快的增长速度；江苏、浙江和广东三省的增长速度比较缓慢，近 3 年当中每年只表现出了微量的增长势态。一般活跃地区包括：辽宁、福建、山东、湖北、重庆、四川、宁夏、新疆 8 个地区。这些区域历年的增长速度比较稳定；如果将这些地区再进一步区分的话，东部沿海几省（辽宁、福建、山东）明显高于内陆几个省、市和自治区。不活跃地区包括：河北、内蒙古、山西、吉林、安徽、江西、河南、湖南、海南、云南、甘肃、青海 12 个地区。整体上，这些省、市、自治区增长速度比较缓慢，但是有些省份起伏不定，甚至有些下降的趋势；其中山西、吉林、江西、河南、湖南五省一直保持着增长趋势；河北、内蒙古、安徽、海南、云南、甘肃、青海这些区域的创业活动没有呈现出稳定的增长趋势，有些年份呈现出下降的势态。中国存在创业沉寂地区：黑龙江、广西、贵州、西藏、陕西 5 个地区。其中陕西从 2000 年以来一直呈现下降的趋势。

第三节 企业孵化器

对创业者而言，即便处于良好的宏观创业环境中，但由于自身能力限制难以组建新企业。但如果依靠企业孵化器，情况就会有所不同。

企业孵化器（business incubator）是一种为新创企业成长和发展提供系统支持和支援网络的经济组织。它的主要功能是将初创阶段的新创企业发展成为健康成长的企业，将创业者培养成为企业家。

企业孵化器的发展水平决定了企业成长的能力，从而影响经济发展的水平。不同国家企业孵化器的创建历史、创业服务水平以及经营模式等方面存在一些差异，了解这些知识是必要的。

一、国外创业服务与企业孵化器业的发展模式

（一）美国孵化器业

1. 美国孵化器业的发展阶段

美国是企业孵化器的发源地。企业孵化器的概念是由美国的乔·曼库索于 1956 年首次提出的，美国的第一个科技企业孵化器于 1956 年在纽约的 Batavia 成立。随着环境的变化及对孵化器本身的认识不断调整，美国孵化器的经营主体、组织运作模式、服务模式和经营目标相应出现了较大的调整，美国创业服务与企业孵

化器业的发展模式可以划分为四个阶段，如表2-4所示。

表2-4　美国企业孵化器四个发展阶段

	政府与孵化器的关系	目标	运作模式	服务重点	管理者
辅助企业建立阶段	政府直接投资	提供就业	非营利性机构	新企业组织的创建	政府派出的官员
孵化功能系统化阶段	系统化的间接支持	提高企业成活率和成功率	主体多元化的非营利性机构	提供更多服务和资源	政府指派人员
企业化运作阶段	政府的资助和支持减少	帮助企业创造巨大价值	企业化运作	无形的智力支持	有管理经验的主管
创业孵化集团阶段	独立于政府的企业	企业孵化的最终成功	营利性的新创企业	全方位的创业支持	成功的创业者

刘珂，张平．科技企业孵化器发展模式研究．科技管理研究，2003（6）：42-44.

（1）辅助企业建立阶段（20世纪50年代至80年代前期）

这一时期的大多数企业孵化器都由州政府直接资助成立，例如俄亥俄州、佐治亚州、北卡罗来纳州、宾夕法尼亚州等州早期的孵化器都是由政府和社区合作建立，以非营利性机构的形式存在。

企业孵化器的主要目标是为了缓解社区的高失业率状况。孵化器着眼于帮助人们解决在企业创立过程中遇到的实际问题，降低企业组织建立的成本，推动企业组织的建立和初期正常运作。

企业孵化器的主要功能集中在办公场所和基础设施的提计划供、基本企业管理职能的配备以及代理部分政府职能。这一时期孵化器对新创企业的管理支持是非常基本的，主要是为创业者建立新创企业运作所必需的管理职能，政府资助的重心也是降低企业融资的成本。

（2）孵化功能系统化阶段（20世纪80年代中后期）

一些成功的企业孵化器充分利用政府在信息和网络方面的优势，为新创企业提供有力的支持。政府开始从直接资助转向信息和网络的支持，从以政府为主导转向与政府部门、企业界、研究教育机构、社会团体的全面协作，企业孵化器的经营主体转向多元化。

20世纪80年代中后期，美国大多数州通过了有关建立企业孵化项目的立法，这标志着政府的支持由直接资助转向更系统的全面支持。州政府在企业孵化项目的直接经费支持上开始减弱，但是政府对新创企业的支持功能实际上大大深化和扩展了。

专业技术孵化器是企业孵化支持系统化的一个重要方面。专业技术孵化器通常需要较大规模的仪器设备投资，孵化器的服务也需要根据相应产业的技术特征进行调整，经营人员的管理支持也需要专业化。专业孵化器通常围绕着知名的研究机构设立。美国国家重点实验室、美国大学、研究力量雄厚的企业开始致力于建立隶属于研究中心或相对独立的企业孵化项目，以促进有效的技术转让和商业化。

(3) 企业化运作阶段（20 世纪 90 年代前期）

这一阶段，人们开始对孵化器的性质有了新的认识，即企业孵化器的中心任务是帮助创业者开创企业，企业孵化器本身不应该是一个准政府机构而应该是一个企业，其产品是健康发展的新创企业。

在这一认识的影响下，孵化期的经营改由具有企业管理经验的管理者来承担。在孵化器成立之初，就要按照企业运作的要求招聘工作人员，孵化期的负责人必须具备开创和发展企业的能力。一些孵化器甚至专门招聘具有企业创业经验的管理者来承担。这使孵化器向新创企业提供个性化的直接管理支持成为可能，使孵化器的服务从场所、设施、设备等硬件场所的提供转向无形的智力服务，支持企业的价值创造。

孵化器企业化运作的一个主要表现是孵化器的服务对象由内而外扩张。许多孵化器向孵化器外部的企业提供支持和服务以获取收益，伴随这种扩张的一个趋势是孵化器的集中化经营，即越来越集中力量服务于特定的细分市场。如硅谷的国际企业孵化器专门孵化第一次到美国开展业务的国际创业者。

孵化器企业化运作的另一个表现是服务形式多样化，孵化的经营重心由孵化新创企业转移到包括市场机会的识别。一些创业中心致力于识别具有较大潜在商业价值的技术，一旦认为值得为一项技术成立一家企业以迅速实现商业化，就围绕该技术专门成立一家公司。

(4) 创业孵化集团阶段（20 世纪 90 年代后期）

创业孵化集团的出现是企业孵化器发展的一次革命。创业孵化集团的基本特色是它本身就是新创企业，而且融合了风险投资和企业孵化器的功能。创业孵化集团除了向新创企业提供办公场所和相应的互联网设施外，同时提供企业管理的咨询支持和服务，包括市场营销、竞争研究分析、法律顾问、会计等。创业孵化集团解决了传统企业孵化器的两个基本问题：一是具备了独立的投资功能；二是解决了传统企业孵化器难以吸引高素质管理人才的问题。

创业孵化集团的支持网络是创业者、经营者和投资者构成的混合体，完全不同于传统的孵化器以政府机构和社区团体为主的支持网络。创业孵化集团采用类似风险投资公司的筹资方式。创业孵化集团与以往孵化器的基本差别在于资源组织力度方面，政府机构和社区基本上只能以小规模的资助为主，其性质决定了这些机构不可能成为投资主体。这种模式的关键在于通过创业者和风险投资的联盟，集合巨额的资金和大量具有创意的新创企业，通过巧妙的安排吸引优秀的管理人才加盟。

2. 美国企业孵化器的形式

按照主办方的不同，美国的企业孵化器主要有四种形式。

(1) 政府主办、非营利目的孵化器

这类孵化器一般由政府或非营利组织创办，主要目的是为了创造就业机会，鼓励各地区经济的多样化发展，扩大税收来源；同时，也为了整修与利用闲置的办公房屋，增加繁荣景象，并且扩大本部门的收入来源。

(2) 私人主办的孵化器

这类孵化器一般由风险资本家与种子基金投资集团主办，有的是大企业和房地产经营者合伙主办，他们最大的追求是通过向公司客户、新技术的应用和技术转让进行投资，赚取高额利润，并通过开发商业性与工业性房地产使其产生增值作用。

(3) 学术机构主办的孵化器

前两类孵化器的特点在大学办的孵化器中都能得到体现。除此以外，这类孵化器比较关心学校里的科研成果，通过办孵化器可以吸引许多科研项目和高级研究人才。

(4) 政府、私人合股形式的孵化器

这类孵化器由政府、非营利机构和私人合股兴办。这种合股形式使孵化器既能取得政府在经费与其他资源方面的支持，也能得到私营部门的专业知识与经费资助。

3. 美国企业孵化器的作用

美国企业孵化器对在孵企业、社区发展和就业具有较明显的作用。

NBIA（美国国家企业孵化器协会）对科技类、面向低收入类和综合类等三类孵化器进行抽样，被调查对象是50个项目、125家公司和107位企业集团的股东和企业孵化器经理，调查对象是1990～1996年期间加入孵化器的公司。调查结果显示，每家企业孵化器平均创造468个职位，并产生234个派生职位，每份工作的补贴成本约为1 109美元，宏观经济规模显示每1美元的投资（补贴）可得到4美元的税收回报。从入孵企业微观考察，年平均就业职位增长3.7个（包括全职和兼职）。被调查的孵化器内企业成活率高达87%，高出全国50%的平均水平，其中84%的企业仍留在社区内，入孵企业为雇员提供了比一般企业较好或相当的待遇。

另据1997年经济合作与发展组织（OECD）统计，美国大多数创业公司在孵化器的入驻时间不到两年，而5年后存活率近80%。据美国小企业管理局统计，一般新公司4年后仅有47%的在经营，而6年后还在经营的只占38%。因此，经企业孵化器孵化的企业有更长的生存期。

（二）法国孵化器业

1. 法国孵化器业基本情况

“incubator”的法语意思是企业实体的托儿所，以培育正在发育的“企业胚胎”成为企业。所以，法国的企业孵化器实际上是创新项目的孵化器。孵化过程是指从创意提出开始，经实验室研究，成果完成，到引入外部资金的投资，并成立公司为止的过程，孵化期为从6个月到23个月。孵化项目成立公司以后离开孵化器，可以到企业苗圃或者科技园发展。法国的企业苗圃是真正培育新建立的企业的地方，相当于一般意义上的企业孵化器，平均培育时间为2年，可延长到3年。

法国公立孵化器基本上是在2000年以后才发展起来的。为促进科技创新与研究成果产业化，1999年7月12日法国出台了《创新与研究法》，为科技人员创业和研究成果实现价值转换提供了法律依据，企业孵化器因此进入了一个新的发展时期。目前法国有各类孵化器及具有孵化性质的机构310家左右，孵化器之间也形成了网络，实现信息互通、资源共享。

法国的企业孵化器重点放在大学，其目的是增强企业界的创新意识，促进创新与研究成果产业化，所以也主要面向科技企业。

2. 法国企业孵化器的形式及特征

（1）形式

按照创立的方式和资助来源的不同，法国企业孵化器主要有4种形式。

①国家资助的企业孵化器运作模式。国家资助的企业孵化器由所在地区的大学、研究机构和实验室共同创立，孵化来自大学、研究机构和实验室的成果或者与其有密切关系的成果。企业孵化器是工业界与研究界的接口，由国家和地方共同资助，属非营利性机构。

②企业孵化器、苗圃和科技园“三者合一”的运作模式。企业孵化器、苗圃和科技园的目的都是为了促进大学和实验室的研究成果转化，功能上具有相似性，操作上具有上下游关系，因此一些地区将这三者合并起来运作，更有利于加强与大学的联系。

③企业创办的企业孵化器运作模式。法国有的企业为了实现公司的总体发展目标，自行创办企业孵化器，资助与公司经营业务有关的研究成果的转化。

④研究机构将研究成果直接进行孵化的运作模式。一些研究机构本身直接对研究成果进行孵化。它们依靠强大的技术背景和配套的服务，加大对基础技术研究的投资力度，吸引风险投资，享受国家创新激励政策，将大量的实验室研究成果直接孵化成创新企业。

（2）服务内容

法国企业孵化器不仅为孵化项目提供资金支持，而且配备项目顾问，全程跟踪在孵项目，也加快了在孵项目的发展。

法国企业孵化器为孵化企业提供的服务具体包括：孵化场所和电讯等一般性行政后勤服务；市场调查、战略咨询、企业管理培训等管理咨询；技术专长、初步可行性研究、原型试验等技术性服务；融资帮助，为每一个项目提供接近5.5万欧元的支持。孵化器为每个孵化项目配备一至二名顾问全程跟踪并服务于孵化项目。

(3) 政府的支持力度

法国出台了有关企业孵化器的立法，使法国孵化器的服务与活动有法可依；政府对孵化器的建设与经营提供经费资助；国家还实施了企业孵化计划。主要表现在：

①立法。法国研究部起草了《创新与研究法》草案并得到国务会议批准，于1999年7月由法国参议院和国民议会表决通过成为法律，使孵化器的建设与发展有法可依。

②国家资助。法国政府挑选并资助31家企业孵化器，各大区（法国有22个大区）至少一家，其中巴黎大区5家。

③制定标准。为加强企业孵化器的规范化管理，法国标准化委员会（AFNOR）制订了孵化器服务与活动的具体标准。

④地方政府支持。大区政府及所在地政府单独开办或与大学、研究机构、商会、企业等合伙开办企业孵化器，孵化器财政预算在3万欧元至105万欧元之间，地区委员会分配给与孵化器相关项目的预算平均为原始投资的40%，不超过75万欧元。

3. 法国企业孵化器经营管理模式

法国的企业孵化器能从政府和企业得到经费补贴，收入来源较广，有足够的经费支持为在孵企业或项目提供高质量的孵化服务。

法国企业孵化器平均孵化场地面积2 200平方米，平均可容纳30家企业，公用面积约占总面积的13%。孵化器大多数实行法律和财务自治，且由社团（非营利机构）或者城市市政当局代表组成的公私合营部门公司管理。管理人员比较少，一般不超过5人。孵化器的投资与经营费用由地区政府、社区，以及公共或私人部门的投资人等提供，不足部分由孵化器通过服务收益进行补偿，实现自收自支和可持续发展。

另外，孵化器管理逐步实现标准化。孵化器已经采取质量控制程序，已获取ISO9002质量体系认证。法国标准化委员会员及标准化认定机构就企业孵化器的服务和活动制订了以下标准：

①管理人员的确认、教育程度和职业经验。

②为初创公司提供的支持服务，既可由管理人员提供，也可在孵化器承担责任的前提下由外部提供者提供。

③确保孵化项目的管理人员能够成为初创公司的投资商。

④提供资源和参考，涉及到经营费用的减轻和资源共享。

⑤在决策时提供支持和帮助，即咨询与帮助的功能。

⑥孵化环境的营造，包括网络的构造，让人们了解孵化项目的活动。

4. 法国企业孵化器的作用

法国企业孵化器使孵化企业的成功率在孵化期间接近93%。据有关资料显示，法国在孵公司2年后倒闭的只有8%～20%，未经孵化的一般新公司倒闭率为31%。法国国家支持的31家孵化器从2000年创立以来，共孵化了635个项目，创建了277家企业和增加了1 050个工作岗位。38%的被孵项目获得研究部的创新技术企业全国大奖赛的奖项。

二、中国创业服务与企业孵化器业的发展模式

（一）中国孵化器业的基本情况

我国的孵化器实践始于1987年，以武汉东湖创业中心为起点。经过10多年的发展，我国目前已建成525家各类孵化器，数量仅次于美国，居世界第二位，并已形成多元化、多层次、产学研相结合的孵化体系。到目前为止，我国的孵化器发展经历了五个阶段。

1. 研究试验阶段（1987～1988年）

以1987年国家科委下发的《关于开展科技创业服务中心可行性研究的通知》和同年6月成立的武汉东湖创业中心为标志，孵化器业在我国兴起。

2. 初创阶段（1989～1993年）

在这一阶段，国家科委提出了“服务为主，开发为辅”的工作方针，孵化期的基本工作方式是从项目孵化入手。

3. 发展阶段（1994～1995年）

这一阶段，我国创业中心已发展到73家，并成立了中国高新技术产业开发区协会创业服务中心专业委员会。

4. 提升阶段（1996～1998年）

1996年11月，国家科委在重庆召开全国高新技术创业服务中心工作会议，在总结“八五”期间创业中心发展情况的基础上，制订创业中心“九五”计划和2010年发展规划。

5. 新阶段（1999年至今）

1990年全国科技创新大会召开；1999年全国创业服务中心工作会议召开；2000年世界企业孵化器与技术创新大会在中国召开。这一切都表明，我国孵化器建设的新阶段已经到来。

（二）我国企业孵化器的形式及特征

根据提供的服务类型不同，我国的孵化器可以分为8类。

1. 综合科技企业孵化器

综合科技企业孵化器面向所有高新技术领域，吸引所有有发展潜力的企业入驻，致力于为入驻企业提供方便快捷的各种服务，帮助企业解决在创立过程中遇到的一些基本问题，落实对企业的各项政策等，并可利用其强大的中介服务网络为在孵企业提供法律、人才、投融资等各项服务，加快企业的科技成果转化，帮助企业高速发展。这类孵化器的代表有北京清华科技园孵化器有限公司、青岛高新技术产业开发区科技创新服务中心等。

2. 国际企业孵化器

国际企业孵化器是综合孵化器的发展，它更注重国际化的创业活动。它既可吸引外国企业或科技成果来中国孵化，促进地区经济发展，也可帮助本地企业创业并将其推向国际市场。这类孵化器的代表有武汉国际企业孵化器、广州国际企业孵化器等。

3. 留学人员创业园

留学人员创业园是专门为海外留学人员创办的，目的是积极吸引留学人员回国创业，充分调动海外留学人员的先进技术和管理理念以推动本国经济发展，提高本国科技水平。这类孵化器除了提供一般孵化服务以外，还提供对海外留学人员的特殊的优惠政策。这类孵化器的代表有厦门留学人员创业园、海淀留学人员创业园等。

4. 大学科技园

大学科技园主要是依托高等院校以充分利用大学的智力、技术、实验设施等资源，并结合国家对孵化器的各种优惠政策和便捷服务促进科技成果的商业化，为社会不断输出高新技术企业、高新技术产品以及复合型人才。大学科技园是在新经济迅速兴起的大背景下大学功能的延伸。1999 年教育部和科技部首批共认定了包括北京大学、清华大学、上海交通大学、武汉大学、华南理工大学在内的 22 家大学科技园，其数量还在增长之中。

5. 专业技术孵化器

专业技术孵化器是在综合企业孵化器的基础上发展而来的，对某一专业技术领域的高新技术企业进行孵化，除为在孵企业提供一般性孵化服务以外，还提供共享技术平台、通用的专业技术设备和专业化的孵化服务。专业技术孵化器可在一定的科技领域中集中其优势资源和力量对新创企业进行孵化，从而大大提高企业的成活率。这类孵化器的代表有上海电路设计专业孵化器、北京生物医药高科技孵化器等。

6. 国有企业孵化器

国有企业孵化器实际上是对国有企业的制度创新，是国企改革的一种新尝试，它可以充分利用国有企业闲余的资本、车间、厂房、人力资源、技术及管理资源为新创企业服务。通过建立国有企业孵化器，国有企业可以将自己易于取得资本、强大的研发能力、广阔的社会联系网络等优点与小企业的规模精简、灵活弹性的组织、强大的创新活力等优点相结合，共同进步，共同发展，既可推动国有企业创新的发展，增强国有企业活力，又可为社会促进科技成果的产业化和高新技术企业的成长做出贡献。这类孵化器的代表有在北京内燃机厂的基础上建立的北内孵化基地和在北京冶炼厂基础上组建的北京诺飞孵化器有限公司。

7. 虚拟孵化器

虚拟孵化器就是通过现代信息交流手段，以互联网为平台，在物理孵化器的基础上，进一步拓展创业孵育的功能，发挥资源配置的作用，促进创业企业的发展、壮大。虚拟孵化器的功能主要有两个。第一，发挥创业企业和创业中心之间的桥梁作用，孵化器网站通过互联网收集创业企业的有关资料，分类筛选后为其联系合适的创业服务中心并协助其申请入驻；第二，孵化器网站本身便承担孵化器的职责，创业企业通过互联网进行申请，孵化器网站也通过互联网对创业企业进行评估并在互联网上虚拟的创业园区里，为创业企业提供各种优惠政策、创业咨询、办公和商务服务、资金及信息等。这类孵化器的代表有深圳高新区的虚拟大学园和我国准备在新加坡和俄罗斯等国建立的境外孵化器。

8. 孵化器网络

孵化器网络的建立就是为了促进各种孵化器的优势互补与协同发展而建立的一种工作组织网络。孵化器网络以互联网为平台，将网络内的孵化器的资源和服务进行整合，可使新创企业根据自己的实际情况进行选择。孵化器网络可充分利用网络的开放性，使孵化器之间进行公平的竞争和合作，并使待孵企业有充分的选择余地。1993 年中国高新技术产业开发区协会建立了高新技术创业服务中心专业委员会，这是中国第一个全国性的科技企业孵化器网络（组织），目前已拥有 100 多家正式会员，委员会每年都举办研讨、交流活动并与国外同行建立联系。此外，我国各地区已建立的孵化器网络还有 1997 年中西部 12 省市建立的西部科技企业孵化器网络、1998 年华北和东北 6 省建立的北方科技企业孵化器网络和 2002 年华东 6 省 1 市建立的华东孵化器网络。

（三）我国企业孵化器的服务内容与作用

中国创办企业孵化器的主要目的是促进高新技术成果转化与产业化，主要任务是孵化高新技术企业，培养科技企业家和专门人才，为高新技术企业提供服务，因此孵化器基本上是科技型，服务于科技企业。孵化器的创办人从以地方科技部门和高新区为主转向政府引导，大学、研究机构、综合孵化器、科技园、大型企业等多元参与。

从服务内容来看，孵化器提供两大类“服务”：

1. “硬件”服务。创业中心和孵化器一般都拥有自己的孵化场地及厂房，为在孵企业提供办公、科研及生产用房；提供水、电、会议室、商务、保安等一般行政后勤服务。

2. "软件"服务。创业中心和孵化器可以帮助企业完成工商、税务、项目申报、人事培训、政策等管理咨询服务；提供技术条件与服务，配置科技资源；引进种子资金、风险投资，企业间并购，资产重组，推动企业上市等融资服务。

大多数孵化器能提供较好的一般行政后勤服务，但管理咨询服务、技术性服务和融资服务还远不能满足孵化企业的需要。李布于2001年对北京、山东、沈阳三地6家孵化器196家在孵企业进行调查，结果是提供以下服务的百分比分别为：融资服务23.5%，中介融资22.4%，中介投资6.1%，投资服务27.6%，管理服务52%，技术咨询41.8%，打字复印、会议室、工商税务86.7%，政策咨询86.2%，低于市场的租金为100%。

虽然大多数中国企业孵化器能提供各种服务，但由于缺乏高素质人才，还不能根据在孵企业的实际需要提供有针对性的、深层次的服务，特别是融资服务。

（四）我国企业孵化器的经营管理模式

中国企业孵化器大多数实行事业单位企业化管理，自收自支，人员自聘。从收入来源来看，房租收入是大多数孵化器的主要收入来源，一些孵化器正在探索增值服务、投资，但其收入所占比重仍很低，只有少数孵化器获得了较高的投入收入。孵化器管理正朝专业化、规范化发展，上海等地出台了全市统一的孵化企业入住和毕业标准，个别孵化器通过了ISO9002质量体系认证。

虽然我国孵化器大多能够实现自收自支，但运行经费来源渠道有限，不能支持孵化器为在孵企业提供深层次的服务。

此外，我国政府对孵化器业提供以下支持：

1. 负责组建。非营利企业孵化器绝大多数由地方政府科技部门或高新区负责组建，并纳入火炬计划。

2. 资金支持。孵化器的建设资金50%～80%由政府拨给，其余部分由孵化基地经营者自筹。

3. 优惠政策。政府向孵化器及其在孵企业提供优惠政策，近几年来政府主要引导大学、研究院所、企业等多元投资孵化器，北京、上海、浙江等地方政府出台了专门的促进企业孵化器发展的政策或在有关科技政策中明确企业孵化器的优惠政策。

4. 政府出面组织工商、税务、劳动、银行、法律等部门支持孵化器的发展。

中国各级政府对孵化器的支持力度相对于国外而言尚有较大的距离：一是孵化器的服务与活动还没有纳入法制轨道，二是虽然孵化器纳入火炬计划，但只限于宏观指导，没有相应的支持措施和调控手段加以引导。

（五）中国创业服务与企业孵化器业发展方向

国内外的实践经验已充分表明：孵化器在孵化中小型科技企业，培育企业家，促进地区经济发展等方面有着积极的作用。

与国外创业服务与企业孵化器业发展情况相比，大多数孵化器基础设施完备，但是孵化功能不足，不能提供深层次的服务，孵化器整体上来讲质量不高。要大力支持孵化器产业的发展，当务之急是要提高对孵化器的认识，转变孵化器的经营机制；引进风险投资，实现孵化器与风险投资的有效结合，走多元化的孵化器产业发展道路；加快孵化器立法的步伐，促进孵化器产业的规范化发展；在完善服务功能、提高孵化能力和质量的同时，加强孵化器经营人才队伍的建设。

小　结

创业环境是指进行创业活动所需要的一系列情景或条件，它反映的是在一定时期和一定的区域范围内政策法律、经济与社会文化的发展状态是否有利于创业者或企业家群体的产生和出现。良好的创业环境具有支持、加快创业成功的作用。

对环境的分析与评价方法可以采用PEST方法、GEM的指标体系和其他多种方法。潜在创业者对创业环境的评估通常应该关注创业融资渠道、融资成本、创业信息、人才供给、法律支持等方面是否具有更多的便利和优势，是否有利于创业，从而增加创业成功的可能性。

中国的创业环境在政府资金和政策支持、文化和有形的基础设施等方面有优势，但在金融、服务、商务环境等软环境方面有待改进。从总体上看，中国的创业环境正在不断地改进和完善，尤其在政策和法律方面，不断有新的鼓励创业的法律政策出台。

思 考 题

1. 创业环境与一般企业经营环境有什么不同？
2. 影响新企业建立和创业发展的关键环境因素是什么？
3. 从政府角度分析如何营造良好的创业环境？
4. 企业孵化器的基本功能是什么？

讨论案例 消费者有限公司①

C. D. 爱尔森（C. D. Elson）感到幸运，原因是刚出管理学院就在消费者有限公司（Consumers Inc.）得到一份公司计划的职业。好工作是极少的，公司计划这份工作提供了显示分析和裁决能力的良机，爱尔森的现实任务，无论如何是不可能通过计算机去完成的。

消费者有限公司是一家多种经营的联合公司，下设若干分部，像专利药品、化妆用品、小型电子器械如吹风机等、特殊邮政订货和竞赛管理、行李包、室外家具以及其他生产线；这些都与最终消费者直接有关。作为战略的组成部分之一，该公司希望在新的区域建立强有力的地位。公司计划处主任为爱尔森的任务明确以下原则：

"英国人口的激增面已经不是青年一代，恰恰是其反面——65岁以上的人口集团。我们应考虑从何处立足于市场，应该对我们的主要良机之关联处作一个预测，使在其他市场饱和之时，能够建立新的市场以满足社会需求。你的任务是研究英国65岁以上人口增长与社会和经济的关系，然后归纳出二至三条我们的企业可尽力而为的经营战略。"

爱尔森查阅了有关出版的资料，并且同各类专家进行了会谈，她深深意识到在可能的变化上各家争鸣，意见不一。下面是她的记录摘要。

需求的种类和规模

英国人口的老年部分（65岁以上）在1970年至1980年之间增加24%，还要在今后十年间继续增加20%，这种增长速度会使幼儿、少年人按5到19岁计的数量下降，实际上在70年代已下降9%以上，可能在80年代还会降低3.5%。

当然，总人口中年龄分布将继续受第二次世界大战后婴儿繁荣的影响；后来，出生率的下降又影响着各种观念的变化，如婚姻、妇女的职业、药品使用等。从65岁以上的人来讲，最大的差别是生命周期。1910年以前出生的人口仅有2/5可能活到65岁；而现在，同类年龄结构寿命超过65岁的已达3/4，几乎增加两倍。

人们不仅能够活到65岁，而且还可以在65岁后延年益寿。据近期估计，在65岁以上的老年人中，男性的延寿率是13.9年，女性是18.3年。

但这种估计是在变化的，许多意想不到的东西可延长生命，如研究人员正在作延缓生命老化的药物试验。我们并不希望人的生命将延长20年之多，这将深刻地改变家庭的组成、职业方式、娱乐、社会结构等。当然，还存在一种毁灭益寿期望

---

① 科林·巴露，罗伯特·布朗．小企业三步曲：创立、生存与发展，宁光洁，等，译．北京：机械工业出版社，1999.

的可能性，即老年人自杀可能得到社会舆论的承认。

如果消费者有限公司开始出售助听器，所有益寿期望的变化都会改变其市场规模。赡养老人的公共费用大概是照顾幼儿的3倍，光是联邦政府每年就要动用其总预算的25%来维持老年人的社会福利（像社会保险、医疗、退休金、福利），这占国民生产总值的5%。比起十年前来，已经翻了两番，看来还会增加。

政治上的角逐也在酝酿，老年人正形成巨大的选举集团，假如他们联合强调服兵役，立法部门便会犹豫。另一方面，在职人员会因此而骚乱。另外，在职雇员与退休人员的比率从1940年的9:1下降到现在的6:1。如按此趋势发展下去，到2000年可能会达4:1。爱尔森认为解决这些矛盾的方式会影响65岁以上人群的市场规模，同时也会改变人们的花钱之处。

消费者有限公司希望占领老年人市场，影响该市场规模的一个重要变量是人们的退休年龄。在1949年前后，65岁以上的老年人中，有一半以上仍在工作，其中1/3的年龄超过70岁；而现阶段，只有1/5的人在工作（其中15%的超过70岁）。许多人都在65岁之前选择“早期退休”计划。

有三个因素可能有助于改变早期退休的趋势：（1）通货膨胀正深深地侵蚀老年人的储蓄和个人养老金的实际价值，因此更多的男性和女性雇员必须继续工作以维持现有生活水平；（2）限制政府福利开支的压力正在加倍；（3）对继续选择工作的人来讲，工作机会相当可观。联邦法律已发布禁止65岁以后必须退休的强制令，其中包括严禁以年龄为基点的种族、性别和宗教方面的歧视行为。延长在职雇员劳动生活的压力，势必阻碍年轻一代的提拔和晋升。你如何把老框框抛开？

爱尔森引述了一位经济学家的一段话：“当然，怀希望者大有人在，但在考虑何人可以进财和付款时，慎重为妙！”

卫生保健

从消费种类上讲，青年人集团与其他人口集团最大的差距是卫生保健。从平均水平看，在卫生保健上，一个19至64岁的人的花费仅是一位65岁以上老人的花费的38%，而19岁以下青年人的花费只占14%。1980年度个人卫生保健预算，以2 500万老年人为对象，大约是500亿美元（人均2 000美元）。爱尔森说道，“消费者有限公司看来有所作为”。

卫生保健是通过各种渠道进行的。除定期请医生看病外，一个人可能：

1. 到医院进行“急性”治疗。

2. 转移进“附加性保健”设施——护理所、疗养院、恢复室（这里都统称护理院）。

3. 成为“院外病人”——定期到医院和保健室做理疗。

4. 家庭病房，轮流由护士或医生登门治疗。

每日的保健费用从第一至第四条依次降低，因为住院费用高得使人吃惊，人们更多地注意到重建保健设施，但这类行业的进展缓慢。

一位英国医学协会（BMA）的官员告诉爱尔森："我对消费者有限公司的建议是跳出保健服务的市场，尽管我们协会努力不懈，但政府管理的趋势不可避免。甚至在一些独享利润的公司企图进入的地区，紧缩也是来势凶猛的。你们可能提供一些服务系统，但我发觉你们不得不做一些不明智的事情，以迎合联邦政府的要求。同时，第三方的支付者们（如红十字会、医疗保健会等）不会根除花费方面的后遗症。我注意到政府已经支付了老年人保健费用的2/3，但是补贴总是与实际开销差一大截；消费者有限公司不能够转向一些靠税收支持的机构，以填补你们的赤字，政治家们已渗透进公共保健事业，而且选举者们决不会让我们撒手不管。

对这种看法并非无异议，一项私人经营占主导地位的服务领域是护理所，其中75%是很赚钱的。这与爱尔森的调研相关，原因是在护理院，90%以上的人都是年过65岁的老人。

现代护理所是在医疗护理会提倡优惠保健措施时诞生的，建筑方面获得的资助也很大，其发展是令人吃惊的。同时，各类低素质的实业家们都在20世纪70年代初涌入保健行业来，结果呢？利润极少，许多项目停办，而关于低质量服务的责骂声却不绝于耳。

现在，几个幸存的公司联营成为护理所的整体网络，还把现代管理方法应用于保健业务。它们的基本指导思想是任用专家制订服务标准，然后参照这种标准进行培训和具体管理每一个护理单位。这些服务标准大致包括护理质量、食品质量、设施的设计和维护、为确保护理所的充分利用而进行的销售宣传和融洽社区关系、预算、经常性开支和资金流动报表、对管理人员进行物质刺激等。

在理想的条件下，经营型的做法可使护理所赚回投资。经营型的支持者们坚信，只要像旅馆网络那样，建立服务可靠的声誉，便会吸引"理想性顾客"；同时也会使整个机构获取经验，实际成本也会跟着下降。目前最基本的问题是招聘、培训和稳定雇员。同老年病人们打交道，尤其是看护枯木一般的人们，需要特殊的方式和热情态度，并非每个人都能胜任。

在卫生保健领域最被广泛提倡的新机构是健康组织（HMO）。不像通常的零售型服务机构，HMO向成员们提供所需的各种保健服务，只收取一次性固定的预付费。每一个HMO都有自己的医生和保健室。另外，它还开办自己的医院或护理所，或者利用现有设施合办类似的保健服务。因此，HMO既是资助者又是保健提供者。由于这两种功能合为一体，它着重于防疫性医疗事业，事实上，HMO的成员们住院时间比其他被分散型机构服务的人要少得多。

HMO的牵头者是凯泽尔集团（Kaiser Group），其注册人数超过伯明翰人口的25%，各处都有服务机构，年收入为10亿美元。这个集团不以谋求利润为目的，但也有些HMO能够赢利。目前，大多数HMO的注册都与各类公司或机构有关，但其基本原则还未应用到老人保健中去。住宅老年人同时有不同的住宅条件，如住房面积比有家眷的家庭小，房屋为一层楼，室外保养措施很少，靠近商业中心或者公共交通点，只纳轻微的房地产税。尽管有许多经济和社会的有利条件，老年人与他们的儿女和亲戚们居住在一起的时代，已一去不复返了。

为了满足这种需求，“退休型社区”如雨后春笋遍及英国各地，尤其是在那些气候温和之地，像休养村、假日城、娱乐场所、海边别墅等随处可见，既有豪华旅馆也有一般饭店。几乎所有的设施都有供社会交际的俱乐部大厅、游泳池和其他供体育锻炼的场合如高尔夫球场、各种俱乐部等。

许多退休型社区比房地产发展项目要先进一步，它们获得社会建设和服务行业更多的关注；这里私人拥有的不动产与租用相比，占主要部分。

市区规划者倾向于混合型的社区建设，他们认为包括各类年龄结构的社区建设应受重视，其中有经验的、敏感的管理更为重要。

为“年轻”的老年人服务

一位衰老学教授告诉爱尔森：“只局限于健康问题是错误的。65岁老年人中的绝大部分都精力充沛，他们比我们更有自由去随心所欲，关键是使他们保持活力。”从“年轻”老年人和“老年”老年人的角度考虑问题，不同之处不只是年龄，更重要的是活力和体力素质。当今，人们并非上了75岁的年纪就停止运动。

这些“年轻”的老年人能够成为重要的消费者，除正常的食品和衣着外，他们可能被那些使他们愉快欢度时光的商品和服务所吸引。通常认为对“年轻”老年人合适的项目大致有：

旅游——乘车或飞机，多为游览，在美国或国外。

体育和爱好——在退休型社区中已论及，但也不一定局限于这类设施。

继续性教育——涉及文化方面的兴趣、爱好，或者可能的新职业等。

顾问咨询——投资、就业方面的助理，对其他老年人或青年人的培训等。

以上各方面同时也适用于其他成年人，因而市场片区可能很理想；比如说设计出服务项目或商品以使它迎合“年轻”老年人的需要。美国老年人的总数远远超过整个加拿大的总人口，所以社区化是一个很可行的探索。当然，危机是有的，主要来源于通货膨胀，它可能摧毁退休老人的购买能力。

讨论：

1. 试述爱尔森得到信息的方法。
2. 试对该公司面临的政治、经济、社会、技术的发展趋势作一概括。
3. 试分析该公司的顾客、竞争者和市场状况。
4. 该公司应该拓展哪些领域？

第三章 创业机会

引导阅读：中国服务业发展潜力巨大①

中国国内生产总值（GDP）表明，2004年中国经济已经达到16万亿元（1.9万亿美元），比以前所认为的数字高出17%。在新增加的数字中有大约2 650亿美元（占所增加数字的93%）来自服务业。因此，服务业在经济中所占比例已经提高到41%，制造业的比例是46%，第一产业（主要是农业和采矿业）的比例是13%。

国家统计局证实，新增加的GDP主要来自三个方面：批发、零售和餐饮业；运输、储存、邮政和通信业；房地产业。除此之外，最近几年媒体和技术服务（包括因特网）、金融服务以及教育和休闲也有了很大发展。

中国经济迅速增长，各公司都在扩大发展，引起对会计、律师、银行家和各种咨询顾问的需求大大增加。营销、广告和公关专家在营销产品和建立品牌等相对较新的领域提供咨询意见。财富的增长还引起另一种后果。中国现在有将近100万保安人员。另外，中国还能给新富们提供从整容到宠物沙龙等各种服务。

同时，由于公共教育系统还存在一些不足，中产阶级父母一心想让他们的独生子女受到最好的教育，因此，私营教育也有很大的市场。

汇丰银行认为，中国大陆的服务业发展良好，其规模大致相当于日本、韩国和中国台湾省在类似发展阶段的规模。实际上，中国的服务业规模比所公布的数字还要大，因为对GDP的修正无法统计房地产业和娱乐业的那些私人借贷和现金交易等经济活动。瑞士信贷第一波士顿银行亚洲首席经济学家陶冬认为，这将使中国经济再增加2 200亿美元。

然而，中国服务业占GDP的41%，仍然低于发达国家的60%~65%，甚至低于印度的52%。

出现这一情况的原因之一是政府偏爱制造业，存在很多不利于服务业发展的规

① 摘自：参考消息，2006-01-15. 原载：［英国］：经济学家，2006-01-12.

章制度，从而对私营企业——主要集中在服务业——的歧视雪上加霜。更糟糕的是，尽管中国决定邀请外国向制造业直接投资，但它一直不愿意开放服务业。

在许多服务行业——从电信到邮政和媒体，中国用繁琐的规章和修改的政策制约外国公司。在银行业和其他金融服务行业，中国严重缺乏律师，每13 000人才有一名律师，而美国每300人就有一名律师。外国公司的培训可以帮助提高律师的素质，但外国律师也受到诸多限制。

缺乏训练有素的人——几乎每一家外国跨国公司都抱怨这个问题——也阻碍了服务业的发展。许多中国雇员，甚至合格的大学毕业生，思想僵化，缺乏创造性，不敢向权威挑战或提出问题。在工厂里，这也许是合适的，但是，当客户要求寻找聪明的办法赢得合同或许可证时，这就不行了。

计划经济的思维模式认为服务业只是制造业的附属物。坚持那样的思维模式，中国就不能在服务业创造足够的就业机会。尽管经济增长迅速，中国自1995年以来已经减少了1 500万个制造业就业机会，随着基本生产转移到更便宜的国家（例如越南），中国还会失去更多的就业机会。服务业可以每年为劳动大军的1 000万至1 500万中国人创造足够的机会。但是，要发挥其潜力，决策者必须对服务业给予更多的重视。

市场机会是创业的关键驱动因素之一，而如何发现创业机会则需要创业思维和系统地搜寻机会的方法。以上资料提供了一个产业发展的趋势和一个机会市场的信息。这一章将对如何发现和管理市场机会提供一个系统的分析思路和框架。

第一节 创业机会的含义与机会决策

一、创业机会的概念

创业机会是从机会概念延伸而来，所以，理解创业机会首先要明白什么是机会。

在汉语里，机会与机遇、时机具有相似的含义。

机会是不断的变化。韩愈在《与鄂州柳中丞书》中说：“动皆中于机会，以取胜于当世”；陆游在《感兴诗》中说：“诸将能办此，机会无时无”。

《三国志》中将机会定义为事物的关键：“汉中则益州咽喉，存亡之机会，若无汉中则无蜀矣。”

《辞海》中将机会定义为一些情景条件。机会是机遇或时机，机遇是有利于社会发展、工作开展和科学发展的机会、时机。它的出现有客观原因，偶然性之后有必然性和规律性；人在规律面前可以发挥主观能动性。勤于实践、勇于创新、敏锐的识别能力、科学的想像力、丰富的知识和经验等，是捕捉机遇必不可少的条件。

《牛津英语词典》将机会定义为“事物朝着有利于目标实现或者使事情达成的一个时间、时机或条件（A time，juncture，or condition of things favorable to an end or purpose，or admitting of something being done or effected.）。

那么，什么是创业机会呢？

Shane（2005）认为创业机会是一种复杂的不断变化的情景或条件，在该情景中，技术、经济、政治、社会和人口条件的变化产生了创造新事物的潜力，即机会具有产生经济价值的潜力，并且在它所产生的社会里被认为是值得追求的，也就是说，机会的开发符合现有的法律和道德标准，因此，这个过程不会受到这些标准的阻碍或约束。

Venkataraman（1997）将创业机会定义为能在将来创造目前市场所缺乏的物品或服务的一系列的创意、信念和行动。比如说，创业机会导致了网景公司的出现，它包括：（1）产生用户友好的网络浏览器（Mosaic）的理念，（2）相信因特网（Internet）能够商业化，（3）一系列的决策行动将 Mosaic 的创造者 Marc Andreesen 和硅片制图技术（Silicon Graphics）的前创建者 Jim Clark 联合起来在一个小镇上组建了一个生产基地。

根据上面的分析，一个创业机会由三部分构成：

1. 创业机会包含一个创业理念或企业想法。

什么是企业想法？

一个企业想法是指一个人或者组织识别出机会或对环境中现实需求（市场、团体等）的回应。发现一个好的企业想法是实现创业者愿望和创造商业机会的第一步。

尽管企业想法很重要，但它只是工具，它需要转化成有价值的商业机会，因为一个好的想法未必是一个好的商业机会。例如：利用一项新技术发明了一个非常有创意的产品，但是市场上可能并不需要它。或者一个想法听起来不错，但是在市场上没有竞争力，不具备必要的资源，也是不值得做的。尽管有时市场有需求，但是需求的数量不足以收回成本。事实上在新产品中有超过 80% 的都是失败的。很多发明家的想法看起来很好，但是不能经受市场的考验。如何将想法转化成一个商业机会？一个简单的回答就是当收入超过成本能够得到利润时，这个想法才变成机会。

2. 相信事情会有一个有利的结果产生，或者相信一个想法可能带来一个或更多的经济物品的产生。

3. 由一系列具体的经济行为完成最终目的（经济行为可以是产品或服务，也可以是建立一个企业或市场，或者是一些规章制度的建立等）。

由此看来，一个好的商业机会必须符合以下标准（或特征）：

（1）真实的需求，即那些具有购买力和购买欲望的消费者有未被满足的需求。

（2）能够收回投资，即在承担风险和努力工作之后，可以带来回报和收益。

（3）具有竞争力，即消费者认为购买你的产品或服务比购买其他的产品或服务能够获得更多的价值。

（4）实现目标，即满足那些冒险的人和组织的愿望。

（5）有效的资源和技能，即是在创业者具备的资源、能力和法律必备条件等范围内。

因此，创业机会（entrepreneurial opportunity）可以理解为一种商业机会（commercial opportunity）或市场机会（business opportunity）。它是指有吸引力的、较为持久的和适时的一种商务活动的空间，并最终表现在能够为消费者或客户创造价值或增加价值的产品或服务之中，同时能为创业者带来回报（或实现创业目的）。

二、创业机会产生的条件和过程

要探讨创业机会是如何产生的，创业机会的存在需要具备什么样的市场条件，先要认识创业机会的表现特征来。

1. 机会具有客观性和偶然性。市场机会是客观的，无论企业是否意识到，它都会客观存在于一定的市场环境之中。然而，对潜在创业者来说，市场机会并不是每时每刻都显露，机会的发现具有一定的偶然性，关键是要努力寻找，从市场环境变化的必然规律中预测和寻找市场机会。这就是通常所说的，要有对市场机会的“警觉性”，时刻做一个“有心人”。

2. 机会具有时效性和不稳定性。市场机会具有很强的时效性，俗话说，机不可失，时不再来。机会稍纵即逝，不可复得。创业者如果不能及时捕捉，就会丧失机会。另外，机会和威胁是一个事物的两个方面。在一定范围内，市场机会随着营销环境的变化而产生，并随着时间的推移而减弱和消失，甚至演变为环境威胁。因此，机会利用的结果难以预测，具有不确定性。

3. 机会具有均等性和差异化。市场机会在特定范围内对某一类人或同一类企业是均等的，但不同个人和企业对同一市场机会的认识会产生差别。而且，由于个体和企业的素质和能力不同，利用同一市场机会获利的可能性和大小也难免产生差异。另外，对某类企业来说是市场机会的环境变化，对于其他企业则可能构成环境威胁。

正因为以上这些特征，机会成为一种稀缺的创业资源，至于机会为什么会存在，以下观点有助于进一步理解机会的特征。

第一，Hayek 认为由于知识扩散导致了市场不确定性，从而首先产生了创业机会。其次，知识扩散也是那些有事业心的个人去发现、创造和开发新市场的原因（Venkataraman 1997，Shane 2000）。没有这些个人和机会的联结，大多数发明会处于未开发状态。

Knight（1921）区分了不确定性的三种类型：不确定性的分布是可知的，经济行为者可以通过多元化来消除不确定性；不确定性的分布事先不可知，经济行为者通过反复“试错”和学习可以消除不确定性；不确定性事先不知，未来也不可能知道，经济行为者只有通过在所有市场实现赢利生产才能消除这些不确定性。消除不确定性的过程就是创业机会的产生过程。

第二，市场存在未满足的需求或者未被充分满足的需求，或者市场资源未被充分利用，创业机会就是把资源创造性地结合起来，迎合市场需求（或兴趣、愿望）并传递价值的可能性。它是一个动态概念，其中蕴涵了“原本模糊、但会随着时间的推移逐步明确起来”的意义。机会的最初状态是“未精确定义的市场需求或未得到利用/未得到充分利用的资源和能力”。这个机会必须具有吸引力、持久性、适时性，而且这个机会所涉及的产品或服务必须能够为它的购买者或最终使用者创造一定的价值。

第三，市场没有意识到的隐性需求，创业者“先知先觉”创造了新的需求或市场。市场上不存在显性需求，潜在需求也不明确，由创业者发挥主观创造性“创造”了新的市场机会，产生新的需求价值。

综合第二和第三，机会的存在和出现的最基本的市场条件是未满足、潜在的或创新的需求以及动态的市场和产业变化。它既可能是需求驱动的；也可能是供给驱动的；它来自于市场，也来自于企业家（创业者）；机会既在产品市场上出现，也在要素市场上出现。

第四，由于存在信息不对称，或者因为人们拥有不同的信息，有些人比其他人更善于就一个商业创意做出决策。由于拥有劣质信息的人做出了较差的决策，因而市场上不足、多余和失误一直存在，从而让那些拥有优质信息的人做出更准确的决策（Kirzner）。从根本上讲，机会的出现往往是因为环境的变化以及各种市场因素的影响。通常，市场越不完善、相关知识和信息的缺口、不对称性或不确定性越大，机会也就越充裕。在此意义上，中国的创业机会应该远比发达国家要多，因为发达国家的市场已经相当完善，市场几乎没有“缝隙”，而中国经济处在转型期，市场因其不完善、不发达而充满各种“缝隙”，也许这也是外国投资者纷纷到中国来“淘金”的基本动因之一。

Shane（2001）认为，与其把创业看作是某类个体的特权，不如把创业看作是信息在社会中不均衡分布的结果。创业根植于经济系统，由于经济系统存在信息分布不对称，因此，不同的个体拥有的信息是异质的，从而导致创业机会的存在和发现，每个人或多或少地掌握一些别人所没有的信息，因而在某种程度上总是存在可能产生利益的资源交易机会。创业者在创业过程中努力开发利用自己所掌握的信息，从而导致他们为搜集资源和利用机会而建立的组织具有重要的结构化特征。

三、机会决策

以上几种市场机会的产生过程可以用经济学中的资源配置效率理论来解释：机会来源于市场资源配置；机会来源于市场发现过程；机会来源于市场创造过程。相应地，创业机会可以分别定义为一种函数、一个过程和一系列决策。

1. 机会识别（opportunity recognition）

如果市场上存在明显的供给和需求，那么机会就是去确认，然后通过现有企业或建立一个新企业使供给和需求相匹配。许可经营就是满足这种机会性质的创业形式。

新古典经济学中的市场效率理论可以应用于机会识别。生产、协调和信息方面的配置效率可以通过两种方式实现：消费者收入最优分配于消费品，即买他们最需要的产品和服务；资源（或要素）最优分配于生产中，即生产消费者最渴望的产品和服务。

资源配置思想对创业机会的理解有这样几个含义：第一，它的中心在制度而非个人或单个企业，即在获得技术和成本结构方面，所有的个人或企业都是同质的。第二，任何经济组织或个人都可能同样发现某一机会。因此，机会识别纯粹是一个随机过程。第三，这里的竞争专门指产品和要素市场，在两种情况下，市场都假定为是处于竞争均衡状态。

2. 机会发现（opportunity discovery）

如果供给和需求只存在一方，那么不存在的一方在匹配之前就要发现这个"缺口"。比如一种疾病需要治疗，有需求，供给是需要去被发现的。

把创业机会看作是一个发现过程，其假设前提是，机会是客观存在的，但只有少数人知道这个机会的存在。这是由于存在市场信息不对称，只有个别或少数人掌握了完全信息，不确定性程度很高，那么，不是所有的创业者的买卖活动都是正确的。因此，要发现机会往往要通过实践经验的总结，甚至很多是失败的经验、反复试错的结果，这是一个演进的过程。要确保成功，需要采取竞争性的战略，或让成功的次数多于失败的次数。

3. 机会创造（opportunity creation）

如果供给和需求都没有明显的存在，那么就需要去用一些经济手段创造"机会"，比如营销、融资等。

把机会看作是一个创造的过程，其基本观点是，机会既没有被忽视，也不显而易见。相反，最终结果是内生的，它是人类努力去创造更好世界的不同的偏好和预期行为互动的过程。创造过程观的核心——创造新的价值观和思维方式，来源于创业者的一系列决策过程。

新企业可能在没有任何预设目标情况下就起步了，在执行运转过程中改变了一些关键的原则和预测的方案，结果开辟了一个新的合理方案。从这个观点来分析，机会不是预先存在，也不可能被识别或发现。相反，它是创业者们在将他们的理想付诸于实践、创造一个具体的产品和服务，并不断地协商互动的过程中产生的。

第二节 创业机会的来源

创业机会的出现，往往是因为环境的变化、市场的不协调或混乱、信息的不对称、资源的独占等多种多样的原因。创业机会的存在，并非简单的表露在外，也就是说大部分的创业机会需要创业者去挖掘发生变革和产生机会之间的那些关系之处。识别有价值机会的第一步是要识别那些创业机会产生的源泉。

一、创业机会的来源

有许多学者分析了创业机会的来源，也分析了市场机会产生的条件和方式。

（一）熊彼特（Shumpter）的创业（创新）机会来源

引入新产品或新服务

对现有产品或服务的质量改进

引入生产或销售的新方法

开辟新市场

创造或获取供应的新来源

产业内组织的新形态

（二）德鲁克的创业（创新）机会来源

意外之事（意外的成功，意外的失败，意外的外在事件）

不协调（不协调的经济现状，现状与假设之间的不协调，设想的与实际的客户价值和期望之间的不协调，程序的步骤或逻辑中发生不协调）

程序需要

产业和市场结构

人口变化

认知的变化

新知识

（以上 7 个来源是按照可靠性和可预测性的程度由高到低排列的）

（三）蒂蒙斯（Timmons）的创业机会来源

法规的改变

技术的快速变革

价值链或配销通路的重组

技术的创新

现有管理或投资者的不良管理

具有创业精神的领导

市场领导者受限于客户需求，忽视下一波客户需要

（四）谢恩（Shane）的创业机会来源

技术变革

政治和制度变革

社会和人口因素的变化

行业差异

二、创业机会来源的具体分析

综合以上和前面的分析，创业机会来源有以下几个方面：技术变革、市场需求条件、政府政策变化、社会和人口因素的变化、行业差异。

（一）技术变革

技术变革带来创业机会。它主要源自新的科技突破和社会的科技进步。通常，技术上的任何变化，或多种技术的组合，都可能给创业者带来某种商业机会，具体表现在三方面：(1) 新技术替代旧技术。当在某一领域出现了新的科技突破和技术，并且它们足以替代某些旧技术时，通常随着旧技术的淘汰和新技术的未完全占领市场而暂时出现市场空白。(2) 实现新功能。创造新产品的新技术的出现无疑会给创业者带来新的商机，例如互联网的发明伴随着一系列与网络相关的创业机会的出现。(3) 新技术带来的新问题。多数技术的出现对人类都有其既有利又有弊的两面性，即在给人类带来新的利益的同时，也会给人类带来某些新的问题，这就会迫使人们为了消除新技术的某些弊端，再去开发新的技术并使其商业化，例如汽车的消声器和楼房的避雷针，这就会带来新的创业机会。技术变革使人们可以做新的事情或者以更有效率的方式做从前的事情，比如因特网技术的出现，改变了人们沟通的方式，沟通更快捷、更有效率。不是所有的新技术都对新企业有利。研究发现，小规模、个性化生产的弹性（柔性）制造技术和“数字技术”更适合于新企业的建立。

（二）政府政策变化

政府政策变化会给创业者带来商业机会。随着经济发展、科技变革等，政府必然也要不断调整自己的政策，而政府政策的某些变化，就可能给创业者带来新的商业机会。政策的变化能够产生创业机会，是因为它使创业者能够提出更多不同的想法，而这些创业者可能在一个常规体制下面是被禁止进入的。政策的变革也清除了很多不利于生成新企业的官僚政治障碍，这些障碍的清除，使得创业者的创业成本大大降低，原来无利可图的创业项目变得有利可图。政策的变化也可能通过强制增加需求的方式创业出新的商机，如汽车安全带。政府政策的改变可以为新企业带来

机会，比如对某些行业进入限制条件的放宽（如民用航空、资源开采等）、政府采购政策的导向（对科技型新小企业、创造大量就业的企业）有可能为新企业带来机会。

（三）社会和人口因素的变化

随着社会和人口因素的变革产生出创业机会。人的需求是变化着的，不同时期的社会和人口因素的变化会产生不同的需求。随着现代社会发展的加快，这种变化中的需求更加明显。大量女性人口的加入就业，创造了家政服务业和快餐食品的市场机会；人口寿命延长导致的老龄化问题，创造了老龄用品市场；计划生育政策使得教育市场高速发展；“单身贵族”的产生，促进了小户型商品房的热销。社会和人口是紧密联系在一起的，有时候社会文化的变革也是创业机会产生的引擎，例如随着中国国家实力的增强，中国文化产业的相关市场也得到了蓬勃发展，越来越多的外国人学习中医、太极拳和中国传统文化，中餐、中国结和唐装等中国文化产品在国外的市场也越来越大。

社会和人口因素的变化改变了人们对产品和服务的需求，需求的变化就产生了产生新事物的机会。欧美人口减少的趋势也引起一些大学吸引来自发展中国家的留学生的需要，从而产生了一些针对国际学生的服务项目。社会和人口的改变也产生了针对新的需求所要求的新的解决方案，这些方案会比目前的方案更有效率。

（四）市场需求条件

需求条件表明某个行业里顾客对产品和服务的偏好特性。市场变化产生的创业机会，一般来看，主要有以下四类：（1）市场上出现了与经济发展阶段有关的新需求，相应地，就需要有企业去满足这些新的需求。（2）当期市场供给缺陷产生的新的商业机会。非均衡经济学认为，市场是不可能真正的完全供求平衡的，总有一些供给不能实现其价值，因此，创业者如果能发现这些供给结构性缺陷，同样可以找到可资利用并创业的商业机会。（3）先进国家（或地区）产业转移带来的市场机会。从历史上看，世界各国各地的发展进程是有快有慢的，即便在同一国家，不同区域的发展进程也不尽相同，这样，在先进国家或地区与落后国家或地区之间，就有一个发展的级差，当这个级差大到一定程度，由于国家或地区之间存在成本差异，再加上经济发展到一定程度时，例如环保等问题往往会被先进国家或地区率先提到议事日程上，先进国家或地区就会将某些产业向外转移，这就可能为落后国家或地区的创业者提供创业的商业机会。（4）从中外比较中寻找差距，差距中往往隐含着某种商机。通过与先进国家或地区比较，看看别人已有的哪些东西我们还没有，借鉴西方国家成熟企业的发展经验，也可能发现某种商业机会。需求条件通常由市场规模、市场成长与市场细分来描述。研究发现，新企业在市场需求规模大的市场比较小的市场中业绩更好；在成长较快的市场比在成长较慢的市场业绩更好；在市场分割（市场细分）更多的市场比分割性更小的市场业绩更好。

（五）行业差异

研究发现，创业者创建新企业的能力在不同行业有很大的差异，造成这些差异的原因大致有四个方面：知识条件，产业生命周期、产业成长性和动态性以及产业结构。

1. 知识条件

知识条件是表示一个行业里支持产品和服务生产的知识类型。有三种类型的行业知识条件有利于新企业①。第一，具有更高的研发强度的行业比研发强度较低的行业更有利于新企业。研发强度是指单位销售额中企业投入了多少研究与开发费用，表示企业在新知识创造方面的投入。研究发现，研发密集型行业出现了更多的新企业。第二是促进新企业形成的知识的创新源。研究发现，由公共部门（如政府部门、大学等）组织创造大部分新技术的行业比私人企业组织技术创造的行业拥有更多的新企业，其中的一个解释在于大学与公共部门并不在意知识的外溢。第三是创新过程的性质。如果创新和技术开发要求有很大的经营规模和资金投入，那么这往往只有成熟大企业才能完成，如汽车行业。相反，在一些软件行业，只要求很小的初始规模，新小企业则在这些行业里具有很好的能力，能比大企业提供更灵活的服务。

2. 产业生命周期

新企业在产业的成长期比在成熟期表现更好。产业依成长性分为成长性产业、成熟产业和衰退产业。德鲁克对成长性产业的定义是：社会对其产品或服务的需求比国民收入和/或人口的增速快的产业；衰退（走下坡路）产业是：对其产品或服务的需求比国民收入和/或人口的增速慢的产业（尽管绝对销售额仍在增加）；而成熟产业是指两者增速一样快的产业。德鲁克认为20世纪末的成长性产业有四个，它们是政府、卫生保健、教育和休闲产业；21世纪的成长性行业是金融服务。

3. 产业成长性和动态性

动态性的产业一般指技术变革速度比较快的产业如IT产业。通常，成长或动态产业创造了大量创业机会，催生了大量新企业的产生。

4. 产业结构

研究发现，更容易产生新企业的行业结构有四个方面。第一，劳动密集型行业比资本密集型行业更适合于新企业。第二，对广告、品牌、规模经济依赖不高的行业如化工行业更适合新企业。第三，行业集中度较低（分散型）行业更适合于新企业。行业集中度是指大企业在行业里占有的市场份额。第五，新企业在由平均规模较小的企业组成的行业里有更好的业绩。

总的来说，创业机会存在于对新产品（新服务）、新原材料或新管理方法的探

---

① 谢恩．创业管理——基于过程的观点．北京：机械工业出版社，2005：27.

索和创造之中，它不同于一般的基于提高现有产品、原材料和管理方法的生产效率的获取手段。它需要关注、预测和分析动态的产生、技术、政策、人口和需求等的变化规律，从这些复杂、不确定的变化中发现创新的机会信息，从而找到与之相匹配的机会类型。

三、有计划地获取机会信息

大多数好的商业机会不是突然出现，而是来自于创业者或企业家对各种可能性的警觉，更多情况下来自创业者有计划地搜寻。在有些情况下，可以建立一套识别可能机会的机制，比如有意识地关注了解产品的潜在用户的需要。即使没有正式的识别机制，但有些渠道是非常有帮助的：顾客和业务伙伴、配送系统的员工和技术人员。顾客购买产品常常是用来满足某种生活方式的需要，他们是创业思想的最佳来源。配送系统的送货员由于与最终用户紧密联系，也能发现产品需求。专业技术人员也常会在从事其他活动时发现机会。

有计划地搜寻创业机会信息，可以通过以下渠道：

（一）消费者

消费者是企业产品需要面对的最终购买者，直接到消费者中间去，让消费者表述自己的观点，了解和分析消费者的需求，是创业者需要做的重要一步，也是创业机会的重要来源。很多企业自以为很了解他们的消费者，实际上却往往以自己的感受代替了消费者的感受，或者以点带面，不能全面地、客观地分析消费者的需求，导致自己的产品不对路，很多创业者都是通过和消费者的交流获得一些出其不意的商机。

海尔的洗衣机一直是畅销货，质量也很可靠，顾客投诉很少。但有一年，四川的一位农民来投诉，说他的海尔洗衣机坏了，检修人员来看才发现是出水管堵塞了，问了才知道原来是这位农民用洗衣机来洗地瓜，大量的泥土把狭窄的出水管堵了，很快问题就解决了。这个问题其实很简单，但这件事情引起了张瑞敏的注意，他对这位农民的做法产生了兴趣，我国农村市场很大，而很多农民将洗衣机拿来洗地瓜等物品，他于是叫生产部门设计生产了一种“大地瓜”牌洗衣机，出水管很粗，不会被泥沙淤塞，果然这种洗衣机销售得很好。

创业机会好不好，产品有没有市场，消费者最有发言权，创业者需要对随着时间推移变化中的消费者的需求的变化保持足够的敏感，对于不断涌现出来的新生消费者的新生需求快速的识别。从海尔的案例来看，创业者需要从消费者对产品的任何评价甚至抱怨中获得创业的思路，很多创业机会如果不是消费者很难有切身的感受，即使不同地区、不同职业、不同社会地位的消费者，也有各种不同的需求。很多创业者寻找创业机会，只是在日常生活中留意身边的人的需求，深入到消费者之中去，做有心人，对身边任何人的需求保持一分敏感，是成功的创业者获取创业机会的重要源泉。

(二) 现有企业

如果创业者对于自己的创业方向有了一个大概的确定，此行业内的现有企业是创业机会的另外一个来源。创业者对现有行业内的企业的产品或服务进行跟踪、分析和评价，发现现有企业产品或服务存在的不足，从而有针对性的找到更加高效的改进方法，或者寻找行业内现有企业尚未涉足或者比较薄弱的领域。

创业者不仅可以在现有企业的市场中寻找创业机会，而且可以发现其他领域的相关创业机会。一家汽车整车企业，往往给这个地区提供了零部件和物流产业的发展机会；一家商场的开业，往往意味着周边电影院、餐饮业、娱乐业等行业的商机。美国曾经很流行一个故事，说的是“淘金潮”时期，很多移民都到加州去淘金，而一位企业家却通过给矿工们销售牛仔裤而发财了。现有企业不仅是创业企业的竞争者，也可能是创业企业的消费者或者合作者。当家电企业利润丰厚的时候，黄光裕却一心做他的家电销售，从而避开了家电市场的价格大战，发展壮大了国美。有时候小的商机也可能发展成为大的商机。对现有企业的分析，必须做到细致、全面、客观、有预见性，才能发现一般人难以察觉的创业机会。

(三) 分销渠道

很多企业由于条件限制，并不能切实地了解消费者需求，而分销渠道直接和创业者接触，对于消费者和市场的了解程度远远高于企业。分销渠道是企业和消费者之间的桥梁，是企业产品推向市场的直接通道，创业者不仅能从它那里获取消费者的信息，而且可以依靠它推广自己的产品，很多新产品的推广工作就是由分销渠道进行的。保持和分销渠道的密切关系，有利于创业者获取第一手的市场信息并提高在市场开拓上的效率，特别是在创业者对进入的行业没有太多的经验的时候，分销商是企业重要的合作伙伴，很多创业的好点子都是分销渠道中反映出来的。

(四) 政府机构

传统上政府本身并不参与市场，但企业的经营是处于政府的种种法规管制之中的，很多市场也受到政府的影响。一方面创业者可以通过查询在政府部门注册的相关专利发现值得开发的创业机会，另一方面也可以通过了解政府对相关产业的政策法规及其变化发现商机。

在我国，由于缺乏中介机构，专利管理部门拥有大量的专利技术的信息，创业者对于这些专利技术的需求只有通过政府来解决，政府部门很多时候扮演了企业家和研发者之间的桥梁的作用，很多政府部门都定期不定期的举办一些项目推介会或者提供一定的平台供创业者查询技术专利。在美国，专利部门每周还出版专利目录，创业者可以通过这个目录及时地了解最新的技术成果，寻找适合的创业机会。随着中国专利部门服务意识的加强，相关信息服务也会不断完善。

在我国，政府部门是创业机会的重要来源。政府制定法规和各种发展规划，对于企业的发展有时起着决定性的作用，相关政策的变化，往往意味着创业机会的出现。例如电信管理部门对于3G技术的发展规划，使得华为等通信产品厂商获得了3G通信设备的发展机会；而很多城市对于摩托车的限制措施，却使得摩托车厂商的市场大大萎缩。政府对于企业排污等指标的强制标准，使得企业不得不投入相关环保费用，这也提供了环保产业的创业机会。

（五）研发机构

研发工作可能是在大学、科研机构、企业中，或者仅仅是个人行为。很多企业或者大学都拥有很强的研发能力，但由于种种原因而没有实现产业化，或者没有发挥这些成果的最大效用，创业者将其重新包装和推出，往往可以取得出人意料的效果。

施乐公司是复印机、鼠标、图形用户界面和以太网等IT技术的发明者和标准的制订者，但它在这些领域并没有给予足够的重视导致错失良机，反而是佳能、微软等后来的创业者更好的利用了这些研究成果并在相关领域获得了成功。很多创业者一开始就是研发者，他们可能开始并没有创业的意识，只是因为自己的研究成果没有得到认可而选择创业，这在IT行业中比较普遍。我国最早的一批软件公司都是一些程序员通过出售自己的研发成果而开始创业的，美国的硅谷更是研发科技创业者的天堂，创业者不仅可以自己研发，也可以通过和其他研究者的交流获得创业的思路。很多政府和公共机构设立的创业企业孵化器也是针对研发型创业企业的。

学者欧姆（Olm）归纳了几种创业机会来源渠道，如下列：

（1）先前的工作经验，以及据此获得的产品市场知识、供货商与客户

（2）从有创意的他人中得到机会

（3）获得授权或许可，购得未完整开发的产品

（4）与某一领域的专家接触所引发

（5）参加展览会、研讨会等所得

（6）研究第二手资料所得，如研究报告、专利公告、专利库

（7）搜寻研究先前市场失败的案例，在不同情景下可能成功

（8）复制别人成功的经验，改进做法应用到不同的市场

（9）把嗜好、兴趣、业余喜好转成事业机会

（10）在个人的经验基础上，发展出事业化的需求

（11）根据个人所需规格，进行研究发展

IBM发现了新的机会

进入20世纪70年代以后，IBM的行政官员和工程师在观点上达成了共识，即：未来属于集中的“主机型”计算机，内存会不断增大，计算能力也不断增强。

每一个IBM的工程师都能证明，其他任何产品远比它昂贵，而且运行能力极有限。于是，IBM集中力量和资源保持它在主机市场上的领先地位。

到了1975年左右，令他们大为吃惊的是，十一二岁的小娃娃竟然玩起游戏机来了。于是，他们的父亲会马上想到要在自己的办公用计算机或个人计算机，即一种分开的、独立的小机器，运行能力比最小的主机小都没有关系。IBM所预测的所有悲惨事情终于发生了。独立的机器成本是“插入”式终端的许多倍，而且运行能力也大为降低。这种机器和程序如雨后春笋般出现，而且彼此间很少真正兼容，于是，整个计算机领域开始混乱起来，服务和维修也跟不上。但是，这似乎并不影响顾客的购买欲望。相反地，在短短5年之内，从1979到1984年，美国的个人计算机市场所创造的销售总额是“主机”的30年来的总和，即150~160亿美元。

一般人认为IBM忽视了这种发展。但是，相反，早在1977年，当世界范围的个人计算机不足2亿美元时（同年主机的销售额是70亿美元），IBM就成立了攻关小组开发个人计算机，与其他厂商竞争。1980年，IBM生产了自己的个人计算机，正好赶上市场蓬勃发展的时期。三年以后，IBM成为世界领先的个人计算机厂商，与它在主机领域的成就一样辉煌。1983年，IBM又推出自己的微型“家用计算机”。

这个例子说明了，当IBM自己假设、且确信无疑的事情突然发生了变化时，能重新组织自己，把这种意外的变化当作一种机会并及时地抓住，就能立足于计算机行业。

第三节 创业机会识别中的创造性思维

虽然市场机会以各种形式客观存在着，但是只有当企业家确认这个机会存在且具有价值，并能采取行动将预期的认知价值转换成现实的市场价值时，才能真正的算作一种机会。这就是人们经常会问的问题：为什么是这些人而不是另外一些发现了机会？正如Shane所说过的，从一定程度上讲，创业研究的是两个问题：一个有利可图的机会和一个有事业心的人。

一、创业机会识别中的认知模式

机会来源于市场需求，也依赖于创造性的思维方式，甚至是一种灵感或悟性。创业者在创业过程中，特别是在识别商机过程中，认知能力起到了决定性的作用，它包括商业敏锐性与创造性思维。

创业的主体是人，创业机会的识别，是创业者个人基于自身条件和外部环境对创业机会是否具有价值，是否值得开发的判断，其中既有客观的判断，更有主观因素的影响，不同的创业者对于相同的创业机会也有完全不同的判断。创业机会的识别是一个创业者对于事物认知到判别的过程。

有经验的创业者常常在模式和商机还在形成的过程中，就表现出了快速识别它们的能力。1978年诺贝尔经济学奖获得者西蒙（Herbert Simon）将识别过程描述为一个创造性的过程，这个过程实际上是人们通过事物之间的联系产生联想、总结出各种经验并将其模式化的过程。创业机会识别也是如此，创业者对创业机会的判断，很大程度上是基于自己所有的相关经历而联想或者延伸出来的推断和判别，其准确度受创业者自身影响非常之大。

影响机会识别的因素可以归为三类，一是个体创业者拥有的相关预备信息或知识，二是外部信息的不对称，三是个体独特的机会敏锐性。

创业者所拥有的创业机会的相关知识和信息很大程度上影响他对创业机会的识别。俗话说“外行看热闹，内行看门道”，拥有相关行业的专业知识和从业经验是很多投资者考察创业者的重要指标，创业机会之所以为创业机会，就在于其识别的难度，只有有着丰富的相关知识的创业者才能准确地识别出来。现代社会是信息社会，我们每天都处于纷繁的信息海洋中，对信息拥有先有权的人越来越少，这样，率先把商机识别出来是创业家拥有的另外一种能力。创业者拥有别人所没有的相关行业的信息，也是一种独有资源，创业机会的时间性很强，创业者如果能率先掌握信息，就能先人一步，在未来的市场竞争中占据有利位置，充分发展先发优势。人们也会考虑把握这个机会所需要的资本，例如Evans和Leighton指出当创业者财力雄厚的时候他们往往会选择创业机会。Cooper、Woo和Dunkelberg发现当人们在其现在的工作中发现了创业机会的时候，他们往往会选择创业。这主要是因为这些信息降低了他们的创业成本。另外先入者的成功经验的传播和技术的普及也增加了把握创业机会的可能性。

熊彼特定义的熊彼特式创新中对于信息流动不完全的提法解释了创业家率先识别创业机会的一个重要原因。企业家的知识是一个抽象的概念，不同于专家性的知识，它强调的是企业从哪儿以低于真实价格得到资源，在获得资源后如何配置这些资源。企业家知识的作用就是整合要素市场的各种分散的知识，从而将其合理配置，最优使用，创造出利润。为什么这么说呢？因为在要素市场存在着各种各样的知识，它们既可能是可言传的，比如技术，也可能是隐含的，比如个人经验。由于他们是分散的，破碎的，其价值不容易被认知。但是，企业家就具备认知这些分散知识的价值的能力，于是将这些分散的知识整合起来，创造了一个新的组织。企业家对知识价值的识别以及整合的能力就成为富有企业家精神的企业竞争优势的来源。例如在我国股票市场中，由于国家政策影响很大，被称为“政策市场”，对于国家经济政策信息的先有权，就是一个很好的优势，当然这是金融投资机会，我们在创业中如果选择正确的行业，对于宏观、微观、竞争对手、消费者等信息必须非常敏锐，不一定掌握最新信息的人都是成功的创业者，但成功的创业者一定是信息的先得者。

创业者独特的市场敏锐性显示了创业者独特的机会识别的认知模式。为什么有的人能够识别机会，而有的人却不能？人们对机会的识别能力恐怕首先要受到他们的敏感性的限制。敏感使得企业家能够看到别人看不到的机会，比如产品在哪些领域还有发展空间，哪里有新的可行的生产方法存在等。对机会的敏感并不是每个人都能具备的，它因而会成为那些富有企业家精神的企业的竞争优势的来源。

Kirzner（1973）是第一位使用“敏锐性”来解释商机识别的学者。Ray 和 Cardozo（1996）认为有潜力的创业者识别商机都经历了一种状态，即对信息的高度敏锐性，他们称这种状态为创业认知能力（entrepreneurial awareness，EA），这里对EA的定义是“对事物、事件、环境中的行为方式有关信息的观察偏好与敏感，特别是对制造商、使用者的问题，未满足的需要和兴趣以及资源的重新组合表示敏感。”另外，一些学者认为个人特质与环境的相互作用为提升EA创造了条件。与此相一致的观点是更高的商业敏锐性增加了机会识别的可能性。

大凡成功的创业者一般都具备高度的商业敏锐性，因为凭借商业敏锐性创业者才能够识别商机，激发灵感。最成功的风险投资家 Arthur Rock 搜寻商机的准则很简单：能够改变人们的生活和工作的商业理念，他的理念就是思路要大气。

关于企业家的思维和战略决策方式的研究表明，企业家具有独特的企业家理念，正是这一理念为企业带来了可持续的竞争优势。企业家理念是指运用发散性思维赋予模糊的、破碎的情境以意义的认知能力。发散性思维是指企业家在制定决策时采用的简化战略，特别是在那些缺乏完整和确定信息的复杂情况下采用的战略。发散性思维使得企业家面对不确定性，将有限的信息整合在一起，在动荡的环境中做出令人信服的决策（Busenitz 和 Barney，1997）。这种决策的方法可能是发现新的创业机会的最有效的方法。相对于那些依据详尽的政策规定、流程和结构机制来发现新机会，发散性思维成本更低。

从理论上讲，创业机会是客观存在的，但也是无形的、模糊的、不确定和动态变化的，需要创业者“用心”去“注意”，去搜寻和开发利用。从创业者要素研究结果来看，创业者及其创业团队的技能、知识、目标，态度和价值观对创业的成功起到中心的作用。其中。创造性（Schumpter，1934）、对机会的敏感或警觉性（Kirtner，1973）、先知先觉（Shave & Scott，1991）的特质使创业者不同于非创业者。创业者个人的知识和经验、从前独特的工作环境会引导创业者形成一个“知识走廊”（knowledge corridor），使得个人拥有独特的信息储存，能够识别和发现其他人不能识别的创新性的机会（Ardichvili et al，2003；Kirtner，1997；Ronstadt，1988；Shane & Venkataraman，2000；Venkataraman，1997）。

二、从创业理念到创业机会

很多人认为只有全新的技术或者显露出来的市场才是创业机会，实际上并非如此，很多创业机会就在我们身边，大部分生活中很平常的现象在有心人眼里就是创业机会，此谓“处处留心皆学问”。

具有动机的个体在获取初始创意（idea）之时，机会识别过程就开始了。回顾已有的文献可以发现，创意有不同来源。Vesper（1989）区分了创意的两种来源：一种是意外发现的，一种是经过深思熟虑才发现的。他观察到大多数的创意是碰运气发现的。多数创意是从职业中产生的，但也可能是从业余爱好、社交或步行观察中发现的。有些学者关注于创意的特定来源。值得一提的是，有不少研究把社会关系网络视为创意的一种来源（Birley，1985；Aldrich 和 Zimmer，1986；Christensen 和 Peterson，1990，Hills，Lumpkin 和 Singh，1997）。研究发现创业者一贯利用他们的社会关系网络来获得创意，并收集信息以识别创业机会（De Koning，1999）。图 3-1、3-2 显示了美国新创企业最初的创业理念和观念的来源。

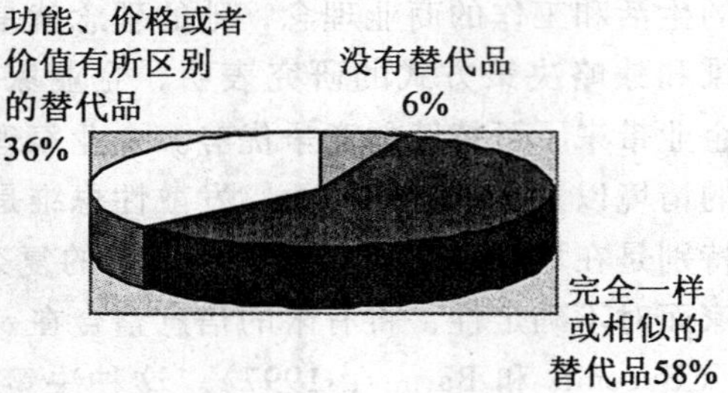

图 3-1　新企业提供的产品或服务的观念来源

资料来源：Bhide 根据 1989 年《有限公司》500 强受访企业提供的数据整理。

创业理念不同于创业机会。Singh、Hills 和 Lumpkin（1999）认为“创意”（或创业理念、企业想法）是一个人或者组织识别机会或对环境中发现需求的回应；而创业机会是一个有吸引力的、能使投资者收回投资的想法或主张。产生一个好的企业想法是实现创业者愿望和创造商业机会的第一步，但它只是一个必要条件，无论企业想法本身有多好，但是对于成功是不够的。

换句话言说，尽管企业想法很重要，但它只是工具，它需要转化成有价值的商业机会。

因为一个好的想法并不等同于一个机会。当潜在的顾客需要产品时，一定存在支持将新想法转变成机会的其他因素。例如，你可能通过一项新技术发明了一个非常有创意的产品，但是市面上可能并不需要它。或者一个想法听起来不错，但是在市场上没有竞争力，不具备必要的资源，也是不值得做的。尽管有时市场有需求但是需求的数量不足以收回成本。事实上在新产品中有超过 80% 的都是失败的。很多发明家的想法看起来很好，但是不能经受市场的考验。

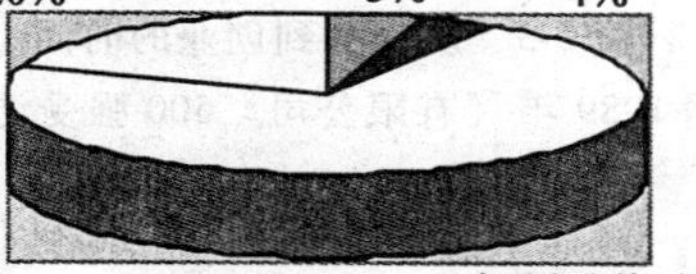

图 3-2 创业理念的来源

资料来源：Bhide 根据 1989 年《有限公司》500 强受访企业提供的数据整理。

如何将企业想法转化成创业机会？一个简单的回答就是使收入超过成本能够得到利润。

Long 和 McMullan（1984）最早构造了机会鉴定过程。他们认为创业者需要对机会进行不断的评价和提炼，然后决定是否继续下一步。目的是要把创意发展到这样一种地步，即预期的问题都被克服并且潜在的利润最大化。Bhave（1994）在他的企业创建过程模型中把机会识别的过程称为机会阶段。在内部和外部因素刺激下，最初的想法被“过滤”或“提炼”成机会，用他的话说，就是商业概念。在这一阶段，创业家将整合知识、经验、技能和其他市场所需的资源。

De Koning（1999）改进了 Bhave 提出的模型，利用社会认知的方法，尝试更细致地描述这一过程。她认为，机会从根本上是形成的，而不是发现或鉴定出来的。机会形成是一个演进和重复的过程，这一过程由两方面的认知行为构成：信息收集和概念创造。具体包括四种相关行为：信息浏览、讨论与思考、信息搜寻以及资源评估。通过这些行为，初始想法培育和评价成为一个成熟的商业机会。因为想法已成为一个商业机会，创业家就要根据机会的发展潜力寻找潜在的资源，并对其进行评估。资源评估是培育商业概念以开发机会所必需的一个重要环节。

尽管这一过程还有其他表述，但其本质是一样的，即初始想法被提炼成或形成可行的商业机会。有些因素，如商业概念在市场中的新颖度（Bhave，1994）或创业者对风险的理解度（Covin 和 Slevin，1989）会影响到经营的广度和强度。图 3-3 显示了美国新创企业从最初的创意到商业机会的转化（即开始创业运行）所需要的时间。

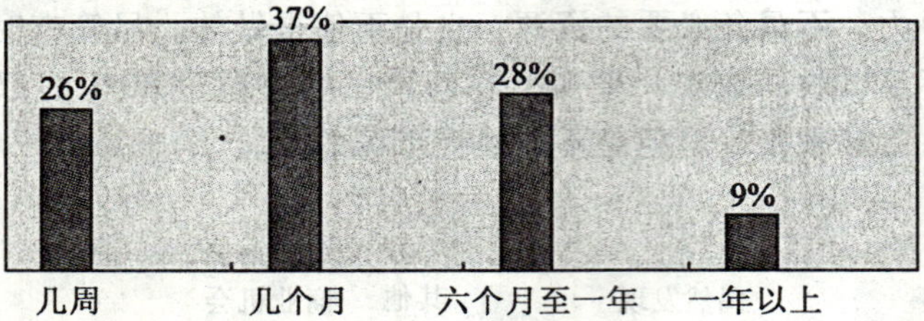

图 3-3　从创意到创业的时间

资料来源：Bhide 根据 1989 年《有限公司》500 强受访企业提供的数据整理。

三、机会识别中的创造性思维

创业者具有不同于非创业者的一些思维特征和能力，其中创造性思维（或称创新思维）在创业机会的识别和开发方面起到重要的作用。

（一）创新思维

创新思维是相对于再现性思维而言的思维方式。所谓再现性思维，是指通过记忆和记忆迁移等一般方式进行思考的思维方式，习惯于回想自己或他人曾经在类似情况下解决问题的办法，力图套用过去的模式去解决新问题。创造性思维不是机械的按照过去的经验或书本上的准则去思考问题，而是根据变化了的情况和面临的新问题，突破固定的逻辑思维，以独具匠心的思维方式寻找具有新颖性和实用性的问题求解方案。其基本特征是：开放性、求异性和非显而易见性。

开放性是相对封闭性而言的。封闭性思维是一种闭关自守和画地为牢的思维方式，它往往局限在固定的框架中，缺乏异域走马的勇气。封闭性还表现在思维倾向于继承传统，反对标新立异。开放性则表现为敢于突破思维定势，富有创新精神。

求异性是相对求同性而言的。求同性是一种人云亦云的思维方式。求异性则表现为一种追求与众人、前人有所不同的独具卓识的思维品质，它是创造独具匠心的市场机会的思想保证。

创造性思维并非是逻辑推理思维，它的非显而易见性或意想不到的特征，是区别于其他形式逻辑思维的重要标志。

（二）如何具备创新思维能力

潜在创业者需要培养创新意识，在工作和生活中学会有意识地做到以下几个方面：

（1）自我超越，打破常规。别让经验害死了自己，关键是要走出“应该”的围城。

（2）改善心智模式，突破思维定势。思维定势来自经验定势、书本定势、权威定势、从众定势和惯性定势。既然要具备创新思维，首先是要把思维定势打破。

避免思维定势的关键是要越过“话题预设”、“心理预设”的障碍。

(3) 换位思考，换一个角度想问题。想想“两个推销员到孤岛推销鞋子”和“半杯水”的例子。

(三) 创造性思维训练

1. 发散思维练习

发散思维也叫扩散思维、辐射思维，就是在思维过程中，充分发挥想像力，从某一思维基点（原始信息）出发，然后运用已有的知识、经验，通过各种思维手段，沿着各种不同的方向去思考，重组记忆中的信息和眼前的信息，获得大量的新信息，找出更多更新的可能答案、设想或解决方法。

练习题：“申”字中藏了多少个字？

(答案：25 个。一、二、三、十、工、土、士、王、干、丰、口、日、曰、田、由、甲、申、山、上、中、旧、古、七、击、出)。

微软的智力题：有两间房，一间房里有三盏灯，另一间房有控制这三盏灯的三个开关。你可分别进这两间房一次。请问如何判断这三盏灯分别是由哪个开关控制的？

2. 逆向思维练习

逆向思维是指人们沿着事物的相反方向，用反向探求的方式对产品、课题或方案进行逆向思考，提出新的课题设计或完成新的创造的思维方法。

逆向思维是一种超常规思维方法，它充满了辩证思想和哲学智慧，因为任何事物都有正反两个方面，都是矛盾的对立统一。

例如，一座巨大的金矿被发现，吸引了成千上万的人们争先恐后去淘金，可是一条大河挡住了去路，怎么办？一个具有商业头脑的人该如何解决这个问题？

3. 联想思维练习

联想思维是指人们在头脑中将一种事物的形象与另一事物的形象联系起来，探索它们之间的共同的或类似的规律，从而解决问题的思维方法。

联想是指思路由此及彼的联结，即由所感知或所思的事物、概念或现象的刺激而想到其他与之相关的事物、概念或现象的思维方式。联想是每个正常人都具有的思维本能，但并非每个人都能通过联想获得创造性成果。这是因为人脑只为联想提供了创造的可能性，但每个人怎样发挥联想的创造功能则存在着个体差异。尽管世界上的一切事物都是有联系的，但每个人头脑中建立起来的联系的数量、类型、强度等都不会相同。一则天气预报，有人想到冷暖，也有人想到某种商机，个人的联想结果是不同的。一个人的联想能力如果要成为创造性思维中具有变革性质的要素，他必须善于联想，能够对同一信息建立起普通人所想不出或想不到的联系，并能形成新的概念。

心理学家用实验证明，任何两个概念词语都可以经过四五个联想步骤使它们发生直接联系。

联想练习：天空与茶的联想：天空——土地，土地——水，水——喝，喝——茶。

各种思维方式之间并无严格界限，在实际生活中往往综合运用。

创新思维练习：木桶的思考

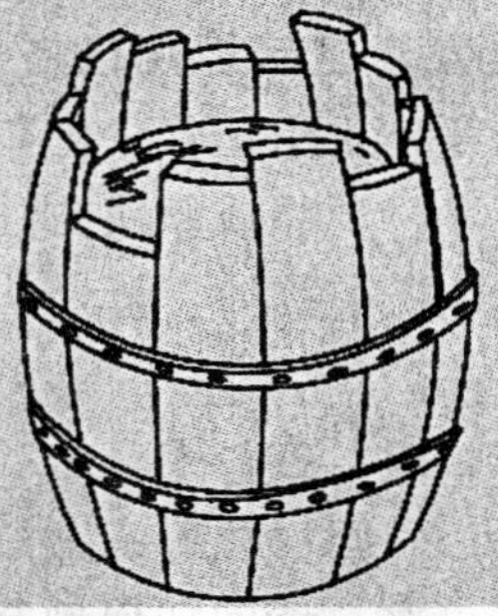

机会识别需要创造力。创造力是利用新的或不同的方法设计、排列、制造新事物。创造性地解决市场需求和问题的能力经常是商业运作成功或失败的因素。它也用来从普通企业当中区别出那些快速增长的企业。想要具备创造性，需要拓展的思维和视野。

头脑风暴方法是一个创造性解决问题和产生想法的技术方法。它的目的就是尽可能多的产生想法。它经常从一个问题或一个难题的陈述开始。每一个想法又导致一个或者更多的想法，最后，产生大量的想法。

当使用这个方法时，需要遵守四个原则：

（1）不要批评和评价其他人的想法

（2）鼓励随心所欲地想——欢迎那些看似疯狂的想法

（3）合适地数量——需要大量的想法

（4）在其他人的想法基础之上改善和提高

此外，对于所有的想法，无论从表面上看多么不合逻辑和疯狂，都需要记录下来。

迈克尔·戈登（Michael Gordon）认为通过以下10个头脑风暴法则可以提高创造力：

（1）定义你的目的

（2）选择参与者

（3）选择协调人

（4）进行自发而广泛的集体讨论

（5）没有批评和否定意见
（6）将意见完整地记录下来
（7）开拓思维，将想像力发挥到极致
（8）避免对某一思路花过多的时间
（9）识别最有希望的思路
（10）提炼各种思路并排列其优先顺序

第四节 创业机会评估

机会无时不在，机会无处不在。尽管创业起步有高低，生意有大小，但不是所有的机会都必须抓住，都值得去投资。一旦人们产生和发现了想法和机会就需要筛选和评估。创业者是否做了识别和评估工作，将导致他们赚大钱还是亏本赔钱，成功还是失败。同时，并不是说你那样做了就保证能够成功，因为还和其他很多因素有关。但另一方面，它的确在降低风险和减少失败方面起到了很重要的作用。机会评估过程包括审查机会的创造和延伸、机会的真正价值和认知价值、机会的风险和回报、机会与企业家个人技能和目标的匹配、在竞争环境中机会的独特优势等。

一、机会评价的方面

识别和评估商业机会包括以下很多方面：

（一）行业和市场

一个关键的问题就是想法是否有市场。这个市场是由有购买力，并愿意购买你的产品或服务的消费者组成的。因此，满足消费者的需求还要考虑合适的价格、地点和时间。

另外要考虑的一个重要的问题是市场的大小（消费者对你的产品和服务的需求量）和这个行业增长速度。理想的情况是一个巨大并快速增长的市场——能够占有市场和逐渐增长的销售量当中的一部分是有重要意义的。想要成为创业者就需要收集信息。如果一些潜在创业者认为这项工作太难，他们就会安慰自己说：市场数据（市场的大小、特征、竞争者等）经常和真正潜在的商业机会背道而驰，不能真实的反映商机。但是换句话说，如果市场数据很容易获得，并且数据很清晰地反映潜在的情况，那么可能会有很多的创业者进入了市场，机会相应的就会减少了。也有一些公开发表的信息来源（也叫次要信息），包括好多图书馆、商会、投资捉进中心、政府部门、大学、外国大使馆、互联网、报纸等。除了此之外，通过经常与人们交流也是信息的一个来源（也叫初级调查），比如消费者和供应商。如果那样的话，你就需要设计一个调查的方法和渠道。

(二)“机会窗”的大小

机会经常被称为一个“窗户”。也就是说，它是真实存在的，但是它不是永远都敞开的。随着时间的推移，市场以不同的速度在增长，市场变得更大，确定市场面的难度就更大。因此，适时性很重要，然后的问题就是决定窗户打开的时间长度，能否在窗户关闭之前把握和抓住机会。

创业机会存在于一个动态的、发展的背景之中，从长远来看，创业机会的价值取决于现阶段的市场空白的大小以及其能够持续的时间，企业能否有足够长的时间来获取相应的回报。

创业机会是一个移动的目标，在此意义上，创业机会实际上表现为一个“机会窗口”，也就是市场存在的有一定长度的发展空间，在这一时间和空间限度内，创业者能够完成创建企业直至获取相应收益。

如图 3-4 所示，图中横轴是时间，纵轴是市场规模，可以看出，产品市场的发展是一个起步—加速—放缓的过程。第一个阶段是机会窗口尚未开启的阶段，市场发展不快，前景也不明朗，但竞争者少，这时期抓住创业机会的创业者往往拥有先入者优势，但风险较大；第二个阶段是机会窗口开启到关闭的阶段，在这个时间段，市场进入了快速增长阶段，市场规模不断扩大，可以稳定赢利了，但这个阶段市场竞争比较激烈，进入门槛逐渐提高，利润率逐渐降低了；第三阶段，市场已经基本成熟，趋向于稳定了，市场规模增长放缓，外部企业很难再进入，机会窗口基本关闭了。

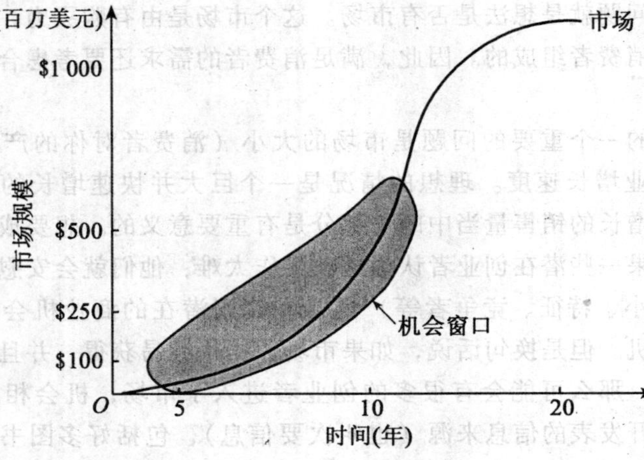

图 3-4　机会窗口

市场规模和机会窗口的长度构成了风险和回报的基础。风险反映出市场、竞争、技术和资本数量的状况。评估风险和回报的方法常常表明机会所提供的财务回报常常与所涉及的风险不相称。机会的回报应把各种可能的后续机会也考虑进去（比如副产品）。

另外一个重要问题是，如果真的有一个经营机会（而不仅仅是一种产品），是否有抓住这个机会的足够时间呢？如果一个机会的确存在，创业者能否及时抓住它取决于技术的运作和竞争对手的对象等因素。机会通常是一个移动的目标，因此，存在着一个“机会窗口”。机会存在于，或产生于现实的时间之中。创业者在机会的窗口的哪个阶段进入市场，很大程度上决定了创业的成败。成功的创业者往往能在机会窗口尚未开启的第一阶段就先人一步地抓住它，并毫不动摇地坚持发展，不能过于急功近利，追求短期效益。一般而言，确定一个新创企业是成功还是失败需要相当长的时间，这不是在一夜之间就可以做出判断的。机会窗口敞开时间的长短对于创业成功是十分关键的。不同产业存在不同的机会窗口，每一个产业都有一个繁荣的时间窗口，一个新兴的企业必须在这几年时间内打下坚实的基础，尤其是在新知识产生的产业里。比如说，英国的铁路产业早期属于高科技产业，窗口开了15 年；汽车产业、化工产业、电器设备产业、电话产业、家用电器产业及消费电子的产品节奏与此相仿，窗口不会开得很大，也不会开得很长（Drucker，1995）。生物、制药、航空、金融等产业领域，机会窗口从来没有关闭。任何基于科技创新的产业，只有很短的时间窗口，创业者若第一次不能赶上这个机会，窗口一旦关闭，机会永不再来。

动态的产业能创造市场机会。一个产业的变化越大，创造的市场机会就越大，市场进一步偏离均衡状态的程度越大。创业可看作是通过组合生产投入追逐机会的过程，在产业中可得机会越多，创业行为和企业形成的潜力越大。来自对美国制造业的分析显示（Dean，1996），动态的产业催生了大量新企业。具有高的销售成长率、不断变化的消费需求和快速的技术变革的产业显示了较高的新企业的产生率。对于潜在的创业者而言，那些能觉察变革来源的潜在创业者能开发他们的知识去创造收益。如何觉察产业的变革？技术的改变是一个风向标，其次，产业机会通常能持续一段时间，如果潜在的经济行为者不知道机会的出现，或者不知道如何应用这些机会，往往就会错过最佳时机，此谓机不可失，时不再来。

有一种说法是，在风险资本产业中“柠檬”（指输家）大概两年半成熟，而“珍珠”（指赢家）则需要 7 到 8 年才会成熟，特别是现在很多高科技企业，创业需要相当长的周期，适度的前瞻性是创业者必需的素质。

（三）创业者的个人目标和能力

对于任何投资创业的人，能否愿意承担风险是一个重要的问题。个人的动机是成功地创业者的本质特征。因此，除非一个人真的想要创办一个企业，否则他是不愿意承担风险去做的。

一个相关的问题就是潜在的创业者是否具备创业必需的能力（包括知识、技能和特质），如果不具备，他们是否能够学习并提高这些能力。许多小企业的管理者都是基于他们的能力才创办企业的。将上述问题结合在一起，就变成一个基本的问题——企业所必需的条件和创业者的要求和期望是否一致和相符。这不仅对创业成功十分重要，也关系到创业者的幸福与快乐。像一句谚语说的那样："成功是得到你想要的，幸福是你想要得到的。"

（四）团队管理

在大量的资金、高风险、变化多端的市场、激烈的竞争等风险决策中，团队管理是一个重要的衡量尺度。团队在相同或相关行业和市场中具备的技能和经验，经常决定了企业的成功或失败。这就说明了风险投资者（为企业提供资金的人）非常强调管理因素，他们经常会说宁愿要一个好的管理去经营一个一般的产品或服务，也不想要一个不好的管理去经营一个优异的产品或服务。

（五）竞争

一个能吸引人的机会必需具备某些竞争优势，例如在市场中与同类产品相比更低的成本或更好的质量。

（六）资金、技术和其他必需的资源

掌握可用的资金、技术和其他必需的资源将决定是否可以利用某个机会。通常，如果开发一个机会需要大量的资金投入，或需要突破保护壁垒（例如专利权）或合同优势（例如一个市场或一个供应商的专营权利）等，意味着存在进入市场的障碍，这些是决定投资或不投资的重要因素。但反过来看，如果潜在创业者不面对很多进入障碍，那么这个机会几乎就不会吸引人了。

（七）环境

企业的外部环境对于机会的吸引力有着深远的影响。我们谈及的环境不仅仅指的是自然环境（自然环境越来越重要了），而且还包括政治、经济、地理、法律环境。政治的不稳定性会导致很多国家的商业机会不吸引人，特别是需要很高的投资并且投资回收期很长时更需要政策的稳定。此外，缺乏可用的基础设施和服务（例如交通、水电供应、通讯、学校和医院）也会影响一个地区的商业机会的吸引力。

（八）可行性研究和创业计划

最后，讨论和调查上述因素的过程经常需要进行可行性研究。现在投资者要求相关问题需要用创业计划的形式陈述。

二、创业机会的评价方法

一个好的创业机会意味着成功的一半。科学的识别和筛选创业机会，为创业管理的顺利进行奠定了良好的基础。

（一）创业机会分析的基本类型和模式

从本质上讲，创业机会的分析和一般企业管理的战略分析并没有本质上的不同，不同之处仅仅在于前者是在企业尚未开始运营时发生。创业机会的分析也可以借鉴战略管理中的SWOT分析法，对于创业项目所面临的机会、威胁以及创业者自身的优势和劣势进行分析。创业机会分析和一般管理分析的最大不同之处在于创业机会分析必须有一定的预见性，因为从创业项目启动到企业经营进入正轨有一个阶段，相对一般企业的决策执行时间来说这个时间比较长，于是创业者在分析创业机会的时候必须更加谨慎，留有一定的余地。往往很多创业者发现一个好的创业机会，但等项目启动的时候别的更有实力的企业却已经抢先占领了市场，创业者投入的前期资本成了沉没成本，因此，创业者在分析创业机会的时候必须考虑得更加周详才能避免出现这种情况。

创业机会的分析一般分为创业环境分析、财务分析和人力资源分析。

创业环境分析分为市场环境分析、技术环境分析和政策环境分析。市场环境分析是指分析创业机会所在市场布局、发展趋势和竞争态势；技术环境分析是指对创业机会所涉及的相关技术的发展状况和掌握程度的分析；政策环境分析是对涉及创业项目的相关法规政策的分析。三者都是属于对创业的外部环境的分析，都必须从宏观和微观两个角度考虑。宏观上国民经济的变化、产业结构的调整、进出口政策的变化以及人均收入的变化都会影响到创业机会；微观上竞争者的变化、相关产业政策变化以及上下游讨价还价能力的变化也会使创业机会价值产生变化，创业者既要考虑到市场中竞争对手、消费者、管理部门、供应商等和创业直接相关的因素，也要分析外围产业、地区经济、技术发展、社会文化等间接影响创业的因素。环境分析需要对整个创业环境的发展趋势做一个比较准确的预判，这个预判需要考虑到更大范围、更长时间的环境变化，例如创业者要投入房地产行业，不仅要考虑到构成竞争的附近楼盘、消费者的消费能力、消费习惯，也要考虑到整个地区甚至全国的宏观经济和相关政策因素对于房地产产业的影响。

财务分析是对创业者筹集和使用资金的规划。资金是创业最重要的资源之一，由于创业型的企业没有足够的信用，筹资问题在创业初期总是困扰创业者的难题，创业者面对一个创业机会，对于创业机会进行财务分析，有利于制定出未来筹资的规划，使创业者能有条不紊的完成创业的每个步骤，避免由于缺少资金影响创业初期的发展。创业者在选择创业机会时如果没有进行财务分析，往往很容易低估创业对于资金的需求和融资的难度，创业过程中不断出现的新情况，使得粗略规划的资金需求大大增加，而不同阶段的融资行为的不当，可能增加融资成本。就创业机会本身来说，低估一个创业机会所需的资金，可能使得创业者投入一些超过自身融资能力的项目，造成不必要的时间和资源的浪费。

人力资源分析是创业者对于创业机会所需具有相关能力的人才的分析，也就是从创业者和创业团队的角度分析创业机会价值。一个创业机会，对于创业者的价值不仅仅决定其客观的创业环境，创业者及其团队是否具有所需的能力并发挥相关能力是决定创业机会选择的主观因素。创业者在评估创业机会的时候，必须把所需人才的使用成本计算在内，企业外雇人员需要考虑付给的相关收入等。创业者自身也要考虑劳动力的付出程度和创业行为的机会成本，好的创业机会，能够充分发挥每个创业团队成员的竞争优势，包括创业者的从业经验、相关技能、性格特点等。

（二）创业机会的评价标准

创业机会的评价，并没有严格的标准，很多时候各种因素的权衡都是很困难的，不能简单地以权数来确定。机会识别与开发过程和产品研究与开发过程很相似，不过产品研究与开发过程的结果是新产品，而成功的机会开发过程的结果是新企业的创立。机会开发过程包括机会的识别、评价和开发，机会评价贯穿了整个创业机会的识别与开发过程。评价这个术语通常与一项判断联系在一起，这个判断决定了正在开发的机会是否能得到物力、财力以进入下一阶段的发展。在整个机会开发过程中，对机会进行评价的人主要是创业者（及创业团队）和投资人（天使投资人，风险投资家和股东）。一般来说，那些决定资源分配的人（投资人）会对创业企业的创业计划进行全面评价，进行尽职调查，重点针对创业机会价值和创业团队的素质。在开发过程的前期各阶段，创业者也可能会对推测的市场需求或资源（包括发明创造）进行非正式的研究，对机会做出多次评价，这些评价会使创业者识别出其他的新机会或调整其最初的看法。由于这种评价方法可能是非正式的，甚至是不系统的，阶段性评价决策方法得到更普遍的使用。这一方法明确要求创业者在机会开发的每个阶段都要进行机会评价。一个机会是否能够通过每个阶段预先设置的通过门槛，在很大程度上取决于创业者经常面对的约束或限制，如创业者的目标回报率、风险偏好、金融资源、个人责任心和个人目标等。一项不能成功通过某一阶段的评价门槛进入下一阶段的机会，将被修订甚至被放弃。因此，通过循环反复的识别、评价、开发步骤，一个最初的商业概念或创意就会逐步完善起来。

创业机会的评价可以简单地分为定性分析和定量分析。两者的分析角度不同，前者主要分析的是难以用数字衡量或者没有绝对的衡量标准的因素，后者则是对比较客观、容易量化的因素进行分析评价。

（三）创业机会的评价方法

1. 定性分析方法

Thomas W. Zimmerer, Norman M. Scarborough 在 *Entrepreneurship and the New Venture Formation* 中描绘了创业机会的定性评价过程的流程图。这个流程分为五大步骤：

第一步，判断新产品或服务将如何为购买者创造价值，判断新产品或服务使用的潜在障碍，如何克服这些障碍，根据对产品和市场认可度的分析，得出新产品的潜在需求、早期使用者的行为特征、产品达到创造收益的预期时间。

第二步，分析产品在目标市场投放的技术风险、财务风险和竞争风险，进行机会窗分析。

第三步,在产品的制造过程中是否能保证足够的生产批量和可以接受的产品质量。

第四步，估算新产品项目的初始投资额，明确使用何种融资渠道。

第五步，在更大的范围内考虑风险的程度，以及如何控制和管理那些风险因素。

Howard H. Stevenson，Michael J. Roberts，Grousbeck 在 *New Business Ventures and the Entrepreneur* 中指出，为了充分评价创业机会，需要考虑以下几个重要问题：(1) 回答机会的大小，存在的时间跨度和随时间成长的速度这些问题。(2) 潜在的利润是否足够弥补资本、时间和机会成本的投资，而带来令人满意的收益。(3) 机会是否开辟了额外的扩张、多样化或综合的商业机会选择。(4) 在可能的障碍面前，收益是否会持久。(5) 产品或服务是否真正满足了真实的需求。

Justin G. Longenecker，Carlos W. Moore，J. Willam Petty 提出了评价创业机会的五项标准：(1) 对产品有明确界定的市场需求，推出的时机也是恰当的；(2) 投资的项目具有持久的竞争优势；(3) 投资必须是高回报的，从而允许一定的投资失误；(4) 创业者和创业机会之间是相互合适的；(5) 机会中不存在致命缺陷。

Timmons 制定出了一套多达 8 大类（产业和市场、经济条件、收获条件、竞争优势、管理团队、致命缺陷、创业家的个人标准、理想与现实的战略差异）、55 个条目的详细评价因素。一般来说所有的创业机会都处于创业机会的吸引潜力最高和创业机会的吸引潜力最低的两种极端之间。见表 3-1。

表 3-1 **Timmons 机会评价框架**

经济条件	1. 达到盈亏平衡点所需要的时间在 1.5 ~ 2 年
	2. 盈亏平衡点不会逐渐提高
	3. 投资回报率在 25% 以上
	4. 项目对资金的要求不是很大，能够获得融资
	5. 销售额的年增长率高于 15%
	6. 有良好的现金流量，能占到销售额的 20% 到 30% 以上
	7. 能获得持久的毛利，毛利率要达到 40% 以上
	8. 能获得持久的税后利润，税后利润率要超过 10%
	9. 资产集中程度低
	10. 运营资金不多，需求量是逐渐增加的
	11. 研究开发工作对资金的要求不高

续表

产业和市场	1. 市场容易识别，可以带来持续收入
	2. 顾客可以接受产品或服务，愿意为此付费
	3. 产品的附加价值高
	4. 产品对市场的影响力高
	5. 将要开发的产品生命周期长久
	6. 项目所在的行业是新兴行业，竞争不完善
	7. 市场规模大，销售潜力达到1 000万到10亿元
	8. 市场成长率在30%～50%
	9. 现有厂商的生产能力几乎完全饱和
	10. 在5年内能占据市场的领导地位，市场占有率达到20%以上
	11. 拥有低成本的工艺，功能方面具有成本优势
收获条件	1. 项目带来的附加价值具有较高的战略意义
	2. 存在现有的或可预料的退出方式
	3. 资本市场环境有利，可以实现资本的流动
竞争优势	1. 固定成本和可变成本低
	2. 对成本、价格和销售的控制较高
	3. 已经获得或可以获得专利所有权的保护
	4. 竞争对手尚未觉醒，竞争较弱
	5. 拥有专利或具有某种独占性
	6. 拥有发展良好的网络关系，容易获得合同
	7. 拥有杰出的关键人员和管理团队
管理团队	1. 创业者团队是一个优秀管理者的组合
	2. 行业和技术经验达到本行业内的最高水平
	3. 管理团队的正直廉洁程度能达到最高水准
	4. 管理团队知道自己缺乏哪方面的知识
致命缺陷	不存在任何致命缺陷
创业家的个人标准	1. 个人目标与创业活动相符合
	2，创业家可以在有限风险下实现成功
	3. 创业家可以接受薪水减少等风险
	4. 所创办的事业顺应时代潮流
	5. 创业家渴望进行创业这种生活方式，而不只是为了赚大钱
	6. 创业家在压力状态下状态依旧良好

续表

理想与现实的战略性差异	1. 理想与现实情况相吻合
	2. 管理团队已经是最好的
	3. 在客户服务管理方面有很好的服务理念
	4. 所创办的事业顺应时代潮流
	5. 所采取的技术具有突破性，不存在许多替代品或竞争对手
	6. 具备灵活的适应能力，能快速地进行取舍
	7. 始终在寻找新的机会
	8. 定价与市场领先者几乎持平
	9. 能够获得销售渠道，或已经拥有现成的网络
	10. 能够允许失败

2. 定量分析

John G. Rurch 在 *Entrepreneurship* 中提出了四种公认的创业机会的评价方法。

(1) 标准打分矩阵

选择对创业机会成功有重要影响的因素，并由专家对每一个因素进行打分，最后求出每个因素在各个创业机会下的加权平均分，从而对不同的创业机会进行比较。见表 3-2。

表 3-2 机会打分评价法

标准	专家评分			
	极好（3分）	好（2分）	一般（1分）	加权平均分
易操作性				
质量和易维护性				
市场接受度				
增加资本的能力				
投资回报				
专利权状况				
市场的大小				
制造的简单性				
广告潜力				
成长的潜力				

（2）Westinghouse 法

这实际上是计算和比较各个机会的优先级，其公式如下：

机会优先级别 = ［技术成功概率 ×（价格 - 成本）× 投资生命周期］÷ 总成本

在该公式中，技术和商业成功的概率以百分比表示（从 0 到 100%），平均年销售额是以销售的产品数量计算，成本是以单位产品生产成本计算，投资生命周期是指可以预期的年均销售数额保持不变的年限，总成本是指预期的所有投入，包括研究、设计、生产和营销费用。对于不同的创业机会将具体数值带入计算，特定机会的优先级越高，该机会越有可能成功。

（3）Hanan Potentionmeter 法

这是一种让创业者填写针对不同因素的不同情况、预先设定好权值的选项式问卷的方法。对于不同的因素，不同的选项的得分为 -2 ~ +2 分，对所有因素得分加总得到最后的总分，总分越高说明特定创业机会成功的潜力越大。

（4）Baty 的选择因素法

在这种方法中，通过 11 个选择因素的设定来对创业机会进行判断。如果某个创业机会只符合其中的 6 个或者更少的因素，那么这个创业机会就不可取；反之则说明该创业机会成功的希望很大。见表 3-3。

表 3-3　　**Baty 的机会选择因素法**

这个创业机会在现阶段是否只有你一个人发现了？
初始产品生产成本是否可以承受？
初始的市场开发成本是否可以承受？
产品是否具有高利润回报的潜力？
是否可以预期产品投放市场和达到盈亏平衡点的时间？
潜在的市场是否巨大？
你的产品是否为一个高速成长的产品家族中的第一个产品？
你是否拥有一些现成的初始客户？
你是否可预期产品的开发成本和开发周期？
是否处于一个成长中的行业？
金融界是否能理解你的产品和顾客对它的需求？

不论采用什么方法识别和评价机会的价值，得出的结论应该是大同小异的。好商机一般具有以下 5 个重要特点：①市场前景可明确界定；②未来市场中前 5 ~ 7

年销售额稳步且快速增长；③创业者能够获得利用机会所需的关键资源；④创业者不被锁定在刚性的技术路线上；⑤创业者可以用不同的方式创造额外的机会和利润。

小　结

这一章的中心内容是如何发现创业机会。机会本身是客观现象，但确认创业机会是一个主观过程。由于创业机会的选择和探索新事物的结果是不确定的，所以，创业决策不可能是一个最优化的过程。成功地发现并利用创业机会是由机会本身的特性和企业家所拥有的创业信息与认知能力共同决定的。

Edward Zimmer 教授根据自己的经验，告诉未来创业者应该如何去发现创业机会。他写到：

第一，不要寻找捷径，成功、安全、独立和金钱，不管哪一个是你正在寻找的，都没有简单的方法。任何创业都需要大量辛苦的工作、耐心和奉献。试图寻找捷径就如把自己置入一个被欺骗的陷阱，有一些贪婪的人正在那里寻找你。

第二，买一本德鲁克的书《创新与企业家精神》（*Innovation and Entrepreneurship*），它是关于如何去寻找机会的书，写于20世纪80年代中期。这是一本没有引起足够重视、没有充分应用的经典著作。在这本书里，他描绘出了到哪里寻找、寻找什么，甚至提出了一些如何利用你所发现的东西去创业的战略。

第三，承认这样一个事实，即生意，所有的生意是从一个客户开始，而不是一个技术秘诀，也不是从一个伟大的创意开始。对于投资者—创业者，你开始生意的最好方法是去找到某个愿意为你付费去生产他们所需要的东西的人——让你有权利去把东西卖给他。你要一直这样做。问题在于大多数人不知道去问，也羞于去问。在每个创业者的“工具箱”里有一个“厚脸皮”是很关键的因素。

如果你不能发现愿为你做的和要去做的事情付费的人，那么看在上帝的分上，不要放弃，直到你头脑风暴了所有的可能选择——那么最后的方法就是发现有需要的某个（些）人，你自己去开发它，然后去卖给他们。

这一方法的关键是要使这种需要有价值。这种需要越有价值，你越不可能浪费时间。使需求有价值的方式是去和潜在的客户交谈。“如果我有什么东西如何如何，你感兴趣吗？怎样感兴趣？出什么价？”

你已经提出了问题，然后你在寻求兴趣。如果你得到他人认真的考虑，就要进一步就这一问题让他们更多地认真注意细节。保持和潜在客户的联系！让他们成为“解决方案”的一部分。你让他们感觉到“参与”的工作做得越好，他们越愿意将来去买而且将来你不得不去“卖”的也就越少。（Zimmer. Finding Entrepreneurial Opportunities. http：//www. zeromillion/entrepreneurship/opportunities. html）

思　考　题

1. 创业机会的来源和类型有何区别？
2. 创业机会有哪些评价标准？
3. 哪些因素影响创业者识别创业机会？
4. 归纳识别创业机会的认知特点。

讨论案例　无水洗车为啥叫好不叫座？

（2005年）在广州白云区一个不足20平方米的无水洗车店里，里面整齐地摆着一些洗车用品。门外既无洗车厂，也无水管、水枪、水缸，更无下水道、排水沟，不见水柱泡沫纷飞。两名洗车工正在为一部轿车清洗。一名清洁工用少量的水把车子打湿，然后将汽车洗涤液喷射到车体上，另外一名洗车工待污垢悬浮起来，用抹布抹净，整个过程大概30分钟，所用的水不超过500毫升，而洗车费用为10元。经特殊专用洗涤剂擦拭后，车体明亮自然，丝毫无损，车内芬芳宜人。

据店主陈先生介绍，“无水洗车”又称汽车干洗，是采用高科技成果汽车清洗剂系列产品对汽车进行清洗保养的一种新型汽车保洁技术，由于环保节水，无水洗车在欧美发达国家相当流行。无水洗车和一般汽车美容相比，价格相同，且洗车、打蜡等时间短，不耗费水、电能，环保意义重大。

节水是无水洗车最大优点。用传统方法冲洗一辆小车，用软管要耗水200升，用高压水枪耗水30升，采用自动循环水洗车设施则耗水15升。目前广州有机动车辆超过150万辆，按平均每辆车清洗一次用水0.06立方米计算，需用水9万吨，足够满足10万多人一天的生活用水。无水洗车所用之水只是用来洗毛巾，相对于有水洗车，其用水量几近为零。广州市人均占有水量为1 375立方米，仅为全国人均占有水量的56%。同时，由于江河污染的存在以及每年枯水期的出现，广州市仍面临着季节性和水质性缺水问题。如果广州全市推广无水洗车，将会大大减轻供水和环保压力。此外，无水洗车还有节能、服务方式灵活等特点。

无水洗车虽然优点多，但这些并不能使无水洗车行站稳脚跟。目前，全市20多家无水洗车行大半都已夭折。

虽然无水洗车优势明显，前景诱人，为何发展却如此艰难？某汽车服务部经理介绍，去年她在广州世纪广场地下停车厂开了家无水洗车点，开始很多车主不接受这种洗车方式，怕无水洗车会刮坏车子，后来免费提供无水洗车，车主才发现效果比水冲洗的好，但又担心无水清洗产品的长期使用会损伤车油漆。实际上，无水洗车采用最新的高科技产品悬浮剂可有效地使污迹与车漆产生间隙，同时棕榈蜡会使污迹与车漆隔离，再利用表面活性剂去除污渍，所以不会擦伤车油漆；同时产品含有的高分子聚合物、增光乳液等成分，可以增加漆面光洁度，并在表面形成保护膜，有效抵挡雨、雪、沙等对车体的伤害，并保护车漆光泽不受损伤。由于大多数车主对无水洗车依然存在顾虑，经营不理想，该经理在世纪广场的洗车店也不得不关门了。

广州的洗车行水价和一般商业用水一样，保持在2.6元一吨，一吨水大概可冲洗10部车，平均每部车用水才2毛6，而且用水洗车，每部车原料成本要一元多。根据调查，广州有很多无牌黑洗车店，夜晚在广州一些大道旁马路边私接水管洗车，私接水管用水不用钱，又不交税，洗一部车才收3元钱，有很多出租车主光顾。这样，传统洗车业利润空间比无水洗车更大，很多车主选择有水洗车，这对无水洗车业冲击很大。

生产无水洗车原料的企业很少，原料价格还比较贵，很多原料要从外地如北京进货，成本比较高。从长远来看，环保无水洗车业会取代传统洗车业，但无水洗车业如何克服现在发展的困境？这是一个有发展前景的业务吗？

资料来源：庞彩霞．“无水洗车”为啥叫好不叫座？．经济日报，2005-12-06.

第四章
创业者及其创业决策

引导案例：人生成功第一大捷径①

在最近十年之内，能三次将如日中天的比尔·盖茨赶下“世界首富”宝座的人，只有巴菲特；从事投资近半个世纪，年年都能赚大钱的人，只有巴菲特；一生做出成百上千次投资决策，成功率达到99%以上的人，只有巴菲特；当世界贸易大厦在恐怖袭击中轰然倒蹋，股市一片哀歌时，仍然能赚大钱的人，只有巴菲特；能同时荣膺投资艺术家和管理艺术家称号的人，只有巴菲特。

一个人一次成功，是幸运；一生成功，必有成功妙方。假如你想获得金钱世界的通行证，却不去了解巴菲特的“点金术”，将是一件很遗憾的事。

沃伦·巴菲特出生于美国中部的内布拉斯加州奥玛哈镇。那时是1930年，20世纪最严重的一次经济危机正席卷全世界。出生在一个动荡的时代的确是一件值得庆幸的事，但巴菲特很幸运地降生于一个生活优裕的家庭。他的父亲是一位成功的股票经纪人，收入颇丰，巴菲特自小到大，从来没有感受过生存的压力。在这种优裕环境中成长起来的孩子，一般会沦为只图享受的寄生虫。因为他们不需要什么本事便能受到尊重，不需要了解人情世故便能被人追捧，不需要付出努力便能活得很滋润，这将扼杀他们所有的奋斗激情，养成不可救药的惰性。

那么，沃伦·巴菲特为什么能成为世界上最出色的投资家呢？他得感谢父母，因为父母从没打算溺爱他。他们教给他的人生第一课就是：自食其力。

8岁时，巴菲特就开始利用课余时间在祖父的杂货店“打工”，赚取每月的零花钱。他能干的活很少，跟他的工钱正好相称，祖父可不会因为他干一分钱的活而付他两分钱。这个家庭和美国许多其他富裕家庭一样，他们不缺钱，但他们将金钱视为一种人生价值和一种成功的标志。巴菲特很小的时候就接受了这种价值观，并根深蒂固地植于头脑中。在以后的岁月里，虽然他拥有庞大得惊人的财富，却从不在金钱面前止步。因为他追逐的不是金钱本身，而是自我实现。这是马斯洛的人生

① 胡卫红，王澄宇．创业英雄．北京：世界图书出版公司，2003：225-228.

五大需求中的最高需求。

为祖父“打工”期间，小巴菲特从祖父那里学到了很多“生意经”，其中一条便是：“低进高出，赚取差价”。这正是商品交易中的铁律。

在一个星期天，小巴菲特忽然觉得应该自己做点生意。他向祖父提出，用平日积攒的零花钱批发一箱可口可乐。祖父惊讶地问他买这么多可乐干什么，他说：“我想小朋友们在玩的时候或者需要喝一点。如果我送到他们面前，他们一定会很高兴地买我的可乐。”

祖父拍拍巴菲特的小脑袋，开心地笑了。他很高兴自己的孙子居然这么有生意头脑。

巴菲特用小车推着可乐来到小伙伴们经常玩的球场边，大声吆喝着：“嗨，可口可乐！谁想买可口可乐？”

那些孩子们正玩得口干舌燥，一听见吆喝，都拥了过来，不一会儿，一箱可乐就卖光了。每瓶可乐巴菲特可赚五美分，一箱可乐赚的钱已足够他乐得眉开眼笑。这比在祖父店里“打工”来钱快多了！

自此，巴菲特对兜售可口可乐这份“新工作”乐此不疲。一年后，当别的小孩还在伸手向家里要钱时，他在玩伴中已成了一个颇有名气的“小老板”。

作为股票经纪人的儿子，巴菲特从父亲身上也学到了许多宝贵的东西。首先是做人原则。父亲不止一次地告诫他：“不要做任何可能会登在报纸头版的事。”巴菲特将父亲的告诫奉为一生的行为准则。他一生追逐金钱，却从不以非法的或其他不正当的方式赚钱，因为在他固有的价值观念中，不正当的钱与成功不能画等号。

巴菲特还从父亲那里学到了对金钱和股票的认识。父亲并没有刻意教给他什么，当然更不会要求他自己赚钱养活自己。在他的回忆录中，他说：“我所想要的并非是金钱，我觉得赚钱并看着它慢慢增多是一件很有意思的事。”为了赚更多的钱，小巴菲特乐意将游戏的时间花在做生意和探求赚钱秘方上。他家里关于股票的藏书很丰富，这是些让孩子们一看就头疼的书，巴菲特却能读得津津有味。

11岁时，巴菲特已学到了不少股票知识，至少比大多数凭感觉跟风的股民强。为了学到更多，他在父亲当股票经纪人的证券公司做了一名股价板的临时记录员，并用自己卖可乐赚的钱买进了平生第一只股票——城市服务特别股，赚了一笔小钱。

13岁那年，巴菲特的父亲当选为国会议员，举家迁居华盛顿。这时候，巴菲特已是上流社会贵公子的身份，但他对赚小钱的兴趣丝毫未减。他先是利用课余时间替《华盛顿邮报》、《时代先锋报》送报，赚少许脚力钱。干了没多久，他觉得这种纯体力投资太缺乏趣味性，于是，花50美元购买了两台半旧的弹子机，租借一家理发厅前面的空地做生意。他的生意很好，平均每天差不多能赚到2美元。他用赚来的钱又陆续购进五台弹子机。这样，他每月大约可挣进200美元。在那个时代，200 美元是一笔不菲的收入，养活自己已绰绰有余了！

后来，巴菲特又与一位同学合伙，花 350 美元购买了一辆旧劳斯莱斯车，主要出租给那些来华盛顿旅游或出差的人使用，每日租金 35 美元。虽然不是每天都能将车租出去，这项业务的收入也不比他的弹子机生意低。所以，到 16 岁中学毕业时，巴菲特已积攒了 6 000 美元。

很显然，巴菲特的成功在于他比别人早一步起跑，比同龄人至少早十年进入竞争状态。从 8 岁开始，他和他们就不在同一条起跑线上。然而，两者相差的绝不只是 6 000 美元，而是心态、意识、价值观、经验和阅历等无法用金钱衡量的宝贵资源。这些资源，形成了巴菲特独特的创业特质，这也许正是成功与平庸的分界线。

创业是改变个人一生命运的重要决策。这一决策经历怎样的过程？创业究竟为了什么？这一章，将重点分析成功创业者所需要具备的关键知识、技能和特质，理解什么样的人适合创业，什么样的人能够创业成功。

第一节　创业决策与创业动机

创业是改变人命运的决策，是个体或群体放弃目前的工作或生活状态（活动），决定成为一名企业家（创业者）的决策。该过程包含着一种转移，也就是从目前的生活方式转移到创立一家新的企业的活动的转移。

一、创业决策过程及其驱动因素

创业决策过程是潜在创业者决定是否、能否去创业的一个心理和机会评价的过程。创业决策可以回答什么力量和因素会激励一个人去冒险创业这类问题。

通过研究和文献证明，主要有三个方面的因素会驱动一个人去作出创业决定。这三个因素是：改变现状，可信的榜样和具备创业者的能力；另外，一个有利的外部环境也是十分必要的。如图 4-1 所示。

1. 改变现状

对于很多人来说，决定去创办一个企业是源于发生了一些变故；而其他很多人想要在和他们以前工作环境类似的领域里去创业。

● 变故

一些创业者是因为发生了某些变故而导致想要或开始创业。一个直接的表现就是：失去工作；移居到一个新的环境，因语言障碍或种族偏见而找不到合适的工作；与上司的矛盾；找不到理想报酬或待遇的工作；还有那些在大的公司和机构里工作失败的管理者。

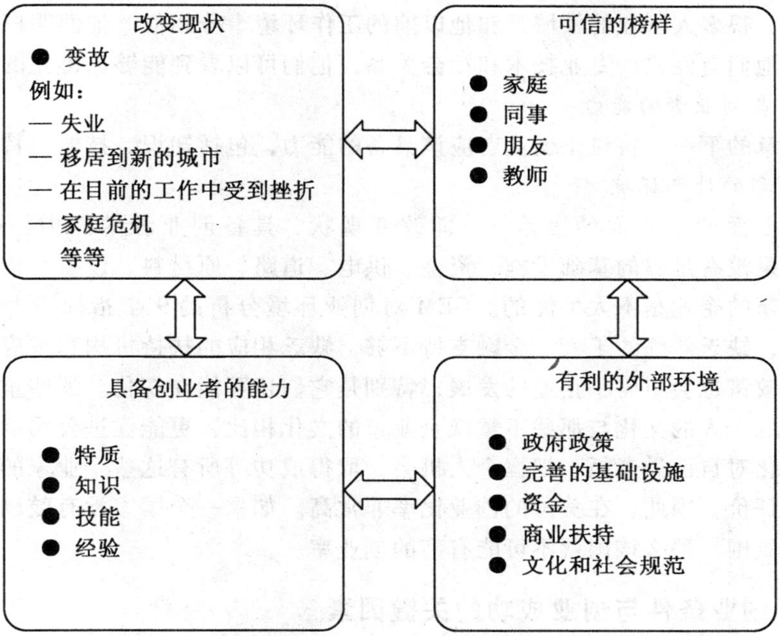

图 4-1 创业决定因素

2. 可信的榜样

最好的说明榜样的作用的就是目前创业者父母的职业。调查指出在创业者当中25%到34%的人，他们的父母（特别是父亲）是一家小企业的拥有者，同时，如果农场主和自由职业者也被认为是小企业拥有者的话，百分比将提高到54%。作为促进的动机，无论如何不能仅限于家庭，而且也要扩展到同伴和朋友。例如，美国硅谷的发展的原因之一就是工程师们离开大的机构和组织成功创办自己的企业。可信的榜样也可以解释为什么有的民族和国家具有非常高的创业者能力，例如：在美国的犹太人、黎巴嫩人、韩国人，在英国的亚洲人。

同伴在组建公司的决策中至关重要。企业家聚集地——企业家与未来的企业家在一起探讨想法、问题和解决问题方法的集会地点，要比缺乏这些场所的地区能产生更多的新公司。

对组建公司的鼓励还来自教师。教师可以极大地影响学生，使学生把创业看作是一种所期望的和可行的职业路径。开设有创业和创新等课程的学校往往会诞生出企业家，并能在某一经济领域真正促进企业家型环境的形成。在美国，MIT与哈佛都坐落在128公路附近；斯坦福大学在硅谷；北卡罗来纳大学、北卡罗来纳州立大学和杜克大学都集中在北卡罗来纳三角洲；卡斯西留大学促进了克利夫兰地区的创业。有着深厚教育背景的地区是对创业活动和创建公司的一个强有力的支持因素。

此外，很多人创业的领域都和他以前的工作环境十分相似。他们明白在这样的环境中，他们有经验、专业技术和社会关系，他们可以看到能够抓得住的机会。

3. 具备创业者的能力

在本章的下一节将讨论创业者应该具备的能力，包括知识、技能与特质。

4. 有利的外部环境

只有上面的三方面的因素——即改变现状、具备创业者的能力、可信的榜样——如果没有足够的基础设施、资金、供电、道路、原材料、设备和信息，对于创办一个新的企业是不太可能的。GEM 对创业环境分析的 9 个指标中，缺乏创业教育培训，缺乏熟练的工人，金融支持不够，缺乏相应的扶持机构和政府部门，还有不利的政策也会阻碍小企业的发展，特别是它们还可能在变化。那些重视成功创立新企业的个人的文化与那些不重视企业家的文化相比，更能促进公司的组建。例如美国文化对自己做老板、把握个人机会、取得成功等所有这些企业家的特征给予了很高的评价。因此，在美国的创业比率非常高。如果一个国家没有鼓励创业、创新的文化氛围，那么该国就不可能有高的创业率。

二、创业条件与创业成功的关键因素

创业条件决定了组建新企业的可能性。在创业决策的过程中，需要考虑组建新公司的可能性是什么。许多学者和研究对于创业过程或决定创业成功的基本要素有哪些进行过大量研究。

（一）五要素理论

Robert D. Hisrich 教授（1989）等认为，五大要素——政府、背景、市场、角色榜样和财务——有助于新企业的创立。

政府通过提供基础设施来帮助和支持新企业。如果一个国家拥有完善的通信、运输设施系统，经济环境稳定，公司和个人所得税率优惠，那么会有更多的新创企业在这个国家诞生。对企业或个人征收高税率的国家会阻碍公司的创立，因为公司将缺乏资金创业和发展，资金回报也无法实现。

企业家还必须具备必要的背景。正规的教育和先前的经验能给予潜在企业家必要的组建和管理新企业的技能。虽然教育系统对提供必需的经营知识很重要，但个人往往在他们工作过的领域中创建企业会更成功，因为企业家并非天生的，后天的经历也会培养出企业家。

市场对形成一家新公司也同样重要。除了要有一个足够规模的市场外，还必须有一定程度的市场知识，以便对产品、价格、渠道和促销等能成功推动产品的要素进行最好的组合。相对于技术力量的推动，当企业家发现有着强大的潜在市场需求时，企业的创建工作会更容易。

角色榜样是使公司创建成为可能的影响因素之一。看到其他人的成功会坚定自己创业的决心。当询问企业家们为什么开创新事业时，经常得到的一个回答是："如果那个人能做成这件事，那么我也能成功！"

最后，必须准备好财务资源。尽管大多数新公司的创业资金来自于个人的积蓄、信用、朋友和亲戚，但有时还会需要一些额外的原始资本。风险资本在创业活动的开始和成长过程中都起着重要的作用。有了充足的原始资本，就会有更多新公司成立。

（二）蒂蒙斯模型

蒂蒙斯的创业资源能力决定模型很好地解释了创业决策的过程，见图 4-2。

创业是一个系统工程，它由多个资源能力要素组成复杂系统。在蒂蒙斯描述的创业模型中，包括有商机、工作团队和资源三大要素。

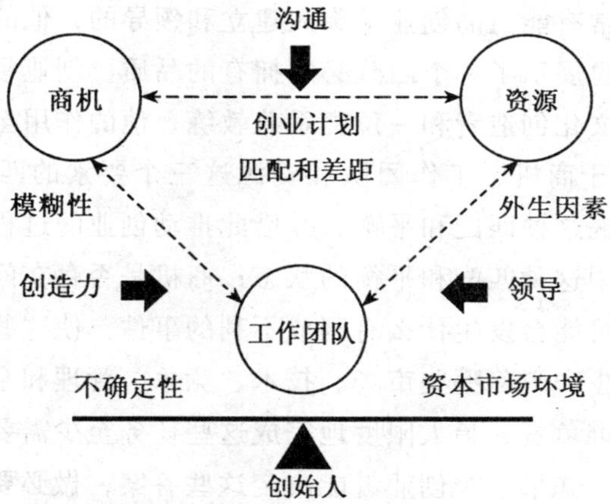

图 4-2　迪蒙斯三要素模型

资料来源：杰弗里·迪蒙斯．战略与商业机会．北京：华夏出版社，2002：56.

该模型有以下几个方面的含义：

1. 商机是创业过程的核心驱动力，创始人或工作团队是创业过程的主导者，是原始创业成功的必要保证。

创业过程始于商机，而不是资金、战略、关系网络、工作团队或创业计划。在企业刚启动时期，大多数情况下，真正的商机比团队的智慧、才能或可获取的资源更重要。创业团队的作用就是利用自己的创造力在模糊、不确切的环境中发现商机或者创造商机，并利用资本市场环境、外生因素等组织资源，领导企业来实现商机的价值。在这个过程中，资源与商机是匹配、不匹配再到匹配的动态过程。

商机：市场需求驱动着价值创造潜力，好商机的最重要特征是产品和服务有增值特征、市场规模大以及自由现金流本身的特点。成长率越高，规模越大，耐力越持久，总利润、净利润和自由现金流越强，企业的商机就越多。

资源：要创造也要节约。创业者可能会有错误的概念：为了使企业成功，首先必须要让所有的资源都到位，尤其是资金必须到位。首先考虑金钱是一个很大的错误，现在短缺的是高素质的创业者和商机，而不是金钱。成功的创业者一般都为了合理利用和控制资源设计了创意精巧、使用谨慎的战略。以尽量少的资源做尽量多的事情是强有力的竞争武器。企业资产、关键人物、创建资本和成长资本中，最后考虑的是现金。

创业团队：创业团队是高潜力企业的关键组成要素。著名的投资家阿瑟·洛克（Arthur Rock）这样评价团队的重要性："如果你找对了人，他们就一直可以帮你改换产品。几乎我所犯的每一个错误都是因为我用错了人，而不是思路错误。"好的团队总是由一位非常有能力的创业带头人建立和领导的，他的业绩记录不仅向我们展示了他的成就，也展示了一个团队必须拥有的品质。创业领头者的作用就像一位领跑者、一位企业文化创造者和一位赛手兼教练，他的作用至关重要。

2. 创业过程依赖于商机、工作团队和资源这三个要素的匹配和平衡。处于底部的工作团队必须掌握这种匹配和平衡，并借此推动创业的过程。工作团队要做的工作包括：分析企业中这种匹配和平衡的状态；商机是否存在问题，企业正在失去什么商机；外部环境可能会发生什么有利或不利的事件，使这些事件有吸引力我们应该如何做；可以减少和消除哪些市场、技术、竞争、管理和金融风险；如何抓住商机和回避风险，由谁负责，最大限度地完成这些任务至少需要多少资源；评价拥有的团队是否合适等。如果一个创业者能决定这些答案，做必要的改变和增加，解决如何弥补差距和改进匹配问题，吸引有利于完成这些工作的关键人才，那么创业成功的可能性就大大增加。从本质上说，创业者的作用就是管理和重新确定风险与回报的平衡。

3. 创业过程是一个连续不断地寻求平衡的行为组合。

尽管这三个部分很难保持完全的匹配，但只有持续的追求一种动态的平衡，企业才能保持持久的发展。当创业者用平衡的观念展望未来时，他需要问：前面的发展将会遇到什么陷阱？发展的速度太快还是太慢？未来的资源是否能够满足需要？创业者需要不断采用实验性的方法，不断的评估、修订战略和战术。在考虑开发商机、资源和工作团队所必须解决的问题过程中，创业者的工作就是将思路塑造成商机，然后再将商机塑造成事业。这个创业过程具有反复性，而且带有不断试错的特征。

（三）PCDO 范式

创业过程的基本范式是由 Sahlman（1996）提出的 PCDO（People，Context，Deal，Opportunity）框架，即创业是由机会、环境、创业者与团队以及经营模式共同决定的。在这里，机会被定义为“需要对稀缺资源的投资以获取将来收益的任何行动”；环境是创业者不能控制，但能影响创业成败的那些因素，环境因素会构成新企业面对的机会和风险；经营模式是创业模式的核心内容。创业模式是组织设计（组织模式）和经营模式的结合。经营模式体现一个组织的交易方式，包括创立什么，谁去创立（个人、合伙、外包等），如何传递（因特网、直销）以及接受者如何接受（如：网上购物、会员制、赊销、信用卡等）（Austin，et al，2006）。

创业过程的这些要素或条件是创业所需要的资源，创业者拥有资源的有无和多寡以及资源质量，相当程度上左右了创业目标的选择，也影响创业目标的实现。所以，创业者确立创业目标，必须考虑自身对相关资源特别是关键资源的拥有程度，最好选择能够充分发挥自身资源优势的创业机会。

第二节　创业目标与创业动机

成功的创业者都有一个共同的特征，他们都有一个明确的关于企业和个人的远景规划和目标，即使他们不能确切知道如何实现它。

一、创业目标

创业目标是创业者结合自身能力、拥有的资源和创业动力所确立的通过创业所希望达到的最终目标。

创业的个人目标与企业目标是密切相关的。比如一个上市公司的目标是股东价值最大化，而创业者创建企业的目标更多地是实现个人的目标，但个人目标的实现往往通过企业目标的实现才能体现出来。创业者的目标大致可分为三种类型：迫于生活的压力或者希望使自己的生活条件有所改善才决定创业，属于生存型创业；已经有了一定的经济实力，希望获得更大经济回报，属于投资型创业；为了实现自己的人生目标，把创业当作自己的毕生事业，属于事业型创业。

企业的目标与个人的创业目标有时不完全一致，这取决于对未来的预期和要求，其中很重要的是对成功的理解。

每个人对成功的定义都不一样，所以每个人只追求属于自己的成功。这表示每个人都是独一无二的，天生我才必有用。每个人都有不同的优点、兴趣、目标和价值观。要想成功，你一定得对自己诚实，尊重自己的本质。你必须平衡你的生活，平衡你所有的希望和需要。

当微软很小的时候——比尔·盖茨忆创业①

"我们做事是从长计议。我们当时并不打算上市和发财。"

——盖茨论成功

比尔·盖茨这个世界上最富有的人是否忘了他从何而来？

你还记得做小生意人时的样子吗？

我还不至于那样老糊涂！我感觉最有意思的时光当中，有一段就是我认识企业里的每个人而且基本上亲手做所有的活的时候。要写很多的软件，销售、会计、税务等很多必须做的事，当时大部分都是自己做。

当初有没有什么重要的东西，你认为是它们帮助微软取得了成功？

我们有三点确实帮助很大。一是我们的远景。从公司的第一天起，这种远景就没有改变过。微软是保罗·艾伦（微软创始人之一）和我对于软件能变成什么样子的一个梦想——你可以从不同的硬件公司购买 PC，但它们都运行同样的软件。这意味着计算机业的一场彻底重组。我们明白我们是在做一件重要的事。

我们的第二个关键点是我们雇用的人。我们雇用很聪明、很能干的人。我们曾有过一点误区，那就是以前总是以为"聪明"这种东西是"万能的"，因为我们最初的雇员中有少数人的确就是万能的。"去学法律，去学金融，去学销售！这样吧，明天就派你去日本，告诉我那儿的情况如何！"后来的结果让我们吃了一惊：很多很能干的人，从他们的能力来看很专业。当我们想让他们进入到新领域时，他们就应付不了。

接下来的第三点是，我们做事是从长计议。我们当时没有打算上市和发财。没有短期思维。事情总是要干它个几十年，没有捷径，我们属于一步一个脚印的那种。

当你意识到这事能做大的时候，有没有鲤鱼终于跳过龙门的感觉？

当 IBM 的 PC 出来的时候是这样，它们所有的设计和软件都是我们做的。我们没日没夜地干了一年半才把这个东西搞完，这是非常了不起的。不可思议的一点是：你从来就不能准确衡量自己有多成功，但你可以看到其他公司因为跟你一起下赌注而取得成功。你去参加一项活动，一个合作伙伴可能说："是呀，我雇了 20

① 比尔·盖茨接受《财富小企业》（FSB）杂志 David Lidsky 和 David Whitford 的独家专访，刊载于《财富》的 2004 年第 62 期。

个人，谢谢你。”这真的让你难以置信。

很多人创业背后的想法是成功、套现，然后再搞新玩意。你很久以前就能走这一步了。为什么还在坚持？

当你创办一家企业时，你有一个目标。对有些人来说，是一种财务目标——这没有什么错。对有些人来说，目标是他们想打造一种特别的东西。对保罗和我来说，目标就是使计算机成为一种增强人类能力最有效的工具的梦想。我们当时没有想我们会赚大钱。当然，我们确实赚了很多钱。但对公司能变得多大，我们当时的看法是很谨慎的。

PC尽管最初的时候很不起眼，但由于芯片和软件的魔力，我们把它视为某种能有很大成长前景的东西——将会成为决定“信息工作者”如何完成工作的基本工具。我们要实现这一远景，当然不会一帆风顺。要是我们造出了完美无缺的个人电脑，我会说：“哎呀，这下我还有什么可做的呢？”可是，我们还没有做到这一点。对于未来十年内实现我们还是小伙子那会儿梦想达到的大部分目标，我充满信心。我想我们正走在实现目标的路上。

你指望你的孩子像你一样创业吗？

对于他们选择做什么，我会是很中立的。不过，如果他们想进入技术产业，我会问他们几遍：你们是否确实是因为对那里有一种奇特的预期才想做我的同行？也许他们最终做的是某些完全不同的事情。如果他们选择当医生，或者成为艺术家，或者创办自己的企业，这也很好。我要他们做到的是：感觉自己能承担风险，并感觉有安全的落脚点——不过，当然不是那种不用出去、不用做事的安全落脚点。这是很难达到平衡的。

如果你现在创办一个企业，它会是什么企业？

要是说创办成很大的企业，这种情况是很少的，而且要间隔很长时间才会发生。我认为生物技术是如今的创业天才能大有作为的领域。另一个大有作为的领域，是了解信息技术是如何使世界走向全球一体化的。以前从本质上说非常有地域特点的劳动力市场，如今正变得很有全球性。这令人恐慌不安。如果人们了解这种情况并且这样想：“这么说，拥有最优秀技能的人才在哪里呢，我怎样让他们协作呢”，那么，这对他们也是一个机会。也就是说，面对急剧变化的时候，就会有机会。

因为成功是整体——包括对你的工作和你所有的人际关系——事关你对生活整体的享受与欣赏。

学者 Cooper 曾经对英国的小企业主做过调查，了解他们对事业成功的衡量标准的看法。82% 的回答者认为产品或服务的质量是非常重要的衡量标准，67% 的人认为是纯财务经营状况。这一信息也很合乎情理。产品、服务质量是长期繁荣的关键，质量和财务状况的综合才是最准确的成功标准。当然，质量也反应了创业者做好了一项工作的成就感。仅 8% 的人认为在"商界独树一帜"是成功的重要标志，看来炫耀在创业者中并不占重要地位。98% 的人将有效的管理团队列为重要或非常重要的标准，表明企业的成功与职员的高素质分不开。见图 4-3。

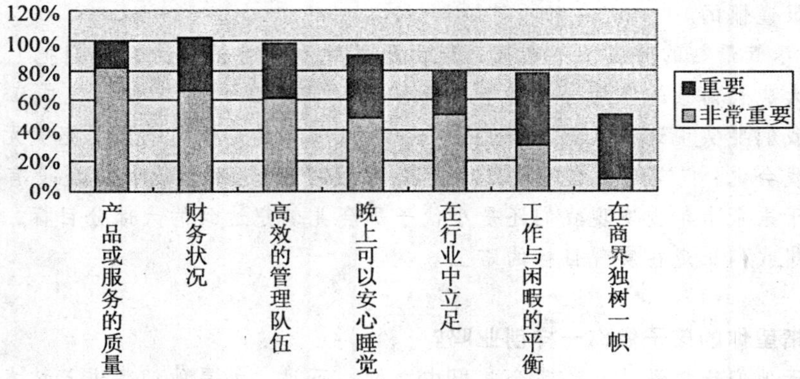

图 4-3　小企业主衡量成功的标准

资料来源：科林·巴露，罗伯特·布朗．小企业三步曲——创立、生存与发展．北京：机械工业出版社，1998.

确立创业目标是创业的第一步，而如何确立创业目标，往往与创业者的创业动机有关。不同的创业者的创业原因各不相同，有的创业者是"逼上梁山"，例如我国很多下岗职工和进城农民的创业，他们的初始创业目标只是维持和改善自己的生活，很多人创业的想法很单纯，只是想摆脱贫困状态，属于"生存型"创业；而有很多国家干部、高学历者放弃较好的生活条件和稳定的工作，选择创业，更多的是想实现人生理想，发展一番事业，不满足于现状，主动性更多。这类人大多属于机会型创业。如果创业者一开始就希望创业能立竿见影，获得物质收入上的巨大回报，缺乏起码忍受三年艰难甚至亏损的心理准备，那么一定会对创业的结果非常失望。所以，在做出创业决策行动之前，了解自己的创业目标是很重要的。

二、创业动机

促使创业的激励因素多种多样，创业的主要动机也因人而异。促使创业的动力还随着性别和国家的不同而有所差异。罗伯特·赫里斯（Robert D. Hisrich）、迈克尔·彼得斯（Michael P. Peters）认为，对于男性创业者来说，金钱是第二位的激励因素；对于女性创业者而言，成就感、工作满意度、抓住个人发展的机遇和金钱则依次是她们创业的原因。

做出放弃一项职业或生活方式的决定并不容易，这往往需要极大的勇气，才会去从事新的或不同的事业。虽然人们往往选择自己所熟悉的领域进行创业，但有两个工作环境对开创新企业尤为有利：研究开发和市场营销。在技术领域工作的人们，一旦所开发出的新产品构思或工艺不被自己的雇主接受，就常常会离开原来企业去组建新的公司。同样，营销领域的人熟悉市场和顾客未满足的愿望和需要，他们常常会离开原来企业，开创新企业以满足这些需求。

具体而言，创业者的创业动机主要表现为以下几个方面：

（一）成就需求

心理学家麦克莱兰（Mclleland）认为，成就需求高的人成为创业者的可能性大。他将成就需求定义为：希望做好的欲望，主要不是为了社会承认或声望，而是为了内在的个人自我实现的感觉。依此他推断：一个社会如果普遍拥有高水平的成就需求，这个社会将涌现更多有活力的创业者，这些创业者将促进社会经济的发展。可见创业者是成就需求和经济发展的一个中间变量。麦克莱兰通过实验得出结论：创业者成就需求得分高。这些成就需求得分高的创业者呈现以下特点：希望承担决策的个人责任，即在解决问题、确立目标和通过个人的能力达到这些目标时，个人敢于承担责任；有冒险的倾向，喜欢具有中等风险的决策；不喜欢日常单调的重复性工作，对决策结果感兴趣。

图 4-4 所显示的是一项来自于英国的关于创业动机研究的结果。在对英国 800 家赢利小企业关于是什么激励他们创业时，98% 的回答者将"个人获得成功的满足感"列为第一重要推动力，其中 70% 的人认为它是非常重要的因素。这个结果也与上面我们所分析的个人成就需求是极为关键的创业动机相一致。

（二）追求独立

我们当中有许多人都有独立的强烈愿望，如果没有这种追求独立的因素，就不可能让一个人去承受创业过程中的各种挫折和艰辛。圣母大学有位企业研究专家杰弗里·A·伯奈尔，在从教之前，他经营自己的汽车配件公司长达 24 年之久。他说："我们许多人内心深处都有一种非常强烈的需要，要做自己的事情，为自己犯错误，并在学习中不断提高。这些人在经营自己公司时成功的可能性都非常大，他们喜欢以自己的眼光去看待事物，渴望彻底地控制自己的命运。"

创业者在创业之前可能觉得自己所从事的工作不能够一展才华，或者觉得目前所从事的工作并不是自己内心深处所喜爱的事业，因为每个人对生活和工作都有自己的理解和追求。在这种情况下，他们就不会满足于为别人打工，他们要求独立，在这种强烈的意识下，他们开始自己创业。自己创办公司基本上可以选择自己喜爱

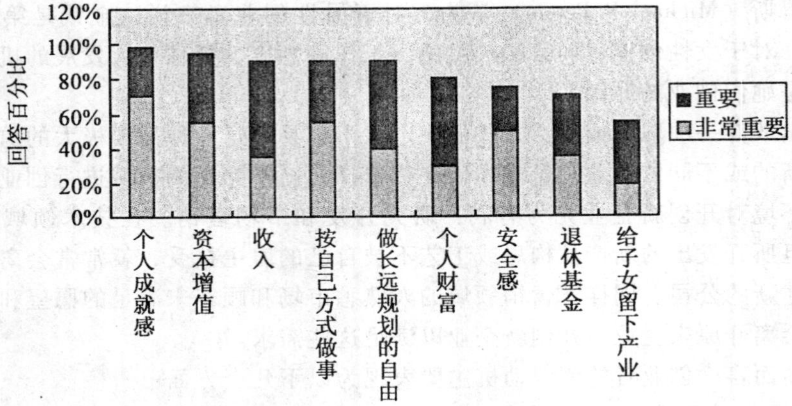

图 4-4 小企业创业动力排序

资料来源：科林·巴露，罗伯特·布朗．小企业三步曲——创立、生存与发展．北京：机械工业出版社，1999，35.

的事业，按照自己喜欢的方式（前提是按照市场规律与遵守法律法规）去做自己喜欢的事情，在自己创办的企业里为自己而工作，实现人生理想和抱负。正如一位经营一家餐馆的创业者所说的："我喜欢做生意的自由，喜欢做自己的老板。我有12名员工，当他们向我征询意见的时候，我感觉好极了。对我来讲，为别人工作很困难。不过将来我也可能去打工。我现在只有28岁，我的事业还可能有很多转折。如果我不得不为别人工作，我希望我也能做很多我想做的事。我喜欢做决定，喜欢当头儿的感觉。"

（三）改变目前的经济状况

如果仅仅认定创业者的创业动机就是为了金钱的话，很显然是幼稚的，缺乏对创业者的了解。虽然如此，我们也不能否定经济因素在刺激企业家创业过程中所起到的作用。货币收益虽然在创业者心目中并非是最重要的，但也是一种推动力量。

由于在公司里工作的薪资不高，难以维持家庭的生活开销或提高家庭生活的质量，他们经过分析后发现，要想改变命运或现实的生活，必须走自己创业之路，让自己的能力尽情得以发挥，并获取最大的经济回报。大多数出身贫寒、收入微薄的创业者，其最初的创业原因就是要改变自己的生活境地，改变经济状况。

三、创业者对创业收益与成本的预期

创业收益大于创业成本是创业者热衷于创业的主要原因。创业的收益一般指创业者投入资源后的实际产出减去会计成本后的剩余部分。尽管创业成功率很低，但创业一旦越过盈亏平衡点，收益会大大超过工薪阶层。

(一) 创业收获

预期收益是创业者创业的主要动因。按照西方理性预期学派的观点，创业者作为“经济人”，设法规避风险，追求利益最大化是其本性。因此，在创业决策作出之前，必然会搜寻一切相关的信息，并进行合理的分析、预测，来形成对创业收入的理性预期。尽管这种预期是心理的、主观的，但它仍是创业者进行创业抉择的基础。预期收益与创业者选择的项目和进入的行业相关，与创业者能控制的资源相关。不同的项目和行业、不同的资源带给创业者的预期收益是不同的；同时，创业者所在环境中其他创业者的示范效应也影响创业者的预期收益。其他创业者的成功概率、财富状况，客观上会左右创业者对收益的预期。

每个人都面临着这样的选择：如何最有效地利用个人所拥有的知识技能，如何最大化地利用自身的社会网络资源，一般人们有两种选择：就业或创业。在现实生活中，人们会对其选择的经济行为进行预测并承担风险，但由于信息不对称和有限理性的原因，人们的预测往往有错误。不同的人具有不同的能力和不同的承担风险的能力，所以那些不愿意承担风险者更倾向于做上班族，拿稳定的薪水，没有心理上的压力和经济上的风险；而那些愿意承担风险的人则选择创办自己的企业，以承担风险去换取更大的收益和自由。

总的来说，人们之所以选择自主创业，至少有五个理由：个人满足感、独立、利润、工作安全感、社会地位和灵活性。

1. 个人满足感

对于一些人来讲，自主创业就是为了实现个人满足感。个人满足感是指能够做自己想做的事情。选择自主创业，就可以每天做自己喜欢的工作。比如，你喜欢摄影，你应该开自己的照相馆，每当顾客对你的服务表示很满意的时候，强烈的自我满足感就会油然而生。

你也可以通过帮助周围人群获得满足感。自主创业的人士提供产品、服务并为他人创造就业机会，他们同时也从其他企业那里购买产品和服务，从当地银行借钱并且支付税金。

2. 独立

自主创业的另一个好处在于可以获得独立，不受别人控制，能够自由发挥自己的知识、技能和才干。

3. 利润

创业的主要目的是获得利润。收入减去所有支出就是利润，利润归企业所有者拥有。自主创业可以控制自己的收入。通常，如果对企业付出更多时间和努力，会获得更多收入，这点与给他人打工不同。当企业平稳运行时，你希望自己应该得多少？你想每年赚 20 000 元，50 000 元还是 100 000 元，或者更高？不同类型的企业有不同的收益潜力，企业类型是决定收入高低的重要因素之一。许多企业具有长期的成功潜力，然而，在短期内它们可能难以得到利润回报。把目标定位在较高的收入水平上是很诱人的，确定目标的一个方法是对自己提出这样的问题：每年想赚多少钱？

4. 工作安全感

通过创办企业，人们可以获得其他就业方式所欠缺的工作安全感。工作安全感指能够确保持续获得就业机会及收入。自主创业的人不会下岗，也不会在达到一定年龄时被强制退休。

5. 社会地位

从某种程度上说，所有的人都在追求社会地位。自主创业的人通过成功经营和参加社会活动能够吸引公众的注意，获得一定的社会地位，这使他们享受到其他人无法得到的快乐和自豪。

企业本身也有社会地位高低之分。例如，垃圾回收站的地位可能比较低。有些人对于他们企业的地位很感兴趣，也有些人对此根本没兴趣。这是你选择创业企业类型时需要考虑的重要因素之一。无论地位高低，关键在于要选择一个让自己感到舒适的企业地位。

6. 灵活性

自主创业者创办的企业类型和企业规模依赖于他们的能力大小。自主创业给予个人的是一种成为老板和领导者的工作，而不是雇员和追随者的工作。

（二）创业成本

创业者在创办企业，向社会提供产品或服务过程中必须支付的实际费用，构成了创业的会计成本。同时，创业者创业就意味着放弃原有的职业，失去原有的收入，这种由于创业丧失从事其他固定职业可能挣得的收入就是创业的机会成本。

成本是创业进入的壁垒。成本高，创业的障碍就大。会计成本反映了创业项目需要的投资及运行费用，而机会成本则是创业者现有利益和创业者资源未来价值的反映。机会成本影响创业抉择，机会成本与创业的可能形成逆向关系。机会成本越大，即目前的利益越多，未来价值越小，创业的可能性越小。反之，目前的利益越小，未来价值越大，投身创业的可能性就越大。这一经济学分析，正好阐述了迪克·克拉克（Dickie Clark）提出的“社会边缘状态”（Social Marginality）这一新的概念，其含义是当个体的属性——身体特征、智力特征、社会行为方式及其在所处的社会环境中承担的角色发生冲突时，个体就处于社会边缘状态。实际上处于社会边缘状态者所获得的现实利益少，个体放弃现有利益进行创业的机会成本就小，因而创办自己企业的可能性就大，创业也就成了“社会边缘状态”者摆脱孤独感、寻求心灵平衡的重要途径。我国改革开放之初的创业者大多是难以找到工作的回乡知识青年、城市无业游民、政府中几乎没有晋升机会的公务员、无法在经济社会中找到适当位置的中年退伍军人、预计无法晋升的大公司职员等。这些处于“社会边缘状态”的人，他们在现实中没有占据“有利地形”，没有太大的现实利益，因此他们创业的机会成本小，顾虑少，他们通过创业，不仅能够获得收入，找到新的发展平台，而且能够找到一种控制命运、实现自我的感觉。创业者做出创业决策时普遍都有这种心态，这正如硬币的两面，“正面我赢，反面我也输得不多”。

自主创业的弊端则可表现在以下方面，如潜在的投资风险、收益不确定性及工作时间没有规律等。

1. 潜在的投资风险

自主创业的一个风险来自投资风险。投入资本指的是创业者为了开办企业而投入的资金。通常的规律是，高风险的企业高回报。如果企业成功了，利润就会很高。如果企业失败了，投资就会损失。创业者需要承受自有储蓄遭受损失的痛苦，投资失败可能需要很长时间，才能偿还贷款。

2. 收益不确定性

自己创办企业的另一个弊端是可能面临收益的不确定性。不像工薪就业的人们有固定的收入，自主创业者的利润随时间波动较大，即使已经处于正常运营阶段的企业仍然如此。有时即使能获得收入，但数量太少也不足以满足个人和家庭的需要，在创办初始的 6～12 个月内，情况尤其如此。

3. 工作时间没有规律

自主创业的人每周不止工作 40 个小时，可能每天工作 14 个小时或者更长，每周工作 6 到 7 天。经营时间的长短取决于顾客需要，他（她）们通常是早晨第一个到，晚上最后一个离开。开业时间是为了方便顾客而不是为方便老板设定的：比如商店经常从早 8 点到晚 9 点营业。

4. 例行公事

自主创业的人们通常都被一些不喜欢的例行公事所烦恼。你必须与所有商业伙伴打成一片，否则你在面临一些问题时，无法得到外界援助。

5. 风险

如果你能预见到风险并做好准备，就有可能成功。风险的概率并不像赌博。如果没有风险，也就意味着你的商业想法缺乏创新，回报也会很低。

6. 投入精力

经营一个小企业是非常辛苦的，实际上在最初的几年里，它可能会占用你所有的时间和精力。不过，企业一旦进入正常营运阶段，你大可将日常管理活动移交给其他管理人员。从长期看，工作努力程度和个人参与程度因人而异。你所需要做的就是，确定你将投入多少精力，你可以全身心投入，或者仅仅投入部分精力，也可能根本不投入。

四、自主创业与工薪就业

创业者在创业决策时也会将工薪就业与自主创业的利弊进行比较，比较的结果也会影响其决策，见表 4-1。

表 4-1 自主创业与工薪就业的利弊比较

自主创业：

好处	面临的挑战
□ 处于领导地位而不是跟随	□ 工作时间长，且不定时
□ 能够实现自己的想法	□ 责任更重大
□ 能够发挥自己的创造力	□ 必须承担风险
□ 有获得无限收益的潜力	□ 收益不稳定，甚至没有保障
□ 独立	□ 没有额外福利
□ 能够掌握主动	□ 总是面临财务问题
□ 能够控制工作环境	□ 时间约束
□ 能够下达命令	□ 不确定的未来
	□ 时刻学习以解决新问题
	□ 难以找到信任的下属
	□ 经营结果依赖于雇员的行为

工薪就业：

好处	挑战
□明确的（固定的）责任	□执行上级命令
□稳定的收入	□能力难以得到认可
□额外福利	□收入有限
□固定工作时间	□责任、权力有限
□非常确定的未来	□难以实现个人的想法
□设置可控范围	□依赖于雇主
□承担的风险较小	

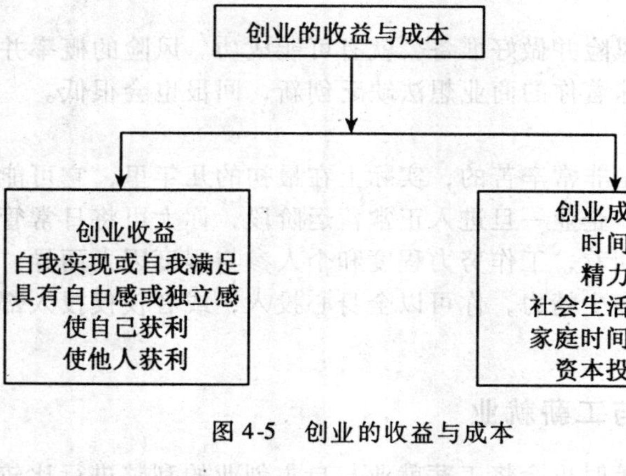

图 4-5 创业的收益与成本

归纳以上分析，创业的收益—成本可以用图4-5来表示，收获与风险的平衡结果影响最终的创业决策。

第三节 创业者特征

成功的创业者具有什么样的个性特质？他们的出身、家庭、性别、教育等背景以及工作经历有无相似之处？以下将进行具体分析。

一、创业者特质

创业者特质是由一些个人特有的品质和特征组成的集合。美国国际开发署曾经通过一个在印度等国家的跨文化调查研究发现14个成功创业者的特质表现在：

1. 积极主动
2. 执着
3. 关心质量
4. 注重效率
5. 有独创的解决问题的方法
6. 预测风险
7. 有说服力
8. 发现和利用机会
9. 亲自寻找信息
10. 履行合同
11. 系统地计划
12. 有自信心
13. 有决断力
14. 使用有影响的策略

心理学的研究认为，创业是创业者特有的一些个性特征或行为表现的结果，创业者具有一定的个性/心理特征，如，成功需求、内控点、高风险偏好、高模糊容忍度等（Mclleland，1961）。

另一些学者则认为，成就需要与创业决策之间并没有必然联系（Sexton，1985），创业者之间的差别和创业者与非创业者之间的差别一样多（Gartner，1985）。

杰弗里·蒂蒙斯教授认为成功创业者具有一些共同的态度和行为，他注意到进入百森商学院杰出创业者学会的第一批21位学员，在谈到各自成功的原因时都提到过三种品质：

1. 对挑战做出积极反应以及从错误中学习的能力

2. 个人带头

3. 极大的恒心和决心

通过对这些学员的跟踪研究，蒂蒙斯总结出成功创业者表现出了一些共同的创业特质，他归纳为“六大特质”和“五种天赋”。六大特质是“可取并可学到的态度和行为”，五种天赋是“其他人向往的，但不一定学得到的态度和行为”。其中隐含着创业者品质一部分是天赋，另一部分是后天学习形成的含义。与此相对应，他还归纳了八种非创业特质，见图 4-6。

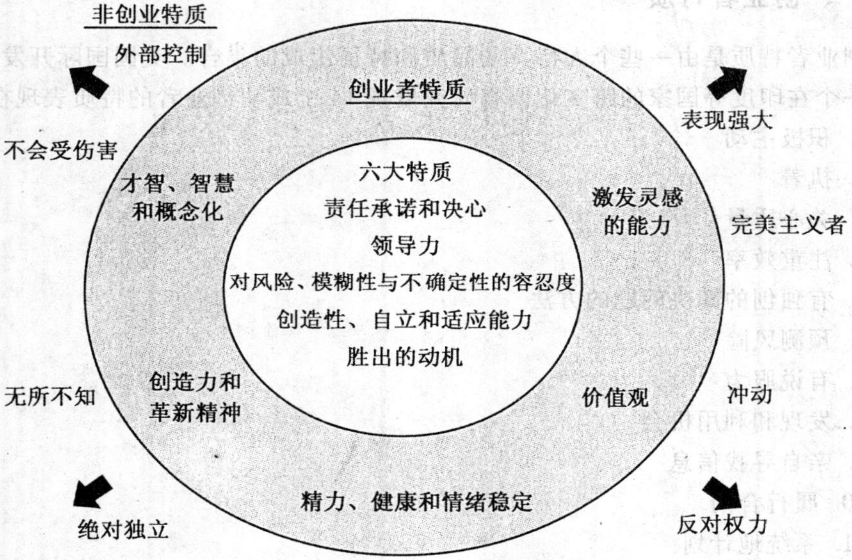

图 4-6 创业特质与非创业特质（Timmons）

（一）六大特质

1. 责任承诺和决心。这一点比其他任何一项因素都重要。有了责任承诺和决心，创业者可克服不可想象的障碍，并弥补其他缺点。

2. 领导力。成功的创业者是富有耐心的领导者，能够勾勒出组织的远景，根据长远目标进行管理。他们无须凭正式权力，就能向别人施加影响，并能很好地协调企业内部及与顾客、供应商、债权人、合伙人的关系，与他们友好相处，共同分享财富和成功。

3. 商机着迷。创业者受到的困扰是陷入商机里不能自拔，意识到商机的存在可以引导创业者如何抓住重要问题来处理。

4. 对风险、模糊性和不确定性的容忍度。既然高速变化和高度风险、模糊和不确定性几乎是不可避免的，成功的创业者们能容忍它们，并善于处理悖论和矛盾。

5. 创造性、自立和适应能力。成功创业者们相信自己，他们不怕失败，并且善于从失败中学习。

6. 胜出的动机。成功创业者们受胜出别人的动力驱使。他们受到内心强烈愿望的驱动，希望和自己定下的标准竞争，追寻并达到富有挑战性的目标。

需要说明的是并非一定具备这些特质才可以创业，或只要具备了这些特质就一定能够创业成功，拥有这些特质并不是成为创业者的必要条件。如果缺乏上面的某些态度和行为，是可以通过经验和学习学到、开发、实践或历练出来的。

（二）五种天赋

蒂蒙斯将下面五种态度和行为描述为一个特殊企业家天生的才能，它们是令人向往但不一定学得到的。事实上，蒂蒙斯研究发现，一些相当成功的企业家，他们缺少其中几项特点，或每种特点都不突出，并且，几乎没有哪个企业家拥有下面所有方面的特殊才能。但是，如果企业家拥有了这些天生的才能，那么无疑会大大增加创业成功的可能性。

1. 精力、健康和情绪稳定。企业家面临特殊的工作压力和极高的工作要求，这使他们的精力、身体和心理健康变得十分重要。它们虽然可以通过运动、注意饮食习惯和休息稍做调整来保持，但每一项都和遗传有很强的相关性。

2. 创造力和革新精神。创造力一度被认为是只有通过遗传才可获得的能力，而且大多数人认定它本质上是遗传而来的。但新的研究表明，创造力、革新精神与制度、文化有很大的关系。它们只是可以诱发而不能模仿的。

3. 才智、智慧和概念化。没有哪一家成功的或具有高发展潜力的企业其创始人是不具备才智或只有中等才智的，这些才智包括高度灵敏的嗅觉、企业家的直觉及“老鼠般的狡猾”。这种才智犹如艺术家和作家的才情、灵性，十分稀缺和珍贵。

4. 激发灵感的能力。远见是一种天生的领导素质，它具有超凡的魅力。没有人认为这种特殊的品质是后天培养的。所有伟大的领导者都是通过这种能力传递他们的影响力。成功的企业家通过这种能力激发灵感，激励他的员工为着他设下的目标团结奋斗。

5. 价值观。个人的价值观和伦理价值由企业家生活的环境和背景决定，在人生的早期就形成了。这些价值构成了个人不可分割的部分，进而影响他的企业及企业的价值。

综上所述以及通过对一些成功的企业家的观察，成功的创业者通常有以下典型特质：追求独立与成就感，乐观，对商机的敏锐性与警觉性，创造力与精力旺盛，充满激情，风险中立。

这些特质的形成，既有先天的因素（比如，英国有学者通过研究认为，有些人天生就具有创业素质，如好探求新事物，善于把握商机，灵活），也有后天的教育、工作经历和环境因素等。

（三）非创业特质

前面讨论了创业者一般所具备的创业特质，事实上还存在一些非创业特质，它们会妨碍创业者的创业活动。蒂蒙斯总结了八种非创业特质，“它会给新企业带来麻烦，或成为置企业于死地的因素”。这八种非创业特质分别是：

1. 不会受伤害。这种思想方式是指，有些人觉得没有什么灾难性的事会发生到他们头上。他们容易冒一些不必要、不明智的风险，这种行为显然会形成严重的隐患。

2. 表现强大。这是指有些人总想证明他们比别人强，并能击败别人。为了证明这点，他们可能会冒极大的风险，也可能会为了给别人留下深刻印象而置身险地。虽然这和过分自信相关，但这种思想方式已经超越了自信的定义范围。愚蠢的以硬碰硬的竞争和非理性的接管战就是典型的例子。

3. 反对权力。有些人反对外部权力控制他们的行动。他们的态度可以用下面这句话来总结：“别跟我说该干什么。没有人可以对我说该干什么！”如果比较这种思想和成功企业家的特质，我们会发现后者会积极寻求并运用反馈信息来达到目标，并提高自己的表现，他们倾向于寻求团队成员和其他必要的资源来利用商机。

4. 冲动。在面临决策的时候，某些人感到不管怎样他们必须做些什么，并且迅速去做。他们没有考虑他们的行动有何意义，在行动之前也没有思考其他可选方案。

5. 外部控制。成功企业家的特点之一是相信自己的内部控制力，外部控制正好与此相对立。相信外部控制的人觉得，他们根本无法控制将要发生的事，即使是在可以有所作为的情况下也是如此。如果事情进展顺利，他们就把它归功于运气好，反之亦然。

6. 完美主义者。完美主义者是企业家的敌人，这一点已经被反复证实过。达到完美要付出相当多的时间和成本，这必定导致机会窗口被另一个决策更迅速、行动更敏捷的竞争者怦然关上，或者由于技术的提高而消失。

7. 无所不知。认为自己什么都知道的企业家一般知之甚少。更糟糕的是，他们常常发现不了自己不知道的是什么，而能够发现良好商机的创业者并非如此。

8. 绝对独立。极端独立是个严肃的问题，对企业家来说会限制他们的思维方式。决心完全靠自己来成就大事，拒绝一丝一毫的外来帮助，这样的企业家通常最终毫无建树。

二、创业者的背景与经历

创业者的背景和经历会对创业活动产生影响，具体包括以下几个方面：

（一）童年家庭环境

有关创业者家庭环境的特定研究主题包括出生排序、父母的职业和社会地位、与父母的关系等。见图4-7。

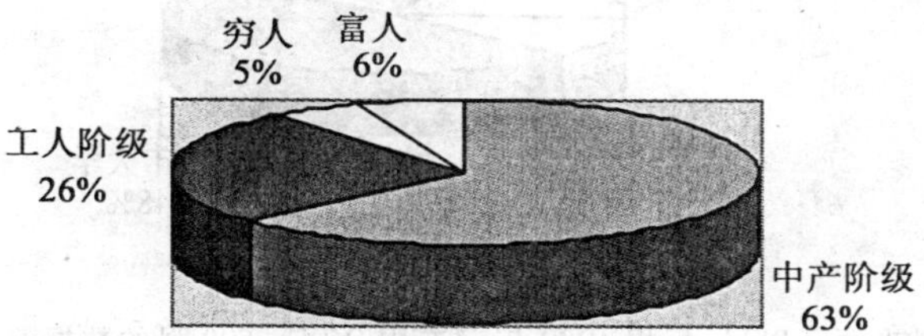

图4-7 创业者的家庭出身

资料来源：Bhide根据1989年《有限公司》500强的数据整理。

美国有学者研究发现，头胎或独生子女在童年时必然得到特殊的关注，因此逐渐变得更自信。在希斯里克（Hisrich）和布鲁什（Brush）采集的美国408名女性企业家的样本中，50%是头胎。当然头胎效应还需要进一步的研究，它与企业家的关系没有得到确证。另外，还有研究认为，美国第一代移民的孩子中的长子创业和创业成功比例高于其他人。

社会学理论强调环境会影响个人个性的发展，观察性学习是行为塑造的一种方式。父母是儿童早期社会化过程中最初的角色模式。父母不仅影响子女的个性发展，而且影响子女的职业偏好。夏皮罗（Shapero）等人研究发现，父母在建立个人创业行为的满意度和可信性方面起着最有力的作用。研究发现，在美国有50%～58%的公司创立者其父母是公司的所有者、自由职业者、独立的手艺人或农场主。作为一个创业者的角色模式，父亲帮助孩子形成个人的价值观和态度。调查发现，创业者中有50%的人有自主创业的父母。父亲的自主创业所表现出的独立性和灵活性早在子女幼小的心灵里埋下了种子。就像一位企业家所说的："我父亲如此沉湎于他所创办的企业，为我提供了一个印象异常深刻的榜样，对我来说，我从没想过要为别人工作。"

无论他们是不是企业家，父母可能是影响个人创业活动期望的童年家庭环境中最重要的方面。企业家的父母必须支持和鼓励子女的独立、成就感和责任心的培养。

（二）教育

教育对创业者的创业及创业成功非常重要，但接受正规教育的程度与是否独立创业或创业成功却没有明显的相关性。见图 4-8。

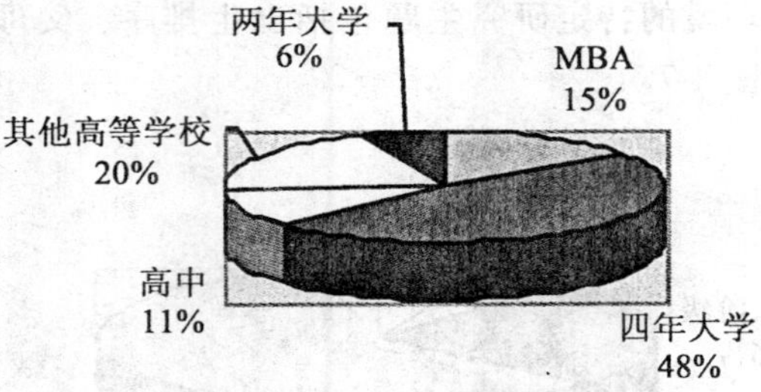

图 4-8　创业者的受教育水平

资料来源：Bhide 根据 1989 年《有限公司》500 强的数据整理。

田千里在《老板论》中写道："从正常情况看，老板接受教育程度的分布曲线是两头小、中间大，即高中以下文化程度的创业比重较高，但因缺乏基础教育，失败的可能性较大；特别是公司进入较大规模后，失败的可能性更大。硕士以上，特别是到了博士，创业的激励因素大大降低，冒险性与实干能力下降，加上已有的社会地位，所以这些人创业的机会很小。但这些人一旦创业，成功的比例相对较高。"田千里分析说，从各种调查看，中国老板的受教育的平均值在大专水平，而年轻一代的老板则以本科学历为主。

尽管很多没有机会上学的人在商业上获得了很大的成功，但并不表明教育对创业成功没有作用。比尔·盖茨在大学三年级时从哈佛退学办公司成为了全球首富，但是盖茨说："从某方面说，我得到了十分好的教育，尽管我中途辍学，没有拿到学位。我珍惜我的大学时代，而且在许多方面我后悔离校。我之所以辍学，只因为我当时有个理想，创立第一家微电脑软件公司——而那理想不可耽搁。"

教育对创业者的作用是肯定的，教育的确为创业者提供了一个良好的知识平台，尤其是财务、战略计划、营销和管理领域的教育，以及与人沟通的能力培养对创业者而言是极为重要的。

（三）年龄

虽然没有固定的规律来揭示创业者多大年龄创业是理想的，但大量的研究表明，创业者开始创业时的年龄一般在 30～40 岁之间。一位企业家贴切地说："当我近 30 岁时，我感到是创办新企业的时候了，要么就永远不想这个问题。"创业者平均创业年龄是 35 岁左右，因为这时创业者才获得了在特定领域创业所需要的知识和经验。

年龄影响一个人适合从事的事业类型，但绝对不是成功的障碍。每一个年龄段的人们都有其优势所在：年轻人拥有精力、热情和信心；中年人判断力已经得到多年的积累，更懂得将有限的精力用于集中的目标，在处理人际关系方面积累了高度的技巧，以及与年龄相伴而来的众多的商界的朋友和关系，这些人对于创业具有重大价值；即使到了退休年龄，一些人仍然具有足够的精力，并且拥有丰富的经验，创业机会仍然存在，这时一些创业者所做的也许正是自己毕生喜欢和渴望要做但由于种种原因在以前没有机会做或未敢去做的事情。

虽然创业者的平均年龄不能说明创业者到底该何时创业，平均年龄并无实际意义，但创业生涯开始得越早越好。

（四）性别

关于性别和创业的关系，人们往往主观上认为创业是男性主宰的领域，但事实并非如此。那些富有专业才能且雄心勃勃的女性亦渴望独立，她们中间越来越多的人选择了自主创业的道路。

在美国，女性的自我雇用得到了极大的增长，目前女性创办新企业的速率是男性的 3 倍，占新建企业 70% 以上的比率。女性现在拥有超过 850 万家小企业，雇用了 1 700 多万员工，自 1990 年以来增长了 45% 以上。

尽管男性和女性企业家的特征非常相似，但女性企业家在激励、商业技巧、职业背景等方面还是有所不同。企业创业过程的影响因素对男性和女性企业家也是不同的，尤其在支持系统、资金来源和产生的问题等方面。表 4-2 总结了男性和女性企业家的最大差别。

（五）工作经历

蒂蒙斯研究发现成功创业者的企业档案中记录着他们丰富的经历。他们都建立了人际关系，拥有实践知识，并在其行业、市场和技术方面作出了业绩，具备丰富的业绩记录，给投资者和债权人留下了深刻印象并取得他们的信任，最终开办、兼并或建立了自己的企业。

蒂蒙斯称这段经验积累期为“见习期”，经历了见习期，具有适合某个特定企业的相关经验、实践知识、态度、行为和技巧可以大大提高成功的机会。相反，没有经历见习期，不具备这些条件，那他必须在创办和发展企业时学习这些，而学费常常十分昂贵，大多数企业家都难以承受。

所以，利用早期在某一领域的工作经历，创业者可以获得日后在创业过程中所需要的商业运作技能、产品创新和与他人建立良好关系的信心。相关领域的工作经历是创业者拥有的无形创业资源。

表 4-2 男女企业家比较

特征	男性企业家	女性企业家
激励	成就感——努力把事情做成 个人独立——控制欲望的工作满意感	成就感——实现一个目标 独立——独自完成
分离点（企业创办时发生的活动）	对现有工作不满意 上大学时的副业、现有工作的延伸、现有工作的继续 被免职和被解雇 兼并的机会	工作苦恼 对某一领域感兴趣并认识到其中的机会 个人环境的改变
资金来源	个人资产和存款 银行融资 投资人 朋友和亲戚借款	个人资产和存款 个人贷款
职业背景	与工作相关的经验 著名专家或已在该领域取得很高成就的人 具有各种业务职能能力	业务领域的相关经验 具有在相关领域从事中、高层次管理的经历 服务业背景
个性特征	固执且具说服力 目标导向 创新和现实 高度自信 热情并精力旺盛 必须做自己的老板	灵活和忍耐 目标导向 创造力和现实性 适度的自信 热情并精力旺盛 处理社会和经济环境的能力
背景	创业时的年龄：25～35 岁 父亲是自我雇用者 大学教育——商业或技术领域（通常是工程）学历 子女中排行老大	创办企业的年龄：35～45 岁 父亲是自我雇用者 大学教育——文学士学历 子女中排行老大
支持群体	朋友、专业上的亲戚（律师、会计师） 商业协会 配偶	密友 配偶 家庭 妇女专业群体 贸易协会
创办的企业类型	制造业或建筑业	与教育相关产业——教育服务、咨询或公共关系

资料来源：罗伯特·赫里斯，迈克尔·彼得斯．创业学．第 5 版．王玉，等，译．北京：清华大学出版社，2004：67～68.

第四节　创业知识和技能

知识是由一系列能够在适当的时候回忆起来的信息储备组成的集合，而技能是创业者应用知识的能力。创业者应该具备创业必需的知识和技能才能成功地创办和管理新企业。

一、创业者必须具备的知识

一些研究发现，创业者及其创业团队的知识结构、创业目标和价值观对创业的成功起到关键的作用。创业者个人的知识和从前的工作经验会引导创业者形成一个“知识走廊”（knowledge corridor），使得个人拥有独特的信息储备，能够识别和发现其他人不能识别的创新性的机会（Ardichvili et al，2003；Kirtner，1997；Ronstadt，1988；Shane&Venkataraman，2000；Venkataraman，1997）。Samuelson（2001）进一步揭示了创业者在先前产业和创建新企业方面的隐性知识（从前的经验知识）会影响创业模式的选择，那些拥有大量有关消费者问题知识的人更可能发现创新型的机会。但知识走廊理论不能解释什么经验知识会使创业者在几种替代方案中做出选择。针对这些问题，Cliff 等（2006）扩展了知识走廊理论，提出了以下观点和研究结果：新企业体现出来的新颖程度取决于创业者在组织中的经验类型：当创业者拥有较少的某个组织领域的核心经验、较多的组织边缘领域的经验和较多的其他产业领域的经验时，更可能成为一个创新型的创业者。同时，当个人质疑或挑战现有产业里主导惯例的合理性和有效性时，更有可能从事创新型的创业。

一般来说，将个人知识联系到商业活动中，要求创业者必须理解和熟悉以下方面的信息和知识：

1. 一个商业机会
2. 消费者
3. 产品加工
4. 企业管理
5. 市场
6. 竞争者
7. 技术上的问题
8. 生产资料

二、创业技能

对于成功创办和管理一个小企业，仅仅明白和熟悉商业知识是不够的。同样的道理，只是阅读和学习飞行、驾驶和游泳知识，是不会使你具备驾驶飞机和汽车、在泳池里游泳的能力的。创业者还应该掌握以下两类技能：技术上的和管理上的能力。

技术上的能力包括：

1. 工程
2. 计算
3. 木工
4. 机械
5. 餐饮

管理上的能力包括：

1. 市场营销
2. 财务管理
3. 计划
4. 领导
5. 决策力
6. 风险承担

三、如何积累和培养创业知识和技能

创业知识的积累一方面来源于系统的专业学习和培训，另一方面来源于工作经验，属于“干中学”。创业技能的获得除了理论知识之外，更依赖于实践。其中，创业者必须学习和具备的几种关键能力是：领导力、决策力和风险承担能力。

（一）领导力

创业者有责任为自己的公司设定目标、制定计划，而这些计划的实施和目标的达成在很大程度上取决于员工的工作。因此，鼓舞和保持员工的工作士气是创业者的一项重要任务。

商业活动中的领导者主要承担两方面的责任：

- 任务责任——推动工作完成
- 人员责任——保持员工士气

领导者认为所有的任务都必须完成，并能够采用创新的办法来完成。为保持士气，好的领导者要遵循这样的原则：“你希望别人怎样对待你，就要怎样对待别人。”试着站在别人的角度来看待问题，这会有助于建立对员工积极的态度。

好的领导者会在上述两种责任间寻找平衡。有时，在某些特定情境下，如形成新的团队时，要求对人员比对任务本身给予更多关注；而在另外一些情境下，如引进新的程序时，可能就要对任务有更多的关注。对领导力内涵的理解有助于创业者成为更有效的领导者。

(二)决策力

决策力是创业者的一个显著特征。

创业者必须在决策制定上比经理人更具有创新性，他们必须从多角度入手来处理问题，并不断寻求创新办法来解决问题。在特定情境下，他们还必须有良好的洞察力，能够预测出几种备选解决方案的可能结果。

"科学"的决策方法，意即有一些特定的方法程序可以用来解决问题、制定决策。下列步骤是在决策过程中可以遵循的：

1. 定义主要问题
2. 找出问题主要原因
3. 确定可能的解决方案
4. 评估可能的解决方案
5. 选择最佳方案
6. 执行方案
7. 检验方案是否正确

尽管这种理性的方法很有逻辑性，但"科学方法"并不一定能解决所有问题。一个方案的成功执行还需要创业者的领导和权力。决策的执行需要足够的坚定和热情，创业者必须对方案的未来结果持积极态度，而不能浪费时间再去怀疑，一旦已经开始执行一个决策，就要将所有的怀疑和不确定性抛于脑后。

创业者必须对自己的行动有决断性。一个组织应该有明确的发展方向和清楚界定的预期目标。大多数创业者不怕决策，因为他们不害怕失败。对于成功他们有自己的标准。

在决策过程中，时间是一个至关重要的因素，特别是在业务发展阶段。在某些情况下，必须要快速决策、迅速执行。有些决策在制定时并没有考虑到未来发展或情况变化等所带来的收益变化。对决策执行情况的有效监控能够帮助创业者及时发现决策的不足之处，并为采取进一步行动提供信息。

制定关键决策很不容易，而这样的情况却会经常出现。要知道，逃避作出决策要比作出一个错误决策更糟糕。请记住，决策是一门艺术，你练习得越多，就会越老练。

一旦一个问题已经界定清楚，且已经收集到所有的相关信息和数据，创业者就必须找出解决问题的可能方案。刚开始时他们可能会采用头脑风暴法，员工们集思广益，列出各种备选解决方案。虽然有些新问题可能没有"正确的方法"，但还是要由创业者来确定一个最佳的可能方案。

(三)风险承担能力

无论是在事业上还是在生活中，风险都是无法回避的。

大多数创业者都会评估并承担中等程度的风险。他们不喜欢低风险情境，因为这样的情境缺乏挑战；但他们也会避免高风险情境，因为他们同样需要成功。他们会设定较高的目标，享受挑战所带来的兴奋感，但是他们不会去赌博。因此，低风险和高风险情境都是创业者所回避的，创业者喜欢的是有难度但可战胜的挑战。

风险承担行为与下列特质有关：

1. 创造性和创新性：这是把想法变为现实的重要基础。

2. 自信：对自己的能力越自信，就越能够影响决定所带来的后果，也就更愿意承担风险。

当必须对两个或更多的结果不明确的备选方案进行主观评估、决定取舍的时候，就产生了风险情境。风险就意味着既可能成功也可能失败。潜在的损失或收益越大，存在的风险就越大。

风险承担者要对不确定的情况做出决定，需要平衡潜在的成功与损失。在对某个可能的选择进行决策的过程中需要考虑以下这些因素：

- 这一选择（目标）有多么的吸引人
- 风险承担者可以接受的损失底线
- 成功和失败的相对概率
- 个人努力对增加成功可能性、减少失败可能性的影响程度

创业者的风险承担能力能够通过下列方法得到提高：

- 愿意发挥最大能力促进各方面因素向自己期望的方向发展
- 客观评估风险情境的能力和改变不利因素的能力
- 把风险情境视为既定目标
- 全面计划，有效执行

承担风险是成为创业者的一个基本要素。创业者通常会为自己设定较高的目标，然后集中他们全部的能力和才干来实现这些目标。目标制定得越高，蕴藏的风险就越大。商业创新能够产生更高质量的产品和服务，而这种创新正是源于这些愿意接受巨大挑战并能够评估风险、承担风险的创业者。

要全面提高个人的创业知识、技能和素质，潜在创业者可以采用以下方法：

与企业人士交谈，向成功的企业人士学习

- 做一个成功企业人士的助手或学徒
- 参加一个培训班或学习班，接受培训
- 阅读一些可以帮助你提高经营技巧的书籍
- 制定未来企业计划，增强你的创业动机
- 提高思考问题、评价问题以及应对风险的能力
- 学习并思考如何更好地处理危机局面
- 对别人的观点和新的想法要多多接受
- 遇到问题时，要分析问题的前因后果，并提高自己从错误中吸取教训的能力

● 加强你对工作的投入，并且要认识到：只有努力工作，才能获得成功。

一个企业中，如果没有人具备全部的3种能力，在成功控制风险方面将会遇到困难。比如：

● 只有知识和技能

一个想要创办企业的人，如果他（或她）只有知识和技能，那么企业就不太可能生存太长时间。例如，如果没有特质，当面对主要障碍时，他（或她）可能只会在短时间内坚持；或者他（或她）不能发现和利用机会；或者他（或她）可能不会愿意去预测商业中的风险。

● 只有知识和特质

一个只有知识和个人特质的人，将会发现没有技能，知识和特质就没有应用价值了。他们发现如果过分依赖这样的人，企业就会出现很多问题。解决的办法就是找一个具有必备技能的合作者或雇员。

● 只有技能和特质

一个潜在的只有技能和创业者特质但缺乏知识的创业者，可能创办一个企业。但是在一个竞争的环境中，如果缺宪法或不熟悉知识，例如，消费者或市场，将最终导致失败。企业成功的基础就是知识。

然而，现实生活或商业世界里，很少有人能同时具备所有创业所需要的知识、技能和特质，往往需要借助他人的力量或外部资源，因此，创业团队的建立就变得尤其重要。

第五节 创业团队

一、创业团队的重要性

越来越多的证据表明，一个好的管理团队对于新企业的成功有着重要的影响。创业团队对创业成功的重要作用已得到风险投资家的广泛认同。

新创立的公司极有可能仅仅只是为创始人提供一种替代就业方式，为家人或外人提供就业机会，也可能是具有较高发展潜力的公司，前者和后者之间的主要差别之一在于是否存在一支高素质的管理团队。一个喜欢独立奋斗的创业者固然可以谋生，然而一个团队的营造者却能够创建出一个组织或一个公司，而且是一个能够创造重要价值并有收益选择权的公司。

没有团队的新创公司也许不一定会失败，但要创建一个没有团队仍具有高成长潜力的风险企业却极其困难。美国学者一项对20世纪60年代创立的104个高技术企业的研究指出，年销售额达500万美元或更多的高成长公司中的83.3%是由团队创立的，而那些夭折的公司大多只由少数几个创业者组成，这类公司占53.8%。

这种情形在一项“128号公路100个企业”的研究中表现得更为明显。该研究的对象是美国波士顿地区沿128号公路构成新企业群的顶级100个企业。这些企业的典型特征是，已有5年历史的企业年销售额平均是1 600万美元，6～10年历史的企业是4 900万美元。通常是企业越成熟，销售额越高。研究发现，其中70%的企业有多个发起人。在86个企业中，实际上83%的有3～4个发起人，17%的企业有4个或更多的发起人，9%的企业有5个或更多的发起人。

正因为如此，风险投资者在帮助组建创业团队方面已经变得更加积极。一项研究表明，在20世纪80年代风险投资业繁荣趋势十分明显，这与70年代的情况形成了鲜明的对比，那时风险投资者并非积极参与管理团队的创建。

二、团队特质

恰当的团队和恰当的机会相结合是最有力的一种结合，在此情况下团队的整体功效就会大于成员部分功效之和。但是，高度成功的创业团队的比例通常很小。有些团队虽然能够幸存下来，但是团队成员的更换相当频繁，严重影响了团队的长期稳定性。还有些创业团队在筹集风险投资之前，创业资源已经耗尽，致使团队的维系面临危机。在那些获得风险投资资助的团队中，也只有少数团队能够在短短几年里成功，获得大于原始投资的回报。因此，组建成功的创业团队是创业者极为关心的一个课题。研究和实践证明，按照以下基本准则组建的团队，走向成功的可能性比较大。

（一）具备共同的创业理念

共同的创业理念是组建团队的首要准则。成功的创业者是以正确的创业理念来组建创业团队和指导创业活动的。创业理念决定着创业团队的性质、创业的目的、创业的行为准则，这一基本准则指导着团队成员如何工作和如何取得成功。

从某种意义上说，创业理念比创业机会的选择、创业计划的设计和创业融资等技术问题更为重要，因为后者当中虽然每一项都非常重要，但任何一项都不可能单独把企业带向成功，各因素能单独做到这一点的概率极小，或者可以说完全没有。

1. 共同的创业理念是实现公司愿景的关键

蒂蒙斯认为，“最成功的创业者似乎都是把某些创业理念和创业态度（即有关团队是什么、团队的使命是什么、如何奖励团队成员的看法）作为实现其公司未来愿景的关键”。“创业带头人精心构筑公司愿景并据以带领、激励、说服和诱导关键人员参与实现企业目标的能力是决定整个企业成败盈亏的关键，也是决定企业最终是大获全胜还是变卖公司以偿还个人承诺的高额负债的关键”。向员工灌输公司的愿景并激发他们渴望获胜的热情，这些活动常常在公司成立之初的非正式讨论阶段就开始了，它们引导着公司走向成功。

2. 共同的创业理念是形成共同的价值观和目标的基础

团队的价值观和目标的准确定位至关重要。在任何类型的新创企业中，参与者们都会建立起某种心理契约和创业氛围。虽然这种心理契约和创业氛围通常是随着创业发起人鼓励优秀、尊重团队成员贡献的一系列措施建立起来的，但是如果能够将那些目标和价值观一致的人选入团队，将大大促进这种心理契约和创业氛围的建立。在成功的企业里，个人目标和团队成员的整体价值能够很好地结合在一起，公司的目标同样也能够得到团队成员的大力支持。一个团队成员的目标与其他团队成员的目标有意义的重叠以及企业目标与团队成员的目标重叠是有益的。

3. 共同的创业理念是形成合作精神与凝聚力的基础

具有高潜力的公司最显著的特点之一就是拥有一支能整体协同合作、凝聚力强的团队。这些出色的团队注重互相配合以减轻他人的工作负担从而提高整体的效率。团队中的每一个成员都认识到他们是一股紧密联系而又缺一不可的力量。唯有公司整体的成功才能使其中所有的人都获益。除此之外，任何个人都不可能撇开公司的整体利益而单独地获益；反之亦然，团队中任何一个人的损失也将对整个企业的利益造成损失，从而影响每一位成员的利益。但是，许多人即便有着杰出的技术或其他相关的技能、高学历的文凭等资本，也经常迷失于现代企业高度个人主义的激烈竞争中。这些人自身都非常出色，有些可能对团队运作的程序也颇为了解，但一旦转入实施阶段，会发现利己主义使他们无法完全融入团队中，最终会导致创业失败。

4. 共同的创业理念决定团队成员立足长远目标的程度

共同的创业理念还决定团队成员为长远打算的程度，决定着团队的兴衰。富有责任心的团队成员相信他们正在为创业的长远利益工作，他们正在成就一番事业，而不是把创业当作一个快速致富的工具。创业的收获可能需要 5 年、7 年甚至是 10 年以上，创业者将此视为一场令人愉悦的比赛，他们将在其中不断奋斗直至取得最后的胜利。没有人打算通过现在加入进来而在困境出现之前或出现时退出而获利。他们追求的是最终的资本回报及其带来的成就感，而不是当前的收入水平、地位和待遇。

（二）团队成员构成的异质性

创业团队的成员构成状况显然会直接影响到团队的工作状况并进一步影响到企业的成长及经营业绩。创业团队的人员构成状况主要指团队成员的技能、经验和人文因素。其中技能包括受教育程度、所学专业、技术技能等，按照哈佛大学教授卡茨（Katz）的分类，则主要包括概念技能、人际管理技能和技术技能三大方面；经验往往指个人的工作专长以及产业背景等，如有的人擅长财务分析，有的人则富有营销技巧等；人文因素主要是指性别、年龄等方面的影响。

1. 团队成员的异质性对企业绩效的影响

团队成员在技能、经验方面的差异（即异质性的特征）有助于提升群体决策的科学性，因为大家从不同的视角分析问题，可以提供更多的决策选择，同时也有助于成员之间的相互启发，进而有助于创新和创造性地发现解决问题的办法。默里（A. I. Murray）发现创业团队成员之间在技能和经验方面的差异对企业长期绩效有正面的影响，尽管短期的影响可能是负面的，因为差异性有助于创造性，可以为团队决策提供多种选择，但同时会阻碍成员之间的交流和信息分享。但可以肯定的是，如果团队成员能够坚持任务和工作导向，而尽可能少的将个人与观点联系起来，异质性团队一定更富于创新，更富有灵活性和适应性的特征。

美国北卡罗来纳大学的迈克尔·恩斯利（Micheal D. Ensley）教授以美国 Inc. 500 企业的资料进行了实证研究。他从团队成员业务专长、教育水平、受教育专业以及技能的差异性四个方面界定创业团队的异质性，从市场、产业中的企业数量以及技术三方面的变化界定环境的动荡性，用销售收入、销售收入增长率和利润率来衡量企业绩效。结果发现创业团队的异质性如果与环境的动荡性交互在一起，能够共同促进企业的成长与利润的提升。这说明在动荡的环境下，创业团队的异质性能够发挥积极的作用。

2. 团队成员构成的异质性有利于团队成员角色互补

具备异质性的团队成员如果能够为创业者起到补充和平衡的作用，并且成员相互之间也能互相协调，这样的团队对企业会做出很大的贡献。

在一个团队中总会有一个核心的创业者，在创业起步阶段，这位核心创业者通常拥有许多头衔，身兼数职，是个多面手，在企业发展过程中，核心创业者的能力、动机和兴趣与企业的性质和要求会出现差距。这时候需要补充其他团队成员或聘请外部人力资源来填补这个缺口，例如建立董事会，聘请咨询顾问、律师、会计师等。

如果创业者的业务强项表现在技术方面时，就有必要利用其他团队成员或是外部资源来弥补营销、财务等方面的不足。当然，实际上会出现责任交叠和责任共担的现象，但是团队成员必须对创业者的能力起到互补而不是叠加的作用。

综合以上分析，组建创业团队，就是选择合作伙伴，选择的标准简单来说就是选相同的人，选互补的人。上海复星高科技集团有限公司的梁信军先生是这样解释“相同”和“互补”的：相同的人的五个方面：相同学习能力的人，相同价值观的人，相同梦想的人，相同金钱观的人，相同文化的人，相同团队合作意识的人；能力互补的四个方面：一是领导艺术上，二是管理能力上，三是专业技能上，四是战略思考能力上。合作伙伴必须取其一，这个团队就能“凑”起来。①

① 引自梁信军先生在 2006 年 CCTV《赢在中国》节目中的访谈。

需要指出的是，评价和最终决定在什么时候需要什么样的人才来组建一个异质性的团队是一个动态的过程，而并非一次就可以完成的。需要哪些技术专家、技能和特长？需要进行那些关键工作，采取哪些行动？成功的必要条件是哪些？公司的竞争力突出表现在哪里？需要什么样的外部联系？企业现有的空缺多大及严重性如何？创业者能负担的极限是多少？创业者是否能够通过增加新董事或寻求外部咨询顾问来获得所需的专业技能？诸如此类的问题决定了这些需求何时以及如何才能被满足，这些问题的答案会随着时间而发生变化。

（三）合理的团队报酬与激励

利益分配是团队成员之间最敏感的一种关系，建立在合理的利益分配关系上的团队才具有稳定性和可发展性。

建立合理的利益分配关系，在运行中主要是做好报酬激励体系的设计工作。企业的报酬体系不仅包括诸如股权、工资、奖金等物质上的报酬，而且包括其他一些机会，例如：实现个人发展和个人目标，掌握自主权，培养技能使自己能担当起企业里某一特定角色等。每个团队成员对报酬的理解、所期望的报酬激励并不一致，这要取决于个体的价值观、奋斗目标以及抱负。一些人所追求的可能是长远的资本收益，而另一些人可能并没有如此长远的打算，他们只关心个人短期的收入和职业安全。对后者来说，股权激励可能并没有高薪那么受欢迎。

为新创企业团队设立的报酬激励体系应该起到促进管理团队的积极性，使他们更好地把握企业商机的作用。报酬激励体系的设计应该在团队形成过程中就开始进行，并且贯穿于增进创业团队的融合、强化创业团队的创业氛围和培养团队有效性的整个过程中。例如新创企业吸引和保持高质量团队成员的能力在很大程度上取决于报酬体系所提供的物质激励和精神激励。企业要通过这个报酬体系来获得团队成员的知识、技能、经验、承诺和风险，并将其投入到创业过程中去。

在企业生命周期的各个阶段，给创业团队的报酬激励可以有所不同。比如自我发展机会和自我实现机会这样的激励可以贯彻企业生命的始终，而财务激励在企业发展的不同阶段则可以采取不同的策略。在创业初期，团队成员收入不高，甚至可能会入不敷出，而在收获时期，收入则可能十分可观。一些公司，尤其是像微软那样的高科技公司，初创时可能势单力薄，创业者们收入微薄，但后来的发展却可能使当初的创业者获得丰厚的回报。仅微软公司一家就造就了数百个百万富翁，而其创始人比尔·盖茨更是成了世界首富。

由于报酬激励对每个人都是至关重要的，而企业在早期给予报酬的能力有限，因此，创业者必须仔细而全面地考虑企业在整个生命周期的总体报酬制度，而且必须确保企业具备长期支付报酬的能力，不会出现在员工贡献水平提高的情况下公司无力加薪，或在新员工加入的情况下无力支付他们报酬的情况。

外部环境亦会对新创企业建立的报酬激励体系产生重要的影响。创业者识到企业和外部投资者之间的权益分配会影响到团队成员所能获得的权益份额。另外，企业对报酬激励的处理方式也会成为投资者和其他人对该企业可信度的判断依据，因为这些人员会凭借企业的报酬激励体系来判断企业团队是否敬业。

三、团队中存在的陷阱

在很多情况下，新创企业的管理团队在组建的初期非常有凝聚力，大家以这个团队为荣，积极地贡献自己的智慧，能够开诚布公地讨论问题，大家就不同意见展开讨论，大家觉得团队的成绩比个人的成绩更重要或者说更有助于提升个人的成绩，大家相互信任，没有戒备，达成决议后总是以团队的名义进行决策。但据观察，这样的团队很难长久维持，不管创业机会和创业者个人如何，团队成员保持在创业理念上的一致和知识、能力上的互补是相当困难的。团队成员之间可能在创办企业之前就已经出现裂痕，使得企业在婴儿期就夭折，或者是企业处于无休止的不愉快的分歧、冲突和权力斗争之中。这样即使不毁掉企业，也肯定会损害企业成长的潜力。

一个创业团队常常缺少处理此类棘手问题的技巧和经验。如果不在实际创业之前的试运行阶段花费时间经历一种潜在合伙人之间的“磨合”，或者在创业时不寻求优秀咨询人员的建议，其结果是，这样一个团队可能无法处理以下一些敏感问题：谁拥有多少股权，谁将承诺付出多少时间、资金或其他资源，如何解决分歧，一个团队成员如何才能离开和怎样离开。这些问题如果不能妥善解决，就有可能导致拥有明智商业创意的有前途的团队过早地解散。就算是凭借着创业的一股冲劲，团队被凑合起来了，它也不可能完全解决这些问题，哪怕勉强解决也不可能。一个团队没有处理此类问题的原因可能是正急于发展而无暇顾及，或者缺乏资金无法花钱寻求外部的帮助。这类团队不懂得利用试运行阶段来考察团队成员对公司的责任感和贡献。例如，团队成员是否将创业成果作为人生的最重要事业目标而全身心地投入其中，而不是朝三暮四，遇到困难就脱离团队。

形成一个新创业团队的通常做法可能是一个陷阱。例如，几个创业者，通常是朋友或同事，在创业时决定每个方面都要体现人人平等，于是他们采取了许多民主措施，如对等股票所有权、等额工资、一样的办公空间和汽车以及其他代表他们地位平等的措施。然而，这样一来就产生了其他问题：谁对公司负主要责任，由谁作出最终决定以及如何解决具体分歧等。虽然新创业团队的职责划分允许适度的交叉，决策过程最好有大家的集体参与和商讨，但是过于松散的民主气氛会使得管理显得软弱无力。即使存在合伙人之间的合伙协议，冲突仍然难以解决。

创业团队中的第二大陷阱是创业者和创业团队成员盲目自信，觉得自己完美无缺。或者是团队对某个产品构思过于乐观，过于依赖。比如，如果创业者不愿或是不能指出自己的缺陷和弱点并增补合适的团队成员来弥补，甚至根本不知道为将新创企业发展成为成功的公司什么是必须的资源，那他们就已经陷入危险境地了。

有些团队不能认识到创建并发展企业是一个动态的过程，这是第三大陷阱。例如，创业者想不到最初与团队成员的薪酬协议过一段时间后就不再适用了，因为它不能再反映团队成员的实际贡献了。尽管创业者在团队组建的过程中花费了不少时间，尽管团队各成员在企业成立前都同意了这份协议，但事实就是如此。而且，创业者们往往也想不到团队中成员的组成也会在一段时间后发生变化。因此，没有动态发展观念的创业团队不可能建立起一套完善的机制让团队随着企业的发展进行必要的内部调节。

第四，投资者、未来团队成员或创业者的破坏性动机会给团队带来严重后果。如果对这种潜在的破坏性动机缺乏警惕，例如对一个团队成员早早地就十分关注权力、金钱和控制的行为不给予重视，将使团队变质，成为一个争权夺利、损公肥私的场所。

最后，新创业团队可能认为团队成员间的相互信任应该是理所当然的。在长期的创业过程中，诚信是十分重要的，在社会中也不乏高素质、讲信誉的人。但是，应该承认，在社会中也存在着欺诈行为。一个创业者缺乏信任必定失败，但是盲目信任他人也同样不会成功。在现实世界里，信任应该是逐渐赢得的，因为它需要有耐心并能够经受住考验。因此，与新组建的陌生的团队相比，投资者更看重长期紧密合作的团队，因为后者已经经受了考验，取得了信任。

中华英才网公司的张建国先生总结成功的创业团队有四个词：第一个词叫共识，即目标和价值观是一样的，企业的根基非常重要；第二个词叫共理，就是做事情的时候一定要有规则，这个规则并不（仅仅）是制度，而是大家做事的行为准则，企业的准则；第三个词是共势，根据外部环境的变化，企业里的团队应该能发挥各自的优势，组合成一个竞争优势，这是企业发展的基础；第四个词就是共世，就是能不能在企业里长久做下去的一个基础。联合运通投资有限公司的张树新先生将组建创业团队总结为另外四个词：第一是道相同，第二是技互补，第三是定规则，第四是赚钱愉快。

总之，无论是个体创业还是团队创业，创业者在选择与自己共事的合作伙伴方面，倾向于选择那些背景、教育和经历都与他们自己更加相似的合作创业者。由于团队中广泛的知识、技术和经验有利于新企业，因此，在互补性而不是相似性的基础上选择合作创业者通常是一种更有利的策略。一种经验说法是，团队成员在价值观上的相似有利于志同道合，而在能力构成方面最好是优势互补。

小结

大多数情况下，创业是一个理性的决策过程，这个过程包括四个不同的阶段：

识别并评价机会；制定业务计划；决定所需资源；对所创企业的管理。

从个体创业决策来看，创业过程需要从以下三个方面进行评估：

第一，明确创业目标；

第二，了解自身能力和个性等条件是否适合创业；

第三，是否具备创业的资源。

综合以上分析，可以回答本章开始时的一些问题：什么样的人适合创业？什么样的人能够创业成功？从理论上探讨是必要的。从经验来看，有时是“英雄不问出处”。正如IDG技术创业投资基金公司的熊晓鸽先生所说的，我们周围有很多人，有海龟，有土鳖，有的读过博士，有的没有读过博士，都有成功的。年龄也同样，年龄大的，有67岁创建全世界最大的新闻界最大的传媒公司的雷世通。所以，要想成功，一定要做到三点：第一，你的市场把握准确；第二，你的产品和服务有竞争性，第三，你的团队有竞争力，加上你有毅力，有激情，从现在做起，从自己做起，就一定能成功。

思考题

1. 根据你的理解，成功的创业者一般都具备哪些共同的创业特质？
2. 找出创业失败的案例，试分析创业者的哪些个人特质导致了最后的失败。
3. 试分析家庭背景、教育、年龄、性别、工作经历以及创业动机对创业的影响。
4. 创业者如何积累和培养创业所需要的知识和技能？
5. 分析有效的创业团队的资源特点。
6. 你认为在组建创业团队时应该注意哪些问题以维系团队的稳定与创造力？

讨论案例　创业时代的创业英雄——邓中翰与李彦宏

人物介绍：

邓中翰：中国科技大学本科毕业，美国加州大学伯克利分校攻读物理学硕士，电子工程学博士和经济管理学硕士。毕业后回国创业，创建了国内领先的半导体设计公司中星微电子公司，因致力于设计、开发和销售嵌入式多媒体信号处理芯片和解决方案，使得2.5G/3G手机和宽带互联网上的个人电脑的各种多媒体应用得以实现。邓中翰获得2005年“CCTV中国经济年度人物大奖”。

李彦宏：1991年毕业于北京大学信息管理专业，随后赴美国布法罗纽约州立大学攻读，获计算机科学硕士学位。1999年底，携风险投资回国与好友徐勇共同创建百度网络技术有限公司。2001年被评选为“中国十大创业新锐”之一，2002年荣获首届“IT 十大风云人物”称号。2005 年，李彦宏被中央电视台评为“2005 年 CCTV 中国经济年度人物”。

一、邓中翰与他的创业团队

（一）从挑战杯开始挑战人生

14 年前，正在中国科技大学读本科的邓中翰生活非常单纯。篮球、游泳就是全部的课余生活，但精力充沛的他却希望做些科研工作，在老师的鼓励下，他与其他研究生一道开始做科学研究。8 个月后，一篇用量子力学解释外太空射线对地球矿物质影响的论文在权威杂志上发表，邓中翰还因此获得了团中央颁发的挑战杯奖。

“我在人生的每一个阶段，都会回忆这个奖杯。它使我突然意识到，普通学生，创造出来的科研成果也会被社会采用。”这个奖杯也成为他人生的第一个拐点，让他从幼稚无知到开始了解自己的价值。

那时邓中翰期望成为一名优秀的科学家，因而毕业后去了美国加州大学伯克利分校攻读物理学硕士。这里是知识的殿堂，该校仅他所在的系就曾经出了 7 个诺贝尔奖获得者。“我每天经过走廊，都能看见他们的照片，所以希望有一天，自己也可以在物理学领域做出贡献。”

然而，临近硅谷的邓中翰却不可能感受不到芯片带来的震撼力。那时 Intel 的 386 刚刚问世，坐在摩尔定律创始人戈登·摩尔捐赠的会议室中，邓中翰感受到的是前沿信息技术掀起的硅谷热浪，随后转到电子工程系也顺理成章。因为转系之路的艰难，他自嘲一度成为“书呆子”，到 1995 年，在日本滞留一周后，他再度横跨学科，读起了“生意经”，成为该校百余年历史上唯一一个在 5 年里获得物理学硕士、电子工程学博士和经济管理学硕士三个学位的学生。

经过硅谷创业的洗礼，31 岁的邓中翰应邀回国并观看了祖国 50 周岁国庆庆典，“我突然意识到，自己应该为祖国的强大做些什么”。站在观礼台上，他异常激动，同时也感到了自己肩上的责任：“一定要把祖国的芯片产业推动起来。”因此，邓中翰把创业的领域锁定在具有巨大成长潜力，在全球范围内又属空白的数字多媒体芯片领域，这与国家发展芯片核心技术的想法不谋而合。

1999 年的冬天，在海淀区北土城西路 103 号，这是中星微电子有限公司（以下简称中星微）入住中关村高科技园区最早的创业地点。虽然，他们手中拥有国家信息产业部电子发展基金出资的创业启动资金上千万元，著名爱国学者、前加州伯克利大学校长、邓中翰的恩师田长霖教授等也给予了资金支持，但邓中翰和他领军的团队坚持“把钢用在刀刃上”，办公地点选择因陋就简，有的甚至是用库房改造而成的。条件简陋，对工作的要求却丝毫没有降低，他们瞄准世界上最先进的芯片设计，立志走出一条中国特色的数字多媒体芯片跨越式发展之路。

从中星微创立初始，邓中翰就意识到，只有进行技术的自主创新，才能实现从“中国制造”向“中国创造”的产业升级。

中星微成立之初，他们与信息产业部领导一起，多次沟通、探讨，决定借鉴微软的做法，从世界市场空白点着手进行公司主要产品的战略布局。相对通用 CPU、存储器（Memory）芯片已经有 Intel、三星这样的国际霸主的领域，或如 ARM、MIPS 在嵌入式处理器市场上确定的强势地位，对于缺乏人才和市场运作经验的小公司，要向它们挑战似乎有些“以卵击石”。被全球普遍注目的数字多媒体芯片领域仍处于群雄混战局面，且未来无论 PC 或移动通信业务，还是 3C 整合时代的消费类电子等应用，数字多媒体芯片均将担当“心脏”角色。邓中翰认为，“凭借庞大市场需求，中国厂商联手攻克数字多媒体芯片领域，便如同美国攻占通用 CPU、韩国攻占 Memory 芯片一样，完全有机会成功”。

于是，中星微切入市场的点定位为以 CMOS 数码技术为依托，研发百万门级超大规模专用数码摄像处理芯片，因为这种芯片的应用领域涉及个人消费的数码相机和工业上的质量检测、生产监控及天文器械、医疗设备，还可应用在交通、银行、视觉玩具、通讯等方方面面，市场容量大。最主要的，邓中翰看到了未来 3C 合一的趋势下数码摄像处理芯片的市场将更加广阔，占据了数码摄像处理芯片的市场高点，就有可能占据产业链的高端。中国的芯片产业就会在同世界的互动中壮大起来。

2001 年 3 月，中星微终于推出了中国第一枚拥有自主知识产权的百万门级超大规模专用芯片“星光一号”，并实现了产业化，被三星、飞利浦等国内外一流 IT 厂商采用。

2003 年，中星微研发的新一代移动数字多媒体芯片还打开了世界手机市场的大门。到目前为止，中星微申请的国内外专利超过 400 项，在 PC 图像输入芯片领域已经占据了全球 60% 以上的市场份额，这是具有我国自主知识产权的集成电路芯片，第一次在一个重要应用领域达到全球市场领先地位。

2005 年 11 月 15 日，中星微成功地在纳斯达克市场首次公开发行 8 697 063 股美国存托股票，发行价格为每股 10 美元，股票代码为 VIMC。

（二）邓中翰和他的团队

邓中翰和他的团队将“星光中国芯”第一个打入国际市场，实现了几代中国集成电路工作者的梦想，是中国电子信息产业从“中国制造”迈向“中国创造”、引领国际市场的重大突破和成功的范例。

中星微在北京北四环边上的办公室常常彻夜灯火阑珊。因为上班的时候太忙，邓中翰率领的中星微核心团队只好利用晚上的时间开会，他们称之为“碰一碰”，有时候这一碰就碰到三更半夜。对中星微来说，要做的事情确实太多太多了。

谈到中星微团队，邓中翰每每如数家珍：副总指挥张辉博士对多媒体数据驱动平行计算技术和超低功耗振幅电路的贡献，副总指挥杨晓东对深亚微米超大规模芯片设计的贡献，副总指挥金兆玮对单晶成像嵌入系统的贡献，副总指挥张韵东参与高品质图像处理的研发，还有芯片设计总监朱军、首席图像科学家俞青也各有建树。从中不难看出邓中翰对同伴的贡献一直铭记在心。

"我们之间没有什么不可以在桌面上谈的，即使开会时争论得很激烈，会下仍会亲密无间，因为我们都是对事不对人，都是为了中星微的事业！"这是中星微的副总指挥张韵东对邓中翰的评价。

在邓中翰众多的照片中，他最喜欢的是坐在办公桌前照的那一张，因为，他的旁边是一面鲜艳的五星红旗。他说，我们团队都是"海归"，当初出去就是为了有一天回来，爱国是我们共同的情感。这不是唱高调，只有到了国外，你才能知道什么是"中国心"，我们都不甘心在硅谷、在别人的地盘干一辈子……

在合力攻关最紧张的阶段，废寝忘食是"家常便饭"，制定目标、研究方案、策划实施……常常使公司的核心层工作夜以继日。即使在这种情况下，邓中翰对他人的关心也没有疏漏。他能清楚地记得几位属下的生日，只要有条件，就一定安排大家聚一聚。一次为了给副总张辉过生日，他特意在出差时调整了航班，于是有了他俩在万米高空的"生日长谈"。另一次，他发现公司的一位技术人员忙着设计方案很晚没顾上吃饭，后勤送来的盒饭是双层的，这位技术人员不了解饭盒"构造"，结果只吃了上面的菜，没有吃下面的饭。邓中翰事后批评办事人员工作不细致，"为什么不多说一句话？每个人都应努力把自己承担的工作做到最佳状态！"虽然挨了批评，但当事人心服口服，"邓博士关心自己的团队，尊重人，体贴人，我们没有任何理由掉以轻心"。整个中星微公司就是在这样一种融洽的氛围中向高科技的制高点发起冲击。

邓中翰曾经说过："中星微的发展不是一帆风顺的，公司也曾经有过非常困难的时刻。对于我们这样的创新型企业而言，会有很多困难，但我们不可能把星光中国芯项目卖掉。我们几个合伙人曾经用个人财产作抵押，贷款渡过难关。通过这些事，我们的团队更加团结，也更加激发了我们那种破釜成舟的勇气。每当遇到困难时，我都非常依赖我的团队，他们是我最可依赖的后盾。我一直强调，我这个荣誉是我们整个团队的。干事业，一个团队最重要。一个优秀的团队不仅是团队成员之间合作得很好，而且还能把团队的DNA复制，围绕核心团队不断扩大。"

曾研究设计芯片长达9年之久的全国政协副主席、著名科学家王选仔细研究了邓中翰和他的伙伴成功的经验，深有感慨地说，过去曾有人说一批优秀的中国人在一起就要打架，还说日本人善于下围棋，团结一致，牺牲个别棋子求得全局的胜利；美国人善于打桥牌，跟对家进行密切合作战胜别人；中国人爱打麻将，孤军奋战，看着上家，防着下家，自己和不了也不让别人和。现在完全变了，中星微的总指挥、副总指挥都是各有专长的一批优秀人才，能够很好地团结奋斗，说明中国已经彻底改变了只会打麻将的作风，而且非常善于打桥牌，跟一些国际大公司的合作就充分说明了这一点。这样的评价对于邓中翰和他的伙伴是很贴切的。

从2005年开始，邓中翰和他的团队又投入到以移动多媒体应用服务于2008年北京奥运会为主旨的“星光奥运计划”当中。2006年底，令人注目的“星光移动一号”已经诞生。展望未来，邓中翰充满信心：“我们曾在黑暗中摸索了很久，但自始至终我们都相信，国内的大环境很好，党和政府给了我们方向性的指导，让我们放手干，有了这样的支持，什么困难都能克服，回国的选择不会有错！”

二、李彦宏与百度模式

（一）创业经历

1999年10月，教育部邀请部分海外留学人员回国参加50周年国庆观礼，李彦宏在受邀之列。他看到当时国内互联网业已经形成了某种气候，但背后的技术却很弱，尤其是中文搜索，基本是依靠国外的技术，而且做得也并不好，他开始思谋回国创业，要先找一个好 Partner。他想自己做技术，再找一个能卖技术的人。这个最佳人选莫过于刚到硅谷时结识的北大校友徐勇，已经是生物学博士后的徐勇正是个擅长做市场、搞营销的人。11月的一天徐勇如约而来，李彦宏拿出一份“保密协议”，等徐勇签了字，李彦宏才说：“我们回国开一家互联网公司吧。”

创业伊始，融资为先。他们计划是100万美元。1999年互联网泡沫升温，中国概念股也很热，因此有三四家投资公司抢着来谈。在谈判中，一个投资人出去打了个电话，是打给业界翘楚威廉·张的，他想知道李彦宏的技术是不是真的那么好。威廉·张说：“在引擎技术方面，李在全世界排前三。”这样，几乎没费什么事，李彦宏和徐勇就拿到了120万美金投资。第一步成功了！

在这次融资中，这两位创业者的融资策略也给业界留下了深刻的印象。他们本来可以制定金额更高的融资计划，但是只制定了100万美元的融资计划，这样他们凭借自身的技术股就可以成为大股东，以保证对公司的控制权。在后来的融资过程中，他们始终保持着对百度的控制权。

1999年圣诞节，李彦宏登上了飞往祖国的飞机。就在著名搜索引擎 Google、Inforseek、Yahoo 如日中天的时候，他回到中国来做中国人自己的搜索引擎。公司的名字被李彦宏定为“百度”，取自辛弃疾的《青玉案·元夕》：“众里寻她千百度，蓦然回首，那人却在灯火阑珊处。”既有中国意味，又不落俗套，还能注册不走调的英文网址。在美国打了6年工的李彦宏，终于有了自己专门做搜索引擎的公司，自己的祖国也成为整个亚洲拥有这种 IT 高科技公司的唯一国度。李彦宏说：“日本、韩国等其他亚洲国家研究这个技术的人太少了，这种公司对技术的要求很高。我在美国工作的经历，是我开这个公司的关键。”

创业与守业没有哪家公司会一帆风顺。在百度成立初期，有记者写文章“八问百度”，其中很多问题针对其客户资源和利润增长点。现在看来，当初的一些担心并非多余，百度成立半年内狂扫国内门户网站，占领了国内搜索引擎80%的市场，但后来一些客户投靠了Google，有的自立门户自己开发搜索引擎，市场的竞争是残酷的。李彦宏总结百度风风雨雨几年中，面临了两次重大挑战：一是创业初期，拿着120万美金做公司，原计划6个月就用完的钱公司却做了一年计划，所以坚持到9月等到第二笔融资。如果烧钱，就没有今天的百度。第二次是当世界所有使用人气质量定律的搜索引擎公司要么遭人收购，要么推迟上市时，百度根据李彦宏总结的搜索引擎第三条——自信心定律推出竞价排名。定律指出，搜索结果的相关性排序，可进行竞价拍卖。谁对自己的网站有信心，为这个排名付钱谁就排在前面。这样开创了真正属于互联网的收费模式，使百度的目标群体瞄准数十万的中小企业网站。

李彦宏找到了搜索引擎的出路。面临市场变化，见过无数硅谷商战的李彦宏也在变化中求发展。现在的百度，以搜索网站和竞价排名为主要的业务增长点，以国内数量巨大的中小企业为主要客户。

推出竞价排名并实施"闪电计划"对百度实行第二次技术升级后，2003年年中的财务报表显示李彦宏的赌注压对了。据美国Alexa统计，百度现在已经是全球第二大独立搜索引擎，在中文搜索引擎中更是遥遥领先，名列第一。

（二）雅儒李彦宏

有人评价百度的成功在于：目标明确，市场定位准确，而且头脑冷静，不跟风，不抢潮。用这句评语描述其创始人李彦宏的性格特点也是非常适当的：他知道自己想要得到的是什么，他一直坚信ASP商业模式必将获得成功，他知道自己所专注的，而别人做不到同样程度的就在搜索领域；在互联网高潮时，他能预言对于国内公司的烧钱做法，国外的投资人要吃亏，在互联网低谷时他能鼓励员工不要看到眼前利益要把眼光放得长远些……

他的合作伙伴谈及对李彦宏的最大印象时，不约而同都说了"睿智"二字。在3年多的合作中，令合伙人徐勇意外惊喜的是，李不仅有技术背景还对商战有敏锐的直觉和出色的判断。2002年5月从用友到百度担任副总裁的朱宏波对李的评价也是："虽然以前从事技术工作，但他的商业思维和市场眼光非常独到，对搜索产业方向的把握和商业竞争的规律和规则理解得非常到位。"也许这与李彦宏在硅谷的耳濡目染有关，也许与在美国股市小试牛刀，关注股市起伏与公司战略间的关系有关。李在炒股时，在纯粹的美国股市环境中，从很多公司的业绩、决策等分析到股票涨、跌的关联，从中得到商业成败的关键。

有人曾说：世界上多数优秀的程序员天生偏执狂，总会认为自己做的东西才是最完美的。李彦宏不编程已有很多年了，这种性格特点在他作为公司最高管理层时并无体现。他说他自己还有很多不足，他知道自己不是正规化的职业经理人，他想学的东西还很多，他能倾听别人的想法，在公司内部会议主张大家自由交流，甚至为了讨论“可以不给我面子。”

这个公司的创业因子，带有浓烈的硅谷文化，并在中国本土继承和发扬。没有严格的等级观念，可以自由发言。随着公司的扩大这种文化还在延续。但一旦讨论成为决策时，就要不折不扣地执行。

李彦宏稳健的风格不是他的同龄人都能具备的，于是百度又秉承了这种风格，在过去几年中，一步步从 8 个人发展到了 150 多人；从第一个客户“硅谷动力”发展到现在的 2 万千客户。

在浮躁的互联网产业，李彦宏以一种另类的平和心态，不急功近利，不随波逐流，专注经营搜索领域中自己这“一亩三分地”。

李彦宏帅气的长相加上儒雅谦和的性格，容易给人亲和感。然而，内向的他却不擅长与人交往，更像社会的观察家。无论在公共社交圈还是平时的活动中，他更多时间沉默不语，在观察着这个社会和这些人与事。

他的生活是简单的，每天花费时间最多的事就是上网，在美国学习时开的是二手的本田，现在回国创业后仍是开本田车。因为家人在硅谷，他每 3 个月去一次美国，用两个星期时间与家人团聚。

内秀的性格让人以为他不会做秀。可是 2002 年底的“百度激情夜”李彦宏的出场让人有张朝阳的感觉：又一个做秀的 CEO。百度市场总监毕胜对此评价：“Robin（李彦宏英文名）放在哪里哪里亮。”

李彦宏的爱好比较广泛，像打高尔夫球、滑雪、游泳等，玩伴多数是在硅谷时认识的工程师朋友还有公司的同事、合作伙伴、大学同学等。

管理公司几年，李彦宏经常会感觉自身还有许多地方需要提升。“我毕竟不是一个受过正规训练的职业经理人，现在要做职业经理人做的事情。有时候，遇到自己从来没有遇过的事情，都要靠学习甚至感觉来做事。”他希望如果有一天能够找一个合适的 CEO 的时候，让自己更轻松一些。他甚至想到了到时候退休，“退休以后周游世界是我的生活理想。”其实，高中时候的李彦宏，个人兴趣并不在理科，他对历史和地理兴趣更大。

像很多硅谷技术人员的理想一样，李彦宏的理想是希望靠技术改变世界。“希望自己做的事能改变大多数人的生活方式，让足够多的人受益，这是我的人生理想和目标。无论当初做 Infoseek 还是现在做百度，我看到每天有上千万的人在用自己的技术，大家从中受益了，我心里就特别高兴，觉得对社会做出了贡献。而且，现在这个社会越来越趋向合理，你对社会做出贡献了，社会也会给予你同样的回报。”

资料来源：

1. 孙小羽．聚焦邓中翰．计算机世界报，35：A33-A34.
2. 邓中翰的“中国芯”与“中国心”. 2005-06-15. http://www.xinhuanet.com.

3. 百度 CEO 李彦宏：成就百度的传奇 . http://www. youthcy. com/html/gushizz/2007-4/07411754697_2. html.

问题：

1. 比较李彦宏、邓中翰这类创业者与早期的创业者如王永庆、王石等有什么不同？

2. 比较百度的创业团队和中星微的创业团队有哪些相似之处？

第五章 创业融资

引导案例：美国创业资本涌入中国初创企业①

走进文思创新软件技术（北京）有限公司（以下称为文思创新）的一个房间，20多位青年男女坐在电脑前，拿着手机，哗哗之声不绝于耳：这些职员正按照公司与圣迭戈的高通公司的合同，测试手机的游戏功能。另一个房间里，工程师们在根据中国市场的需求修改Peoplesoft软件。

文思创新软件公司的投资者之一是硅谷的风险资本公司多尔资本管理公司（DCM）。如果按照计划，数年之内文思创新将在纳斯达克上市，给DCM的投资者们带来巨额收益。

两年来，美国风险资本不断涌入中国。尼特-赫尔弗希里投资公司的创始人之一特里·加尼特说："无论在飞机上，还是在酒店里，你总能遇到风险投资家。我的意思是，感觉就像到了巴克餐厅（硅谷的一家餐厅，风险资本家经常去那吃早餐）。"

根据研究公司Zero2IPO的统计数字，在2004年，美国风险资本家共向中国注入13亿美元资金，比2003年增长29%，这种增长趋势还在继续。DCM、德雷珀、全球催化剂伙伴公司等硅谷企业都在中国设立了办事处，寻找合适的项目。硅谷银行还曾组织25位重要的风险资本家对中国进行为期一周的考察。

收益是显著的。过去一年里，求职网站51job和生产芯片的中芯国际等中国公司在纳斯达克首次上市后股价全部飞涨。中国正在成为.com新的繁荣之地。

许多中国企业家说，他们之所以依赖美国的风险资本是有理由的：对中国的初创企业来说，除此之外似乎没有融资渠道。中国的银行很少贷款给成立不久的公司。有组织的风险资本运作群体根本不存在。像联想这样投资于初创企业的中国公司少之又少。

当然，不是所有的中国初创企业都能让美国的风险资本家有投资意愿。美国技

① 摘自2005年5月14日的《参考消息》，作者：凯文·梅尼。

术公司怀斯（Wyse）驻北京的亚太地区总裁安德鲁·胡解释说："中国初创企业的信誉尚未建立起来。"许多公司拥有使用不同记账方法的两套或三套账目。知识产权保护等其他领域的做法也能成为中美公司之间的一个棘手的问题。

美国风险资本家涌入中国的浪潮无疑会继续下去。DCM 公司驻北京的彼德·哈丁说："天花乱坠的宣传有很多，但中国也有众多的优秀企业家。"为成为业务遍及全球的世界级企业，还有许多中国公司需要资本。除非中国形成自己的风险资本体制，否则，这些资本就不得不来自国外——最有可能来自美国和日本。

一些风险资本家认为，中国即将掀起新一轮的创办技术公司的热潮，这些公司将不止模仿在美国成功的商业模式。全球催化剂伙伴公司已对一家由"海归"经营的微工艺技术公司投入资金。

全球催化剂伙伴公司驻北京代表卡尔文·凯克说："一批世界一流的技术人才正在回到中国创建公司，他们将不仅仅依靠成本，而且依靠技术在全球竞争，我们对此深感振奋。这是否会成为新一波投资和创业浪潮的开始还有待观察。

或许中国将变得像硅谷的 .com 时代一样狂热，或许如 .com 时代一样，赔的要比赚的多。但可以肯定的是，全球化的车轮将继续把美国的投资者和中国公司联系起来。

以上案例生动描述了在全球化的背景下，新兴的中国市场涌现的创业企业与世界最发达的创业资本相融合的景象，展示了创业活动国际化的趋势，也揭示了中国创业浪潮的兴起和亟待完善的创业资本市场。新创企业如何获得创业资本，如何有效管理新企业则是这一章的主要内容。

第一节 创业融资的财务框架

对于大多数创业者而言，创业中最痛苦的经历之一就是筹集资金的困难。正如中小企业融资难是一个世界性的难题一样，对于很多新企业而言，融资更是难上加难，有些人形象地称之为走过创业阶段的财务地狱。

为什么新企业融资难？从理论上来讲，既与创业环境（金融制度、资本市场、融资渠道、政府政策等）有关，也与新企业的创业特征有关。新企业大多数是建立在具有不确定性的新的市场机会基础之上，投资者对新的市场机会的价值认识和对创业者的素质能力判断存在信息不对称，导致了新企业从外部获得资金的困难。

所以，对于潜在创业者而言，制定与实施创业计划的一个重要工作是做好创业前的财务准备，这就是关于创业融资的策略问题。

一、创业融资的内容

创业融资通常需要确定和处理以下问题：

1. 确定创业资金需求（多少）
2. 何时需要这些资金
3. 何处、向谁筹集资金
4. 资金维持多久
5. 资金使用过程安排与管理

图 5-1 提供了创业融资的编制方法和框架。

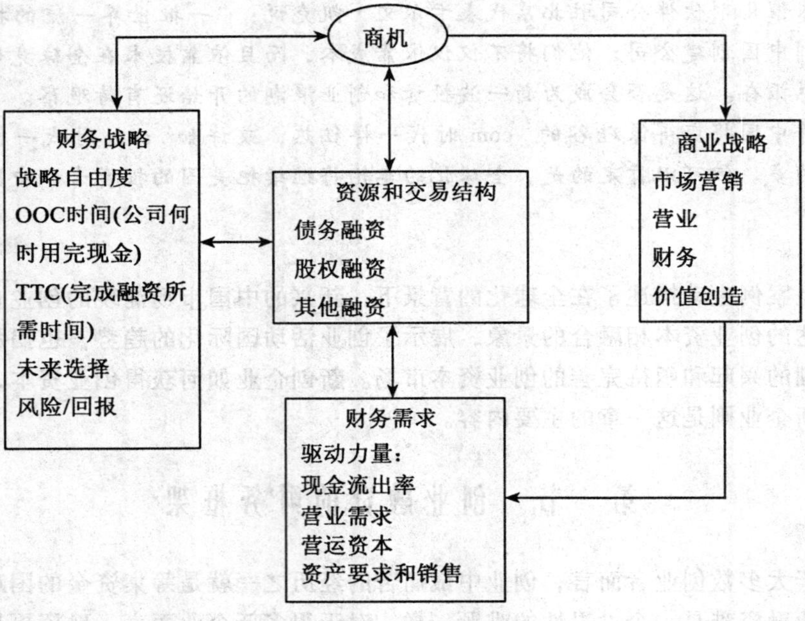

图 5-1　财务战略框架（Jeffry Timmons，2001）

图 5-1 的含义是：商机引导并驱动了商业战略，然后又驱动了财务需求、融资来源和交易结构以及财务战略。

财务战略的核心概念是自由现金流。它主要关注三个重要系数：

- 预计或实际现金流出率
- OCC 时间（公司何时用完现金）
- TTC（完成融资所需时间）

这些系数对创业者很重要，它们会影响创业者对各种资金来源的选择以及与资金提供者讨价还价的能力。比如，如果现金 90 天用完，那么创业者的处境很不利，即使 6 个月后出现 OOC，这也太快了。如果有一年或更多的时间，那么选择权、价格等契约条件将大大改善。其含义很明确，理想状况是，在你还不急着要钱的时候就开始筹集资金。

另外，融资是需要成本的，各种隐性成本与显性成本、会计成本与机会成本，会增加或减少未来的融资选择权。所以，创业者应该考虑各种融资成本以及完成融资所需要的时间。

二、创业融资的原则

创业者制定财务战略的意义还在于，财务管理贯穿创业的整个过程，从创业开始的创业计划、进行原始投资到最后的稳定发展、包装上市，无不伴随着财务管理，财务管理的对象虽然是资金，但其存在形式多种多样，企业在创业的不同阶段对于不同形态的资金有不同的需求。创业者如果没有事先的战略规划而临时筹措资金，会严重影响企业的发展进度，甚至错失商机。

创业融资必须遵循以下几个原则：

1. 及时性

企业的经营是有很强的时效性的，一个机会窗口，从打开到关闭，时间是很短暂的，企业如果没有及时地开展生产，抢抓市场，这个机会往往会被别人抓住。巧妇难为无米之炊，足够的资金是抢抓机会的基本保证，创业者在制定融资策略的时候必须预测到企业每个需要资金的阶段，提前做好准备，同时，也要准备一定数量的储备融资渠道，以保证随时可以融到资金以确保不错过不在计划之中的创业机会。

2. 低成本

融资是需要成本的，无论是利息费用还是股权转让，创业者需要付出一定的费用才能获得资金的使用权，在同等情况下，创业者在融资的时候应该首先选择那些所需成本较低的融资渠道。这里所说的融资成本，还应当考虑投资者所能带来的管理、营销网络、技术和社会资本，有些投资者的引入，可以使企业具有某种特殊的背景，也就应当考虑在内。低成本的原则，不仅是指每单位融得资金的成本，也意味着准确、及时地融资。准确、及时地融资意味着把企业使用外部资金的时间缩到最短，避免因为多余的融资导致的融资成本。

3. 低风险

企业融资也是有风险的，特别是创业者在制定创业计划的时候，对于融资渠道必须考虑到各种可能出现的不可融资的情况。例如，由于银企关系的恶化银行可以取消对于企业的信用额度，由于相关政策的变化政府和各种公共机构可能取消对于企业的资金支持。企业在确定每一阶段的融资策略的时候，必须首先考虑较稳定、变数较小的融资来源，如有抵押的银行贷款等，而风险较大、不确定性较强的融资渠道，只能作为备用融资渠道。这决定了虽然我们可以制定一定的财务计划，但却不能完全按照财务计划实施，财务计划始终只是对于远景财务战略的勾画，具体每个时期如何筹资和投资，只能根据当时的环境决定。财务战略的作用在于理清融资的方向和顺序，预判企业可能出现的一些资金需求而提前做好准备，加强企业现金流的管理。财务战略的确立有利于企业在发展过程中的财务管理遵循企业整体经营战略，不至于出现资金管理失控而导致的财务状况恶化的现象。

总之，融资的黄金法则是：

1. 现金为王
2. 早得现金比晚得现金好
3. 风险较小的现金比风险较大的现金好

第二节　创业资金需求

尽管一些研究发现大多数新企业并不需要太多的创业资金，太穷和很富有的人自我创业的比例大大低于中产阶层（毕海德，2004）（这里用中产阶层并不是特别准确，它一般是指有一定的收入水平的人，不至于一贫如洗，或者因为生存压力被迫创业），但是，创业者必须知道新企业需要多少资金以及如何有效地使用这些资金，以保证投资从财务上是可行的，即能带来投资回报。

一、计算创业所需投资

为一个新企业筹资的时候，首先要确定资金需求。确定所需资金，应考虑三个方面的问题：开办企业所需资金、企业运营所需资金和创业者个人的相关支出。

（一）企业开办资金

要开办企业，创业者就必须明白：企业开办期间，在企业产生收入之前需要一定数量资金用于各种支出。人们把这部分资金称作开办资金。企业开办资金用于两种用途：

- 运营前支出或称投资资本
- 运营前期支出或称营运资本

运营前支出是指企业开始运营（做贸易、生产或提供服务）以前必须支出的资金。这部分资金也叫投资资本。购买土地、建设厂房、购买机器、购置办公设备等支出都是运营前支出，另外，运营前支出还包括登记注册费、通水通电、开业前的广告宣传等费用。比如要开家餐馆，开办资金的用途包括桌椅板凳、炉台灶具、器皿餐具、各种饭菜所需的原料，还得购买或租赁餐馆用房、办理营业执照和许可证、印刷菜谱等。

企业开始运作的时候就要发生运营前期支出，直到销售收入能够弥补相应的开支。这一期间跨度依企业性质而有所不同。一般来说，贸易类企业可能短于一个月，而制造企业则包括从开始生产之日到销售收入到账这段时间，可能要持续几个月。这个时期的支出称作营运前期支出或营运资本。

两类支出的区别在于其发生的时间：是在企业开始营运之前还是在营运之后。

（二）营运资金

企业自开始营业到产生足够利润维持企业正常运转之前，都需要投入营运资本。包括库存商品、原材料、广告宣传、薪酬、税金、维修、保险、月租金、水电费等。

一旦餐馆开始营业，营运资金就派上用场了。不断采购食物原料、支付厨师和服务员工资、交营业税金、支付月度租金等。确定每月企业运营的资金需要量非常重要。

（三）个人支出

这部分包括创业者生活必需的各项支出，包括衣、食、住、行、保险、医疗及必要的社交和娱乐等支出。

许多新创企业都不能很快获利，有的甚至需要一两年时间才能盈利。因此，必须考虑这期间的个人生活费用问题。有的人在创办新企业的同时，仍然做着另外一份工作，或者是配偶能够获得稳定收入。这样有助于降低创业的资金需求。

表 5-1 列示了创业初期需要支出的一些项目。

表 5-1 **创业支出项目**

支出项目	营运前支出	营运前期支出	其他支出
企业注册登记			
员工第一个月的薪酬			
设备购置			
购买原材料			
设备动力线路			
购买商品			
开业宣传			
购置工业区土地			
建筑城郊别墅			
企业所有者第一个月的开销			

续表

支出项目	营运前支出	营运前期支出	其他支出
两个月的办公用品购置			
动力接入			
购买一辆二手卡车			
投资研究顾问费			
支付企业房租			
购置库存			
火灾保险			
员工健康保险			
为老板妻子购买汽车			
促销			
电脑设备			
车间建筑材料			
员工子女学费			
安装电话			

二、充分估计创业所需资金

一般来说，企业开办者，特别是年轻人，都知道他们需要资金购买机器、设备和工具，但通常都不能认识到，除此之外，他们在开业前还需许多其他开支。比如，机器设备的安装费用和员工培训费用，这在机器设备投资中要占很大一部分。证照费和保险费在所需总资金计算中也常被遗漏。

所需的运营资金也总是被低估。他们往往认为马上会收到货款，这在贸易业务中或许可能，但作为一个商店店主，必须保持一定的存货，否则就很难保证随时有货出售。有时大客户会要求先发货后付款，并且通常都很难按时付款。在制造业中，营运资金周转的时间很长，有时甚至要延续好几个月。

如果营运资金被低估，到时候很可能会出现这种情况：企业生意兴隆但却没钱支付员工工资、补充库存，糟糕的时候甚至到期不能偿还银行贷款。

因此，创业者在计算所需投资资金的时候，按适当的比例计入一些未考虑到的支付项目并把营运资金的使用时间预算得长一些，不要计算得过紧过小。

三、创业资金需求预测方法

每个创业者在规划新企业时，都会面临相同的难题：如何确定开创企业需要多少资金？要精确地算出新企业最初几年每一时刻的资金需求是不可能的，但是做出符合现实的尽量准确的估计却是可能的。新企业的投资和费用所需资本有很大差别，高新技术企业和资金密集型企业通常需要至少上百万元的启动资金，而服务型企业则只需要少量的启动资金。

创业者可以使用两种方法来预测资本需求：（1）参考行业标准比率预测资本需求；（2）用保本分析和经验调查反复核算资本需求。很多银行和行业协会等组织编写有行业报告，其中可以找到相关数据。通常，新企业可采用以下步骤和方法预测资金需求量，并对未来利润做出预测：第一，预编财务报表；第二，编制现金流量表；第三，盈亏平衡分析。

（一）预编财务报表

在分析创业成本和资金用途之后，新企业在财务方面下一个步骤就是编制新企业预编财务报表（包括创业者预计的盈亏状况）。创业者需要编制新企业的预编财务报表。预编财务报表在创业者所收集的有关市场、消费者、竞争对手、产品研发、运营以及企业其他方面信息的基础上，对新企业的财务进行预测（通常是3年）。预编损益表分析新企业的盈亏账目；预编资产负债表显示企业的财务结构，使投资者能够进行比率分析。

预编财务报表时，创业者应注意两个问题。首先，在损益表中列出的盈亏账目估计值极大地依赖于创业者对销量的估计。因此，准确的财务报表主要取决于准确的市场估计。这就要求创业者做充分的市场调查，尽管研究表明大多数创业者在创业起步之前仅做有限的市场调查，他们更多地依赖于过去的经验和储备知识。其次，在损益表中列示的盈亏账目估计值也极大地依赖于准确的成本估计。由于人们天生倾向于低估成本，对问题和风险估计不足，所以大多数创业者在此陷入了困境。

此外，处于同一行业的企业在成本和销量之间往往存在非常相似的关系。因此，编制新企业的财务报表时，你应该将你的财务报表与同行业的其他企业进行对比。你的数字是否切实可行？一个经验数字是，在同一行业中，新企业（单位销售人员）创造的销售额不会超过同行业企业平均水平的3倍。潜在投资者会质疑任何声称自己比产业平均水平高出很多的声明。

为了帮助潜在创业者编制预编财务报表，表5-2中给出了一个资产负债表和一个损益表的例子。

表 5-2　　　　　　　　　　　　**预编财务报表**　　　　　　　　　　　单位：元

资产负债表		
	2003 年 12 月 31 日	2004 年 12 月 31 日
现金	22 143	26 218
应收账款	14 807	15 801
存货	6 284	10 113
固定资产	500 000	500 000
减：累计折旧	(47 901)	(74 112)
资产总计	495 333	478 020
应付账款	7 212	8 216
应付票据	412 500	412 500
负债合计	419 712	420 716
股东权益	75 621	57 304
负债和股东权益合计	495 333	478 020
损益表	2004 年 12 月 31 日	
销售收入	147 213	
减：销售成本	119 612	
销售利润	27 601	
减：销售费用	(103 400)	
减：折旧	(26 211)	
净利润或净损失	(102 010)	

注：数据表来自：罗伯特·巴隆，斯科特·谢恩．创业管理，基于过程的观点．张玉利，等，译．北京：机械工业出版社，2005：115.

括号表示数字为负。

（二）现金流量表

创业计划必须表明创业者对“利润并非现金、现金并非利润”的清楚理解。一个新企业在创造利润的情况下，若有足够的现金储备也能生存。但若没有现金，即使企业创造利润也难以生存。现金流量预测的目的是计算一个企业需要多少现金才能实现其目标，以及何时需要。现金流量表是在某个给定时点对新企业所拥有现金数量的计算。创业者需要使用现金流量表来管理新企业。如果一个企业的现金流量为负，那么将不能支付账单并可能破产。

由于损益表不能衡量一个企业的现金数量，对于现金流量的管理很困难，因此，很多企业在保持盈利的状况下却没有偿付能力。在损益表中有很多支出如折旧，影响企业的盈余但不涉及真正的现金流。企业通过资产折旧能够有盈余或亏损，但没有在真正的现金流中反映出来。此外，现金的流入和流出，比如收入和支出，在同一时间并不总是发生，尤其是销售发生很久之后消费者才为这些支付费用。在消费者通过信用方式购买或者延期付款的情况下经常发生这种事情。

现实中，现金流量预测与损益表预测是在同一数据基础上同时进行的工作。它们可以被看作是同一硬币的正反面。损益表说明在销售收入与成本同步发生的前提下企业的利润或亏损；而现金流量分析是考虑到现实中，销售的成本先发生，收入的实现大约在一周或数月以后才发生。这种收支之间的时滞所隐含的意义对企业而言是重要的，特别是在企业创业之初和快速成长时期。

现金流量预测假设企业从一开始就高效率运行。这是一个被简化的假设，因为新企业有一段时间仅有成本支出而无销售收入流进。这时，企业计划包含交易前的现金流量预测，表 5-3 是某新创家具企业的现金流量预测。

表 5-3　　**某家具企业现金流量预测**　　单位：元

月份	1	2	3	合计
现金流入				
资本金	12 000	-	-	12 000
贷款	-	30 500	-	30 500
总计流入	12 000	30 500	0	42 500
现金流出				
配件	6 000	7 000	7 000	20 000
存货	-	-	4 500	4 500
机器设备	-	17 000	-	17 000
总计流出	6 000	24 000	11 500	41 500
流出/流入	6 000	6 500	－11 500	1 000
流入下一月		6 000	12 500	
净流入合计	6 000	12 500	1 000	1 000

让我们再看另一个例子。假定你开办一家家具企业。在第一个月，你以 2 000 元的价格出售了一张成本为 1 000 元的睡椅。这样你预计有了 1 000 元的收益。但是按照你制定的 30 天内支付现金的计划，消费者 30 天后才付钱。结果，企业在第

一个月没有正的现金流。如果你必须付 1 000 元才能获得这张椅子，那么你在企业的第一个月将会有 －1 000 元的现金流。

这个例子说明估计新企业现金流像估计收入一样重要。为了从损益表中将信息转化到现金流量表，应按表 5-4 中显示的那样做（表 5-4 的背景来自表 5-2）：

1. 将企业的净收益加上延期折旧。
2. 减去应收账款的增加额或加上应收账款的减少额。
3. 减去存货的增加额或加上存货的减少额。
4. 加上应付账款的增加额或减去应付账款的减少额。
5. 减去应付票据/应还贷款的减少额或加上应付票据/应还贷款的增加额。

计算结果就是企业的净现金流。

表 5-4　　净现金流量表　　单位：元

步　　骤	校园馅饼公司的计算	结果
1. 从损益表中提取净收益（净损失）	（102 010）	（102 010）
2. 加折旧	（102 010） +26 211	（75 799）
3. 计算从 2003 年 12 月 31 日到 2004 年 12 月 31 日的应收账款增加额	（15 801 －14 807）	994
4. 第 2 行的结果减去应收账款的增加额	（75 799） －994	（76 793）
5. 计算从 2003 年 12 月 31 日到 2004 年 12 月 31 日的库存增加额	10 113 －6 284	3 829
6. 第 4 行的结果减去库存增加额	（76 793） －3 829	（80 622）
7. 计算从 2003 年 12 月 31 日到 2004 年 12 月 31 日的应付账款增加额	8 216 －7 212	1 004
8. 第 6 行的结果加上应付账款增加额	（80 622） +1 004	（79 618）
9. 计算从 2003 年 12 月 31 日到 2004 年 12 月 31 日的应付票据减少额	412 500 －412 500	0
10. 第 8 行的结果减去应付票据的减少额	（79 618） －0	（79 618）
11. 截至 2004 年 12 月 31 日的年净现金流量		（79 618）

注：该表列示了该公司的损益表向现金流量表的转化。
括号表示数字为负。

假定企业的现金流量分析解释了新企业存在负的现金流，创业者应当做什么来避免企业破产呢？简单的回答是应当改善新企业的现金流。怎么做呢？首先，应当通过给消费者折扣的方式让他们快速支付，以使应收账款尽可能少；限制授予消费者的信用额度；为了立即变现，将应收款项卖给以折价方式购买应收账款的企业。其次，应减少为了应对无法预期的消费者需求所保留的原材料和最终产品的存货。再次，通过避免没有必要的支出来控制企业的花费，如通过租借代替购买设备、回收和再利用设备和物料，以及慢慢地增加雇员等。最后，可以将应付账款尽量延期，比如，放弃提前支付可获得的折扣，通过付出额外成本来获得供应商的信用。虽然这种方式会使企业的负担高一点，但能使企业在现金流入多于现金流出的情况下保持企业的偿付能力。

所以，从一定程度上讲，筹资的最大问题不在于获得足够的资金以启动新企业，更困难的是能够在新企业早期阶段的恰当时候获得足够的资金，并确保新企业不将现金耗尽。新企业的早期阶段基本上都有过负现金流的经历。负现金流意味着新企业在运营中所创造的现金量少于所使用的现金量。这可能使新企业倒闭，除非创业者能够及时获得追加投资。要避免负现金流，关键是在不需要现金的时候就去筹集，而且应该筹集到比你认为所需要的还要多的资金。

（三）盈亏平衡分析

创业者需要掌握的另外一个工具是盈亏平衡分析，是计算为了支付成本所需的销售数量，也包含如果想增加企业的固定成本需要增加的销售数量。

根据定义，盈亏平衡就是总利润（TR）＝总成本（TC）的状态。

$$TR = 销售价格(SP) \times 销售数量(Q)$$

而

$$TC = 总固定成本(TFC) + 总变动成本(TVC)$$

因此

$$SP \times Q = TFC + (VC/件) \times Q$$

$$SP \times Q - (VC/件 \times Q) = TFC$$

$$Q(SP - VC/件) = TFC$$

$$Q = TFC/(SP - VC/件)$$

盈亏平衡水平的计算步骤如下：

1. 制定（每单位）产品和服务的价格。
2. 估算（每单位）产品和服务的变动成本。
3. 从销售价格中减去每单位的变动成本来计算（每单位）边际贡献。
4. 用销售价格去除（每单位）边际贡献估算边际贡献率。
5. 估算企业的固定成本。
6. 用边际贡献率去除固定成本来计算盈亏平衡销售量。

表 5-5 提供了一个例子来阐释盈亏平衡销售量的计算。从计算结果可以看出，固定成本比例越高，盈亏平衡销售量就越高。所以，购买固定资产会使固定成本、盈亏平衡销售量和新企业的风险增加。

表 5-5　　盈亏平衡分析

步骤	信息	
制定（每单位）产品和服务的价格	销售价格为 10	
估算（每单位）产品和服务的变动成本	变动成本是 3	
从销售价格中减去每单位的变动成本来计算（每单位）边际贡献	边际贡献是 7	10 - 3 = 7
用销售价格去除（每单位）边际贡献估算边际贡献率	边际贡献率为 0.70	7/10 = 0.70
估算企业的固定成本	固定成本是 50 万	
用边际贡献率去除固定成本来计算盈亏平衡销售量说明	盈亏平衡销售量是 714 286	500 000/0.70 = 714 285.71
	销售量超过 714 286 时，企业将盈利；而少于 715 286 时，企业将亏损	

第三节　创业资金来源

新企业有多种资金来源，因为这些来源之间有很大差异并且各有优劣，所以，知道这些来源有哪些以及它们什么时候对创业者最有用是必要的。同时，创业者在筹资时应该回答一个基本的问题，即创业所需的全部资金都可以借吗？因为几乎所有融资机构都要求创业者提供给开办企业所需资金的真实数据。这个问题在很大程度上也取决于市场经济的情况。如果创业者自己都不想在企业里投钱的话，就很少有投资机构或个人愿意冒险投资。

一、创业资金来源

（一）个人资金

个人资金永远都是创业资金的第一来源。个人资金是创业者本人所有的可用来启动创业的资金，具有使用成本低、得来容易和使用时间长的优势，通常是创业项目启动的全部或者大部分资金。研究发现，近 70% 的创业者依靠自己的资金为新企业提供融资。即使具有高成长潜力的企业，如名列美国 Inc. 500 的企业，在很大程度上都依赖创建者的存款提供最初的资金。图 5-2 是美国新创企业的创业资金的一般来源结构。

个人资金的作用远不仅仅在于作为创业启动资金的一部分，其他资金提供者

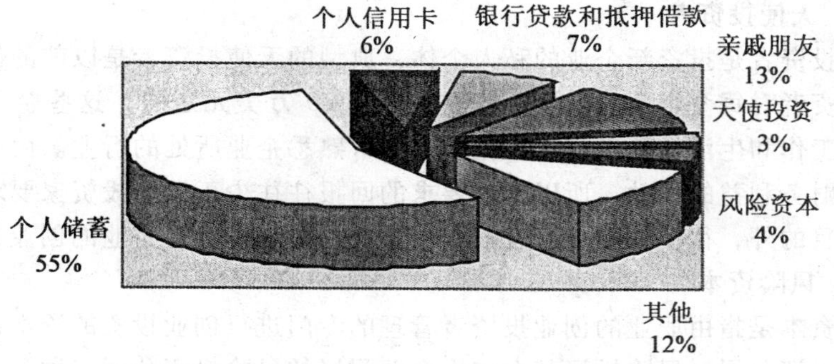

图 5-2 创业资金的主要来源

资料来自 Bhide 根据 1989 年《有限公司》500 强企业的数据整理。

在提供资金的时候也会考虑创业者个人资金的投入情况。一方面，创业者的个人资金可以分散投资者的风险，增加启动资金数量，提供更可靠的资金保障；另一方面，创业者有个人资金在内的时候通常有更大的压力和动力去投入自己的全部精力管理企业，创业者的大量资金投入也更好的证明了他对创业项目成功的信心。

（二）亲戚朋友借款或者投资

当创业者自身资金不足的时候，很容易想到的就是寻求亲戚朋友的资金支持。亲戚朋友的资金和个人资金有着相似之处，和创业者的亲密关系，使得创业者更容易低成本的获得和使用资金，一方面由于亲情，另一方面亲戚朋友对于创业者本人和他的创业项目比较熟悉，双方都比较透明，一般风险投资中的信息不对称的情况在这里得到克服，特别在企业创业初期，亲戚朋友是重要的资金来源。在很多产业，尤其是零售业和餐饮业，创业者的很多资金来自家庭成员。这样的融资通常是非正式的，创业者承诺在他们有能力的时候还钱。但在某些情况下，从朋友和家庭成员那里筹集资金可以是正式的，如签署期票并支付利息，或者出售企业的股份以获得资金。

亲戚朋友的借款或者投资也有其不利之处。首先，由于投资者和创业者的特殊关系，投资者往往过多的参与创业管理，而很多投资者对创业项目并不熟悉，也没有相关的经验，但创业者碍于情面只有让他们参与管理，很多时候使得企业的管理决策无法顺利进行，如果在管理经营上与创业者产生一些矛盾，创业企业的经营就更加困难。企业内亲戚朋友插手过多，会使外部聘用的企业员工产生不公平感和抵触心理，不利于优秀人才才能的发挥和脱颖而出。中国自古就有“亲兄弟，明算账”的古训，但由于亲戚朋友之间的投资往往没有约定权责利的正式合同，在企业赢利的时候容易产生利益分配的矛盾，因此，亲戚朋友的投资大多数只能作为启动资金在初期使用。

（三）天使投资者

天使投资者是投资新企业的私人个体，典型的天使投资者是以前的创业者。美国天使投资者对每个企业的投资一般在 1 万到 20 万美元之间，这些企业所在的地域与他们工作和生活的地点很近，他们也非常熟悉企业所处的行业。由于天使投资者较少受财务利益的驱动，所以他们要求的回报往往少于风险投资家要求的。除了以赚钱为目的外，很多天使投资者投资新企业也是为了参与企业的创业过程。

（四）风险资本

风险资本是指由职业的创业投资者管理的专门进行创业投资的资本，可以分为专业风险投资公司、风险投资基金和大企业附属的风险投资公司三种。专业的风险投资公司是指拥有一定注册资本，由一个或者几个合伙人合伙的专门从事创业投资的机构，其业务单一，管理专业，资本稳定，赢利的主要模式是通过承担高风险来博取高收益，一般在企业中以入股的形式投入资金，最后以上市或者转让的形式退出创业企业，套取现金。风险投资家是为从大型机构投资者那里筹资并将这些资金投资到新企业的组织工作的人。这些机构投资者包括大学的捐赠基金和公司的养老基金。风险投资企业一般采用有限合伙制的结构，在某一固定时期内建立起一种基金，一般是 10 年。提供资金的机构投资者之所以被称为有限合伙人，是因为他们的参与仅限于提供资金。

另一类风险投资者为新企业制定投资决策并管理这些投资，被称为普通合伙人。风险投资家除了为新企业提供资金外，还帮助其经营新企业，识别关键员工、消费者和供应商；并帮助制定与实施运营政策和战略。由于风险资本支持的创业企业比其他的创业企业更有可能公开上市，所以风险投资家与承担首次公开上市的投资银行家发展了强有力的关系。结果，风险投资家也帮助新企业公开上市。

在风险投资基金的投资回收末期，风险投资企业将所投入资金归还给机构投资者，并加上一定百分比的因投资创业企业所带来的利润。普通合伙人还可抽取一定比例的管理投资所需的管理费用。

（五）商业银行贷款

一般而言，银行并不从事向创业企业提供贷款的业务。但在适当的情形下，商业银行也为新企业提供多种类型的资金。首先，银行偶尔为新企业提供标准的商业贷款，特别是这些企业产生了正的现金流并且创业者能用财产、设备和其他资产为这些贷款提供担保时。商业贷款是一种融资方式，借款者要为借入资金支付利息。其次，银行有时候为新企业提供信用额度或协议，允许创业者在需要资金的任何时候以某一特定利率借入固定数量的资金。信用额度通常用于对存货或应收账款的融资。尽管有这些事例，但银行贷款对于很年轻的企业来说还是很缺乏的，正的现金流是支付贷款利息所必不可少的。

另外，在以下情况下，银行资金也是创业资金的来源：

1. 创业者拥有个人资产抵押

某些时候创业者由于各种原因，不能将自身财产出售或者仅仅在短时间内需要资金，可以通过将自己个人的房产、汽车、土地、有价证券等作为抵押物来获取银行贷款。通常以抵押贷款获取的资金只是抵押物现值的一部分，占抵押物现值的百分比取决于抵押物变现成本和风险的大小，汽车等贬值风险和变现成本比较大的抵押物获得的资金通常较少，而房地产等一般升值空间较大的抵押物则获得资金较多。

2. 创业者拥有银行信用额度

银行信用额度是指银行赋予的不需任何抵押和担保的贷款数目。创业者拥有银行信用额度可能是创业者过去经营的企业和银行由于长期业务关系而建立的信用关系，也可能是创业者个人拥有的银行信用。信用额度通常作为企业备用资金，在急需的时候才动用，因为信用额度是有使用成本的。

3. 政府担保

政府由于对某些产业发展的支持而对这些产业的创业企业提供一定额度的政府担保贷款，这些贷款通常具有低息和还款周期长的特点。政府担保并非完全无条件的，它往往需要创业者个人或者创业项目具备一定的条件。当创业者在相关领域取得一定成就，创业项目处于技术前沿并获得相关机构评估认证时创业者获得政府担保的可能性比较大。

（六）政府项目

政府和一些民间的非营利组织也是创业资金的重要来源。政府根据相关法律政策，对于处于一定阶段的有很好发展前景的，对相关领域有重大影响的创业项目提供直接资金支持，这些资金的使用成本通常较低，但数量不大，也只能在特定阶段使用。

美国联邦和州政府提供很多新企业融资项目。比如联邦政府提供的小企业创新研究项目，在这一项目中，新企业能够从政府机构获得高达 10 万美元的资助来评估技术创意和高达 75 万美元的资助来完成技术商业化。另一个联邦项目是美国小企业管理局的 7（A）贷款担保项目，它保证向贷款者偿还他们贷给新企业的任何资金，直至达到某个预先设定的额度为止。美国小企业管理局也提供 CAP 系列项目，是一个向新企业和小企业的存货和应收账款融资贷款进行担保的系统。小企业投资公司（SBIC）是美国小企业管理局授权并予以贷款资助的组织。该组织为新企业提供少量股权投资（低于 50%），也经常向新企业提供债务资金。

在中国，政府提供的主要企业融资项目有：再就业小额担保贷款、科技型中小企业技术创新基金、中小企业国际市场开拓资金、青年创业贷款以及各种地方性优惠政策等。

1. 再就业小额担保贷款

为帮助下岗失业人员自谋职业、自主创业和组织起来就业，对于诚实守信、有劳动能力和就业愿望的下岗失业人员，针对他们在创业过程中缺乏启动资金和信用担保，难以获得银行贷款的实际困难，由政府设立再担保基金。通过再就业担保机构承诺担保，可向银行申请专项再就业小额贷款，该政策从2003年初起陆续在全国推行。其适用对象有：(1) 国有企业下岗职工；(2) 国有企业失业职工；(3) 国有企业关闭破产需安置的人员；(4) 享受最低生活保障并失业1年以上的城镇其他失业人员。该类贷款额度一般在2万元左右。

2. 科技型中小企业技术创新基金

它是经国务院批准设立，用于支持科技型中小企业技术创新的政府专项基金，通过拨款资助、贷款贴息和资本金投入等方式，扶持和引导科技型中小企业的技术创新活动。根据中小企业和项目的不同特点，该创新基金的支持方式主要有：(1) 贷款贴息。对已具有一定水平、规模和效益的创新项目，原则上采取贴息方式支持其使用银行贷款，以扩大生产规模。一般按贷款额年利息的50%～100%给予补贴，贴息总额一般不超过100万元，个别重大项目可不超过200万元。(2) 无偿资助。这主要用于中小企业技术创新中产品的研究、开发及中试阶段的必要补助、科研人员携带科技成果创办企业进行成果转化的补助，资助额一般不超过100万元。(3) 资本金投入。对少数起点高，具有较广创新内涵、较高创新水平并有后续创新潜力，预计投产后有较大市场，有望形成新兴产业的项目，可采取资本投入方式。

3. 中小企业国际市场开拓资金

这是由中央财政和地方财政共同安排的专门用于支持中小企业开拓国际市场的专项资金。2000年10月，财政部与外经贸部为鼓励中小企业参与国际市场竞争，提高中小企业参与国际市场竞争能力，联合制定了《中小企业国际市场开拓资金管理（试行）办法》，明确规定了“中小企业国际市场开拓资金”的性质，使用方向、方式及资金管理等基本原则。2001年6月，两部委又根据此办法的原则，联合制定了《中小企业国际市场开拓资金管理办法实施细则（暂行）》，对这项资金的具体使用条件、申报及审批程序、资金支持内容和比例等具体工作程序作出了明确规定。2001年，“中小企业国际市场开拓资金”的年度安排规模是4.5亿元人民币，2002年度已增加到6亿元。3年中，这项中央财政用于支持中小企业开拓国际市场各项活动的政府性基金，已经资助了全国近万家中小企业到国外参展或拓展国际市场。

4. 青年创业贷款

2006年4月20日，共青团中央、国家开发银行为扶持青年创办中小企业，联合推出了“中国青年创业小额贷款项目”，对全国40岁以下青年初次创业，和全国40岁以下青年企业家二次创业的中小企业提供不超过3年的贷款。青年创业小额贷款每人单笔额度一般在10万元以内，最多不超过100万元；青年创办的中小企业贷款单户额度一般在500万元以下，最多不超过3 000万元。对于纳入省、地（市）、县政府信用平台，贷款本息偿还有保障的项目，可提供在中国人民银行公布的同期贷款利率基础上向下浮动10%的优惠利率。

5. 其他地方性优惠政策

如早在1997年杭州市创办高科技企业孵化基地时，就规定对通过资格审查进驻基地的企业将提供免3年租费的办公场所，并给予一定的创业扶持资金。近年杭州市又提出建设“天堂硅谷”，把发展高科技作为重点工程来抓，与之相配套的措施是杭州市及各区县（市）均建立了“孵化基地”，为有发展前途的高科技人才提供免费的创业园地，并拨出数目相当可观的扶持资金。在全国各地许多地方都有类似的创业优惠和鼓励政策，如上海的张江高科技园区、北京的中关村高科技园区等。

（七）其他企业资金

企业在生产经营过程中，往往会形成部分暂时闲置的资金，有的企业出于提高资本使用效率、拓宽经营范围、进行战略性投资等考虑，直接对新创企业进行投资，或者对技术成果转化提供资本支持，或者设立创业投资机构（基金）。2000年8月，上海浦东发展银行就与联华便利合作，推出面向创业者的“投资7万元，做个小老板”的特许免担保贷款业务。由联华便利为创业者提供集体担保，浦发银行向通过资格审查的申请者提供7万元的创业贷款，建立联华便利加盟店，许多缺乏资金的创业者因此得以圆创业梦。像联华便利一样，现在很多公司为迅速扩大市场份额，常会采取连锁加盟或结盟代理等方式，推出一系列优惠待遇给加盟者或代理商，如免收加盟费、赠送设备、在一段时间内免费赠送原材料，对代理商先货后款、延后结款赊购赊销等，虽然不是直接的资金扶持，但对缺乏资金的创业者来说，等于获得了一笔难得的资金。

二、股权融资与债权融资

无论是现有企业还是新企业，融资结构分为两种基本类型：股权融资和债权融资。

（一）股权融资

股权融资是指创业者通过出让部分或全部企业产权获得资金的融资方式。创业风险投资和二板市场的投资大部分属于股权融资。股权融资与债权融资最明显的区别就是不要求有担保品，但是权益融资需要向投资者提供特定形式的企业产权。股权融资中投资者按一定比例分享企业利润和资产处置受益，享有企业部分产权，承担企业经营的风险，有的投资者还参与企业的管理，有时候创业者选择股权融资，得到的不仅是资金，很多相关投资者拥有创业领域相关的各种资源，如关系网络、信息、人力资源和管理经验等，创业者可以通过股权融资实现分散风险、加强企业实力。采用股权融资，创业者需要出让一部分的企业产权，有时候投资者甚至要求控股，当投资者处于强势的时候，创业者对于企业的管理必须和投资者协调，否则容易产生各种矛盾冲突，这降低了企业管理的效率。通常创业者在选择股权融资的时候都要求掌握控股权，而不是一味的要求多融资。

当新企业还非常年轻时，它们很少能够获得债务融资，实际上，它们倾向于获得股权融资。债务是归还所提供资金和预定利息的一种财务责任；而股权是因提供资金而获得的一个组织的部分所有权。新企业倾向于获得股权融资的原因有两点。首先，在新企业获得正的现金流以前，它们无法支付预定的利息。结果，创业者需要通过不要求他们做出固定偿付的方式来筹集资金，也就是获得股权投资。其次，当投资者不能观察创业者的决策时，具有固定利率的债务融资促使人们采取风险行为。为什么？如果创业者失败了，损失不会超过对新企业的投入（尽管当创业者将房屋作为抵押品以获得贷款时，可能会失去它），因此，无论冒多大的风险，损失都是一样的。但是，由于无论创业者的新企业做得多好，都支付相同金额的债务利息，所以，创业者可以保留成功所带来的全部收益。因此，在债务融资的情况下，创业者有采取“高风险—高收益”行为的动机。相反，在股权融资的情况下，创业者将不得不同他人分享实施风险行为的成功所增加的收益，因而不愿意采取风险行为。

（二）债权融资

债权融资是指创业者通过付出利息获得资金使用权的融资方式，企业的银行贷款就属于债权融资。债权融资不仅要求创业者偿还借到的全部本金，而且还要按照确定的利率支付利息，利息实际上就是融资的成本。债权融资有时候还附有资金的使用条件或使用的限制。债权融资的资金提供者不与创业者共担风险，也就是说利息是事先确定的，与企业的收入和利润无关，资金提供者也不享有企业经营的任何收益。采取债权融资，创业者享有较多的企业股份，但也承担了较大风险。典型的创业时期的债券融资需要某种资产（汽车、房产、地产、机器等）作为抵押，这些抵押物不能出售，以便在企业破产的时候用来偿还债权人的债务。在利息率较低的情况下，债务融资能使创业者获得更大的企业产权比例，因而能获得较高比重的权益回报。但是，创业者也需要警惕，在决定债务量时要考虑利息支付能力。利息额太大会约束企业的发展，甚至会导致破产。

如果股权资本资源有限，创业者就可以考虑借款。贷款机构（人）有可能把钱借给那些认识并信得过的创业者，但他们都很谨慎。如果风险太大，通常都不愿意出借。没有人想借钱给那些可能失败的企业。因此，很多贷款机构（人）都要详细了解企业的创业计划，创业计划应详细描述企业何时开始运作、需要多少钱和如何使用这些钱，以及何时能盈利。

很多人一想到借钱就会想到银行。然而，对小企业来说，从银行借钱并不是件很容易的事。银行只会在确信其贷款损失的风险非常低的情况下才会同意贷款，它们通常只会贷给它们了解时间较长的客户。如果希望将来某一天从银行贷款，那么最好及早与当地银行业人士建立联系，了解贷款机构（人）关心的问题。

负责贷款的人员时常拒绝或“谢绝”贷款申请。他们首先关心的问题是：贷款申请人能归还这笔贷款吗？如果贷款申请人准备贷款申请的时候过于轻率和随便，就有可能遭到拒绝。贷款机构（人）能够从借款人关于企业事务描述中看出企业的将来是否具有稳定性和计划性。贷款申请遭到拒绝后，创业者应该心平气和地接受，并认真查找原因，为今后的贷款申请做好充分准备。

贷款机构（人）要知道借款人能否按时还款，需要了解一些问题。其中的一个问题是：借款人打算如何使用这笔钱？其他的还有：

企业的销售量怎么样？贷款是用于增加销售量，还是为潜在的高销售量购置额外存货？或者是要通过全面的广告活动塑造企业新形象？

企业的应收账款情况如何？应收账款是指还可以催要的客户欠款，这些欠款会越拖越久，越拖越难收回。企业需要资金来支撑应收账款吗？

边际利润怎么样？是否存在业务很多但利润却很低的情况？这种情况很可能是因为费用没有得到很好的控制。企业的市场够大吗？有什么还款计划？预计的现金收支切合实际吗？

贷款机构（人）会通过分析企业的现金流动情况，确定企业是否会有足够的现金履行其还款义务。他们还要确信企业的流动资金贷款确实不会被用于其他领域，以保证企业资产的流动性。

概括而言，银行在评审企业贷款申请时，要考虑6C，即：

借款人品质（Character）：考察申请人对银行信用的态度，包括过去的信用记录。

偿还能力（Capacity）：审查申请人的收入情况以确定其是否有能力偿还借款。

资本状况（Capital）：审查申请人的个人财产，包括存款、不动产及其他个人财产。

经营条件（Conditions）：地区、国家的经济状况对贷款的难易程度有很大影响。

担保物（Collateral）：是否有担保或抵押财产以及这些财产的质量也是银行要考虑的重要方面。

事业的连续性（Continuity）：借款企业持续经营的前景。银行要考虑借款人能否在日益加剧的竞争环境中生存与发展。

不同的贷款机构有着不同的贷款程序。对此，借款人必须清楚。贷款机构同意借款时，必须确信借款人会按照其承诺及时还款。下面是评估贷款申请的一些因素，借款人必须了解：

(1) 贷款类型。短期贷款（如一年内）和长期贷款（如超过一年）。

(2) 贷款目的。确保贷款不被用于非法的、受到政府政策限制的或者与社区利益相悖的企业中。

(3) 借款人的信用。借款人信得过吗？

(4) 能力。创业者运作项目的专业能力。能力特征有助于贷款机构确定贷款人是否有能力按照计划目的用好贷款。

(5) 还款期限。还款期限对借款双方都非常重要。贷款机构需要确认借款人提出的还款方案是否现实，这可以通过计算经济效益来测算。贷款机构会提出有关贷款期限和还款方式等方面的建议。

(6) 安全性。安全性或贷款担保情况必须是贷款机构能够接受的。即使其他条件都能满足，只要贷款机构所要求的安全条件得不到满足，贷款也很难发放。企业首次贷款的时候，就更是如此了。

(7) 担保。有些机构要求有不动产、有形资产的担保，或要求有担保人。

(8) 创业计划。创业计划是贷款机构确定贷款是否可以发放的主要依据。创业计划可以表明企业的可行性。借款人应该请专业人士准备一份让银行感到值得研究的创业计划。贷款机构通过评估借款人提交的创业计划，得出自己的结论。有时也针对贷款项目自己做可行性研究，以评估企业将来的生存能力。其中的一个重要方面就是有关成本和现金流问题。现金流和财务、创业计划一样，能够显示项目收入能否超过发生的费用和成本，这些结论有助于贷款机构确定贷款。

申请流动资金贷款时，贷款机构的现有客户具有贷款优势。银行会研究客户以往的财务记录，进而决定是否给予贷款。如果客户打算开办一个新企业，贷款时的程序与一个新借款人没有什么区别。创业者应该注意保留财务记录，这些都是将来贷款时所需的财务资料。

通常，创业者有好几个获取资金的渠道，关键是要确定哪个最适合自己当前的需要。选择正确的融资方式有利于企业未来的发展。在需要长期贷款的时候借了短期的，很快就会出现问题；在本应该通过借款融得资金的情况下却采用了股权融资，代价就比较高。过度的债权融资不但成本高，而且也会制约企业将来的运营。

选择融资渠道和方式很容易产生失误。正确的选择不但可以筹得所需资金，而且还可以使创业者避免不必要的成本和风险。

新企业偶尔也确实获得了债权融资。当新企业在它们的发展早期获得这类融资时，通常有三种形式。第一种是以创业者的个人资产或赚钱能力作为担保的债务。当创业者使用信用卡或房屋净值贷款为企业融资时就是这种情况。第二种是资产抵押融资。第三种是供应商信贷和设备。当一家餐厅设备的供应商向餐厅的创业者提供融资时就是这种情况，供应商提供厨房设备，在创业者不能支付本金和利息时将其收回。

表 5-6 归纳了股权融资与债权融资的优缺点。

表 5-6 股权融资和债权融资比较

融资类型	优点	缺点
股权融资		
A. 使用个人存款	1. 独享全部利润 2. 减少债务数量 3. 失败的风险转化为成功的动力 4. 向借款人展示良好信用	1. 可能损失自己的现金资产 2. 需要个人较大付出 3. 丧失了存款用于其他投资可能产生的收益
B. 向亲友借款	1. 可筹集较多资金 2. 分散财务风险	1. 让出部分利润 2. 让出部分所有权 3. 可能干扰正常的经营管理
C. 合伙企业	1. 宽松的现金来源 2. 较小的压力和制约	1. 私人关系破裂的风险 2. 可能增加企业运作的复杂性
D. 成立有限公司	1. 可筹集较大量的资金 2. 分散财务风险 3. 降低法律风险 4. 降低税负	1. 让出部分利润 2. 让出企业部分控制权和所有权
E. 使用风险投资	1. 这类资金就是为了帮助小企业 2. 有利于寻求贷款	只关注其资本增值
债权融资		
所有形式的借款	1. 比较容易获得 2. 企业控制权和所有权得到维护 3. 可选择有利的时间归还 4. 可以节约自有资金 5. 借款成本可在税前列支 6. 通货膨胀可以减少实际还款数	1. 要负担利息成本 2. 要承担将来利润可能不足以归还借款的风险 3. 可能导致滥用和浪费资金 4. 让他人了解了财务及其他一些保密信息 5. 贷款机构（人）有可能要附加一些限制条款

三、影响企业选择融资方式的关键因素

有多种因素影响创业者融资的方式与结构。比如，当创业者渴望企业成为一个具有高成长潜力的新企业时，那么他就会倾向于获取长期的大额外部资金支持，尤其是风险投资。除了创业目标之外，其他影响因素有：资金需求量的大小、融资成本、对控制权的考虑以及企业成长阶段等。

企业融资需要成本，融资成本主要包括利息和股息。利息是创业者使用债务资金的使用成本，通常支付周期较短（按月或者季度），支付金额固定；而股息则是创业者采用股权融资所需的成本，股权融资中，创业者通过转让企业部分产权获得资金，投资者拥有企业部分产权，可以选择将企业利润留在企业之中作为发展的资金，也可以选择分配部分利润，这就是股息。创业者如果没有选择正确的融资组合，很可能背上沉重的融资成本的负担，使企业疲于奔命，无法展开再生产。

通常创业者过于强调融资渠道的有限和融资金额的不足，而对于融资成本考虑不够，"多的总比少的好"误导了很多创业者。很多创业者在银行借了大量的资金，而未仔细计算企业的需求，很多贷款被闲置甚至浪费，而企业却要为这些资金支付利息费用。股权融资的成本是股息，虽然股息不像利息那样要无条件定期支付，但股权融资使外部投资者占有了企业的股份，投资者的利润压力使得企业无法进行长期的规划发展，股息的分配使得本可留下作为留存收益支持企业扩张的资金流出，有时股权融资的成本丝毫不亚于债务融资。

从融资成本来看，一般是长期融资成本高于短期融资，但长期融资对企业没有短期偿债的压力，有利于企业的长期运作；而短期融资则比较灵活，但风险较大，很多企业就是因为大量的短期负债无法偿还而破产的。股权融资必须遵循的原则是创业者必须控股，这是创业者不受制于资本的基本保证。

一般来说，评估筹资渠道，应该考虑下面 5 个方面的问题：

第一，成本与收益。与贷款的成本相比较，该贷款有什么好处？

第二，风险。使用哪种贷款风险最低？

第三，灵活性。贷款会降低企业今后再融资和使用经营所得资金的灵活性和机动性吗？

第四，控制。所有者对企业的控制权会受到不利影响吗？控制权的削弱会阻碍创业者做出有利于企业利益的决策吗？

第五，可获得性。哪种渠道的资金容易得到？

1. 成本与收益。评价融资成本通常是看它对企业当前所有者收入可能产生的影响，而不仅仅是企业增加的支出。假设有一个企业要筹集 20 000 元，那么它是应该按 10% 的年利率借这笔款呢，还是应该卖出 25% 的股份来筹集这笔资金？如果借款，每年需支付 2 000 元的利息，从而减少其税前利润 2 000 元，即如果原来

利润是30 000元，则支付利息后就减少为28 000元。如果采用股权融资，那么投资者需要获取25%的利润，即30 000×25%＝7 500元，则创业者的税前利润减少为22 500元。

2. 风险。筹集资金时会有一些风险。延期支付货款有可能导致供应商不满，损坏自己的信誉。借来的钱要连本带息归还，所以企业通过借债融来的资金就一定要避免无法履行偿债义务。不能按时偿还债务会带来一系列不良后果，如没收抵押物、被迫破产等。唯一没有风险的企业资金来源就是股权资金，因为股权投资者本身而不是经营者承担了资金风险。

3. 机动性。资本的目的是利润，但对利润的过分关注可能会导致企业在扩大赊购规模或购置存货方面过分谨慎，从而错失销售良机。如果把赊购作为主要筹资来源，又常常会导致企业对少数几个供应商的依赖，无法享受来自其他供应商的价格优惠。

4. 控制。内部融资（盘活资产）、借款和使用商业信用不会影响企业所有者对企业的控制。贷款机构（人）一般不参与企业事务，也不像普通股东那样有资格在有限责任公司内行使表决权；而股权投资人通常有资格在一定程度上控制企业运营。

5. 可获得性。通常，企业由于缺乏有效的资金来源而在融资时受到一定的限制。尽管有时某些渠道看起来非常可行，但实际上也只是一个获得资金的途径而已，并不一定真的能够得到。

6. 指标重要性。对每一项资金来源，都要进行成本、风险、机动性、控制性和可获得性评估。在这些因素中，哪个更重要？哪个不那么重要？这要看具体情况。多数情况下，可获得性都是很重要的因素，另外一些时候，则主要考虑成本因素，应在综合考虑各种情况之后做出相应的融资决策。

第四节　风险投资与融资

一、风险资本对中小企业成长的支持作用

根据全美风险投资协会（NVCA）和经济合作与发展组织（OECD）的定义，风险资本（venture capital）本质上就是追逐高额利润投资于科技含量高、有高成长潜力的企业。可以说，风险投资的高风险和高收益特性、以具有高成长性的中小企业为投资对象和以目标企业的不同阶段和投资项目的资本预算来决定投资规模等特点决定了这种投资制度与高成长性中小企业资本性融资有着天然的联系。

虽然在庞大的中小企业群体中，高成长性中小企业只占3%～5%的比例，但却是风险投资者关注的焦点。有关资料显示，对美国《有限公司》500强企业的销

售收入增长速度的评选活动中，风险资本支持下的中小企业具有内在的高成长性。这种高成长性特点具体体现在以下几个方面：

（一）增长速度快

中小企业富于创新，企业家善于识别和把握市场机会，一旦成功把握住一个机会，成长往往是迅速的甚至是飞速的。有关数据显示，在 2000 年《有限公司》500 强中，排在第一位的企业 Parson Group 的增长速度为 27 992%，即使是排在第 500 位的企业 eLabor. com 也实现了 537% 的增长速度。① 毕海德认为在风险资本的资助下取得成功的新企业，其增长速度比《有限公司》500 强的平均增长速度要快得多。这些新企业通常会在 5 年的时间上市或被购并，而《有限公司》500 强的上榜企业平均在大约 8 年的时间内仍然为私人所有。《有限公司》500 强汇集了当年美国私人公司中成长最快的那些公司，这 500 强 1988 年的平均收益为 1 500 万美元，平均雇员数为 135 名，5 年内平均销售增长率为 1 407% 。②

风险投资所看重的正是这种高成长性的中小企业。在深圳市国成科技投资有限公司支持下发展起来的深圳大族激光和海德威公司，每年都以 100% 以上的速度在增长。风险资本支持的清华紫光以 1988 年的 150 万元起家，18 年后年产值已达 30 多亿元。Ebay 是在 1997 年得到一家名为 Benchmark 风险投资公司支持的。当时 Benchmark 向 Ebay 投入的第一笔资金是 670 万美元，到 1999 年 Benchmark 的投资升值了 1 000 倍，这也是硅谷最成功的风险投资之一。被誉为“蒙牛狂奔”的蒙牛集团自 1999 年成立，年销售额从 4 000 多万元增长到 2003 年的 50 亿元，年平均发展速度为 329%，年平均增长率达 229%。这种高成长性，也带来了投资的高回报。

（二）企业规模扩大

有关美国风险投资规模的统计数据显示，在风险投资发展初期，投资规模一般只有一两百万美元，500 万美元算是很大的了，当时甚至还有几十万美元的，到 2003 年投资量平均达到了 3 200 万美元，其规模已经相当可观，而且有不断扩大的趋势。③ 根据美国风险资本协会（NVCA）对美国风险资本经济影响的七次年度调查显示，风险资本扶持的风险企业在第一个营业年度里平均员工为 21 人，到第八个营业年度平均员工达到 184 人，增长速度远远高于一般企业。另据一份对风险资本支持的 500 家企业的调查显示，1991 ~ 1995 年，这些企业提供的就业机会以每年 34% 的速度增长。而且，受风险资本支持的中小企业创造工作机会的数量（114 名员工）高于一般同类企业（60 名员工）。从营业收入或销售收入来看，与同类非

---

① 张玉利．风险投资与中小企业成长．天津：天津人民出版社，2003：17.

② 阿玛尔·毕海德．新企业的起源与演进．魏如山，等，译．北京：中国人民大学出版社，2004：12.

③ 旷建庄．资本——创业精英与风险投资家演讲录．北京：中国档案出版社，2003：43.

风险资本支持的企业相比，1995 年风险资本受资公司的销售收入的增长率要高出 13.8 个百分点，达到了 36.8 %。①

20 世纪 80 年代风险资本在中国开始萌芽，主要以北京中关村地区为典型代表。20 多年后中关村成为以信息为核心的高科技产业的市场和信息中心，联想、四通、方正、京海、紫光、用友、科利华等一大批高科技企业在此得到了快速成长，其规模也在不断扩大。北京清科公司 2006 年公布的统计数据显示，我国第一季度共有 42 家企业获得风险资本的支持，参与风险投资的风险投资机构数量为 40 家，投资总金额 3.3 亿美元，比 2005 年同期增加了 1.8 亿美元，增幅达 124%。②

（三）创新能力增强

创新是企业成长的关键和动力。对中小企业而言无论管理、技术创新还是制度创新都直接影响着公司的成长性。1996 年美国风险投资协会通过调查发现，当年美国新增产值的 2/3 是由风险投资支持的一万多家高新技术企业创造的。据此，该协会认为，风险资本在开发新产品和创造新技术等方面，发挥了主导作用。这实际表明了经济的发展和社会的进步越来越倚重于科技的进步和知识的创新，风险投资支持的科技创新成为经济和社会发展的决定性力量，成为实现经济可持续发展的关键性因素。

风险投资大多都投资于有发展潜力的高新技术企业，而这些企业在技术上创新的不确定因素很多，如新产品的研究和开发是否成功等，这必然会带来财务上的资金风险，并且不进行技术创新的风险比进行技术创新的风险还要大。随着风险资本的进入，企业将快速增长，企业组织结构就要迅速调整变革，管理也要进行创新，这些难题对于只拥有管理小企业经验的企业创办人是无能为力的。而风险投资正好迎合了这一点。根据英国风险投资协会提供的资料，所有早期的受资企业均认为风险投资公司除了资金投入以外还对企业具有其他的贡献，如技术与管理创新的支持以及提高企业经营效率方面的优势。这些企业还认为风险投资公司还具有支持企业创新所具有的在市场信息、财务管理、战略管理等方面的专长。③

（四）企业持续成长的潜力

受到风险资本支持的企业一般比那些未获风险资本支持的企业具有更长的寿命。一般来说，风险投资的期限是 3 ~ 7 年，投资 3 年后就可能套现或退出。这时候，企业的更长期的发展是该风险投资考虑追加投资的重要因素，也是能否吸引其他风险投资的主要因素，以此确保他们投资后，整个业务能够长远发展并取得更高的回报。从我国成长中的中小企业尤其是中小企业板上市公司不断融资以及我国风

① 陈琦伟，等．创业资本概述．东北财经大学出版社，2002：19.

② 寇祥河．2006 年中国内地风险投资行业动态．中国风险投资．2006（2）．

③ BVCA. Report on Investment Activity［R］. http：// www. bvca. com.

险资本规模不断扩大的趋势来看，风险资本支持下的中小企业大多数具有持续成长的潜力，企业实力也在不断增强。

毕海德教授认为，在彭罗斯-鲁宾模型中，企业持续增长的目的是为了利用其逐渐增加的剩余管理能力。风险资本支持下的中小企业不仅得到了资金，而且也提升了企业本身的管理能力和资产规模，这些资产的累积就创造出一种增长的激励，继而推动企业的持续成长。当企业规模一旦到达某一固定的临界点之后，企业就不能轻易地停止增长，就像骑自行车的人一样必须不断前进以维持平衡，竞争的力量也常常要求企业为了生存而不断增长。①

有关研究表明，在全部中小企业中，约有88%的企业在第一个5年内倒闭，19%的企业可生存6~10年，只有13%的企业寿命超过10年。相比之下，这些风险资本支持下的高成长性企业的寿命至少是15年以上（见表5-7）。毕海德也认为，中小企业发展到一定水平、一定规模会更具有稳定成长的优势。因此，要充分发挥中小企业的作用，保证国民经济的稳定持续增长，就必须挖掘并保持中小企业这种高成长性的潜力，无疑风险资本在这一过程中的促进作用不可忽视。

表5-7　　风险资本支持下的中小企业成长的持续性

公司名称	创立时间（年）	至今年限	公司名称	创立时间（年）	至今年限
IBM	1911	85	联想	1981	25
Intel	1986	36	京海	1985	21
Microsoft	1975	31	方正	1986	20
Dell	1984	19	科利华	1991	15

二、风险资本融资过程

风险投资是典型的股权融资形式。通常来说，融资过程以创业者向投资者做首次介绍为开端。投资者一般先通过考察新企业的推荐人来评价创业计划，如果他们认识的推荐人很出色，那么会快速浏览一下创业计划。也就是说，投资者通过浏览创业计划的概要来了解企业的情况怎么样，将要进入什么市场，它们满足的市场需求是什么和提供什么样的产品和服务。投资者通过这样的快速浏览淘汰95%的他们所收到的创业计划。

投资者对剩下的5%的创业计划进行更加正式的调查，寻找那些值得作为投资

① 阿玛尔·毕海德．新企业的起源与演进．魏如山，等，译．北京：中国人民大学出版社，2004：261.

对象的创业企业的特征。那么投资者想要寻找什么呢？两个要素：第一个是优秀的创业团队，第二个是好的商业机会。

在创业团队方面，投资者希望看到创业者诚实可信、不断进取和对创业充满激情的证据。但这只是相对有限的一种筛选，虽然没有这些品质可能使创业者在进一步的考虑中被淘汰，但是这并未排除很多人，大多数创业者都是诚实可信、不断进取和对创业充满激情的。

对创业团队的真正筛选在于经验。投资者寻找他们认为能够创建企业的创业者，这通常意味着他们偏爱那些曾经创办过和经营过企业的人，以及那些对要进入的产业有着丰富从业经验的人。

在商业机会方面，投资者寻找那些能够证明企业机会的价值和创业者获取这种价值的能力的证据。大体来说，这些证据包括容量大的市场、产品接受度、适当的战略、保护创业者的知识产权不被模仿的措施、精心设计的生产计划和具有吸引力的产品描述等。投资者尤其喜欢那些具有明显外部竞争优势，如拥有某项专利的新企业，因为这类无形资产更易于评估。

一旦投资者十分确信他们应当向新企业投资，他们会进行尽职审查。尽职审查是一个法律术语，主要指投资者对有关新企业的信息进行核实的努力，它一般包括对以下三个方面的调查：（1）新企业的市场、商业模式、知识资本；（2）企业的法律实体——组织形式、董事会、专利、商标；（3）融资记录——企业的财务报表。

如果新企业通过了尽职审查，那么投资者将和创业者就投资事宜进行谈判。这个谈判一般关注作为投资回报的投资者将获得的股权数量。

风险投资家对企业或项目本身的遴选有严格的程序，一般要经过图 5-3 所示的几个步骤。

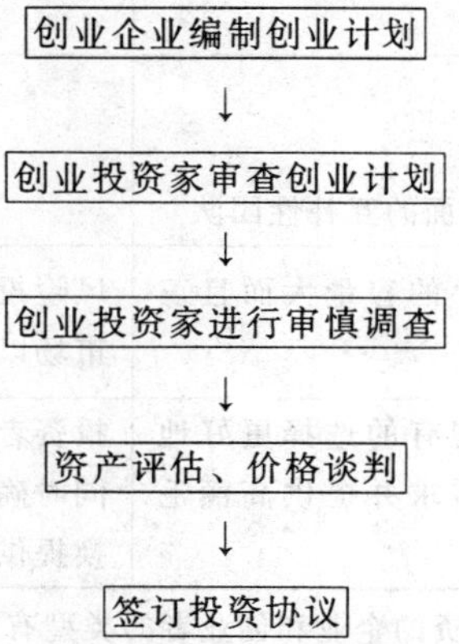

图 5-3 风险投资家对企业或项目的遴选程序

三、获取风险资金支持的条件

尽管风险投资家支持很多新企业，但他们是非常苛刻的投资者，很少有企业达到他们的融资标准，这些投资者一般只对具有很大成长潜力的企业感兴趣，正如表5-8所示。为了获得风险投资的支持，新企业通常需要在一个高成长的行业中经营，拥有独特的竞争优势，提供具有非常清晰的市场需求的产品，由一个有经验的管理团队管理，并有公开上市的计划。

表5-8　风险投资家想要什么

机会的维度	风险投资家的偏好	理由
投资规模	300万~1 500万美元	小额投资的交易成本高，但大额投资有风险
筛选	投资的企业不到推荐企业的1%	非常少的新企业能够满足风险投资家想要的绩效标准
产业	高科技	科技提供了风险投资家所要求的高增长率
控制权	控制范围超出拥有的股票份额比例	投资者想要获得对企业发展方向制定决策的权力
所有权	低于50%	投资者不想减弱对创业者的激励
竞争优势	独特优势，像专利或排他性合约	投资者希望有一支值得信赖、懂得如何经营企业的创业团队
退出战略	计划首次公开上市或被已建企业兼并	
管理	有经验的创业者 诚实的团队 能平衡企业各个方面的互补性团队	
市场	没有现存竞争对手的容量大而且正在成长的市场	风险投资家需要容量大而且正在成长的市场以避免直接的竞争
产品	产品和服务能比现有的选择更好地满足明确的市场需求并提供高额毛利润	投资者要确保存在一个明确的市场需求，同时确保新企业所带来的选择为顾客转换提供充足的理由

注：风险投资家对他们所融资的企业和创业者的类型有明显的偏好。

资料来源：王立国．创业投资发展研究．大连：东北财经大学出版社，2004：50.

选择什么样的创业方式或项目，是创业投资阶段的第一步，它关系到创业投资的成败，因为选择一个先天就有缺陷的企业或项目，即使以后各阶段的工作进行得再好，最后也会面临非常高的失败风险。创业企业或创业投资项目不同于传统企业或传统的投资项目，创业投资家在选择其投资对象时有独特的考察因素和评估指标。美国的创业投资专家 Gerald A. Benjarnin 和 Joel B. Maegulis 认为，考察一个创业企业或项目主要侧重于管理队伍、市场规模、市场成熟程度、市场竞争力、技术产权、产品或服务能否正常运转、成本界定盈利的可能性、资本（结构）强度、定价和退出计划等几个方面。

美中创业投资协会主席米勒认为，创业投资机构筛选创业企业项目一般有四个原则：(1) 在看重企业拥有高技术的同时，更重要的是企业未来的成长性；(2) 企业一定要针对市场的需求开发新产品；(3) 企业要明确在不同的发展阶段需要多少投资，是否每个发展阶段都能进一步吸引投资，企业要对未来两三年资金需求作一个估计；(4) 企业要有合适的团队、合适的领导者。

美国的 Wells、Poindexter 与 Tyebjee 和 Bruno 分别在 1974 年、1976 年和 1984 年对创业投资家在投资决策时所选用的评估指标进行了调查，调查结果如表 5-9 所示。从表 5-9 不难看出，管理层素质是创业投资家投资决策的首选，其次是产品市场增长情况和投资回报率。

表 5-9 **创业投资机构评估指标**

Wells (1974)		Poindexter (1976)	Tyebjee 和 Bruno (1984)	
因素	平均权重	按重要性顺序排列的评估指标	因素	频数 (%)
管理层的承诺	10.0	1. 管理层的素质	1. 管理者技能和历史	89
产品	8.8	2. 期望收益率	2. 市场规模/增长	50
市场	8.3	3. 期望风险	3. 回报率	46
营销技能	8.2	4. 权益比例	4. 市场位置	20
工程技能	7.4	5. 管理层在企业中的利害关系	5. 财务历史	11
营销计划	7.2	6. 保护投资者权利的财务条款	6. 企业所在地	11
财务技能	6.4	7. 企业发展战略	7. 增长潜力	11
制造技能	6.2	8. 限制性内容	8. 进入壁垒	11
参考	5.9	9. 利率或红利率	9. 投资规模	9
其他交易参与者	5.0	10. 现在资本	10. 行业/经验	7
行业/技术	4.2	11. 投资者的控制	11. 企业阶段	4
变现方法	2.3	12. 税收考虑	12. 创业家利害关系	4

资料来源：同表 5-8。

美国纽约大学企业研究中心对当地100家创业投资机构投资决策情况的调查显示，在选择创业企业或项目时，创业投资家首选的因素是创业企业家自身具有支撑其持续奋斗的禀赋，其次是创业者非常熟悉企业自身的目标市场，再次是在5～10年内至少能获得10倍回报和创业企业家过去领导能力的证明。表5-10是该调查所揭示的在创业投资家选择投资对象时所考虑的前10项因素。

表5-10 **前10项投资评估时考虑的因素**

投资评估时所考虑的因素	被调查者反复提到的次数（最多100次）
1. 创业企业家自身具有支撑其持续奋斗的禀赋	64
2. 创业企业家非常熟悉企业自身的目标市场	62
3. 在5～10年内至少能获得10倍回报	50
4. 证明创业企业家过去具有很强的领导能力	50
5. 风险评估反映良好	48
6. 投资具有流动性	44
7. 可观的市场增长前景	43
8. 与创业企业有关的历史记录良好	37
9. 对企业的表述清楚明了	31
10. 具有财产保全措施	29

资料来源：同表5-9。

我国台湾中山大学的刘常勇教授通过对台湾省创业投资发展现状的调查，总结出创业投资的决策程序和创业投资家的评估标准，如表5-11所示。

此外，风险投资家对创业者行为强加了大量的约束条件。风险投资家经常要求创业者发行可转换的优先股，这样允许风险投资家在新企业经营不好的时候具有清算优先权，而在企业经营良好的时能拥有普通股权。风险投资家在他们与创业者的协议中加入很多条款，例如，他们一般不准创业者买卖资产或不经他们允许发行或卖出股份，并要求强制赎回权，即要求创业者在任何时间都能返还他们的投资。最后，风险投资家使用没收条款，使得创业者在他们的绩效低于商定目标时失去所有权，以及反稀释条款，使得股权在新企业没有达到绩效目标时从创业者转移给他们的投资者。考虑到风险投资家对创业者的种种要求，以及风险投资家对具有高度成长潜力企业的关注，你需要非常仔细地评估风险资本融资对你的新企业是否合适。

表 5-11 我国台湾省创业投资家的评估标准

评估准则	子准则
经营计划	明显的竞争优势和投资利益 经营计划的整体逻辑合理程度
经营机构	创业家或经营者的经历和背景 创业家的人格特点 经营团队的专长能力和管理能力 经营团队的经营理念 经营团队对营运计划的掌握程度
市场营销	市场规模 市场潜力 市场竞争优势 营销策略规划
产品和技术	技术来源 技术人才与开发能力 专利与知识产权 产品附加价值和独创性 生产制造计划可行性与周边产业配套情况
财务计划和投资报酬	创业企业的财务状况 创业企业的股东结构 创业企业财务计划的合理性 资金需求规划的合理性 预期投资报酬率 资金回收年限、方式和风险

资料来源：同表 5-9。

四、股权融资交易结构

在创业者通过出让股权获取权益融资的时候，需要对公司价值进行确定。确定公司价值是决定投资者因为提供资本而拥有股权的数量的基础，在评估公司价值时需要考虑一些评估因素。创业者和外部投资者对于公司价值的谈判始终是一个双向博弈过程，这其中涉及到的道义上的因素往往是双方谈判的重点，需要谨慎处理。

（一）公司价值

在获取风险投资支持的过程中，最关键、最容易引起争议的是资产评估和价格谈判。创业企业不同于成熟企业，在投资期结束之前几乎不产生任何回报，这种高风险性和高成长性意味着，即使存在一个创业企业的定价模型，也很可能因涉及太多的不确定性风险、信息不对称而失去现实性和可操作性。另外，对企业投资的定价，创业投资家和创业企业家的态度往往是相悖的，创业企业家对企业未来价值的评估一般是乐观的，他们总是希望能采取较高的定价；而创业投资家出于控制风险和保证收益的目的，则通常会提出一个较低的价格。因此，定价是在协商过程中最具争议的一个方面，也是创业投资家和创业企业家双方交易洽谈能否成功的一个重要因素。在实际运作中，通常都是将这种价格作为双方谈判的基础，再根据创业企业家的具体要求和创业投资家的丰富经验，最后达成一个双方都可以接受的合约。

对新创企业的定价一般采用三种定价模型。

1. 模型一：哈佛商学院创业投资定价方法（DCF 方法）

这一方法对创业企业的定价涉及三个要件，即投资期末的收益、投资期末的市盈率和折现率。在理想的情况下，以正确的市盈率乘以预测的期末盈利，再用某一调整风险的折现率进行折现，即可得出创业企业现在的价值。

（1）收益（尤其是未来 3 年）的现金流量与盈利的预测

创业投资家一般通过产业分析、历史财务分析和企业内部竞争力分析三个方面判断创业企业家提供的现金流量与盈利预测的准确性，三个方面分析的内容详见表 5-12。

表 5-12　　创业投资家分析现金流量与盈利预测的内容

产业分析	技术壁垒； 法律规定与政治壁垒； 目前及未来竞争者的状况和其竞争策略； 是否存在替代品； 是否会出现新的竞争形式； 未满足的目标市场及目前的市场份额； 市场对已投放和将投放的产品的认可程度；
历史财务分析	成本和收入的要素； 剔除掉随机的和不经常发生的项目； 发生的成本费用是否正常； 销售记录中是否有大笔偶然项目； 公司主要人员及其亲属的薪酬是否与公司的规模和盈利状况相称； 折旧率是否适当；

续表

企业内部竞争力	目前 CEO 的管理能力以及是否有必要在未来聘用更有能力的领导者； 公司主要人员的业绩； 新产品的开发是否有持续性； CEO 是否对行业的未来有一个清晰的认识； CEO 对公司所应采用的竞争策略有一个清晰和合理的理念； CEO 是否知道公司持续增长的源动力。

资料来源：同表 5-9。

（2）折现率

折现率也是一种未来价值的折扣率，折扣率会随时间的推移和公司的壮大而降低。由于创业投资所特有的投资阶段性的存在，创业投资家对不同的企业发展阶段要求有不同的折现率，如表 5-13 所示。

表 5-13　　创业投资家在创业投资的不同阶段所要求的折现率

阶段名称	阶段特征	创业投资家要求的折现率
种子期（start-up）	在开始阶段，企业拥有的初步的创业计划产品	80%
创业期（development）	产品已经成型，但是企业还没有通过销售获得收入	50% ~70%
第二创业期（beat）	对于信息技术的企业来说，就是产品正在被有限的顾客检验，但是还未被大量销售。对于生物制药企业来说，是指药物经过临床试验或者设备的检验	40% ~60%
成长期（shipping）	产品及设备销售给顾客，公司从销售中获得收入，但是未达盈利平衡点	30% ~50%
扩张期（profitable）	产品及设备大量销售并且获得净利润	20% ~35%
成熟期（restart）	产品成本及价值降低，同时进行新产品开发或市场重点转移	从头开始高折现率

2. 模型二：应用市盈率 PER（price earnings ration）的资本定价模型

假设 PER 与预期的成长速度呈正相关关系，该创业企业的期末价值为该企业预期收入与该企业的价格收入比期望值乘积：

创业企业的期末价值＝创业企业预期收入×创业企业价格收入比期望值

以市场基准利率对该价值折现，即可得出该创业企业的价值现值。

3. 模型三：第一芝加哥定价方法

第一芝加哥定价方法是假设各种不同资质的企业就其所处的投资期不同应该使用不同的折扣率。假设创业企业的发展有三种结局：

（1）高速成长且非常成功地被以较高的 PER 上市，即我们通常所说的 IPO；

（2）发展平庸，收入只够偿还贷款，投资期末之后（按事先在合同中的约定）由管理层或其他公司收购，即我们通常所说的 A&M；

（3）中途夭折，清算并收回部分投资。

计算相应的收益，应用一个预期的投资组合回报率（如 40%）而不是传统的预测的高折现率计算现值，再给各种情况设定一个大概的概率，三个概率合计为 100%。最后计算加权计算价值，如表 5-14 所示。

表 5-14　　概率和加权价值　　单位：百万

收入增长率	60%	15%	0%
第五年末总收入	￥20.97	￥4.02	￥2.0
年盈利	￥3.15@15%	￥0.28@7%	￥0.14@7%
PER	18	7	3.5
市场价值	￥56.7	￥1.96	￥0.5
40% 折现率下的现值	￥10.54	￥0.364	￥0.092
概率	40%	40%	20%
期望的现值	￥4.216	￥0.146	￥0.0184
现值	￥4.3804		

注：@表示在三种情况下，盈利率分别 15%、7%、7% 的条件下，年盈利分别为 315 万元、28 万元和 14 万元人民币。

（二）资金成本

为了获取新企业所需的资金你要花多少钱？这对创业者来说很明显是重要的，并且答案太多了！在过去大约 40 年中，权益投资者依据新企业发展的不同阶段要求每年的回报率在 20% 至 100% 之间。

为什么新企业投资者要求和获得这样高的回报率呢？这有几条理由。第一，新企业具有极高的风险，并且回报与风险负相关。非常少的新企业最终能够成功，投资者需要高回报来弥补他们所有的损失。事实上，新企业投资者所使用的“拇指法则”提出，10 家企业中只有 1 家企业能够成功，因而要求成功的新企业投资者需要集中于一个特定的产业和地理位置来开发足够的专门技术以管理他们的投资。这意味着他们的投资取决于一个特定产业的整体业绩和当地经济的发展变化。第二，投资者由于不能售出他们的投资而要求非流动溢价或额外补偿。第三，创业者拥有不愿意与投资者分享的新企业信息，由于这样的信息优势使一些创业者可以利用投资者。当投资者处于信息劣势时，就会要求一个投资溢价。第四，当创业者预期未来的时候，他们经常会过分乐观，所以投资者通过高的回报率对这些过分乐观的预期打折扣。最后，风险投资者不像股票市场的投资者那样非常被动，他们为新企业提供多种帮助，包括识别消费者，吸引供应商，雇用高级管理层。因此，投资者要求新企业为这样的帮助提供补偿。

决定投资者因融资新企业而获得回报率的主要因素是新企业的发展阶段。随着新企业发展不确定性逐渐减少，新企业进入后面的发展阶段时回报逐渐减少。但是，新企业的成熟程度不是唯一影响资金成本的因素，创业者对新企业如何退出市场所设立的目标、他们对控制的渴望以及他们同投资者进行谈判的能力也影响回报率。投资者根据这些因素来评估所需资金的数量和他们承受的风险。

新企业的资金成本通过很多方式进行计算，但专业投资者最普遍使用的计算方法是风险资本法。第一，投资者会估算创业计划的预期盈利并估计新企业在被兼并或公开上市年度的收入水平；第二，投资者计算新企业所在的同一行业中用于兼并和公开上市的合理的价格收益比率；第三，投资者通过预期收入与价格收益比率的乘积来估计投资的终期价值；第四，投资者在投资期望报酬率的基础上运用合理的贴现率，计算终期价值的净现值；第五，投资者用终期价值的净现值去除投资额以确定他将有的所有权比例。

投资者对新企业的期望股权的计算公式是：

$$\text{投资者所有权比例} = \frac{(1+\text{回报率})^{\text{年数}} \times (\text{投资额})}{(\text{退出年份的价格}-\text{收益率}) \times (\text{终期价值})}$$

注：投资者要求的回报率随着创业企业的逐步发展而降低。风险投资家用这种方法来计算他们在新企业需要多少所有权作为他们的投资报酬。

总体来说，企业的估值和交易的性质由交易双方对企业的不同预期决定。例如，如果买家看重企业未来的赢利能力和增长潜力，而对企业的现值并不太关注，估值应用未来现金流折算现值法或者收益法，而若买家对企业未来经营不太乐观，估值就应用重置成本或者账面价值法。

小 结

新企业通常只需要很少的创业资金，但是后来当它们在经营中发生负的现金流时，往往需要大量的资金。

为了管理新企业的财务状况，创业者要估计创业成本和资金用途，编制预编财务报表，制作现金流量表，并进行盈亏平衡分析。

创业者可以获得的资金来源的种类较为广泛，包括他们自己的存款、朋友或家庭成员、天使投资者、风险投资家、公司、银行以及政府项目等。

新企业普遍采用股权融资而不是债权融资，这是因为缺少足够的现金流来支付利息，而且具有固定利息率的债权融资会使创业者拿融得的资金去做冒险的事情。选择股权融资能使新企业获得财务资本以外的其他资本，如来自投资者的管理经验、网络资源等。为了获得风险资本，要求创业者和新企业在机会价值、创业团队素质以及交易结构等方面满足风险投资者的要求。

思 考 题

1. 哪些因素影响融资的可行性、适合性和成本？
2. 有人说，创业融资是创业过程中最不重要同时也是最重要的部分，请对此矛盾做出解释。
3. 为什么说创业者应尽可能地选择内部融资而不是完全依靠外部融资？如何选择内部融资？
4. 在确定外部融资方面，应选择哪种外部融资方式？如何规避融资的风险？
5. 选择外部投资应考虑的主要因素是什么？
6. 为了获得风险投资，新企业应该具备哪些条件？又该注意哪些问题？

讨论案例 “人造皮肤”获重大突破，成果转化遇资金“瓶颈”

如果你或你的亲朋正遭受烧伤、烫伤以及溃疡疾病的折磨，那么，希望的曙光已现：我国第一个TE（组织工程）产品——TE全层皮肤（简称人造皮肤）已通过临床鉴定。记者在资料片中看到，一位由患糖尿病而引发足部深度溃疡的患者，被医院用人造皮肤治疗后免于“锯脚”；一位因癌症化疗所导致的皮肤溃烂患者，遭受数月煎熬后被人造皮肤救出苦海……

国家“863计划”《组织器官工程重大专项·组织工程皮肤》首席科学家、第四军医大学教授金岩告诉记者，已经通过临床实验的人造皮肤，是中国医学史上首例“再生（组织工程）医学产品”，它的诞生标志着我国医学器官组织缺损修补领域将摆脱单纯依靠“器官移植”的方法，步入“组织和器官制造”时代。其临床实验 100% 成功的战绩，预示着我国再生医学生物组织工程领域将高高飘扬起“中国制造”的旗帜。

人造皮肤是陕西艾尔肤生物工程有限责任公司（简称艾尔肤）与第四军医大学联合攻关的成果。该项目于 2002 年 11 月获得国家“863 计划”重大专项资金支持，目前已经完成了 SFDA（国家食品药品监督管理局）规定的临床实验。在北京 304 医院等四家医院完成的 160 例皮肤移植的实验中，包括烫伤、烧伤、溃疡、手术导致的创伤以及糖尿病导致的深度皮肤溃疡等病症全部治愈，获得评审专家组的高度评价。

相关资料显示，在国际市场上，人造皮肤就其技术性和完美程度而言，以美国 Oraganogenesis 公司的产品最为领先。然而实验结果表明，陕西艾尔肤生产的人造皮肤不仅完全达到该公司产品的技术水平，与其相比还有三个明显优势：一是生产成本低。前者仅为后者的 1/6，随着培养液与保存液等辅助材料的国产化，成本可进一步下降。二是保存时间长。前者是 3 个月，后者仅仅 1 周。随着技术的进步，保存期有望进一步延长。三是治愈能力强。前者除了可以治愈深Ⅱ度以上烧烫伤外，对美国同类产品目前束手无策的 65 岁以上高龄患者、癌症患者放化疗性溃疡以及糖尿病引起的深度溃疡都有很好的疗效。

我国是世界第一人口大国，每年有大批的皮肤缺损患者等待救治。科技部中国科技促进发展研究中心在 2004 年 4 月 22 月第 29 期的《调研报告》中指出：我国“因创伤、疾病、遗传和衰老造成的组织器官缺损或功能障碍人数位居世界之首，我国每年烧伤、烫伤病人达 500 万～1 000 万例。”金岩说，课题组依据世界较为流行的标准进行了保守统计，中国每年需要移植皮肤的病人超过 320 万，而且随着中国百姓对此项技术的逐步了解，人造皮肤的市场还会逐年扩大。

人造皮肤的产生，还是我国科研体制突破的典型范例。它是市场的产物，没有走“国家资金投入—科研人员研究—出成果—评职称—束之高阁”的传统科研体制老路，而是由企业看准市场后投巨资支持科研人员研发，因此产品尚未批量生产，“买家”便已经迫不及待。3 月 19 日，该成果在“2005 年中国西安国际高新技术成果交易会”上刚一亮相，就引来了一句共同的发问：“这么好的东西，患者啥时候能够用上？”

然而好事多磨，这样一个可以与世界最发达国家一争高低的“中国制造”产品，在成果转化中遭遇资金“瓶颈”。陕西艾尔肤于 1996 年开始投入该项目的研究开发，经过长达 9 年的巨额投资，在即将夺下最后一个山头之际，已经“弹尽粮绝”，以至于“2005 中国西安国际高新技术成果交易会”的展台，都要由组委会赞助。

记者了解到，组织工程是21世纪生命科学研究领域的焦点之一，目前世界各国都十分重视其研究工作，日本将此作为在生命科学领域赶超欧美的绝好机遇，并将其列为2000年启动的“千年世纪工程”四大重点之一。美国与英国则在2000年后排除了干扰与反对，动用政府巨额经费投入人体干细胞的研究与应用。

记者在追踪采访中还得知，尽管陕西艾尔肤在此项目的研发过程中一直严密封锁有关其进展程度的消息，但是由于该项目的社会意义和市场潜值巨大，已有国外著名公司及金融机构探得信息并与艾尔肤多次接洽，希望他们能够“转让”技术。公司高层目前正陷入矛盾的心理之中。董事长杨正国对记者说：“公司一方面为资金困乏而无法迅速进入产业化的必要准备而苦恼，一方面又不愿意将这么好的‘中国品牌’拱手出让。”

资料来源：刘晓辰．“人造皮肤”获重大突破，成果转化遇资金“瓶颈”．经济日报，2005-03-20.

问题：

1. 既然人造皮肤是一个有市场前景的项目，为什么出现融资难的问题？
2. 从这一案例中，你得出哪些启示？

第六章 创业计划

引导案例：手工布鞋坊胎死腹中①

谢小康打算开一家纯中国风格的手工布鞋坊，拥有自己的设计室和工作坊，如果将来上了规模，再扩建成一个厂。

他的MBA导师告诉他，创业之前，可行性论证一定要做得仔仔细细、慎之又慎。几年的学院熏陶，也让这个小有成就的广告公司经理在进行新的投资前，有了更多的"理性思考"。

那天无意打开电视机，看到一位叫王萍的北京皮鞋二厂的下岗女工正接受电视采访，说她打算跟一群下岗姐妹一起，开一家手工鞋店，并且已经跟西单百货商场谈妥了合作事宜……

嘿，天下竟有这么巧的事儿！谢小康先是一阵紧张，想自己旗帜未竖就先遇上了竞争对手，怕是不祥之兆？但一看王萍那朴实的中年妇女的模样，谈吐也是实打实的听不出什么"深刻"之处，也就松了一口气。谅她一下岗女工，文化不高，资金不足，靠街道扶持，最大的资源无非是做鞋的技术和经验，凭什么跟我竞争？她会英语么？她会营销策划么？她懂市场调查么？

谢小康松了一口气，关掉电视，打算拟一份创业计划。动笔之前，他猛然想到了一个人可以做自己的技术顾问，那就是自己年过七旬的奶奶。奶奶来自河北廊坊乡下，是村里有名的巧手。谢小康从小穿的单鞋、棉鞋、虎头鞋，都是奶奶一手做出来的。

奶奶听罢大孙子的主意，慈祥地笑了，说，中，只怕如今老眼昏花，玩不出当年的花样了。

"奶奶您行的，不劳您亲自动手，只需在旁边点拨点拨就成，指挥着工人，怎么糊布壳，怎么纳底，怎么上帮……今后，您就是我的技术总监！"

有奶奶助战，谢小康又多了一份自信。

---

① 殷恕．手工布鞋坊胎死腹中．企业家，2004-12-03.

小题偏要大做

文化人经商，跟大老粗经商的区别就在于对项目是否有深入的文化思考。你不能为赚钱而赚钱，你应该有儒商的风度。现在不是啥都讲文化吗？茶文化、酒文化、服饰文化……咱就攀上一个鞋文化。哈哈，这个由头一起，谢小康一下子就觉得自己跟那些下岗女工创业有了朝野之分、高下之别。

谢小康提笔写创业背景：现代生活中的人们，在尽情领略了时装和洋服的绚丽丰采之余，开始感悟传统服饰独特的魅力和丰厚的文化意韵；西装革履，裙服高跟，奔波劳顿于公务和应酬之后，能不向往一袭布衣、一双便鞋，品茗吟诗的闲情雅趣？尽管红尘万丈、歌舞喧嚣，但中国总有那么一群伟人高人异人，穿着朴素的布鞋闲庭信步指点江山：毛泽东、鲁迅、沈从文、陈寅恪、钱钟书、张中行……他们静穆幽深，仿佛一口口深井，行坐间意态从容，谈吐中旋转乾坤，他们是中国手工鞋业的最佳形象代言人！

他继续写道：小康手工鞋业，以挖掘民间传统手工鞋工艺，弘扬中国文化，满足现代人返璞归真、崇尚个性的时尚追求为己任……

一不小心就创造了“小康手工布鞋”的品牌，多么美妙的一语双关！谢小康想。

他接着写：小康手工鞋业，目前主产纯中国风格、中国气派的手工布鞋。它穿着柔软舒适、宽松暖和，取料自然，既可保健养脚，又有个性魅力，和如今随处可见的用橡胶、塑料、合成材料制成的现代鞋类相比，堪称当之无愧的“环保鞋”、“绿色产品”，迎合国际潮流，追随怀旧时尚，是当今都市休闲一族的最佳选择……

写下这段激情文字，谢小康心明如镜，以上不过是玩虚的，下面要涉及的内容，才是创业要面对的实质部分。

每步都像陷阱

谢小康筹集的资金虽然不多，但开个手工布鞋店似乎是绰绰有余了，毕竟是劳动密集型产业嘛，科技含量不会太高。先定位为古代手工作坊的现代版，测算一下究竟要花多少钱。结果不算不知道，一算吓一跳！

创业三部曲，每一步都得仔细推敲，钱必须要用在刀刃上。

首先是原材料投资。目前手工鞋的款式，已远远超出了人们十几年前的概念，多得让人目不暇接：圆口的、方口的、松紧的、仿古的、时装的、布面的、呢面的、灯芯面的、绸缎面的、化纤面的、帆布面的、水洗布面的、素面的、碎花的、大花的、暗花的、系带的、网眼的、高帮的、低帮的、单的、棉的、卡通风格的、动物系列的、镶嵌皮料的……要应付这么丰富的款式，得准备多少材料呢？起码得找一间仓库，放上几十个架子储放这些布料和辅料。此外，还得买麻线、棉线、尼龙线、成袋的面粉、夹板、锥子、顶针之类，预计花30万元吧。

其次是设备投资。必须建一个像样的设计室，有几台电脑，安装一套正版的AUTOCAD设计软件和PHOTOSHOP图像软件，以及扫描仪、彩色打印机等；必须有一个生产车间，宽畅、通风、明亮，有完善的照明设备、空调设备、消防设备，不能像沿海的某些地下黑工厂那样生产条件恶劣，否则怎能生产出一流产品？必须有几套机械化辅助生产设备，如裁样机、上线机、切边机、锁眼机，它们可让手工活儿变得更规范更漂亮。这个倒好办，如今许多制鞋厂不景气，其闲置设备完全可以去廉价租用……预计花20万元吧。

再次是人力投资。对于手工鞋业来说，这是最重要的投资。必须有一位优秀的产品设计师，他（她）要懂美术、会电脑、掌握消费潮流、了解国内外市场，还要能理解老板的意图、衔接生产环节……这人恐怕得高薪，至少3 000元左右吧。至于奶奶嘛，让她在车间里走走看看就行了，主要是监督工人认真干活，工资都可以不开。基本劳动力先从再就业市场招聘10名踏实、能干、有经验的鞋厂下岗工或退休工，毕竟熟能生巧嘛，以女性为主，每月工资标准暂定800元，优者奖励。还需要一位销售经理，负责市场推广工作，这人恐怕也得高薪，至少2 000元左右……预计再花20万元吧。

70万元已经出去了。还有哪些环节需要花钱？喔，他一拍脑袋，还有最重要的门面没有考虑。你瞧，百密一疏，连人家下岗女工王萍都想到了西单商场……我为什么不可以去王府井、大栅栏、长安街的东方广场试试？

天，那么豪华的地界，租金得花多少钱呐？一想到这儿，谢小康的头开始大了！怎么乍望创业路，尽是鲜花铺道，阳光明媚？细想创业路，却变成处处沼泽，步步陷阱，每一环都要花钱，而且是花大钱呢？

越想压力越大

在商业高度发达、寸土寸金的北京，别说东单、西单那样的黄金地段，就是三环路上的那些临街店铺，价格也高得离谱，一套20平方米的小店面，月租也得5 000,全年就是60 000……

但是把手工鞋店放在三环以外的地方，又能有多大的轰动效应？谁理睬你？谢小康有些灰心了。

再往深处想，手工做鞋的效率很低，即使像奶奶那样的高手，做一双像样的布鞋前后也得3天，你想想，粘布壳得用20～30层棉布叠合，晾干后剪下底样，用麻线纳千层底，一针一线得戳整整800个针眼儿！照此算下来，一个设计师，10个熟练工，一个月也不过做80双鞋，而工资却要开出15 000元——这80双鞋能换来15 000块钱吗？谢小康有点寒心了。

房租、水电、税金、医保、环保、人防、城管、培训、奥运宣传……还有若干始料不及的各种费用杂支，简直就像一根多处渗水的破水管，堵不胜堵、防不胜防啊！

最致命的一击，应该是来自一本朋友赠送的英文版精装画册《百年靴鞋》。那是一本外国资料，详尽记录了欧美传统手工鞋业的现代制造历史，图文并茂，从20世纪末上溯百年，所选登的那些精品让人叹为观止。

谢小康扪心自问：相比之下，中国人的布鞋生产精镂细刻的贵族气派已荡然无存，放眼皆是布衣之履——简单、土气、廉价、极易变形，难怪自古就有一句俗话——弃之如敝履。你想想，连我奶奶那样大字不识一个的乡下妇女都能干的活儿，又有多大的含金量？

看着洋画册上那美仑美奂的一双双欧美手工靴鞋，想想自己创业蓝图中的那一双双难卖高价的大众布鞋，谢小康刚点燃不久的创业激情火焰，仿佛被一盆冷水"噗"地浇灭了。

一个多月的苦心思索，38页的创业计划，瞬间变成了一堆废纸屑。

2002年元旦前，《北京晚报》登出了王萍手工鞋店成功的报道，说她已在上海、大连、深圳连开了5家连锁店，独特的东方工艺产品深受海内外朋友喜爱，总产值已超过500万元，并吸纳了60多名下岗兄弟姐妹再就业。

谢小康看过报纸，长叹一声，内心复杂，口中无语……

以上案例形象地刻画了一个潜在创业者准备创业计划的过程，虽然有些夸张，但也揭示了创业计划应该考虑哪些问题，以及一个详细的尤其是书面的创业计划与最初的创业想法之间的差异，从而说明了合理的计划是企业发展的关键环节。创业计划能帮助创业者调整好企业的长期目标和短期目标的关系以及为创业活动提供清晰的经营指导。

第一节　创业计划的特征与价值

创业计划（business plan）也叫做企业计划、创业计划、经营计划或业务计划，是一份对新建企业的内部环境、外部环境以及企业的战略做出详细描述的书面文件。

创业计划有时也叫做博弈计划（game plan）或路线图（road map），用来回答这样一些问题：我们要去哪（where）？怎样到达那里（how）？潜在的投资者、供应商和顾客有什么需要（what）以及什么时候能满足这些需要（when）？要回答这些问题，要求创业者在做出一系列重大决策并在做出创业计划之前收集足够的信息。

一、创业计划与创业想法以及机会筛选的不同

首先，正式的创业计划不同于创业想法，这就好比图像与画像的区别一样。一

个企业家如果不把他的意图（intentions）写成白纸黑字，那么“意图”只能说是缺乏土壤的种子，或是缺乏风力的帆船。员工对他的意图将不会有确切的了解，他也得不到正确的反馈，其意图将在缺乏效率的方式下，零零星星地被执行。其结果当然造成了时间和金钱的浪费。企业家脑中意识到的概念，并不如同他所认为的那样完整、美好和大有前途。他脑中所想的经常只是一个“曲调”（tune），而不是完整的“交响曲”（symphony）；只是一个“图像”（image），而不是一幅“画”（picture）。把头脑中的想法或创意写成一个完整的报告或计划是一种创造的过程，是一段艰巨的孕育过程。

其次，创业计划与创业者识别、评估、筛选商业机会有所不同。

第一，目的不同。

创业计划可以有两个用途：

1. 吸引投资；

2. 为公司在较长时间内提供原则和行为指导。因此，必须仔细思考计划的战略和语言，做到清晰明确，论据充分。

机会筛选不论是创业者还是外部投资者所为，其目的都在于确定更有市场价值的投资业务或项目。

第二，创业计划比机会筛选需要更加详细的内容。这意味着管理团队必须花更多的时间收集详细数据，对它进行解释并清楚地表述出来。

二、创业计划的类型

按照创业的业务类型，创业计划包括：

1. 为零售企业撰写的创业计划；
2. 为批发企业撰写的创业计划；
3. 为服务类企业撰写的创业计划；
4. 为制造类企业撰写的创业计划；
5. 为金融家撰写的创业计划；
6. 为所有者/经理撰写的创业计划；
7. 为其他类型企业撰写的创业计划。

按照计划的业务职能，创业计划可分为财务计划、营销计划、生产或运营计划、人力资源计划等。

按照计划的目标执行，创业计划可分为长期计划（3～5年）和短期计划（1～3年）。

按照计划的内容与框架，创业计划可分为战略计划和操作性计划，前者一般是覆盖新企业所有业务内容的全局性的、整体的、长期的经营计划，包括长期经营目标以及实现目标的具体策略与结构，后者一般是一些具体的执行方案。

三、创业计划的作用

合理计划是企业发展的关键环节。创业计划能帮助创业者调整好企业的长期目标和短期目标的关系。创业计划对创业者、投资者以及客户等具有以下作用与价值：

第一，创业计划对创业者、潜在投资者和新雇员都是有价值的，他们能通过创业计划熟悉新企业，了解它的近期和远期目标。

第二，帮助判断企业在所选定的市场内的生存能力和发展潜力。

第三，为创业者提供一份如何组织创业活动并实现计划活动的行动指南。

第四，创业计划是筹措资金的重要工具。创业计划的质量，往往会直接影响创业发起人能否找到合作伙伴、获得资金及其他政策的支持。

具体来说，一份创业计划起到如下作用：

1. 详细解释企业目标，清晰揭示目标实现步骤及时间进度安排
2. 系统指导企业经营并实现目标
3. 为拥有、经营企业提供路线图
4. 向融资机构和投资者介绍商机，吸引他们投资
5. 揭示所有潜在经营风险，明确详细的行动方案

撰写创业计划有助于：

1. 专注于经营目标和战略
2. 获得外部融资
3. 指导企业的建立
4. 指导企业的管理
5. 与相关利益群体进行良好的沟通
6. 证明创业计划的可行性
7. 证明具备管理企业的能力
8. 显示产品或服务市场前景广阔
9. 对比实际经营业绩与预期业绩的差异

尽管在创业阶段，创业计划没有人员、结构、技术、客户以及经营模式那样重要，但是，如果没有好的创业计划，就没有机会去证明以上这些重要性。

四、创业计划准备的三个角度

如何写创业计划呢？要依目标，即看创业计划针对的对象而有所不同，那么是要写给投资者看呢，还是要拿去银行进行贷款？从不同的目的来写，创业计划的重点也会有所不同。

由于雇员、投资者、银行家、供应商、顾客与顾问等都可能是创业计划的阅读

者，阅读者不同，阅读的目的也不一样，创业计划所需要的内容和关注的重点也就不同。通常，创业计划必须努力去满足每一类阅读者的需要。避免创业计划成为一份内部文件，只重视对产品技术或服务优势的描述，而不考虑满足市场目标和长期财务预期的可行性。

第一，创业者角度：清楚地表达新企业是干什么的。

第二，消费者（市场）角度：从用户角度考虑产品和技术是否能满足客户的需要，是否有人购买这种产品，即顾客导向问题分析。

第三，投资者角度：投资者如何审视自己的企业，是否有完备的财务计划。

一般来讲，潜在资金供应者和投资者对贷款对象或投资对象的评估标准有所不同。银行家和风险投资家对新企业的评估，简单来讲，前者更看重过去的现实业绩，而后者更看重未来的潜在收益。比如，银行放贷者着重考察借款人的四个C：角色（character），现金流（cash flow），抵押（collateral）和权益贡献（equity contribution）（有时也称6C，如在第五章讲到的6C）。这四个C的实质是要求创业者的创业计划能反映出创业者的信用历史，偿还债务和支付利息的能力，是否有有形资产作贷款担保，以及创业者本人有一定数量的投资或个人收益。投资者，尤其是风险资本投资者，通常比贷款者更重视创业者的素质，他们会花大量时间了解创业者的背景，是否拥有容易相处的个性，是否欢迎风险投资者的介入。他们对投资回报的要求很高，关注市场预测和财务预测状况。

第二节 创业计划的结构

创业计划无论是从哪个角度，出于什么目的，都具有一般的格式，形成特定的行业规范，尤其是出于融资角度考虑时，对创业计划的格式要求更加规范。

创业计划有三种典型版式，下面分别介绍。

一、创业计划版式一

这种创业计划版式特点可以概括为三大部分，十大板块，四大要素，满足6C规范。

所谓三大部分是：第一部分是关于新事业本体的部分，是新事业（业务）的主要内容。第二部分是关于新事业的一些财务数据，比如计划期收入、成本、利润如何，未来还需要多少资金周转等。第三部分是一些用来证明新事业的补充文件，比如有没有专利证明、专业的执照或证书，或者是供应买卖意向书、推荐函等。

十大板块是：

1. 封面或导言
2. 执行概要

3. 市场（或环境、行业和竞争）分析
4. 新企业（业务）概述
5. 战略与执行（包含公司战略、营销计划和生产或运营计划、进度安排）
6. 营销计划
7. 组织计划
8. 财务计划
9. 风险评估
10. 附录

四大要素是：人、商业机会、外部环境与协议。

人：为新企业提供服务或资源的个人或团体，包括：管理人员、雇员、律师、会计师、零部件供应商等。

商业机会：指商业机会的性质，比如对于这家新企业的产品或服务，它的总体市场广阔吗？并且（或者）正在迅速成长吗？这个行业目前或将来能够成为一个在行业结构方面有吸引力的产业吗？

外部环境：影响机会结果的、企业不能直接控制的任何因素，如利率、法律、宏观经济、政策、行业变化等。

协议：企业实体与任何资源供应者之间存在的一整套间接或直接的契约关系。

6C 规范是：concept，customers，competitors，capabilities，capital，continuation。

concept（商业概念）：就是让市场知道你的业务是什么，要卖的是什么。

customers（顾客）：顾客的范围要很明确，比如说你的顾客在哪里，是农村还是城市，顾客是女性还是男性，是50岁以上的女性还是5岁以下的小女孩等。

competitors（竞争者）：需要回答的问题是：你的东西有人卖过吗？谁在卖？是否有替代品？竞争者跟你的关系是直接竞争还是间接竞争等。

capabilities（能力）：要回答的问题是：要卖的东西自己懂不懂？譬如说开餐馆，如果师傅不做了找不到人，自己会不会炒菜？如果没有这个能力，至少合伙人要会做，再不然也要有鉴赏的能力。

capital（资本）：资本可能是现金，也可以是有形或无形资产。要很清楚资本在哪里、有多少，自有的部分有多少，可以借贷的有多少。

continuation（持续经营）：有没有长期打算？当事业做得不错时，将来的计划是什么？

二、创业计划版式二

这是由著名的会计师和管理咨询大师 Edward Blackwell 所采用的版式，他本人也经营了多年自己的企业。①

Edward Blackwell 版式由以下 10 个部分组成：

1. 概述（The brief statement）
2. 市场描述（The market）
3. 相关技能、经验与资源（The skills, experiences and resources of the persons involved）
4. 产品特色（The benefits of your product）
5. 方法（Method）
6. 长期计划（The long-term view）
7. 财务目标（Financial targets）
8. 资金运用（Use of the funds）
9. 附录（The appendices）
10. 企业历史（对现有企业而言）（The history of the business (for an existing business)）

三、创业计划版式三

这是国际劳工组织推荐的版式，用在 KAB 创业教育课程中。这种版式结构包括如下 14 个部分：

1. 企业概况
2. 商业构想和市场分析
3. 主营产品
4. 定价计划
5. 选址计划
6. 促销计划
7. 法律形式
8. 启动资金
9. 启动资金来源
10. 组织结构与员工
11. 企业运营与成本预测
12. 现金流计划
13. 赢利情况预测
14. 资产负债表

---

① Edward Blackwell. How to Prepare a Business Plan. 4th Edition. London: Kogan Page Limited, 2004.

第三节　创业计划的写作

一、版式一各部分的写作

（一）封面或导言

整个计划标题或封面页或者导言。

封面或标题页包括以下内容：

1. 企业名称和地址
2. 创业者姓名、电话、传真、电子信箱、网址和通讯地址
3. 企业或产品标志、口号（用一段话来描述新建企业和业务的性质或理念）
4. （如果有必要）对报告机密性的陈述

如果有导言部分，则可以对创业计划的全部内容做一个简练的概括，包括：

1. 企业名称和地址
2. 创业者姓名、电话、传真、电子信箱、网址和通讯地址
3. 用一段话来描述新建企业和业务的性质
4. 新建企业的资金数量
5. 对报告机密性的陈述

以下是一个中英文创业计划封面示例：

FFI 工艺花卉进口公司
创业计划

武昌 珞珈山路 19 号
法人代表：普海 经理

2006 年 6 月 16 日

FFI Artificial Flower Import Inc.

Business Plan

Business Plan Prepared By

Heidi Putzen

President

12345 W. 98 St.

Copperville, StateA 00000

000-555-0000

Date Prepared

June 2006

创业计划如果有导言部分，其内容通常类似于将执行摘要中的关键内容进行提炼，非常简短，比如企业概述（创业背景、企业的性质、提供的产品或服务等），融资需要以及对计划中涉及到的商业秘密的保密要求等。按照一般写作惯例来讲，导言部分并不是必需的，视不同的创业计划内容而定，大多数创业计划是从执行摘要开始。

导言部分示例：

S金融理财服务公司

江城 大智路18号

电话：(027-00000000)

合伙人：安理 明达 石诚

企业概述：S金融理财服务公司是一家面向中小企业提供短期融资、理财服务的合伙制企业……

融资需要：目前自有资金100万元，需要贷款200万元，分5年偿还，这笔贷款将用在办公设施购置、广告、销售等开支上。

本报告的内容是保密的，其所有权归上述合伙人。本报告仅供被传阅者使用，未经同意，不得复制或泄露。

（二）执行摘要

执行摘要是整个创业计划中最重要的部分之一，作用是激起投资者的兴趣，因为潜在投资者最先阅读和分析的就是执行摘要部分，如果摘要部分不能吸引潜在投资者，他们是不可能继续往下读的。所以，要引起银行家和投资者的兴趣，执行摘要部分的写作技巧非常重要。

执行摘要通常在全部计划完成后撰写，长度一般为1～2页。摘要部分应该总结创业计划里其他各部分的内容，包括：新企业的简单描述、机会概述、目标市场的描述和预测、竞争优势、财务状况和盈利能力预测、团队概述、提供的利益。它既包括其他部分的摘要，更应包括一些关键的财务数据。写作内容应该以简洁但有说服力的方式列举创业计划的要点。

1. 简要描述一下业务概念；
2. 对任何表明新建企业所拥有的机会的有利数据都必须一一列举；
3. 对执行计划如何利用这些机会进行陈述；
4. 新企业将实施的营销战略，这一战略与市场上其他经营者的战略有何区别；
5. 突出实施这一战略后所取得的主要财务方面的成果；
6. 创业者的重要经历、现有的其他重要合同或法律文书以及任何有助于将新建企业推销给潜在投资者的信息，都应在执行概要中有所提及。

执行摘要部分示例：

FFI花卉进口公司是独家经营荷兰工艺花卉的公司，公司总部位于江城花卉一条街上，并在上海和北京设有销售办公室。

FFI的优质产品是独一无二的，它的目标消费者是具有中高等收入的女性。公司的竞争优势体现在产品是百分之百的纯手工制品，不像其他竞争者的产品。基于这一点，公司希望能吸引那些欣赏丝制花卉工艺艺术的消费者。既然FFI的大部分产品是丝制产品及配件，它把自己定位于零售礼品市场，尽管有些消费者是为自己购买。

公司计划于1995年开业，并计划在1994年上海工艺产品博览会上吸引丝制产品制造商和零售代理商的加盟。公司计划营业当年的销售额是110万元，并在当年于江城商业街开设另外一家分店，租期5年。

第二年，公司准备扩张，拟通过现有产品分类目录，针对目标客户，建立直邮分类产品销售业务。1996年公司的计划销售额是150万元。

第三年，公司计划通过独家零售店和供应商、分类目录的方式扩大销售，在江城的销售额要达到200万元。

到1997年，FFI的扩张计划是增加10个不同种类的花卉，维持25%的毛利润是非常现实的，每年的销售增长率是25%。

1.1 公司目标

1. 1995年销售额达到100万元；

2. 在江城商业街建立一家礼品店，租期5年；

3. 1996年，进入直邮分类目录 For 1996；

4. 维持毛利润25%；

5. 年增长率达到25%；

6. 在1997年扩大产品系列，增加10个种类产品。

1.2 公司使命

FFI的使命是成为一家全国知名的高档工艺丝制礼品进口商。公司保证百分之百的顾客满意和重视友好服务。

FFI的目的是增加顾客对手工丝制花卉和其他丝制产品的欣赏水平，为提供顾客优美独特的艺术装饰。

1.3 主要优势

以下优势能确保公司成功：

1. 优异的产品质量；

2. 满意的客户服务；

3. 确保进入制造商和分销商渠道；

4. 头两年可控制的固定成本和可变成本。

（三）市场（或环境、行业和竞争）分析

市场分析是对估测可能影响创业计划的外部不可控因素，评审行业趋势及拟定竞争战略。这一部分要阐明以下问题：顾客、市场容量和趋势、竞争和各自的竞争优势、估计的市场份额和销售额、市场发展趋势。

分析方法有：

环境分析的PEST方法；

环境与竞争分析的SWOT方法；

行业竞争分析的波特的五力模型；

利润变动预测的收入成本法（利润 = 收入 - 成本；收入 = 价格 × 销售量，成本 = 固定成本 + 可变成本）；

营销分析的4Ps方法；

行业需求量分析。

环境和行业分析的关键问题：

1. 国内国际经济、科技和政策方面的主要趋势是什么？

2. 过去5年里，整个行业每年的总销售额是多少？

3. 这个行业的发展潜力如何？

4. 过去3年中这个行业有多少新企业进入？
5. 该行业最近有什么新产品上市？
6. 最直接的竞争对手是谁？
7. 你的业务如何才能比竞争对手优秀？
8. 你的每一位竞争对手的业绩是在上升、下降还是停滞不前？
9. 每位竞争对手的优、劣势是什么？
10. 在你的特定市场上，将会有什么样的发展趋势？
11. 你的顾客的概况是什么？
12. 你的顾客情况与竞争对手的顾客情况有什么不同？

竞争分析的关键问题：

1. 谁是目前的竞争者？
2. 他们控制着什么资源？他们的优势和劣势是什么？
3. 他们会对我们进入这个业务的决策做出什么反应？
4. 对他们的举动，我们会如何反应？
5. 其他还有哪些人能够发现并利用与我们相同的机会？

（四）新企业（业务）概述

这部分对新企业的产品、服务和运营情况作整体描述，以帮助投资者确定企业的规模和经营范围。这部分应该以"企业使命"这样的内容作为开始。使命描述企业的性质以及想实现的未来愿景。

列出能充分形容新建企业，并能使阅读者深入理解其所经营业务的一系列要素。这些要素包括：

1. 产品或服务；
2. 企业选址和规模；
3. 人员和办公设备需求；
4. 创业者背景和风险企业的历史。

对新建企业的描述：

1. 新建企业的使命是什么？
2. 你为什么要进入这个行业？
3. 你凭什么可以在这个行业取得成功？
4. 到目前为止已经取得的成果有哪些？
5. 你的产品或服务是什么？
6. 描述一下产品或服务，包括商标、专利等。
7. 公司将开在哪里？
8. 你的办公大楼是新的、旧的还是需要改造的？如需要改造，成本是多少？
9. 你的办公场地是租的还是买的？租用或购买条款是什么？

10. 为什么这个场地适合你的生意？
11. 你需要哪些办公设备？
12. 你打算租还是购买这些设备？
13. 你有什么经验？如果成功地执行这份计划，你需要什么样的经验？

（五）公司战略与执行（或营销计划，见第七部分）

在整个创业计划里，第五部分的安排有不同的选择，有的是以公司战略作为一部分，有的直接将营销计划和营运计划放在一起，这通常取决于公司规模和业务范围的大小。

如果将战略与营销、运营计划放在一起，那么这部分应该阐明以下问题：

公司如何进行竞争，它包括四个问题：

1. 进入市场策略：低成本、差异化与目标集聚或其他方式？
2. 营销计划：定价、分销与促销
3. 研究与开发计划：研发状态和目标，困难和风险
4. 制造和运营计划：运作周期，设备和改进

（六）生产计划或营运计划

生产计划是对制造产品的细节流程的陈述。

如果生产过程有分包，则应有对分包商的厂址、选择分包商的原因、分包成本及分包协议内容的描述。

如果制造过程全部由创业者来完成，则需要描述生产所必需的厂房设施、机器和设备的情况，以及原材料及供应商的名称、地址和供应条款。还应列出制造成本及未来可能需要的固定资产投入。

如果新建企业不是生产企业而是零售服务企业，这部分内容应叫运营计划，其计划描述包括进货与库存管理、交易方式等内容。

生产计划或营运计划的关键问题：

1. 你将负责制造过程的全部还是一部分？
2. 如果制造过程被外包，那么外包人（分包人）是谁？
3. 为什么选择这样的分包人？
4. 分包出去的那部分制造成本是多少（提供分包合同复印件）？
5. 生产过程的布局是怎样的（最好有图示）？
6. 急需的生产设备有哪些？
7. 制造过程所需的原材料有哪些？
8. 谁是原材料供应商？合理的供应成本是多少？
9. 生产成本是多少？
10. 新建企业未来所需要的固定资产投资是多少？

如果是零售服务企业，其关键问题是：

1. 所需商品从哪里进货？
2. 如何进行库存管理？
3. 新建企业的库存量应该是多少？这样的库存如何销售出去？
4. 一般情况下的交易过程是怎样的？

（七）营销计划

营销计划是对营销状况以及与产品和服务的分销定价和促销相关的策略的描述。

营销计划的目的：营销计划是新建企业能否成功的关键。它能让投资者明白企业的具体目标以及为实现目标所采取的战略，也为创业者实现目标提供了一个行动框架；并通过对这些战略进行成本预算，为预测财务状况提供依据。

营销计划通常是年度计划（一年制定一次），但计划所涉及的时间范围是新建企业的前3年。

营销计划的关键问题：

1. 谁是顾客？
2. 产品或服务在多大程度上让顾客动心并购买？
3. 如何对产品或服务定价？
4. 如何赢得具体的顾客群体的支持？
5. 吸引一位顾客需要花费多少时间和资源？
6. 生产并运送产品或服务的成本是多少？
7. 维持一个消费者需要花费多少成本？
8. 留住一个消费者的难易程度如何？
9. 贱买贵卖，尽早收款，尽晚付款。

（八）组织计划

组织计划是对新企业的所有权形式、各成员的责任和权限范围进行的描述。

组织计划通常要回答以下组织结构问题：

1. 新企业的所有制形式是什么？
2. 如果是合伙制，那么合伙人是谁？合作协议的内容是什么？
3. 如果是公司制，那么原始持股人是谁？他们各持有多少股份？
4. 发行什么类型的股票？

组织设计考虑5个问题：

1. 组织结构：组织成员的工作分工以及成员之间的关系；
2. 计划、考核和评估体系（目标管理）；
3. 奖励制度；
4. 选择聘用标准；
5. 培训项目。

（九）财务计划

财务计划是对那些决定新企业经济能力的主要财务指标以及投资回报进行预测。

财务计划主要讨论三个问题：

1. 创业者头三年的销售预测和相应支出；
2. 头三年的现金流量表；
3. 预计资产负债表。

一些主要的财务指标需要在这部分说明：

第一，关键的财务表现驱动因素，比如以下几个指标：毛利和净利，盈利能力和持久性，固定的、可变的和半可变的成本，达到收支平衡所需的时间。

第二，财务预测，包括收入报表、平衡报表、同一时期的估计现金流分析。

第三，假定公司能够提供的利益。这是创业计划的“卖点”，包括：总体的资金需求，在这一轮融资中需要的是哪一级，如何使用这些资金，投资人可以得到的回报，还可以讨论可能的投资人退出策略。

为了使财务数据真实可信，财务计划应该清楚，简洁；展示市场调查的数据，解释顾客为什么会购买你的产品/服务；要有一个投资退出策略；解释为什么你最合适做这件事。不应该过分乐观，比如拿出一些与产业标准相去甚远的数据、忽视竞争威胁等。

这部分需要运用几种财务计划工具。

试算损益表提供第一年的销售预测（以月为单位）与每月的营业费用。

试算现金流量表反映实际收到和支出现金间的差额。如同现金不等于利润一样，有些现金支出不是营业费用（如偿还贷款本金），同样，有些营业费用不是现金支出（如折旧）。很多新企业虽然在赢利但却由于缺乏现金流而失败了。

试算资产负债表反映了特定时期末（点）的企业财务状况，它总结了企业的资产、负债和资产净值。

盈亏平衡点确定了总收益等于总成本时的产量平衡点。确定盈亏平衡点的困难在于判断某一成本是固定的还是可变的。

试算资金来源及运用表帮助企业家了解年净收入是怎样使用的，以及现金流在企业中运用的作用。它强调资产、负债、股东权益和流动资产之间的关系。

（十）风险评估

风险评估是确定潜在的风险或可选的策略，以实现创业计划目标的过程。

风险评估需要考虑三个问题：

1. 指出新建企业面临的潜在风险；
2. 描述潜在风险一旦发生会产生什么后果；
3. 陈述将采取什么措施规避、减弱或对抗这样的风险。

新建企业的风险通常有以下方面：

1. 竞争对手的反应；

2. 企业自身在营销、生产或管理方面的弱势；

3. 技术进步所造成的产品过剩等。

即使以上因素都不对新建企业构成威胁，创业者也要在这部分计划中讲清楚不存在这些风险的原因。

（十一）附录

附录部分通常包括一些补充材料，这些材料在正文中没有必要详细展示，只要在正文的相应文字或段落表明供参阅的附件名称即可。

附件信息可能包括：顾客、分销商或分包商的来信；租约、合同或已签订的其他协议；供应商和竞争者的报价资料等。

二、版式二各部分的写作

（一）概述

这部分主要是对创业目标的概述，也是创业计划的重点，要求用简短的几句话概述整个创业计划，比如，用一句话让读者清楚你要做什么，用第二句话说明你需要多少钱，用它做什么。

（二）市场描述

评估你要进入的市场，这是计划的主体部分，用它开头最有可能给读者留下深刻印象。愿意借钱给你的大多数人都相信要成功经营企业就是要发现和开发一个巨大的市场，所以，作为一个规律，市场部分应该浓墨重彩。尽管你的产品是最好的，而且你可能是像亨利·福特一样的天才，但是，如果市场对你脑海中的产品没有任何需要，或者你缺乏把你的产品推向市场的手段，那么你毫无用武之地。读你计划的那个人很清楚这一点，他要发现你是否意识到了这些事实，你将怎样把你的事情做好，你的市场研究是非常关键的。

市场数据随处可见，但关键是引用的数据具有权威性。如果数据经得起检验，就能增加投资者对你的信心。

（三）创业相关的技能、经验与财务资源等

潜在资金供应者或投资人需要知道他们投资的对象是否值得信任，因此，你需要提供一份相当全面的有关你和你的合作者们的职业经历的记录。学校教育经历并没有多大价值，他们关心的是你过去的成就和业务资历。同样重要的是你的财务投资程度，你不可能指望别人为你的事业冒风险，而创业者自己几乎不承担财务上的任何责任。

（四）产品特色

你的产品或服务能否为客户带来独特的价值，这可能是创业中最困难的事情，它往往会耗尽你毕生的热情。人类的进步依赖于新的思想，那些拥有这些新思想的人需要所有的支持。但是，人们也不得不面对这样的一个事实，那就是只有少数创新能转化成商业价值，你的银行家或投资者一定看到过成千上万个闪光的思想因为种种原因化为乌有，所以，这一部分应该严肃地去写。

中外商人都知道一个经商的误区，中文叫做“酒香不怕巷子深”，美国人叫做“捕鼠器的谬误”，任何成功的商人都知道有了一个好产品只是成功的一步，但绝对不是第一或最重要的一步。

所以，一个好产品必须有一个适合于它的市场存在，你必须说服你的读者这个好产品能帮助你开发巨大的市场机会。

要用数字建立这样一些概念：为什么你的产品是最好的，而且不是最贵的，如果有一些支持你的观点的测试结果附在附录里当然很好。一些真实的数据值得大写特写。

这部分包括以下信息：

1. 产品或思想的简要描述；

2. 产品或服务如何使用或运营；

3. 为什么它比竞争者的产品更好；

4. 任何研究评估结果（详细地列在附录里）。

（五）方法

如何建立企业、开展业务是这部分的内容。通过前面的部分，读者已经对你的市场、你的技能和你的产品给客户带来的利益有清楚的了解，现在，他们要知道的是你是否能以非常理智和熟练的方式着手进行你的事业。这部分要让他们知道以下具体内容：

1. 营销。首先，你将怎样把你的产品或服务推向市场？你有销售队伍吗？你有宣传和广告吗？你将给你的销售队伍制定怎样的目标？按什么样的条件卖出产品？什么时候开始？给出一个具体的时间表。

2. 组织。如果有一个组织结构框架就能增加他人的信心。如果有合伙人或同事，谁负责什么？如何保持各部门之间的联系？是否有一周或一月一次的管理会议？如果出现了灾难性的风险怎么办？如何让员工与时俱进，跟上管理发展的需要？

3. 生产。勾画出你拟采用的生产方式，简要介绍一下你的生产房屋建筑、工厂设备、生产车间，一开始需要多少人，随后需要增加多少销售人员？最初的生产能力是多少？

4. 人事。随后要关心的是办公室，要让读者相信你的业务是井井有条，不会慢慢地停下来。比如，谁负责文字工作？当你不在时谁负责处理信件（及时回信）？谁照管书籍？谁接电话？谁处理债务问题（追债等）？你是否评估了这个部门应该完成的工作数量？

5. 财务。如何从财务上控制和监督你的业务？小企业需要知道任何时间的现金状况，不管你欠别人的钱还是别人欠你的钱，都要保持定期清查。大企业需要更周密的控制，不仅仅是确保必要的安排与周转，更重要的是让投资者知道你对这方面给予了适当的关心。

（六）长期计划

到目前为止，银行家或风险投资家已经了解了你的项目，新企业已经起步，现在他们所关心的是，他们将怎样代表企业的未来？

首先，创业者需要知道自己的企业的成长性。有些企业必然是短期的，有些企业会有较长时间的持续赢利；有些企业可能会缓慢增长，而资金需求会超过赢利；另外一些企业会加速增长，需要进一步的资本注入。

如果你的计划是开发很新潮的商业概念，那么银行家需要你保证如果时尚发生了变化，他们投入的钱是否会按期偿还而不至于沉没在那些不可摊销的固定资产或固定成本中去。一般来说，风险投资家需要你看到 2 年、5 年甚至更长时间后的市场变化，对潜在的竞争做了哪些准备。

即使你的企业是非常成功的，但迟早你会需要更多的资本，在这里你应该显示你为此也做了准备。

对新企业来讲，未来的销售是很难预测的，在一年之前做预测更困难，而且一些专家们经常做出一些错误的预测。通常，人性的特点是过于乐观。但并没有理由不去做你能做到的最好的估计，在你的计划里你必须有一些目标。

所以，在这部分里，你应该写进一些公司在未来开发新产品或新市场的任何打算。

（七）财务目标

这部分需要有现金流预测，尽管在所有的现金流预测里都会出现为新企业融资的希望和计划，这些内容可以在附录里详细列出，但在这部分里还是需要概述以下一些重点：

1. 第一年预期营业额；

2. 第一年预期净利润；

3. 一年以后多少贷款需要偿还？

4. 什么时候还清全部贷款？

5. 当不再需要从起步后的赢利中支付贷款及利息时企业希望下一年开始做什么？

你不必要显示你第一年将会赢利。银行家知道很多企业最初是亏损的，然后开始走向成功。如果你表明希望在更长的时间里实现赢利，那么你的贷款人应该不愿意跟踪这一点。

但是，如果你打算股权融资，则会有其他的考虑。大多数股权投资人希望伴随企业较长时间，他们对资本所得很感兴趣，如果可能，分红也是如此。因此，股权融资应该说明以下几点：

1. 预期利润增长率；
2. 你的分红政策是什么？
3. 其他董事会成员在股东分红（利润分享）之前将会得到什么？
4. 有没有卖出、买入或继续股票置换方案的计划或宏伟蓝图？

（八）资金运用

在这部分里，你需要相当详细地解释你为什么需要外部的资金投入、需要多少以及如何花这些钱，还要强调你和你的合伙人投资了多少钱。列出详细的资金使用情况：

1. 专利申请费用；
2. 土地和建筑（尽量详细）；
3. 工厂和设备（列出具体条款）；
4. 企业最初启动时宣传费用；
5. 营运资本（参照现金流预测）；
6. （偶然事件的）应急储备。

（九）附录

前面的内容已经让读者知道了你的创业计划的全部，但是这里还需要附上一些补充文件用来证明你所做的是正确的，你所说的是值得信任的，最重要的是要有财务预测。这些财务预测内容视具体情况而定，它可以是按照银行的表格规范准备的简单现金流预测，也可以是由专业会计师准备的详尽的“商业模式表”（business model）。

财务计划可以说是整个创业计划的“精华”（real meat），大量的信息，尤其是现金流信息应该得到充分的展示。

附录中的其他内容可能是一些支持你前面所说的文件的复印件，它们包括：

1. 市场研究的准确概述，不论这项研究是你自己做的还是其他专业人士所做的；
2. 当地的报纸对你提供的产品或服务报道的文章或登载照片复印件；
3. 产品图样；
4. 其他促销材料的复印件；
5. 任何关于你的产品的测试结果，尤其是由独立机构做的测试结果。

以上就是一个寻求外部融资的新企业的创业计划的大致框架。如果是一个现有企业为扩张或接管现有企业而融资，这些原则仍然适用，但是需要增加一段介绍现有企业经营历史的内容，位于创业计划之首。

(十) 企业历史(对现有企业而言)

这部分简要介绍企业近3年以上一些经过审计了的交易结果,也可提供最近的一份损益表。随后的内容可以对创业计划中“营销”或“管理”内容的改变做一些解释或评价。

企业历史还应该反映一些关于所有权结构或明显的市场改变的管理内容,换句话说,它应该提到过去几年已经发生的影响企业经营的一些重要变化。

三、版式三主要内容的写作

个人背景:计划的第一项描述申请人的个人背景,包括姓名、住址、电子邮件、电话号码、受教育程度、家庭的社会地位、性别、年龄和健康状况。

从业经历:阐述创业者生产产品、捕捉市场需求的能力。判断一个企业是否有活力,最重要的标准是看创业者的个人背景和从业经历。

企业结构及概况描述:在创立企业过程中,必须明确企业的所有权归属、法律形式、资本结构及生产流程等。

市场竞争:包括下列信息:市场规模,企业在市场上的发展潜力及预期市场份额,当前及潜在的竞争问题,扩展业务的机会。

产品或服务的生产/销售过程:不必详述技术细节,重要的是阐明申请者的产品或服务优于竞争对手的理由。

财务状况:列出开办企业所需资本、资产、负债情况、所有者出资比例。任何开办企业的人必须有一定数目的现金资产。债权人向企业投入的现金和资产的比例越大,就越不希望放弃这个企业。要借债或向金融部门融资,有两种文件可以证明你的财务状况和声誉:有关财务状况的个人陈述和银行证明、推荐信。有关财务状况的个人陈述以当前的市场价值列出个人的所有资产和欠家庭和非家庭贷款者的所有负债。由专业人士、供应商、成功创业者所写的推荐信可被潜在创业者用作良好信誉的证明。

计划中的融资部分描述了在经营中如何使用贷款以及如何偿还贷款,它还成为企业将按计划运作的承诺。最后,它会成为按确定时间偿还贷款的承诺文件。

无论采用什么样的版式,创业计划应该回答如下10个问题:

1. 公司现在在哪里?
2. 产品或服务是什么?
3. 市场是什么?
4. 产品将如何到达市场?
5. 公司将怎样对付竞争?
6. 产品如何生产出来?
7. 人员是哪些?

8. 财务计划是什么？
9. 需要多少钱？
10. 风险是什么？

第四节 有效的创业计划与执行

一、有效的创业计划的特征

萨尔曼（Sahlman）认为，一个好的创业计划必须是在适当的动态的环境下结合了企业的人、商机、协议与外部环境4个因素，并对下列问题给出了合理的答案：

1. 参与其中的人是谁？他们过去做过什么使人相信他们未来会成功？这个团队中还缺少谁？如何才能把他们吸引过来？

2. 商机的性质是什么？公司如何才能赢利？这个商机可能会如何发展？市场进入壁垒可以建立并加以保护吗？

3. 什么环境将影响企业？可能出现什么环境变化？管理者如何对这些变化做出反应？

4. 在这家企业的内部和外部，已经存在或者可能会出现什么协议？这些协议的签署提高了成功的可能性吗？这些协议和隐含其中的激励措施如何随着时间而发展？

5. 为了提高投资报酬率，公司已经做了什么决策或者能够做出什么决策？

其他一些学者如瑞奇（Stanley Rich，David Gumpert）等认为，一个好的创业计划必须具有以下特点：

1. 重视市场；
2. 揭示用户利益；
3. 发现市场兴趣；
4. 对你的断言进行取证；
5. 讨论投资者的需要；
6. 变现（退出）；
7. 做出可靠预测；
8. 发展阶段；
9. 价格合理；
10. 编制适合自己的计划（由于不同企业的业务在营销、生产或财务方面的不同，计划也必须反映这些区别，而不是模式化的、填空式的计划；计划的包装；站在投资者和消费者角度而不是仅考虑什么最适合你自己）。

总之，理想的创业计划具有以下特征：

1. 能将读者的注意力从机会方面转向创业主张方面；
2. 确定消费者；
3. 理解关键的驱动力；
4. 明确经营模式；
5. 激发对人员和执行力的信心。

二、创业计划的写作原则

Blackwell 认为创业计划的写作要遵循以下原则：

1. 清楚明了（clarity）：语言简单；避免在一个句子里包含太多的概念和思想；上下句逻辑连贯；准确运用形容词；在适当的地方运用表格说明。

2. 简洁精练（brevity）：遣词造句谨慎又谨慎，删除冗长句子，留下精华信息，不需要深度描述。

3. 条理分明（logic）：如果句子之间具有很强的逻辑性，则易于记忆和增加影响力。避免不连贯的段落，即使句子组织得很好；确保在一个标题下所说的所有内容都是一致的。

4. 真实可信（truth）：不要夸大事实。

5. 数字说话（figures）：银行家或投资者阅读计划是习惯看数字的，也习惯按数字来思考。语句不能打动他们，除非有尽可能准确的数字支持。所以，尽可能量化你的创业计划。

三、如何使创业计划真实可行

创业者在制定创业计划时要科学评估创业计划的结论，能够回答下列问题：企业将来能否创造出持续、充足的现金来偿还债务？企业必须出售多少产品或服务才能弥补成本并开始盈利？营业额下降或成本上升会带来哪些问题？

1. 企业将来能否创造出持续足够的现金来偿还债务？

要回答第一个问题，我们必须明白创业者也需要赚钱维持生计，还要缴纳所得税，如果是贷款的话，还要分期付款和支付利息。

企业必须缴纳企业所得税，税收额可在月度估计净利润表中计算得出。这笔金额也应该记在现金流量表的其他现金支出项目下。

贷款总是分期偿还，一般按月、按季、按半年或按年进行，利息也是如此。利息和本金也记录在现金流量表中。

在整个计划期内，如果月末现金余额总是为正，那么企业经营就能平稳运行。观察现金流量表可以获知企业的现金形势。

2. 企业必须出售多少产品或服务才能弥补成本并开始盈利?

要回答这个问题，必须借助企业盈亏平衡分析方法。

在平衡点，销售收入等于支出，每项额外的销售都会创造出利润。为计算出平衡点，必须知道间接支出总额（也叫固定支出或日常开支）、直接支出总额（也叫可变支出或单位直接支出），还要知道收入或单价。销售收入与直接支出的差额也叫边际利润。

盈亏平衡点 = 间接支出 ÷ 边际利润

边际利润 = 销售收入 − 直接支出

企业要盈利，必须获得收入或销售产品。企业越早接近平衡点，对企业就越有利。

3. 营业额下降或成本上升会带来哪些问题?

盈亏平衡分析表明了价格升降对盈亏平衡点的影响。如果市场容许，提高价格就能愈早获得利润。但是，市场并不总是提高价格。当实现 80% 或 90% 的营业额时，市场价格使得销售收入正好等于成本，那么企业就不可能有足够的现金来偿还负债。

为了获知价格成本变动对现金或利润情况的确切影响，需要进行敏感性分析。

敏感性分析用来衡量在不确定性条件下，一个或多个关键投入价值的变动对项目结果的影响。例如，选择一个悲观的、预期的和乐观的价值作为不确定变量。接下来考察在其他条件不变的情况下，依次考虑被选的三个因素，分析结果如何变动。如果分析的投入价值与假定的基于简单测算的项目价值有差异，那么敏感性分析就能显示出项目盈利/亏损的程度。

这种分析只需要简单的计算，因此很容易实现。

(1) 销售额变动：现金流量表上预计的销售收入将增长 5% 或 10%。其他数据保持不变。月末的现金收入将随之增加。

然后，预计的销售收入将下降 5% 或 10%。现金收入也将随之下降，我们将很快了解到企业是否有现金可用。如果没有，说明企业赢利良好。

(2) 成本变动：在保持其他数据不变的情况下，将支出增加 5% 或 10%，我们可以进行类似的估算。现金流量表将显示该企业是否有现金可用。

(3) 销售额与成本变动：最糟糕的情形是价格下降，成本反而上升。

重新计算现金流量表有助于得出结论：这种情况下，企业是否会倒闭。

上述分析显示了企业对变化反应敏感。如果价格或销售额下降 10% 就能导致企业出现现金短缺问题，那么创业者就应重新思考企业的创办问题，并想方设法提高企业的盈利能力。

使创业计划真实可行的其他事项包括：

1. 数据收集必须慎重

创业计划最重要的部分是市场调研，调研将说明你的企业想法是否能转化为商业机会。

不仅如此，市场调研还将说明市场是否有竞争对手，新的企业是否还有容身之地以及可能占据的市场份额是多少。

市场调研的结果是创办企业、计划制定的基础。如果市场评估过于乐观，那么企业将很难以预计的数量或价格产出产品或服务。如果评估过于悲观，那么企业预计的收入会看起来太低，以至于难以有一个成功的开始。客观的、谨慎的市场评价有助于拟建企业，降低失败风险。

2. 成本预测要真实

成本是创业计划的另一个重要因素。低估启动成本与经营费用，账面上也许能显示良好的利润。但是，一旦企业开始经营，将会入不敷出。

必须真实的估测成本部分。此外，应该为未预料到的成本和支出留出一定的比例。

3. 要避免创业计划中的典型错误

如：宣称公司没有竞争者或低估了竞争者的力量；没有清楚的经营模式；计划凌乱或有内在冲突；市场份额或市场规模计算不准；对产品视而不见；提供过多的细节；从自我角度假设消费者利益；不能评估产品的耐用性和持久性；数据缺乏证据支持；错误地将一个大的、成长性的市场等同于容易获得市场份额的市场；太多的表格；没完没了的敏感性分析；在陈述中对财务部分分配的内容不成比例；忽视风险，尤其是缺少风险分析一栏；不合适的组织结构等。

四、创业计划的演示与执行

一位创业者常常必须在潜在投资者面前以口述的方式演示其创业计划，必须在半个小时甚至更短的时间内卖掉他的商业创意，说服投资者及时做出决策，投资者将这类计划称作“乘电梯计划”。

创业者要决定在这么短的时间内说什么。通常演讲重点包括回答为什么这是一个好机会，营销方案的简单陈述（如何利用这个机会，使机会变成现实），并且说明通过努力得到的结果（销售额和利润）。演讲结束部分应该就项目可能存在的风险以及创业者准备如何面对这些风险等内容进行陈述。所有内容必须针对投资者设计，让他们确信为什么这是一个非常好的投资项目。

创业计划一旦制定完成，就进入执行阶段。对创业者而言，创业计划能指导企业第一年的经营，监控计划执行进度（库存控制/产品控制/质量控制/销售控制/收支款控制）。同时，在随后的阶段需要根据企业内外环境的变化对计划进行及时的更新与调整。一些创业实践者意识到创业计划一旦打印成文就意味着已经过时了，这也说明了市场变化之快对创业者把握机会和及时转换机会的能力的挑战。

小 结

虽然良好的商业想法并不能保证创业成功，但在创业前做适当的计划是必要的。创业计划是建立关于企业未来的一种方法或方案，只有通过详细的计划，创业者才能发现他的创业想法是否可行，同时，创业计划也是用来向外部融资的一种工具。为了保证创业计划达到预期的目标，要求这一计划方案清晰、连贯和获得支持。

思 考 题

1. 为什么说创业计划对创业者、投资者、顾客都很重要？
2. 一个完整的创业计划包括哪些内容？
3. 创业计划中行业和市场分析部分需要撰写什么样的信息？
4. 设计出一份你想成立的某个企业的创业计划。

附录6-1 创业计划模块练习指导①

企业名称

企业标志

创业计划

创业计划提供者或设计者

你的名字
你的头衔
公司地址（含省、市与邮政编码）
你的电话号码
你的E-mail和网址

计划提供日期

年 月

① Supplement of Timmons & Spinelli's New Venture Creation. 6th Edition. New York: McGraw Hill, 2003.

目　　录

执行摘要

新企业的历史

公司什么时间和为什么要形成？产品/服务的营销历史是什么？

新业务描述

从事的业务是什么？目前处在什么发展阶段？产品或服务的独特性是什么？有专有权吗？

组织结构

企业运营在什么样的组织形式下进行？为什么？谁是关键的管理人员？他们有什么技能有助于公司业务开展？管理团队中谁是关键的支持群体？

市场

按照产业、消费者、消费需求、目标市场和市场渗透计划来考虑，新企业的市场是什么？主要的竞争者是谁？其优势和劣势是什么？

运营

新企业在产品开发、营销和运营方面需要多少钱？要着重说明多少钱用于企业的增长和这些钱是如何使用的。

融资

公司需要什么类型的融资？这些钱如何返还给投资者？至今为止多少钱用在经营活动中，这些钱来自哪里？

管理和组织

管理团队

创业者的作用是什么？谁是关键的管理人员以及他们的工作要求和从前的经历是什么？

薪酬和所有权

创业者和管理团队的薪酬是如何设计的？针对他们的所有权，包括任何担保或期权安排又是怎样的？

董事会/顾问委员会

谁将进入董事会或顾问委员会？

基础人员

除了顾问之外，其他关键人员，如会计、律师、咨询师是哪些人？他们的薪酬如何确定？

合同与许可协议

公司的管理合同、非竞争性协议、许可合同或其他契约有哪些？

保险

如果有买卖协议，谁对关键人员的人寿保险负责？

员工持股计划和其他激励措施

公司会实施什么样的员工持股计划和其他激励计划？

组织结构图

公司的组织结构是怎样的？

产品/服务

产品/服务的目的

什么是产品/服务的目的？产品/服务如何为顾客带来利益？它为顾客解决了问题还是提供了机会？它是奢侈品还是必需品？

独特性

什么是产品/服务的独特性？成本、设计、质量或其他能力？

开发阶段

产品/服务生命周期是怎样的？目前处于哪个阶段？

将来的研究与开发

如要有的话，将来的研究努力需要什么？

商标、专利、版权、许可和权益

获得了何种专利、商标或版权？有哪些与产品/服务相关的许可协议？将来协议有什么计划？

政府认可

哪些政府认可是需要的？这些政府认可的重要性是什么？

产品/服务的局限性

如果有的话，产品/服务的局限性是什么？

产品/服务保证

产品/服务质量有无保证？保险要求和成本是什么？

相关产品/服务和延伸产品/服务

有可能提供哪些相关的服务，以及它们如何增加或增强新业务的赢利水平？有哪些延伸产品/服务会开发出来以满足本产业或其他产业不断变化的市场需要？

生产

企业内部生产多少产品？多少产品外包生产？外包的成本和服务是什么？谁是后备外包承购商？他们的成本是什么？谁提供服务？

设备

设备计划是什么？（制造、办公室、零售）？制造计划是什么？就是说，要明确制造设备、生产能力，以及将来的资本设备需要。

供应商

谁是主要的原材料供应商？重要合同是什么？有后备供应商吗？

环境因素

什么是产品/服务的潜在环境影响？公司采取了哪些步骤去保护环境？哪些环境机构对产品/服务有管制？

营销计划

行业分析

目前规模
新企业所在行业目前规模有多大?

增长潜力
行业增长是稳定还是下降?

地理分布
所在行业是否分布在国家的特定地区?

产业趋势
产业发展趋势是什么?技术对企业产生了哪些影响?

季节性因素
该行业特殊的季节是什么?

利润特征
该行业中的赢利特征是什么?

分销渠道
目前有什么分销渠道支持产品或服务的销售?

竞争基础
该行业中竞争的基础是什么?

竞争分析
该行业竞争的特点是什么?你企业的竞争优势是什么?

消费者分析
潜在消费者具有什么特点?未来消费者对产品或服务的反应是什么?

目标市场分析

目标市场和规模是什么？对目标市场的市场渗透成本是多少？

定价策略

定价结构是什么？对大客户的价格协商或对市场渗透方面的特殊价格交易方面有哪些政策规定？定价结构如何适应消费者购买需要的变化？

产品/服务毛利润

毛利增长潜力是什么？行业的定价政策是怎样的？你的产品方式与众不同吗？

盈亏平衡分析

你的产品/服务的盈亏平衡点是什么？

市场渗透

分销渠道

使用什么分销渠道把产品/服务卖给最终用户？

销售代表

如何使销售代表成为把产品/服务卖给最终用户的一种手段？

直销队伍

直销队伍如何将产品/服务销售给最终用户？

直邮/电话营销

如何将直邮和电话营销作为将产品/服务销售给最终用户的一种手段？

广告和促销

什么广告和促销媒体用于分销系统和终端用户？

包装设计

使用什么类型的包装和标签方式？

服务和保证

企业提供什么样的担保和保证？

贸易展示

计划使用什么方式的贸易展示去推介产品/服务？

未来市场

未来市场会出现哪些机会？

营运和控制系统

管理政策、流程和控制

接收定单

在接收定单方面有什么管理政策、流程和控制手段？

客户缴费单

在管理客户缴费方面有什么管理政策、流程和控制手段？

支付供应商费用

在支付供应商费用方面有什么管理政策、流程和控制手段？

催缴应收账款

在催缴应收账款方面有哪些管理政策、流程和控制手段？将有一个单独的催缴部门吗？还是使用一个催缴代理机构？

对管理层报告

在对管理层报告方面有什么管理政策、流程和控制手段？

员工开发

在员工开发方面有什么管理政策、流程和控制手段？

库存控制

在控制库存方面有什么管理政策、流程和控制手段？

处理担保和报税

在处理担保和报税方面有什么管理政策、流程和控制手段？

预算监控

在监控公司预算方面有什么管理政策、流程和控制手段？

安全制度

什么管理政策、流程和控制手段用来提供企业安全保障？

文档管理

信息流动是通过制度来规范的吗？哪些文件是准备交易之用的？

计划表

产品/服务开发

产品/服务什么时候推向市场？

制造

计划什么时间开始生产？

融资需求

什么时间需要融资？

营销流程表

什么时候投放广告、宣传册和其他促销方式

市场渗透

市场渗透的时间安排是怎样的？

管理和基础人员

什么时候雇佣其他管理团队成员？负责什么岗位？什么时候、什么时期需要使用基础人员（如咨询师、会计师）？

风险分析

新企业可能面临的潜在问题、风险和其他可能的不利因素是什么？

挽救资产

如果以上风险实际发生了并且使得新企业失败，那么什么资产可以被挽救或恢复？

增长计划

对市场的新贡献

新企业将来会在新产品/服务开发、新的厂址分局、新的分销中心建立方面有哪些新的计划？每个新产品/服务会进入什么新市场？未来三年会从以上新投资业务中获得哪些预期收益？

资本需求

为了开发新产品、建立新布局和分销中心而产生的融资需要是什么？为将来增长如何筹集所需资本？

人力需要

需要什么管理人员和员工以支持增长计划？

退出策略

增长计划将怎样使所有者或投资者能够退出？

财务计划

销售计划

未来三年的销售计划是什么？从哪里获得项目的财务信息？这些项目是合理的吗？

收入计划

未来三年的收入计划是什么？你的公司目前是赢利的吗？如果不是，什么时候会变为赢利？

现金需要

需要多少现金满足起步成本，运营和/或增长的需要？

融资来源

基于现金需要去启动事业、维持营运，或增长的考虑，你是需要债务融资还是权益融资？获得这些资金的成本是多少？

附上财务计划表

三年的现金流量表

三年的损益表

三年的资产负债表

财务比率分析

附录（支持文件）

- 财务单据
- 过去的财务报表
- 关键人员的简历
- 法律协议
- 营销材料
- 保险文件
- 出版物或文章
- 市场或行业研究报告

第七章 新企业的建立

引导案例：美国的连锁书店①

大家都知道我们所谓的“信息”已经成为一个主要的成长型行业，在所有发达国家和发展中国家，甚至在完全不发达的第三世界国家，它的增长速度已经超越了国民收入或人口的增长速度，更恰当地说，它可以称为“沟通世界的手段”。当我们听到信息这个词时，我们都联想到“电子”或“计算机”。但是，在过去三四十年里，所有发达国家出版和销售的图书数量在增速上与新兴电子产品并驾齐驱。世界主要图书出版公司发展得可能没有一些最杰出的电子公司（如美国的英特尔、微软，德国的SAP）快，但是这些公司的增速却比整个电子信息行业快，而且利润更高。可是，虽然美国一直是世界上最大和发展最快的图书市场，但是美国的出版商却没有发现这个市场。因此，美国的许多图书社都被外国人收购了（前三强为Bertelsman，Holtzbrinck和Murdoch）。同时，这些公司逐渐占领了其他国家的图书市场，而且发展的速度与它们在美国、日本或欧洲的增速一样快（比如Bertelsman在中国成立了书友会）。

美国一直不是一个购书习惯比较普及的国家，部分原因是免费的公共图书馆林立全国。20世纪50年代以后随着电视机的出现，越来越多的美国人把时间耗费在电视机前。在这样的一种文化氛围下，外国图书公司为什么能占领美国图书市场？原因之一是这些书商从来不把书籍当作文学作品而是作为大众商品，而且专营畅销书。一些连锁书店位于租金昂贵但人口流动性大的购物中心地带，而不是像一般人认为的书店应该位于租金低，最好离大学比较近的地方。

以上案例从一个侧面描述了技术，尤其是信息技术的变化对世界图书市场的影响，以及创业者在选择经营场所时所考虑的一些因素。

---

① Peter Drucker. 21世纪的管理挑战．北京：机械工业出版社，2006：49-50.

常言道，不当家不知柴米油盐贵。开门七件事：柴米油盐酱醋茶，样样不可少。经营一个企业，开业也离不开七件事：人、财、物，产、供、销和管理，每个环节都很重要。这一节将介绍新企业起步后早期的一些管理活动，包括新企业的注册、企业选址、人员招聘、新企业的组织形式以及与企业经营活动相关的一些法律问题等。

第一节　企业名称与企业选址

除了特许经营之外，收购一个旧企业或者创建一个新企业，需要创建一个新的企业名称。企业的名称好比产品的商标一样，具有市场识别作用，因此，企业名称的设计需要讲究策略。

一、企业名称的作用

选择的企业名称应该表明企业的身份，能在商界显得与众不同，能被公众所认知。企业名称一旦选定就应该相对固定，在以后相当长的时间内会成为企业身份的标志。改变企业名称是有代价的，除了建立起来的市场知名度和识别功能发生混乱或退化之外，原来印有企业名称的办公用品、营销材料、标志图形、姓名地址录和成员资格都需要随之进行改变。

二、企业名称设计考虑的因素

在确定企业名称之前要考虑以下因素：

1. 选择一个能影响目标市场的名称。一个好的企业名称通常能突显企业个性和好的品质特征，激发消费者积极的联想，如亲切友好、富于创新，这些往往是吸引消费者的重要因素。比如“东湖”高科技企业，中关村“创维”实验室，都包含了空间想象的作用。

2. 企业名称需要一个说明性的名词，并且要与企业经营的产品或服务的品质相吻合，消费者可以从企业名称联想到企业提供的产品或服务，具有宣传色彩。比如“信达投资管理有限公司”就能让消费者明白它所提供的是投资管理服务，而“信达”则表明了企业的经营理念，具有宣传作用。

3. 名称不要带有限制性。选择一个能展现企业未来产品和服务的名称，不要使用一个把产品局限在某个时间段的名称。最好取一个概括性强的企业名称，能适应未来产品的发展，然后再为具体产品分别选择一个恰当的名称。不要让企业名称过于专业化，以免在扩大业务范围时使其失去了说明性的特点。

4. 要考虑名称的使用效果，便于给消费者流下深刻的印象。比如“苹果”牌电脑的标志就是一个被咬掉一口的五彩缤纷的苹果。

5. 考虑企业名称的广泛用途。要考虑名称是否便于呼叫，是否便于缩写，是否利于翻译成其他语言等。

6. 考虑到名册录上字母表的排列顺序。排在字母表前面部分靠近 A 要比靠近最后 Z 的利大于弊，因为一般情况下消费者的查找习惯往往是只翻看前面的一些名单就决定跟谁联络了。

7. 用自己的姓名起名。如果创业者在本社区、地区或行业内备受尊重，有很好的知名度，那么用自己的姓名作为企业名称的一部分会使自己在工商界占有一定的优势。当然，能否用姓名作为企业名称的一部分，还需要符合有关法律规定，因为存在同名同姓的现象。

8. 注册企业名称之前要查看本地电话簿的白页和黄页或通过工商行政管理部门查看选择的企业名称是否被其他企业在先使用了，或者研究自己选择的企业名称与其他企业的名称相似，而失去了名称的个性，不利于潜在消费者记忆。

选择企业名称是一个非常个性化的决策过程，其他人是很难贸然介入的。耐心地选择一个能展现你所希望的企业形象的名称，选择一个令人注目的、且有实用价值、具有时代感的名称。

三、新企业的选址

企业选址是关系小企业经营成败的重要因素，也是创业初期就涉及的几个问题之一。多数情况下，创业者往往就近寻找空闲的地方作为企业地点。一个好的地理位置虽然只可以使一个普通的企业生存下去，但一个糟糕的地理位置却可以使一个优秀的企业失败。

（一）企业位置的重要性

店址的选择，是创业者的一项长期投资，关系着创业者未来的经济效益和发展前景。两个同行业同规模的商店，即使商品构成、服务水平、管理水平、促销手段等方面大致相同，但仅仅由于所处的地址不同，经营效益就可能有较大区别。对于某些类型的企业来说，位置选择非常重要，像零售商店和服务类企业中的服装店、干洗店等都要靠一定量的客流来生存。这类企业要想成功必须靠近它的顾客。

对另外一些零售和服务类商店以及多数的批发类企业，地理位置在吸引客户方面却没有那么重要。如果出售的商品成本较高（如家具等），则可用产品招揽顾客。某些服务类企业，如会计公司、税务咨询公司等，即便是位于很偏僻的地方，仍然可以实现很高的营业额，因为消费者愿意花费时间去寻找这些企业的产品和服务。

制造企业、建筑公司及其他一些服务类企业，一般能通过销售人员或广告寻找客户，不太在意用位置吸引消费者。这类企业在选址的时候，主要考虑的是成本、环境，以及原材料供应等问题。

经济、人口和竞争因素也是企业选址时要考虑的重要因素，分析这方面的因素有助于了解把企业放在哪个城市更有发展前途。

（二）企业选址考虑的一般因素

1. 经济因素

在决定把一个小企业开在哪个社区时，主要考虑社区经济方面的情况。为什么人们居住在这个社区？他们的生活水平如何？其他企业为什么要建在这里？这个地区只有几家企业，还是有很多企业呢？该地区各行业兴旺吗？该区域的企业活动具有季节性特点吗？企业正在搬出或者迁入吗？分析一下这些问题将会对企业产生哪些影响。

人们收入的多寡决定着对商品（或服务）的需求。创业者要收集有关所选地区人们收入的信息，包括：家庭的平均收入是多少？收入水平如何（低，中，高）？就业/失业趋势如何？

经济因素决定了当地的购买力，即购买产品和服务的能力，通常可以用当地的家庭总收入、银行存款、人均零售总额以及当地家庭的数量和总值等指标来反映，这些数据一般与当地繁荣与否有关。很显然，企业主希望企业所在地区的人们对他们提供的产品或服务的购买能力不断增强。

2. 人口因素

创业者应该对可能成为其消费者的人有所了解。比如，如果要开一家音乐店，就要了解哪里青少年最多，因为这个群体购买光盘最多。其他人口问题还包括：人口稳定性怎么样？人口迁入迁出有规律吗？人口数量是上升还是下降？如果某地区人口增长迅速，很可能有较多的年轻家庭。选址时这些问题都要考虑。

3. 竞争因素

弄清竞争对手的位置并想办法确定他们在一定时期的销售额度。大多数商家会选择远离竞争对手。然而，某些类型的企业，如餐馆和汽车经销店，则集聚在一起可能效果会更好。专业性服务的定位则倾向于围绕某个支柱主体的周围，如诊所在医院附近，律师事务所在法院附近等，顾客一般希望在这些地方能寻求所需的服务。

收集竞争者的相关信息，对竞争者进行研究。要知道有多少竞争者，他们在哪里。要知道过去两年内有多少跟你业务相似的企业开张和关闭了。对间接竞争者（产品或服务与你近似的企业）的情况也要做些研究。

一般情况下，以下三种情况有利于开一家新企业：该区域内没有竞争者，竞争者的企业管理很糟糕，消费者对该产品的需求正在增加。

竞争对手的存在有时可能是件好事，有时可能是件坏事，这取决于企业依靠竞争对手繁荣起来还是被对手击败了。比如，位于大型购物中心的零售店在有竞争对手的时候经营得相当出色，因为购物的人往往到处走动，比较各家商店，并购买商品，因为购物中心拥有大量的交易，所有零售商需要的只是市场的一个“公正份额”。在一个健康的竞争环境下，销售产品或者一般商品的零售商以及并不依靠当地市场的批发商或制造商都能经营得相当不错。但是，也并非所有人都能做到这一点，比如，小型杂货商有可能会遭到竞争对手的强大压力。如果商店经营的是挑选性不强、购买频率较高的日常用品，在同一地区已有过多的同业在恶性竞争，互相争夺生意，则势必影响商店的经济效益，除非新设的商店有特殊的经营风格、能力或不寻常的商品来源，否则难以成功。所以，商场上有句俗语：同行如敌人。

但在某些环境中，上述情况并不完全如此。有些行业，因同行集中在一起，反而会形成一个别具特色的商业街，如广州的“女人街”、“电器城”等，由于竞争对手相当集中，相邻而设，商品品种繁多，有利于顾客广泛比较、挑选，能吸引更多远方来客，促进经营，这便是在经营品种上有互相补充、连带的关系，既便于顾客购买，又促进各自销售，宜于设店；若两家经营的商品无互补、关联关系，则会产生消极影响。

同时，在评价竞争状况时，还必须考虑到企业主的能力，他是否工作勤奋、雄心壮志并且富有经验？如果是这样，那么他能够自如地（相对于不具备这些特征的人而言）应对竞争。

4. 个人因素

选择小企业场所时重要的因素之一是企业主个人的价值观，企业主希望选址在什么地方？小城镇还是大城市？喜欢靠近亲戚还是远离他们？喜欢暖还是冷的气候……这都会影响他的选址决策。

5. 地理因素

为企业选址时所需考虑的第五个因素是地理因素。对于那些限制在某些地理范围内销售某种产品和服务的企业来说，这个因素尤为重要。比如，天然滑雪场只能位于经常下雪的地方，船舶维修的场所必须考虑靠近水域。

这方面的一个考虑因素是与市场的接近程度。有些产品必须位于产品销售出去的地区。比如，砖块生产需要靠近市场，因为它们非常重要，长途运输将是极其昂贵的。同样，处理肥料产品材料的企业选址也要靠近这些材料的来源地：这样，可以将泥土与果核分离开之后，仅仅运输果核即可。

6. 劳动力供给

随着企业的发展，企业是否拥有一批合格的雇员变得越来越重要。本地区是否有合适的劳动力供给、本地区的工资率与其他地区竞争者的不协调等。有些时候，企业的场所是由能够找到足够劳动力的地方确定的，如果具备特殊技能的人居住在北京、上海等地，那么选址也应考虑在这些地方。

7. 交通条件

交通的便利性也是选址要考虑的重要因素。方便的交通要道，如接近车站、码头的停车站，由于行人来往较多，客流量大，具有设店的价值；交通路口的街角，由于公路四通八达，能见度高，也是设店的好位置。但有些地区，其道路中间隔了一条很长的中央分向带或栏杆，限制行人、车辆穿越，则会影响设店的价值。

由于交通条件、公共场所设施、行走方向习惯、居住区范围及照明条件等影响，一条街道的两侧客流往往不均衡，或者同一侧街道也可能因地段不同而客流量不同，因此在选址时要分析街道客流特点，选在客流较多的街道一侧或地段。

例如，坐落在上海南京路的永安公司，其创办者郭氏兄弟当年在选择永安公司的店址时，是颇下了一番功夫的。1915 年，香港永安公司经理郭泉，携港币 50 万元来到上海筹建永安公司。在上海繁华的闹市区南京路选好地方后，却又因把店址建在路南还是路北而犹豫不决。于是便派两个人分别坐在路南和路北，只要各自身边走过一个人，就往口袋里放一粒豆子。结果，路南的行人多于路北，郭氏兄弟再也没有犹豫就把永安的店址选在路南。由于永安店址选得正确，以后该店虽历尽沧桑，至今仍然生意兴隆。

对某些企业来讲，交通条件（对你的潜在顾客来说）和易接近性比其企业更为重要。可以考虑这样一些问题：你是如何向你的客户进行销售的？他们希望你如何经营？到底什么东西对他们才是重要的？应该在分析各位置有利条件和不利条件的基础上做出选择。

假如已经决定在邻近的地方或是某商业区进行经营。现在，你准备在这些区域寻找具体位置，那么，第一步要考虑的是该区域的交通情况和消费者是否容易接近你的企业。因为，首先要保证目标区域内有较好的消费群体，接下来的任务才是在各个区域内寻找最好的位置。

在商业区及其周边地区，小零售商店大都依靠大商场带来客流。大商场与小商店都需要从客流中吸引顾客。餐馆及其他一些业务也是这种情况，消费者的购买行为主要来自便利条件下的临时决定。如果你经营一家这类企业，一般来说，在经营地点方面花的钱越多，你在广告方面节省的钱也会越多。

研究交通情况特别是购物中心和大商场周边的交通情况，努力选一个最好的位置。特别要注意是否单行道、街道宽度和停车点情况等。

当把注意力集中到少数几个备选地点后，就要确定交通状况对你生意的重要程度。对交通情况的重要程度，可参考下述因素：

公共交通情况对消费者和员工都很重要。要特别注意公共交通终点站及其附近的位置。

车辆交通情况方面，要考虑停车的方便程度。停车场的收费和出入口都需要考虑，它应该便于顾客停下来购买东西。如果人们无法停车，那么，即使位于繁忙的街道也是毫无用处的。

对于某些类型的业务，与居民区或商业区的距离也是一个重要的因素。

交通拥堵可能导致人们设法避开交叉路口或购物中心。如果生意周围交通过于繁忙，销售将会受到影响。

企业选址在街道的哪一侧也值得考虑。如果把驾车者作为销售对象的话，那么可以借鉴一项关于加油站的研究结果。有些商品人们喜欢在离家途中或回家的路上购买。例如，报纸和汽油通常会在上班途中购买，而购买食品和领取洗好的衣物等，则希望是在回家的路上。如果你的生意做得好，就要考虑是不是该放到下班高峰时人们要走的马路的一边。

道路的宽度也可能是个重要因素。道路的宽窄能显示它目前的通行情况和将来的趋势。一般来说，路越宽，位置越好；主街道要比小街道好，因为每天走过它的潜在消费者多。如果某条街道总是塞车，人们就会想办法尽量避开它。

店铺所开街区的部位也很重要。拐角处的位置要比街区中间好，因为从路口处就容易看到它。但拐角位置的租金通常也会比较高。

如果选取位置适当的话，邻近的商店有可能给你带来一些帮助。集中在一起的商店可以做较多的广告，有助于增加销售额。有时，一些企业也会拿出部分促销资金共同开拓某些市场。因此，要好好选择企业的“邻居”。

8. 地方性法律和法规

小企业还必须仔细研究各种法规、法令和行为限制。企业的建设和经营经常会受到国家和当地的法律法规以及政府行为的约束，企业应该对这些进行分析，也确定它们对企业的潜在影响。比如，分区法令和管制确定了企业可以经营的地点和条件。有关建筑、电、水管、防火、健康和其他方面的法律要求企业在建设和经营时必须符合特定的标准，从而保护公众的健康和安全。城市的长远规划会对加盟店的经营带来重大影响。有些地点从近期来看，可能是店址的最佳选择，但可能随着城市改造和发展出现新的变化而不适合设店，相反，有些地点近期看可能并不理想，但从规划前景看又可能很有发展前途。

为了获得相应资格，企业还需要得到各种授权和许可，此外，还必须获得销售和其他税务的许可。通常，新的小企业主需要得到律师和承包人的建议和帮助，才能有效地处理这些事务。

企业还要考虑的基本因素有：租赁期限或付款方式、停车场地和运营成本。租金便宜的办公地不一定是选址的主要原因，便宜的租金通常都有一个便宜的理由，关键要了解这个地方为什么会闲置？将来的城市规划是怎样的？地区形象与企业形象是否符合？

除了这些基本因素外，还有一些因素取决于企业的类型，如零售商店、制造企业、批发企业、服务类企业要考虑的因素都是不同的。

（三）与企业类型相关的选址因素

1. 零售企业

对许多零售企业而言，停车是否便利和道路交通状况是主要问题，但开在购物中心里的商店很少遇到这种问题。零售店还要考虑周围店铺的业务类型。有研究表明，服装店就不适合建在加油站旁边。

路过店铺的步行人数情况是个重要因素。创业者可以问问自己：路过这里的人是去公共汽车站还是去电影院？去看电影的人停下购买东西的可能性不是很大。

2. 批发企业

批发商从制造商那里大批量购进商品，再小批量地卖给零售商。批发类企业选择位置主要考虑两个问题：一个是要有良好的交通条件，如铁路、公路；另一个是要适当便利，如建筑、设备、公共设施等方面的便利程度。没有这些便利条件，批发企业就很难处理大量的货物。有些地方对批发业务会有一些限制，要了解相关的规定。批发企业也要尽可能地接近它的客户。

3. 服务性企业

服务类业务应尽可能靠近大型购物中心。但像电视维修店、干洗店、牙科诊所、修鞋店或者是儿童看护等业务，就没有必要设在高租金地段。为了得到较好的服务，消费者情愿多花些时间多走点路。所以这类业务可以选择适当“偏僻”的位置。但在服务类企业中，位置好坏也会有很大的差别。让干洗店靠近食品杂货店和药店就可能是个不错的选择，较大的客流和便利条件有利于干洗店取得成功。但类似的位置却不一定适合牙科诊所。

4. 制造类企业

生产性企业的选址不同于零售、批发及服务类企业。开办制造类企业时，要考虑交通情况和原材料远近。其他要考虑的因素还有：离客户距离、设施情况及当地规定等。在企业选址考虑一般性和特殊性因素的时候，既要考虑企业目前的需要，也要考虑将来的需要。

（四）有关选址的一些具体问题

1. 位置评估：选择符合创业性质的设店区域

评估一个位置的最佳途径是进行地图分解。首先画出你中意地区的地形图，然后用不同颜色或数字标出所选目标的具体位置（比如把犯罪率高的地区涂黑）。

2. 业务、消费者类型与选址

不同行业的店址，其顾客对象是不同的消费群体；创业者一定要知道自己的顾客是属于哪一类型，哪一地点能吸引哪些消费者，对这些做到心中有数，才不会盲目选择。下面是不同区域和消费者关系的一些分类，可作参考。

（1）位于居民区的店铺。这些地区只能吸引狭小范围的顾客，适合经营一些消费者选择性不强而又经常需求的日常生活用品的行业，如便利店、超级市场等。经营这类商品和服务的商店要尽量接近顾客，如以顾客步行的距离计算，一般选择半径在 300 米之内，步行约 10～20 分钟的辐射范围为宜。

(2) 位于商业街的店铺。由于该地区的顾客来自不同地方，且这些人的目的性很强，就是为了购物，所购买的多是挑选性较强的商品，故这个区域适合于经营一些较为高档的商品，如服装、电器、餐厅等。

(3) 位于繁华商业中心的商业区。由于这些地区租金极贵，故绝对不适宜经营小本生意，而适宜经营一些价格较高、顾客需要考虑再三才决定购买的高档消费品，如珠宝首饰、钢琴及高级家具等。

所以，并不是越繁华的地方越适合开店，要看你经营的创业内容是什么性质，你经营的若是一家时装店，最好设在人来人往的闹市区。相反，家庭用品，薄利多销，顾客对象多为一般家庭，故没有必要设在闹市区。

(4) 企业孵化器。企业孵化器服务所定位的是新型和小型的公司，并在它们起步阶段收取较低的管理费用。很多场所都能成为特殊行业如软件开发或小型制造业、装配工厂等的基地。

(5) 工业区。一些工业区是为了恢复萧条地区的经济发展，它也鼓励吸引新企业的投资，这些地区的企业能享受税收鼓励和营销计划的好处。

3. 分析潜在顾客数量和客流规律

所有的人都是消费者，很自然也是商店的顾客，加盟者在选择店址时必须了解当地的人口总数、人口密度、人口增长情况、人口年龄结构等。国外调查资料表明，现代化的超级市场几乎有 50% 的顾客来自商店 250 米内的区域，因此，在考虑一家超级市场的可能地点时，一般都要求在计划地点 500 米半径范围内，必须有 1 万人定居。人来人往的地方，当然有利设店，但并非只是人多经过的地方就适合开店，还是要分析一下是哪些人来往，客流规律如何？首先要了解过往行人的年龄和性别，因为有些过路者是儿童，他们可能是快餐店的顾客，但不会是服装店的顾客；其次要了解行人来往的高峰时间和稀少时间；最后要了解行人来往的目的及停留时间。

在商业集中的繁华区，客流一般以购物为主流，特点是速度缓慢，停留时间长，流动时间相对分散，因此，可以把那些经营挑选性强的商品的商店设在这里，如服装店。有些地区虽然有相当规模的客流量，却多属非商业因素，如车站、学校、公共场所等，其客流的主流目的不是为了购买商品，而是以其他目的为主，购物是顺便。这些地区的客流一般速度较快，停留时间短，流动时间比较集中，因此可以把那些经营挑选性不强和携带方便的商品的商店设在这里，如冷饮店、快餐店等。

4. 分析其他因素

店址一旦选定，一般就不会轻易迁移，因为迁移必须付出极大代价，加盟者也希望能做得长久一些，不愿打一枪换一个地方，这就要求在选址时，一开始就应从长远、发展的角度着眼。因此，要详细了解该区的街道、治安、卫生、交通、市政、绿化、公共设施、住宅及其他建设和改造项目的规划，使选定的店址既符合近期环境特点，又符合长期发展规划，以避免造成损失。

此外，有些地方附近有许多空建筑，会令人感到景象衰落而不愿涉足，有些地方被传闻治安状况欠佳，无论是否属实，都会妨碍顾客前来，还有诸如散发出不良气味、噪音、灰尘多、外貌破旧的环境，都会降低开店的价值。

总之，有关选址必须记住的要点有：

- 仔细研究并评价所选择的地区
- 检验停车场的可用性
- 避免交通拥塞的区域
- 场所易于访问并且容易引人注意
- 注意附近不太协调的企业（比如，位于潜在珠宝店附近的工厂和货栈）
- 检查空闲场地的所有权，并尝试确定将来的建筑计划，所在地区的形象可能是一个关键要素
- 检查附近企业成功和失败的记录，它们提供了这一区域的跟踪记录
- 评价这个区域每天、周末和晚上的客流量情况
- 注意高度污染的区域

第二节　新企业的注册登记

新企业需要通过设立登记的法定程序获得正式的经营资格，即创业者向国家工商行政管理部门提出创立企业的申请，登记机关依照国家有关法律、行政法规规定，对设立企业的申请进行审查，确立企业经营主体资格。这也是企业经营者获得法律保护的必要程序，即如果准备合法经营自己的企业，就完全有必要去获取所在城市或地区颁发的营业执照或经营许可证。

获取营业执照或许可证的程序很简单，首先到企业选址所在地工商行政管理机关提出申请，填写申请表，交纳注册费和提供所需的资料（如企业名称、法人名称、企业地址、经营类型、雇员人数、预计总收益、所用车辆或企业经营设备等），在较短的时间内就会收到申请是否被核准的通知。

根据企业的规模、规范化程度，初创企业一般选择个体工商户、个人独资企业、合伙制企业和公司制企业的形式。由于不同企业在注册登记方面的要求是不一样的，因此有必要了解我国在企业创建方面的一些基本知识以及管理政策的变化。

一、个体工商户①

（一）个体工商户的概念与法律特征

个体工商户简称个体户，是指生产资料归个人或家庭所有，以个人或家人的劳动为基础，劳动成果归个人或家庭占有和支配，在法律允许的范围内，依法经核准登记、从事工商业活动的个人。

个体工商户可以个体经营，也可以家庭经营，属于自然人范畴。对经营后果承担无限责任。以个体经营的，以个人全部财产承担民事责任；以家庭经营的，以家庭全部财产承担民事责任，个体工商户也可以个人合伙形式经营，即由两个以上公民自愿组成，共同劳动经营，合伙的责任，由合伙人按照出资比例或者协议的约定，以各自的财产承担清偿责任，合伙人对合伙的债务承担连带责任。个体工商户可以根据经营情况，请一两个帮手，有技术的个体工商户可以带三五个徒弟。

（二）哪些人可以成为个体工商户

《中华人民共和国民法通则》规定："公民在法律允许的范围内，依法经核准记，从事工商经营的，为个体工商户。"根据《城乡个体工商户管理暂行条例》的规定，下列人员可申请从事个体经营，成为个体工商户：

1. 城镇待业人员，包括城镇待业青年和社会闲散人员两部分。其中待业青年是指年龄在16到25周岁，具有劳动能力，未能升学而要求就业的初、高中毕业生及其他要求就业的适龄城镇青年。

2. 农村村民。农村村民除可从事农业经营，成为农村承包经营户外，也可从事工商经营，成为个体工商户。

3. 国家政策允许的其他人员。包括：

（1）党政机关在转变职能过程中分流出来的人员；

（2）企事业单位的富余人员、停薪留职人员；

（3）企事业单位放长假的职工，可以凭所在单位的证明，申请办理个人临时营业执照；

（4）企事业单位的在职职工（包括专业技术人员和管理人员），经所在单位同意和核准登记，可利用业余时间从事个体经营活动；

（5）党政机关、团体、企事业单位离退休人员；

（6）居住地在我国的外国侨民。

党政机关在职人员不得从事个体经营。

（三）个体工商户申请开业登记手续

个体工商户是设立登记，即登记机关依法对设立个体工商户的申请进行审查，

---

① 参照青岛市教委职业技术教育教研室编．创业指南．青岛出版社，2000.

确立申请人的经营主体资格。申请人只有经登记机关核准，准予设立，领取营业执照，取得合法经营资格，才能开展经营活动。

二、个人独资企业

(一) 个人独资企业的设立条件

个人独资企业也称独资企业或独资商号、单人公司、个体企业等，是指由一个自然人单独投资并经营的企业。我国于1999年颁布并于2000年1月1日实施的《中华人民共和国个人独资企业法》，称其为个人独资企业，将其定义为依照本法在中国境内设立，由一个自然人投资，财产为投资人个人所有，投资人以其个人财产对企业债务承担无限责任的经营实体。它是我国私营企业中的一种企业形式。

按照法律规定，个人独资企业的设立要具备以下条件：

1. 投资人为一个自然人。

2. 要有自己的名称。根据有关规定，企业名称应当预先申请核准，独资企业也不例外。由于独资企业的业主对企业的债务承担无限责任，故在企业名称中不可以出现“有限”或“有限责任”的字样。在我国，依据公司法之规定和一般的实践，公司一定是有法人资格的企业，故在登记时，个人独资企业在其名称中不可以使用“公司”二字。

3. 投资人要申报其必要的与其申办企业规模相当的经营资金。该经营资金不是注册资本，只是经营的条件，而不具有对债权人给以担保的效力。

4. 有必要的生产经营场所和必要的生产经营条件。

5. 有相对满足其经营业务开展需要的从业人员。

从以上个人独资企业设立所应具备的条件可以看出，它在投资和经营规模上是有别于主要靠个人劳动从事经营活动的个体工商户的。个人独资企业在规模上已具备了企业的全部特征，因此将其视为独立的民事主体去参加市场经济活动，同时，由于个人独资企业本身具有一定的相对独立的财产，一旦与外界发生纠纷时，更有利于及时实现债权人的债权。因此，我国将个人独资企业以其他组织形式赋予其民事主体资格。

(二) 设立个人独资企业的程序

1. 设立个人独资企业可以申请名称预先核准，即申请取得企业名称。

2. 由投资人或者其委托的代理人向个人独资企业所在地登记机关申请设立登记，并提交下列文件：

(1) 投资人签署的个人独资企业设立申请书；

(2) 投资人身份证明；

(3) 企业住所证明；

(4) 国家工商行政管理局规定提交的其他文件；

(5) 委托代理人同时提交《委托书》和代理人的身份证明。

3. 登记机关在收到上述文件之日起的15日内，做出核准登记或者不予登记的决定。予以核准的发给营业执照；不予核准的，发给企业登记驳回通知书。

4. 取得营业执照后，即可开展营业活动。

三、合伙企业

(一) 合伙企业的概念和基本特征

合伙企业是指依照《中华人民共和国合伙企业法》在中国境内设立的由各合伙人订立合作协议，共同出资，合伙经营，共享利益，共担风险，并对合伙企业债务承担无限连带责任的营利性组织。

(二) 合伙企业的设立登记

申请设立合伙企业，应向登记机关提交下列文件：

1. 全体合伙人签署的《合伙企业设立登记申请书》；
2. 全体合伙人的身份证明；
3. 全体合伙人指定的代表或者共同委托的代理人的委托书；
4. 合伙协议；
5. 出资权属证明；
6. 经营场所证明；

法律法规规定设立合伙企业应当提交的有关批准文件。

四、企业代码与银行开户

国务院决定在我国实行组织机构代码管理制度，根据《全国组织机构代码编制规则》强制性国家标准，对中华人民共和国境内的每一个机关、团体和企事业单位颁发一个唯一的始终不变的法定代码表示，组织机构代码已在银行、税务、统计、公安、外贸、海关等领域得到广泛应用。

办理组织机构代码证应提交的材料：

1. 企业单位应带营业执照的原件及复印件。
2. 具有法人资格的单位提交法人代表身份证及复印件，不具备法人资格的单位提交负责人身份证及复印件。
3. 经办人员身份证及复印件。
4. 申领组织机构代码证申报表。

银行账户是单位为办理存款、贷款、结算以及现金取付，而在银行开立的户头。根据现行国家有关制度规定，每个独立核算的经济单位都必须在银行开户，各单位之间办理款项结算，除现金管理办法规定可用现金外，均须通过银行结算。企业开立银行存款账户是与银行建立往来关系的基础，只有在银行开立账户，才能委托银行办理资产往来业务，所以，所有经营性组织申领营业执照后应立即到银行办理开户。

五、税务登记

依法纳税是每个公民和企业的责任，企业纳税是要事先向税务机关登记才能实现的。

办理税务登记的手续如下：

1. 提出申请办理税务登记的书面报告。申请人应先到主管税务机关或指定税务登记点，填报《申请税务登记报告书》。企业应该分别到国税局和地税局分别申请税务登记，分别申领《税务登记表》，如实填写《税务登记表》。

携带全部有关证件或资料。这其中包括：

(1) 营业执照副本及复印件；

(2) 组织机构代码证书及复印件；

(3) 银行开户许可证复印件；

(4) 法定代表人（负责人）或业主、财务负责人居民身份证、护照或者其他证明身份的合法证件、复印件；

(5) 经营场所房屋产权证书复印件；

(6) 出租出借、承租承借房屋、土地合同复印件；

(7) 成立章程或协议书；

(8) 独立核算或非独立核算证明；

(9) 非独立核算单位须持上级独立核算单位的税务登记表及复印件。

纳税人报送的原件，经税务机关查验后返还纳税人，复印件税务机关留存。

2. 开业税务登记的审批。

3. 税务登记证的发放。

第三节　新企业的人员招聘与人力资源管理

新企业在建立之初一般只有几个合伙人或同事，随着业务的扩展和人员的流动，新企业也面临招聘新员工和留住高绩效员工的问题。

一、新员工的招聘

（一）招聘程序

招聘新员工对应聘者和创业者来说都相当重要。它既可能是一种互利关系的开始，也可能是一系列错误的开端。

影响员工流转的两个主要因素是使用的招聘和选择程序。为了减少员工流转率，创业者必发布职位招聘广告、处理应聘者的申请材料、举行面试、选择新员工，并为他们配置工作。

1. 潜在员工的来源

新企业所需要的员工可以通过以下渠道获得：

（1）企业内部提拔

（2）招聘广告

（3）就业中介

（4）教育机构

（5）以前的员工推荐

（6）在职员工推荐

2. 选择员工的程序

（1）接收申请材料

（2）面试

（3）核实应聘者的相关信息

（4）应聘者的技能测试

二、新员工的定岗程序

按照通常的惯例，新员工到来的第一天应该带他们参观企业。在这期间，应该把新员工介绍给在职的其他员工，让新员工了解企业的整体运行情况，明确要求新员工适应企业的经营环境并融入到企业当中。这项工作并不需要花很多精力，但却十分有用。从长远来看，这项工作省时省钱。

最重要的是，要让新员工从进入企业的第一天开始就能找到自己的恰当位置。正确定岗常有助于提高员工的工作效率，并且有助于把优秀员工长期留住。

（一）员工定岗的4个基本原则

1. 定人：确定需要定岗的员工。

2. 定事：明确必须完成的工作任务。

3. 试用：让员工在监督下进行尝试。

4. 转正：让合格者继续工作下去。

（二）给新员工定岗准备工作的6个要素

1. 落实工作：让新员工了解他们所要从事的工作。

2. 进行监督：让在职员工对新员工进行辅导和监督。

3. 设计障碍：设计一个简单的工作障碍。

4. 确定时间：制定一个新员工培训时间表。

5. 划定范围：划定工作范围。

6. 绩效评估：每天对新员工工作绩效进行评估。

创业者在选择员工之前，首先要计算决定公司在1～3年需要的人员数目与技能，进而对工作进行描述说明，准备好职务说明书，接下来就可以通过简历和面试的筛选来选择适合企业的员工了。

这里我们要重点说明的是，职务分析和职位描述对于企业都是很重要的。职务分析决定该职位在具体知识、技能和能力方面包含和要求什么；职位描述是描述某个职位在职责、责任和工作条件方面包含的内容。

之所以强调选择员工的前期工作是因为它们为在求职者中进行选择，即挑选最适合特定工作的员工提供了基础。在其他因素相同的情况下，最好选择那些知识、技能和能力与工作要求最相匹配的求职者。如果没有对特定的职位进行分析并形成一份清晰的职位描述，创业者（或是授权做这项工作的人）依然要进行挑选求职者的工作，这是必须完成的任务。然而，这时，挑选符合工作要求的求职者就会更加困难。例如，创业者可能会选择更志趣相投或更有魅力，或是“出众”的申请者，而不是最适合这项工作的人。正因为如此，在开始寻找和选择过程之前最好是对职位的特定要求形成清晰的认识。

一旦确定了企业需要什么样的员工后，寻找这些员工的工作就开始了。往往创业者倾向于雇用自己了解的人，无论是通过个人接触直接了解，还是通过他们熟悉和信任的人推荐。经过调查研究得出，来自现在或以前雇员的推荐，在雇用员工方面特别有帮助。但是，用这个途径寻找员工是短暂和狭窄的，企业应该寻找更广泛的员工来源。企业可以通过广告、猎头公司、行业协会推荐等方式来选择足够数量的合适员工。

在选择求职者的时候，应通过简历和面试来严格把关。简历筛选应从教育程度、工作经历、个性与能力、创业活动、兴趣爱好方面来初步选择面试的人员。在面试的时候应从以下三个方面来把握：（1）准备问题（老雇主对其工作业绩的评价，原先同事对其为人与工作业绩的评价，有什么待弥补的弱点，感到最满意的工作经历；（2）面试表格标准化（1～5分打分法）；（3）允许面试者评价应聘者行为和避免说得太多而倾听不够。

三、激励新员工

新企业在进入劳动力市场吸引高绩效员工时处于明显的劣势，因为对于求职者来说新企业是默默无闻的，而且不能像现存企业那样提供安全或“品牌熟悉感”。不能吸引和留住重要的和敬业的员工，企业就不能健康成长。那么，创业者应如何完成这一重要的任务呢？

（一）了解员工的需要

员工的考虑决定了对企业的需要。

1. 薪酬计划。对员工来说，工资是决定他们工作的一个重要因素。他们希望所得报酬能够反映出他们贡献给企业的各种技能以及他们所付出的辛勤劳动。如果创业者想要吸引并留住优秀员工，那么，他们就必须认真考虑在别的企业从事相同工作的员工报酬如何。

2. 额外福利。在所有额外福利中，病休和假期是员工们最为看重的。创业者应该设计一整套包括各种额外福利的方案。

3. 人际关系。高工资报酬和优厚的福利待遇并不一定能够使员工们感到快乐。工作满意对他们来说更加重要。创业者有责任为员工提供最好的工作环境，并且要确保员工与企业之间总是能够畅通无阻地双向交流。

表 7-1 员工激励因子排序表

员工排序	个人激励因子	监管者排序
9	看好下次表现的潜力	9
16	获奖的可能性	14
4	个人工作目标	5
15	良好的工作条件	15
18	对老板的忠诚和友情	16
5	做自己感兴趣的工作	8
8	获得较高薪酬的可能性	13
13	不想让自己所在的班组落后	10
12	获得同伴的认同	2
6	被提升的可能性	4
1	从完成具有挑战性的工作中获得成就感	6
20	被老板教训的可能性	17
17	成为团队的一部分	11
2	总是有努力把工作干好的内在要求	7
14	强烈的工作安全感	18
10	获得老板的赞赏和承认	3
3	做感觉重要的工作	1
7	帮助团体实现目标的愿望	20
11	在工作中增加自由的可能性	12
19	被任命为工作小组的负责人	19

4. 工作条件。良好的工作条件与员工的健康、舒适和安全一样都应该是创业者真正关心的事情。一个好的工作环境不仅可以防止发生意外事故，而且非常有助于提高员工的工作效率。工作场所必须通风良好，冷热适度，光照充足，还必须安装卫生设备和安全设施。在任何一家企业的健康和安全计划中，急救药箱和急救电话号码都是必不可少的。

（二）有效的激励措施

用什么方式激励员工是有效管理的中心内容之一，创业者应该了解哪些激励因素对员工是有吸引力的。表 7-1 的调查统计分析说明了员工和管理者对一些激励措施的评价，有相同的，也有不同的。

结果表明，在员工眼里，“成就感”是最主要的激励因子，排序最高，然而，监管者却低估了“成就感”这个因子，他们对“认同感”的评价却相当高。

（三）创业者如何提高管理技能

创业者管理员工的时候，要清楚什么事情该做，什么事情不该做。

创业者应该坚持不懈去做的是：

1. 要做到始终如一
2. 要做到公正、诚实
3. 要激发员工的热情
4. 要鼓励员工提出问题
5. 要鼓励员工独立思考
6. 要让员工树立信心
7. 要和员工充分地交流和沟通
8. 要主动倾听员工的呼声
9. 要认识到个人能力的差异性
10. 树立个人榜样
11. 对员工的个人感受给与更多的关注

创业者应该尽量避免发生的是：

1. 好辩成性
2. 独断专行
3. 对员工提出过高的要求
4. 不理性，易冲动
5. 对员工隐瞒真相
6. 打击员工的主动性
7. 挫伤员工的好想法
8. 轻视员工
9. 指示不明确

10. 对待员工缺乏公正性
11. 当着其他员工的面对某个员工大声斥责
12. 拘泥小节

四、员工培训计划

刚招进来的员工对于企业了解比较少，尤其是对一个新创企业来说，更有甚者是一无所知。那么对员工进行培训就是必不可少的，而且也是相当重要的。小企业招聘的员工，大多数是对口上岗，为此多采用岗前培训和上岗后轮训等方式。采用何种形式培训主要看雇员熟悉企业岗位的程度。

具体的培训工作内容包括：

（一）制定培训计划

1. 进行培训需求分析
2. 确定培训目的
3. 准备培训与发展项目的计划
4. 提供预定的管理培训内容菜单
5. 完成季度进展报告，记下所有培训项目，并准备一份总结报告

以下是培训菜单：

1. 技术的/与工作相关的：

会计或销售技能

谈判技能

电脑技能

2. 管理技能（对现在或潜在经理）：

领导才能

团队建设

对变化的管理

招聘

培训与发展员工

3. 经营方面的：

基本财务

营销原理

合并企业计划

理解战略

（二）实施培训

一般对新雇员的培训可以分别从以下几个方面进行：

1. 企业概况介绍：包括企业的规模、设施、经营范围、管理形式、岗位设置

等，帮助新员工尽快地熟悉企业内部情况。

2. 企业经营管理的基本要求，以及对雇员的素质要求：如企业形象的树立、基本技能、操作规程或服务规范。

3. 安全保卫工作的培训：加强安全意识教育，减少事故发生。

4. 学习《员工守则》和各种规章制度。

（三）考核上岗

经过培训后，创业者对雇员进行口试或书面形式的考核，并通过实际操作演练考核技能。试题应按工种的应知应会要求进行考核，试题不宜过难，以免产生反作用，使雇员对新工作的满腔热情受到遏制。

五、解雇员工

（一）解雇员工的理由

因为各种原因，企业不得不解雇一些员工。解雇的理由大致有三个原因：

1. 不胜任工作：长期生病或者不能完成目标任务。

2. 冗员（工作不再需要）：当组织重组使原来的位置空缺或者用高素质员工代替现有职位上的员工，就会出现冗员，裁员就不可避免。

3. 做错事（不可饶恕）：违反制度或不按规则做事导致不好的结果。

（二）解雇技巧

解雇是一个不愉快的过程和结果，为了避免产生纠纷和不利的后果，解雇策略和程序很重要。被解雇员工有知情权，需要得到关心与爱。避免树立不必要的敌人，引起不必要的压力与痛苦。因此，解雇程序要注意以下问题：

1. 事先计划面谈。选择最佳时间和地点，不要在周五解雇，被解雇的员工在面对家人之前需要时间调整，可能的话，选择一个中立的、安静的不被打扰的私人场合。

2. 不要拖延。一旦让某人走的决定做出后，应立即执行，否则消息传到雇员的同事那里，他将受到排斥或被动。

3. 告诉真相。给出清楚、明确的解释，不要含糊，最好有事实资料支持。

4. 不要感情用事。不要过于冲动，缺乏理智；或草率了事，或犹豫不决，不能切中要害，这些有可能使解雇失败。

第四节　供货商选择

供货商之所以重要，是因为它们可以为企业提供形式多样的服务。供货商通常以商业信贷的形式把它们的产品卖给企业。企业也可以根据自己的需要少量购买，避免过多的存货占用资金。供货商还可以在诸如技术事务、市场趋势和新产品信息等方面给企业提供建议。创业者应该选择那些出价低、能提出最佳建议、交货快、能在财务结算方面提供通融的那些供应商。

创业者向供货采购商品、原料和机器设备时，应该遵循以下基本程序。

步骤一：确定本企业的市场需求

创业者应该首先弄清楚自己到底需要生产什么。通过市场调研，你就可以弄清楚你的客户是谁，他们需要什么。这些客户需求将决定：

1. 为生产出客户所需求的商品，企业需要采购的原材料和设备；
2. 为转卖给客户，企业需要从供货商那里购买的产成品；
3. 作为库存，企业需要购买的每种产品的数量；
4. 从供货商那里采购一定数量的商品需要支付的价格；
5. 从供货商那里取得所需要的商品和原材料的具体时间。

步骤二：识别潜在的供货商

为了确定向新企业出售商品、原材料和设备的供货商，创业者需要搜寻各种信息，进行识别和判断。下面是一些可能对创业者有用的建议：

1. 通过同事、生意场上的朋友和熟人了解情况，尽量弄清楚竞争对手从哪儿进货；

2. 与那些支持小企业发展的组织机构建立联系，从当地的商会那里也可以打听到一些诚实可靠的供货商；

3. 通过报纸、杂志、商业期刊、企业名录和电话号码簿搜寻潜在供货商的详细信息，也可以通过互联网查找相关产品信息和供货商信息；

4. 弄清楚每一个供货商出售的都是什么样的商品、原材料和设备，以及它们的要价、折扣、信贷和送货服务情况；

5. 通过其他创业者的帮助，弄清楚每一位进货商的可靠程度。比如，这位供货商送货及时吗？这位供货商接受退货吗？这位供货商是不是对所出售的商品或原材料的质量负责？这位供货商的口碑如何，靠得住吗？

步骤三：联系供货商并索要书面报价单

完成上述两个步骤之后，新企业就可以去联系供货商了。联系供货商的方式很多，可以亲自到供货商的办公室登门拜访，可以打电话给供货商，也可以写封信把你的要求告诉供货商。每一位潜在供货商都应该以书面形式向你提供供货信息，包括所能提供的商品、原料和设备的具体类型。当然，你自己也可以提出各种具体问题，包括：

1. 供货商提供的商品在数量上和质量上是否符合你的需要？
2. 你所购买的商品最小数量是多少？
3. 需要用现金结账还是可以赊账？
4. 你能从供货商那里赊账多少？何时必须偿还？

5. 如果你大批量购买或即时付款能否得到折扣？

6. 你能得到多少折扣？

7. 供货商送货上门吗？

8. 订货以后供货商送货快不快？什么时候到货？

9. 是免费送货，还是要你支付运费？

注意：要明确要求供货商以书面形式答复你提出的各种问题。

要求供货向你提供书面报价单。如果在你和供货商之间事后发生任何意见不一致之处，你手里有一份书面报价单问题就容易解决多了。

步骤四：选择最佳供货商

在你从各种各样的供货商那里拿到报价单之后，你需要对这些报价单进行对比，看看不同的供货商所提供的产品和报价单有何区别。报价单是供货商对你的询价给出的书面答复。在上面，供货商会向你提供有关商品、原料或设备，价格，付款方式，送货方式以及其他任何与订单有关的详细信息。

创业者在选择供货商时必须确定什么样的条件和优先顺序是最重要的。是供货商提供的商业信贷（赊账）？是供货商的可靠程序？是供货商的要价？是供货商给出的折扣，还是其他你所关心的问题？在考虑了各种条件和相关因素之后，你大致上可以被确定哪个供货商最适合你的需要。在做出最终决策之前，你还需要作进一步的明确：

1. 想办法和你心目中初步确定的供货商再谈一谈，看看对方是否还可以给出更优惠的条件。

2. 最后选定能够满足你需要的最佳供货商。

步骤五：订货

在订货的时候，你的订单一定要以书面形式提交。你必须仔细考虑订货的数量。这可以从下面几个问题着手：

1. 你能订到的最小数额是多少？

2. 每一包货物的定价是多少？

3. 你的订货数量可不可以少于一包？

步骤六：验货

货物一到，你就必须马上验货。供货商通常会随同商品或原料一起附上一份送货清单。货单上列明了商品的详细情况。供货商会要求你在货单上签字，作为你已经收到所列货物的凭证。

有的供货商用发票来取代送货清单。当你收到发票的时候，要拿发票对照货物一一清点。

如果供货商让你自己去提货，你要认真检查每一种货物的种类和质量，核实无误后，才能装车运回。

需要注意的是，你还要拿着自己的订单去核对送货清单或发票，检查一下你定购的每一种货物是不是准时送来了。如果出现差错，你必须马上通知供货商。在问题没有解决之前，千万不要在送货清单上签字，也不要付款。

步骤七：核对发票

认真核对发票是很有必要的，因为发票上列出了你所购买的各种货物，还注明了付款日期和付款方式。

要确认一下发票是否准确无误。如果你是赊账购买的，还要拿发票和送货单对照一下。发票和送货单上所列出的各种商品或原料必须完全一致。你要确认的是，你所购买的每一件货物都已收到，而且价格和全部货款都准确无误。如果发票出现差错，你必须马上通知供货商，并确定解决问题的最佳方式。

步骤八：付款

你可以用现金给供货商付款，也可以用支票付款。付款之后，一定要让对方给你一张收据，作为付款凭证。

第五节　新企业的法律形式

创业者创业之初首先必须做出的决策是企业准备采取什么样的法律形式。依据财产组织形式和法律责任，国际上通常把企业分为三类，即公司企业、合伙企业和独资企业。在现代高度发达的市场经济条件下，企业的组织形式日益多样化，出现了多种混合制的企业形式。

目前，适合新企业的组织形式有：个体工商户、个人独资企业、一人有限责任公司、合伙制企业、有限责任公司、有限合伙企业。

以下对个人独资企业、合伙制企业、有限责任公司、一人有限责任公司这几种典型的企业形式进行分析。

一、个人独资企业

个人独资企业是指依法设立，由一个自然人投资，财产为投资者个人所有，投资人以其个人财产对企业债务承担无限责任的经营实体。

（一）设立个人独资企业应具备下列条件

根据法律规定，设立个人独资企业应当具备五个条件：

1. 投资人为一个自然人。法律、行政法规禁止从事营利性活动的人，不得作为投资人申请设立个人独资企业。

2. 有合法的企业名称。

3. 有投资人申报的出资。

4. 有固定的生产经营场面所和必要的生产经营条件。

5. 有必要的从业人员。

(二) 个人独资企业的优点

企业设立、转让和解散等行为的手续非常简便，仅需向登记机关登记即可；

企业主独资经营，制约因素较少，经营方式灵活，能迅速对市面上的变化做出反应；

利润归企业主所有，不需要与其他人分享；

在技术和经营方面易于保密，利于保护其在市场中的竞争者地位；

若企业主因其个人努力而使企业获得成功，则可以满足个人的成就感。

(三) 个人独资企业缺点

当个人独资企业资产不足以清偿债务时企业主将依法承担无限责任，必须以其个人的其他财产予以清偿，因此经营风险较大；

一般来说，个人独资企业受信用限制不易从外部获得资本，如果企业主资本有限或者经营能力不强，则企业的经营规模难以扩大；

一旦企业主发生意外事故或者犯罪、转业、破产，个人独资企业也随之不复存在。

二、合伙企业

合伙企业是指二人以上书面协议共同投资、共同经营、共负盈亏，合伙人对企业债务负连带无限责任的企业。

(一) 合伙企业设立条件

根据法律规定，设立合伙企业应当具备五个条件：

1. 有两个以上的合伙人，且都是依法承担无限责任者；
2. 有书面的合伙协议；
3. 有各合伙人实际缴付的出资；
4. 有合伙企业的名称；
5. 有经营场所和从事合伙经营的必要条件。

法律、法规禁止从事营利性活动的人，不得成为合伙企业的合伙人，如国家机关、学校、医院、部队等机构的人员。

合伙人可以用货币、实物、土地使用权、知识产权或者其他财产权出资。对货币以外的出资需要评估作价的，可以由全体合伙人协商确定，也可以由全体合伙人委托法定评估机构进行评估。经全体合伙人协商一致，合伙人也可以用劳务出资，其评估办法由全体合伙人协商确定。

合伙协议是合伙企业成立的依据，也是合伙人权利和义务的依据，必须以书面形式订立，且经过全体合伙人签名、盖章方能生效。合伙人依照协议享有权利，并承担责任。经全体合伙人协商一致时，可以修改或者补充合伙协议。

（二）合伙企业的优点

由于出资人较多，扩大了资本来源和企业信用能力。

由于合伙人具有不同的专长和经验，能够发挥团队作用，各尽其才，有利于提高企业的管理能力。

资本实力和管理能力的提高，增强了企业扩大经营规模的可能性。

（三）合伙企业的缺点

1. 在合伙企业存续期，如果某一个合伙人有意向合伙人以外的人转让其在合伙企业中的全部或部分财产，必须经过其他合伙人的一致同意。

2. 当合伙企业以其财产清偿合伙企业债务时，其不足部分，由各合伙人用其在合伙企业出资以外的个人财产承担无限连带清偿责任。

尽管合伙企业的资本来源以及信用能力比个人独资企业有所增加，但其融资能力仍然有限，不易充分满足企业进一步扩大生产规模的资本需要。

三、公司

我国的《公司法》第三条规定："公司是指依照本法在中国境内设立的有限责任公司和股份有限公司。"

公司是企业法人，有独立的法人财产，享有法人财产权，公司以其全部资产对公司的债务承担责任。

有限责任公司，是指股东以其认缴的出资额为限对公司承担责任。

股份有限责任公司，将全部资本分为等额股份，股东仅就所认购的股份为限，对公司的债务负清偿责任。

公司股东作为出资者按投入公司的资本额享有所有者的资产收益、重大决策和选择管理者等权利。公司享有由股东投资形成的全部法人财产权，依法享有民事权利，承担民事责任。

（一）股份有限公司的设立条件

《公司法》规定：股份有限公司的设立可以采取发起设立或者募集设立的方式。

发起设立，是指由发起人认购公司应发行的全部股份而设立公司。

募集设立，是指由发起人认购公司应发行股份的一部分，其余股份向社会公开募集而设立公司。

设立股份有限公司应当具备六个条件：一是发起人符合法定人数（设立股份有限公司，应当有二人以上二百人以下为发起人，其中须有半数以上的发起人在中国境内有住所）；二是发起人认购和募集的股本达到法定资本最低限额；三是股份发行、筹办事项符合法律规定；四是发起人制订公司章程，采用募集方式设立的需经创立大会通过；五是有公司名称和符合股份有限公司要求的组织机构；六是有公司住所。

《公司法》第八十一条规定：股份有限公司采取发起设立方式设立的，注册资本为在公司登记机关登记的全部发起人认购的股本总额。公司全体发起人的首次出资额不得低于注册资本的百分之二十，其余部分由发起人自公司成立之日起两年内缴足；其中，投资公司可以在五年内缴足。在缴足前，不得向他人募集股份。

股份有限公司注册资本的最低限额为人民币五百万元。法律、行政法规对股份有限公司注册资本的最低限额有较高规定的，从其规定。

（二）公司企业的优点

1. 公司的股东只对公司承担有限责任，与个人的其他财产无关，因而股东的风险不大；并且股份有限公司的股东还可以自由转让股票而转移风险。

2. 通过公开发行股票，提高了公司的社会声望，因而融资能力很强。

3. 公司具有独立存续时间，除非因经营不善导致破产或停业，不会因个别股东或高层管理人员的意外或离职而消失。

4. 对比个人独资企业和合伙企业，公司的所有权与经营管理权分离，可以聘任专职的经理人员管理公司，因而管理水平高，能够适应竞争激烈的市场环境。

（三）公司企业的缺点

公司设立的程序比较复杂，创办费用高；

按照相关法律要求，股份有限公司需要定期披露经营信息，公开财务数据，容易造成商业机密的外泄；

由于公司是从社会吸纳资金，为保护利益相关者，政府对公司的限制较多，法律法规的要求也较为严格。

（四）一人有限责任公司

中华人民共和国第十届全国人民代表大会常务委员会第十八次会议于2005年10月27日修订通过了《公司法》，修订后的《公司法》，已于2005年10月27日公布，自2006年1月1日起施行。《公司法》第五十八条规定："本法所称一人有限责任公司，是指只有一个自然人股东或者一个法人股东的有限责任公司。"

第五十九条规定："一人有限责任公司的注册资本最低限额为人民币十万元。股东应当一次足额缴纳公司章程规定的出资额。

一个自然人只能投资设立一个一人有限责任公司。

第六十条规定："一人有限责任公司应当在公司登记中注明自然人或者法人独资，并在公司营业执照中载明。"

第六十一条规定："一人有限责任公司章程由股东制订。"

第六十二条规定："一人有限责任公司不设立股东会。股东作出决定公司的经营方针和投资计划的决策时，应当采用书面形式，并由股东签字后置备于公司。"

第六十三条规定："一人有限责任公司应当在每一会计年度终了时编制财务会计报告，并经会计师事务所审计。"

第六十四条规定："一人有限责任有限公司的股东不能证明公司财产独立于股东自己的财产的，应当对公司债务承担连带责任。"

表 7-2 企业形式比较

项目	有限责任公司	合伙企业	个人独资企业
法律依据	公司法（自 2006 年 1 月 1 日起施行）	合伙企业	无章程或协议
法律地位	企业法人	非法人营利性组织	非法人经营主体
责任形式	有限责任	无限连带责任	无限责任
投资者	无特别要求，法人、自然人皆可	完全民事行为能力的自然人，法律、行政法规禁止从事营利性活动的人除外	完全民事行为能力的自然人，法律、行政法规禁止从事营利性活动的人除外
注册资本	最低 3 万元	协议约定	投资者申报
出资	法定：货币、实物、工业产权、非专利技术、土地使用权	约定：货币、实物、土地使用权、知识产权或者其他财产权力、劳务	投资者申报
出资评估	必须委托评估机构	可协商确定或评估	投资者决定
章程或协议生效条件	公司成立	合伙人签章	（无）
财产权性质	法人财产权	合伙人共同共有	投资者个人所有
财产管理使用	公司机关	全体合伙人	投资者
出资转让	股东过半数同意	一致同意	可继承
经营主体	股东不一定参与经营	合伙人共同经营	投资者及其委托人
事务决定权	股东会	全体合伙人或遵从约定	投资者个人
事务执行	公司机关、一般股东无权代表	合伙人权利同等	投资者或其委托人
盈亏分担	投资比例	约定，未约定则均分	投资者个人
税收	企业所得税，个人所得税	企业所得税	企业所得税
解散程序	注销并公告	注销	注销
解散后义务	无	5 年内承担责任	5 年内承担责任

此外，和个人独资企业相比，一人有限责任公司的发起人（即股东），只需要承担注册资金的有限责任，而个人独资企业的投资者要承担无限责任。此举极大地鼓励了公民将资本融入市场，极大地方便和鼓励个人创业，有利于促进市场经济的发展。2006 年 8 月底，全国人大常委会又审议通过了合伙企业法修订案。修订草案增加了有限合伙企业，旨在为风险投资开道，促进科技创新投入，鼓励创业。

表 7-3　　各种形式企业的优缺点

企业形式	优　点	缺　点
个人独资企业	企业设立、转让和解散等行为手续非常简便，仅需向登记机关登记即可； 企业主独自经营，制约因素较少，经营方式灵活，能迅速应对市场变化； 利润归企业主所有，不需要与其他人进行分享； 在技术和经营方面易于保密，利于保护其在市场中的竞争地位； 若企业主因个人努力而使企业获得成功，则可以满足个人的成就感。	当个人独资企业财产不足以清偿债务时，企业主将依法承担无限责任，必须以其个人的其他财产予以清偿，因此经营风险较大； 一般来说，个人独资企业受信用限制不易从外部获得资金，如果企业主资本有限或者经营能力不强，则企业的经营规模难以扩大； 一旦企业主发生意外事故或者犯罪、转业、破产，则个人独资企业也随之不复存在。
合伙企业	出资人较多，扩大了资本来源和企业信用能力； 合伙人具有不同的专长和经验，能够发挥团队作用，增强了企业的管理能力； 资本实力和管理能力的提高，增强了企业扩大经营规模的可能性。	在合伙企业存续期，如果某一个合伙人有意向合伙人以外的人转让其在合伙企业中的全部或部分财产时，必须经过其他合伙人的一致同意； 当合伙企业以其财产清偿合伙企业债务时，其不足部分，由各合伙人用其在合伙企业出资以外的个人财产承担无限连带清偿责任； 尽管合伙企业的资本来源以及信用能力比个人独资企业有所增加，但其融资能力仍然有限，不易充分满足企业进一步扩大生产规模的资本需要。

续表

企业形式	优　点	缺　点
公司企业	公司的股东只对公司承担有限责任，与个人的其他财产无关，因而股东的风险不大，而且股份有限公司的股东，还可以自由转让股票而转移风险； 通过公开发行股票，提高了公司的社会声望，因而融资能力很强； 公司具有独立存续期间，除非因经营不善导致破产或停业，不会因个别股东或高层管理人员的意外或离职而消失； 个人独资企业和合伙企业相比，公司的所有权与经营管理权分离，可以聘任专职的经理人员管理公司，因而管理水平高，能够适应竞争激烈的市场环境。	公司设立的程序比较复杂，创办费用高； 按照相关法律要求，股份有限公司需要定期披露经营信息，公开财务数据，容易造成商业机密的外泄； 由于公司是从社会吸纳资金，为了保护利益相关者，政府对公司的限制较多，法律法规的要求也较为严格。

四、新企业组织形式的选择

不同的组织形式具有不同的优劣势，供应商、现有顾客和潜在顾客、投资者对不同的组织结构形式的印象也是不同的（比如，顾客更愿意与公司制的企业做生意，因为这类企业在延续性和所有权方面有优势，这通常被认为是一种稳定性较好的企业形式，顾客当然希望与之打交道的企业能够长期存在）。因此，创业者在做业务计划决策时要慎重。

选择什么样的法律组织形式，通常考虑的因素有：开办企业的法律成本和程序；企业所有者的责任；企业的连续性问题；企业管理控制；扩充资本的获取；税收负担等。

除了前面所列的一些考虑因素之外，还有些标准可以帮助企业选择组织的法律形式。

1. 是投资者还是所有者？如果投资者和所有者是少数个人，可以考虑选择某种合伙制形式，也可以是股份有限公司或有限责任公司。但如果考虑到企业需要创业投资或其他类型的专业投资者，公司制组织可能更合适一些。另外，公司制企业能为激励型股票期权计划提供最大的灵活性以及不同类型的优先证券，所有这些特征对于依靠创业投资的高潜力企业是非常重要的。最后，公开上市的最有可能是公司制企业。

2. 企业有什么样的资本要求和现金流特点？如果预计企业在创业早期有巨大亏损，那么，如果投资者能用损失抵消利润，从而减少税负的话，那么适合选择合伙企业或有限责任公司。如果企业长期需要现金投资，而且打算通过出售或拍卖而实现价值，那么公司制最有吸引力。

3. 企业生命的期限结构是什么？合伙企业因一个合伙人的死亡或退休而解体，公司制企业具有持续的生命，远超过一个管理者或投资者的个人寿命。

企业法律形式的初始的决策不是一成不变的。随着时间的推移，企业在它的生命周期中战略和运作方式会发生变化，都可能要求对企业的法律形式做出调整。比如因宏观财政税收方面的变化，或各所有制形式的相对优势发生转变，个人独资企业可以成为合伙企业，并最终成为公司制企业。除了类型的转变之外，管理者和所有者还需要做大量的法律和行政工作。在每个特定的阶段，恰当的组织形式所带来的好处是可以保证这一系列的变化。另一方面，迅速发展的高潜力企业为了不浪费时间，在获得融资前要完成这些变化。创业者在选择一种组织形式之前，需要很好地考虑企业的每一步发展。

第六节　与新企业相关的其他法律问题

企业成立以后，有许多法律问题是需要注意的。一个新创业企业所需面临的法律问题大致有：知识产权、合同、税收、保险、产品安全与责任等几个方面。这一节里将对新企业所需面对的相关法律问题进行具体叙述。

一、知识产权

大多数新企业创立的基础是有了一个好的产品或服务，如果新企业想取得成功，那么产权的保护是必不可少的。这就牵涉到一个知识产权的保护问题。但是对于创业者来说，知识产权的保护却并不是那么容易的。因此，创业者就需要好好了解一下知识产权保护的内容和相关法律知识。

知识产权主要包括四个方面：专利、商业秘密、商标权和版权。

（一）专利

专利是法律授予专利发明人或持有人的一种保护权，限制其他人制造、使用或出售相似的创意。

专利是一种作为披露某项发明的文件，由政府授予发明人的禁止其他人在20年内使用同样发明的法律权利。一项发明要想申请专利，应当具备新颖性、创造性和实用性。新颖性，是指在申请日以前没有同样的发明或者实用新型在国内外出版物上公开发表过、在国内公开使用过或者以其他方式为公众所知，也没有同样的发明或者实用新型由他人向国务院专利行政部门提出过申请并且记载在申请日以后公布的专利申请文件中。创造性，是指同申请日以前已有的技术相比，该发明有突出的实质性特点和显著的进步，该实用新型有实质性特点和进步。实用性，是指该发明或者实用新型能够制造或者使用，并且能够产生积极效果。授予专利权的外观设计，应当同申请日以前在国内外出版物上公开发表过或者国内公开使用过的外观设计不相同和不相近似，并不得与他人在先取得的合法权利相冲突。

申请专利是一种法律程序，申请专利的发明人要想快而稳妥地获得专利权，取得法律上的保护，可委托专利事务所的专利代理人为你提供法律和技术上的帮助，发明人一旦与专利代理人建立委托代理关系，专利代理人则是你的技术顾问和专利律师。

发明人与专利代理人建立代理委托关系后，应按照代理人的要求提供撰写专利文件所必需的详细技术资料；详细技术资料包括发明创造的目的、新旧技术对比、主要技术特征及实施发明创造目的的具体方案，以及能说明发明创造目的的图纸等。

如发明人不会制图或不能提供必需的详细技术资料，可直接向专利代理人口述，专利代理人可根据发明人的发明意图为你完成专利申请的全过程，直到获得专利权。

委托专利代理机构申请专利一般要经过以下几个步骤：

1. 咨询

(1) 确定发明创造的内容是否属于可以申请专利的内容；

(2) 确定发明创造的内容可以申请哪一种专利类型（发明、实用新型、外观设计）。

2. 签订代理委托协议

此时签订代理协议的目的是为了明确申请人和专利代理机构之间的权利和义务，主要是约束专利代理人对申请人的发明创造内容负有保密的义务。

3. 技术交底

(1) 申请人向专利代理人提供有关发明创造的背景资料或委托检索有关内容；

(2) 申请人详细介绍发明创造的内容，帮助专利代理人充分理解发明创造的内容。

4. 确定申请方案

代理人在对发明创造的理解基础上，会对专利申请的前景做出初步的判断，对专利授权可能性很小的申请将建议申请人撤回，此时代理机构将会收取少量咨询费，大部分申请代理费用将返还申请人。

若专利授权前景较大，专利代理人将提出明确的申请方案、保护的范围和内容，在征得申请人同意的条件下开始准备正式的申请工作。

5. 准备申请文件

(1) 撰写专利申请文件;

(2) 制作申请书文件;

(3) 提交专利申请并获取专利申请号。

6. 审查

中国专利局会对专利申请文件进行审查，在审查过程中专利代理人会进行专利补正、意见陈述、答辩、变更等工作。如有需要，申请人应该配合专利代理人完成以上工作。

7. 审查结论

中国专利局根据审查情况将会做出授权或驳回审查结论，这一过程的时间一般为：外观设计6个月左右，实用新型10~12个月，发明专利2~4年。

8. 办理专利登记手续或复审请求

如果专利申请被授权，则根据专利授权通知书的要求办理登记手续，领取专利证书。

如果专利申请被驳回，则根据具体的情况确定是否提出复审请求。

至此，专利申请过程结束。

大多数技术创新者能有效地使新产品或服务满足顾客的需要，但他们从中获得的利润往往是缺乏效率的，原因在于竞争者模仿这些新产品或服务太容易了。通过逆向工程（产品分析，浏览专利声明等）或者雇用竞争者公司的员工就很容易做到这一点。

新企业如何通过专利保护企业的竞争优势？

对于创业者来说，强有力的专利尤其显得重要。在新企业刚刚建立的时候，往往缺少其他形式的竞争优势，只有产品这一个法宝，如果丧失了产品优势，那么创业者所有的一切都是白费的。另一方面，申请了专利，可以给创业者一段时间，在产品和服务在被其他企业模仿之前，为创业者的新业务创建好价值链，组建一个良好的与所生产的产品和服务相匹配的生产和销售能力，这些都无意中抬高了这个产品生产的门槛。

专利起到阻止或延缓被模仿的作用，但专利保护的有效性受到以下条件的限制：

专利保护的是发明创造，机器、制造、配方、设计或程序等可以受到专利的保护，但一种思想是不能受到专利保护的，从而大多数服务很难申请专利。如果企业的战略是靠热情周到、及时的服务而不是靠产品优势获利，那么很难阻止模仿者。

如果新发明是在已有发明的基础上发展起来的，那么新发明申请的专利必须引用已有的专利，发明者的权利仅限于所引用的已有专利上没有申明的东西，从而限制了新发明者的权利范围。所以，申请专利最重要的部分就是强烈声明发明了什么东西。

专利只保护声明的东西的所有权。专利中声明的范围越广，专利提供的保护就越好。当声明的范围非常狭隘时，其他公司就很容易对发明做个小小的变动，从而避开声明。

怎样知道专利中的声明是否强有力呢？可以浏览一下专利，看一看在声明中某些部分被修改或删除之后，是否仍能产生相同的发明。

如果没有获得多项专利而只是获得一项专利，专利往往无效。尽管多项专利保证了声明的广泛性，为产品和服务筑起了保护的栅栏，但申请起来太难。有时模仿者可以你的专利发明来实现和你相同的目的，却没有侵犯发明的声明。围绕发明是指这样的一种过程：在不破坏专利声明的情况下，生产出来的东西和已受专利保护的发明的结果是一样的。模仿者可以围绕专利进行发明，因为通常有很多方法通向同一个技术目标。

专利在有些行业中不是非常有效。专利在核心技术尤其是生物或化学行业里比在核心技术是机械或电器行业里起的作用大，原因是与使用替代技术方法获得同样目标的能力有关。在生物或化学方面，轻微的修改技术很难做到实现同样的目标，而在机械电器上情况就不一样了。以下来自耶鲁大学的一项对研发经理的调查（见表7-4）说明，在制药和化学行业，专利非常有效地保护了新产品，但在电动机、发电机或计算机行业，专利保护却没那么有效。

表7-4　　专利保护有效性的行业差异

行业	有效性（7分制，7分表示“非常有效”）
制药	6.5
有机化学	6.1
无机化学	5.2
钢制品	5.1
塑料制品	4.9
金属设备	4.7
电动机零件	4.5
半导体	4.5
泵及管道设备	4.4
化妆品	4.1
测量设备	3.8

续表

行业	有效性（7分制，7分表示“非常有效”）
飞机及零件	3.9
通讯设备	3.6
电动机，发动机和控制器	3.5
计算机	3.4
纸浆，纸和纸板	3.3

资料来源：Scott Shane. Finding Fertile Ground. 北京：中国人民大学出版社，2005.

（二）商业秘密

商业秘密的定义有很多种，广义地说，构成一个企业竞争优势的任何机密的商业信息都可以被认为是商业秘密。除持有人以外的任何人未经许可使用这些信息都将被认为是一种不公平的行为和侵犯了商业秘密。

我国《反不正当竞争法》第十条中规定：“商业秘密是指不为公众所知悉、能为权利人带来经济利益、具有实用性并经权利人采取保密措施的技术信息和经营信息。”也就是说商业秘密具有“三性”，即：秘密性、价值性、保密性。

《关于禁止侵犯商业秘密行为的若干规定》第二条规定：

不为公众所知悉，是指该信息是不能从公开渠道直接获取的（即秘密性）。

能为权利人带来经济利益、具有实用性，是指该信息具有确定的可应用性，能为权利人带来现实的或者潜在的经济利益或者竞争优势（即价值性）。

权利人采取保密措施，包括订立保密协议，建立保密制度及采取其他合理的保密措施（即保密性）。

根据以上定义，商业秘密保护是否有效，取决于是否采取了保密措施。保护秘密需要做两件事：用文件明确什么是你的商业秘密；采取有效的保密措施。

创业者应把积极防范作为保护商业秘密的立足点，使能给初创企业带来经济效益的信息不因任何人为的原因受到侵犯。具体操作可采取如下一些措施：

1. 符合申请专利要求的技术申请专利；

2. 把具备商业秘密基本特征的经营信息、技术信息事项，确定为本企业的商业秘密，并做出标志，再通过一定的形式使有关人员明确这是本企业的商业秘密；

3. 结合实际情况，制订保密措施；

4. 向本单位职工进行保密教育，提高保密观念，增强保密意识，知悉保密制度和单位规章；

5. 同接触商业秘密的人员签订保密协议，明确保密职责（如与员工签订保密合同，使用非竞争性条款，就接近敏感文件的雇员行为做出限制，如何在服务展示、媒体采访或信息发布中避免竞争者轻而易举获取信息）；

6. 每当需要披露商业秘密信息时，与商业合作伙伴签订保密协议；

7. 企业可以权衡利弊，把商业秘密的技术秘密部分申请用《中华人民共和国专利法》予以保护起来，而在以下条件下保密可能比专利更有效：

（1）新产品或服务越复杂，保密越有效；

（2）当创建新产品的过程很难理解时，保密是有效的；

（3）当关于新产品的关键知识是隐性的（不能用文字记载或编码）时，保密是有效的；

（4）只有有限数量的人理解新产品的信息时，保密是有效的。

（三）商标

商标是指用来区分一家企业的产品和服务不同于其他企业的产品和服务的文字、词组、符号、设计等标志。商标与专利不同的是，商标的持有可以通过续展而无限期拥有，只要该商标能持续地发挥其应有的功能，该商标所有人就可以一直拥有该商标。

创业者可以为其生产的产品或提供的服务设计或选择一个或多个商标，并及时申请商标注册，以获得法律的保护。

申请商标注册有以下好处：

（1）在注册区域范围内拥有对该商标的独占（使用）权；

（2）赋予就商标侵权行为向法院提起诉讼并寻求损失补偿的权利；

（3）建立起在商标（品牌）的商业作用方面的竞争优势；

（4）为商标持有人在国外申请商标注册提供依据。

商标注册申请要了解和注意以下事项：

1. 商标申请前的准备工作

（1）确定商标名称，判断是否违反商标法的禁用条款。

（2）确定商品或服务类别，对商品和服务名称进行群组划分。

（3）进行商标查询，查看是否有相互冲突的在先商标权利。

（4）商标查询通过后，进行商标设计。

（5）准备相关的商标申请资料。

2. 商标注册申请流程图

该流程图如图 7-1 所示。

3. 商标注册申请所需时间

（1）自申请提出后 30 日左右，商标局发受理通知书。

（2）自提出申请后 15 个月左右，商标局发布初审公告并寄送申请人。

（3）公告之日起 3 个月后，无人提出异议，发正式的《商标注册证》。

（4）注册全部时间约 18 个月左右。

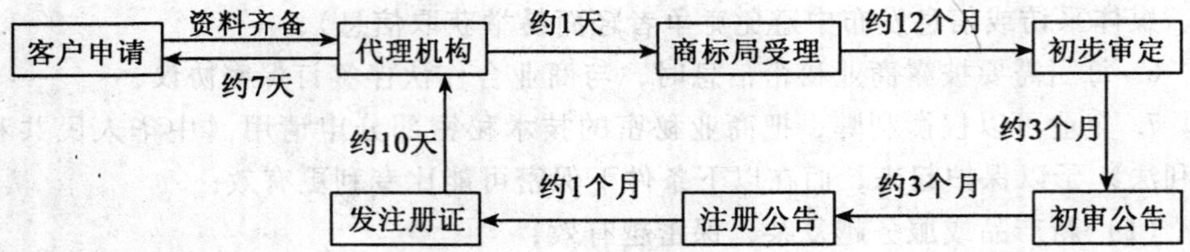

图 7-1 商标注册申请流程图

（四）版权

版权或称著作权，是法律给予作品原创者的一种权利，它保护其作品不受非法印刷、复制或出版。

《中华人民共和国著作权法》所称的作品，包括以下列形式创作的文学、艺术和自然科学、社会科学、工程技术等作品。

（1）文字作品；

（2）口述作品；

（3）音乐、戏剧、曲艺、舞蹈、杂技艺术作品；

（4）美术、建筑作品；

（5）摄影作品；

（6）电影作品和以类似摄影的方式创作的作品；

（7）工程设计图、产品设计图、地图、示意图等图形作品和模型作品；

（8）计算机软件；

（9）法律法规规定的其他作品。

上述范围内的作品，应符合以下三个要素，才能得到著作权法的保护：

（1）须有文学、艺术或者科学的内容；

（2）须有独创性；

（3）须能以物质的形式固定下来。

作品必须符合以上三个要素，否则不称其为作品。作品不以字数为标准，它可以洋洋洒洒数百万言，也可以简简单单几句话表达最复杂的情感世界。

从事建筑与工程设计、计算机软件、艺术（品）创造与经营、教育与图书经营等活动的创业者，在经营活动中会涉及到许多与版权相关的法律问题，了解有关版权的法律知识是必要的，一方面，保护自己的权益与经营合法性，另一方面，也避免无意中侵犯他人的知识产权。

二、合同

合同是双方达成的具有法律效力的一致性意见。创业者在开始创办新的企业的时候，就已经开始了投入与卖方、土地所有人及顾客之间大量谈判与签订合同的工作。对于创业者来说，知道与合同有关的基本问题是非常重要的。见表7-5。

表7-5　一般合同条件和违反合同的后果

合同条件
● 要约可以口头的或书面的形式提出，但在自愿承诺做出之前，该要约不具法律效力。
● 要约的接受必须是自愿的。
● 合同双方都必须已经对（有关价值的问题）进行了慎重考虑。
● 签约双方必须有能力并有权利代表各自的公司进行谈判。
● 合同内容必须合法。合同中任何不合法的活动都不受法律的保护，例如赌博。
● 任何涉及金额的销售合同都必须以书面形式签订。
违反合同的主要后果
● 违约方将被要求履行协议或赔偿损失。
● 如果一方没有按照合同规定履约，而另一方同意放弃，则另一方也可以不履行合同。这就是合同的终止。

在书面合同中，必须明确协议各方及其各自在交易中的角色、描述交易内容的细节、明确交易金额和协议各方（或参与交易的各方）的签名。

三、税收

对于创业者来说，了解基本的税收知识，明确自己和企业的纳税义务是非常必要的。

（一）税收的种类

与经营活动有关的税收有以下几种：

1. 增值税：从事商业经营和工业生产的个体经营者通常按照其销售额的一定比例缴纳增值税。

2. 消费税：从事薯类白酒、鞭炮生产的个体经营者应当按其销售额的一定比例缴纳消费税。

3. 营业税：从事服务业的个体经营者应当按照其营业收入缴纳营业税。

4. 城市维护建设税：这种税是按照个体户缴纳的增值税、消费税、营业税税率纳税税额附征的，实行1%～7%的地区差别税率。

5. 个人所得税：其中，生产、经营所得应当按照5%～35%的五级超额累进税率纳税；股息、红利所得、财产租赁所得也应缴纳个人所得税。

6. 房产税：其中，按照房产与之计税的，税率为 1.2%；按照房租收入计税的，税率为12%。

7. 城镇土地使用税：这是向使用城镇土地者征收的，实行由地区差别的幅度税额标准。

8. 屠宰税：此税是向屠宰或者收购猪、牛、羊等应税牲畜者征收的，使用定额税率或者比例税率。①

（二）针对特殊行业、特定创业人群的特殊税收政策

从 2002 年起至 2003 年 12 月 31 日止，持有当地劳动和社会保障部门核发的下岗证的下岗职工从事 8 种社区居民服务业，按照国家税务总局的文件精神，可享受 3 年内免征三税一费政策，所谓三税一费即指营业税、个人所得税以及以营业税征收的城市维护建设税和教育费及附加。

八种服务业为：家庭清洁卫生服务，初级卫生保健服务，婴幼儿看护和教育服务，残疾儿童教育训练和寄托服务，养老服务，病人看护，幼儿、学生接送服务（不包括出租车接送），避孕节育咨询和优生优教咨询。

此外，国家对青年创业、高科技企业的税收也有特殊优惠政策（参考创业融资一章）。

（三）内外资企业所得税合并

我国内外资企业新的税制已开始实施。在新税制下，内外资企业所得税将进行合并，所得税税率为 25%。

新税制规定税率减免按行业制定，国家鼓励的行业将享有较多优惠；同时，外资企业目前独享的股息免预提所得税、再投资退税等优惠可能取消；外资企业的税项调整唯有城镇土地使用税、房屋税、车船使用税、固定资产投资方向调节税等 7 项，同国内企业或个人要付的税项一致。

（四）不同企业的税收

企业依据其财产和法律形式的不同，所缴纳的税收是不一样的，比如个人独资企业和合伙制企业交纳的是企业所得税，有限责任公司既缴纳企业所得税，还要缴纳个人所得税。除了基本的税收类别以外，还需要缴纳哪些税收，依企业经营的性质、行业类别或规模而定。

此外，创业者除了需要了解基本的税收知识以外，还要经常关注国家宏观经济政策，包括税收政策的变化，因为税收政策的变化可能影响企业的经营活动，或者会促使企业在企业的资产结构或经营方式上做出调整。

---

① 因为税收政策是不断调整的，请读者阅读这部分内容时一定以最新的税收方面的法律和政策规定为准，避免误导。

四、保险

意外事件随时可能发生，创业者应该做好充足的准备，所以针对可能发生的时间购买保险也是不可或缺的。针对可能发生的事件购买保险是新创企业降低经济法律风险的一种方法。

由于创业者在创业初期的资源有限，保险的重要性在于不仅要确定购买何种保险，还要确定购买多少，从什么公司购买等问题。管理者的责任险已成为新创企业要考虑的重要财务问题。

根据有关法律，有些保险是强制购买。如：

针对雇员的医疗保险（含意外险和责任补偿）在有些国家是强制的。

创业者（重要合伙人）、管理者的寿险，对保证企业的延续性是有益的。

企业的财产险（火险、意外和自然灾害险、被盗险等）是必需的。

一般情况下，企业应该考虑如表7-6所示的保险类别：

表7-6 主要保险类别及保险范围

保险类别	保险范围
财产险	● 火险的覆盖范围包括由于火灾造成的货物的损失以及可能造成的损失。可以扩展到包括由于爆炸、骚乱、交通工具损坏、暴风、冰雹以及烟尘给货物造成的损失，以及可能给货物造成的损失。 ● 入室行窃和抢劫险包括由于强行入室偷窃财务（入室行窃）造成的少量的货物损失，或者由于强迫或者使用威胁手段造成的财物的损失（抢劫）。 ● 由于火灾或其他保险范围内的其他原因造成的业务中断，支付的净利润或费用。
意外险	● 包括由于身体受到伤害或财产受到破坏造成的花费。这个险种可以延伸到产品责任。 ● 公司职员用自己的车为公司服务时造成的机动车的赔偿责任。
寿险	首先保护了企业的连续性（尤其是合伙型企业），它可以给一个独立经营者或失去一个关键合作伙伴的经营者提供财力方面的支持。

当然，各个初创企业的不同必然所需的保险也是不同的，以上列举的只是一个大概，至于具体每个初创企业需要哪种保险还应参考行业标准。

五、产品安全与责任

消费者产品安全法律中规定企业要对新产品符合法律规定负责，因此产品安全与责任对于创业者来说也是不可忽视的，创业者要对产品的安全和责任问题保持警觉。即使这类法规不健全，任何创业者也要以产品安全为严格的要求准则。一个企业要想长久，取得消费者的信任是必不可少的，而产品安全就是取得消费者信任的必要条件，因此，创业者必须给予高度的重视。

中国的经济制度规范越来越接近国际标准，因此创业者有必要以现成的国际上完善的法律条款来要求自己。美国对于有关产品责任的法律规定值得我国创业者借鉴。在美国，产品的安全性是受到高度重视的，并以此于1972年通过了《产品安全法》，并产生了一个由5位成员组成的委员会，该委员会有权对1万多种产品制定安全标准。此法案于1990年进行了修正，并正式批准为法律。修正后的法律对于因产品安全隐患而造成的事故给予了企业严厉的责任追究。

小结

本章讨论了新企业建立前后所面对的一些管理问题，如新企业应该选择一个独特的地区与具体位置以满足企业整个生命周期发展的需要；需要一个既符合企业业务特征又能吸引消费者的企业名称；需要选择一个合适的企业法律形式并进行登记注册；需要招聘合适的人员并激励新员工；需要理解和履行企业应该承担的社会法律责任，包括保险、税收、安全责任等。同时，要建立保护企业知识产权的一些制度。

思考题

1. 怎样为初创企业选择一个有利的经营场所的地址？
2. 适用于初创企业的组织形式有哪些？你认为哪一种最好？为什么？
3. 创业者在创业初期应该注意哪些法律问题？

讨论案例　专利问题

在机械行业，技术上取得突破很常见。当某个公司宣布一种新产品后，最初的客户往往会成为公司的竞争者，他们购买这种机械产品，将它拆开，分析这种新技术，并找出改进的方法。最先进行原始创新的企业往往会为这种新技术申请专利，即使这一技术不久就会被其他企业超越。

几周之前，汤姆·法林顿发明了一种专用车床，比现有市场上常用的车床速度快25%，效率提高9%。这一技术突破就是对竞争者产品进行仔细分析的结果。汤姆告诉妻子："在看到这一领域内的某些最新产品之前，我一直认为提高这种机器的速度和效率是一件不容易的事，但一旦看到竞争者的产品，我立刻知道如何改进。"

汤姆向行业内的5家大企业展示了他的产品，所有的企业都与他签了订单。汤姆毫不怀疑他将从这项发明中挣到大钱。然而，在生产产品之前，汤姆想为其发明申请专利，他认为他的机器比市场上现有的机器都要精密和复杂，竞争者至少要用4年的时间才有可能开发出更好的产品。他强调说："到那时我希望对自己的产品进行改进，并继续保持领先。"

汤姆已经向律师咨询了申请专利的问题。律师认为，在申请专利之前，汤姆应先回答两个问题：（1）竞争者在你的专利基础上进行改进需要多长时间？（2）在保护专利权方面你想投入多大精力？律师的部分意见如下："第一，得到专利要花费我们3年的时间，在这期间，如果竞争者能够提供更好的产品，我们将会浪费大量时间和精力。既然没有人再对这种产品感兴趣，专利的价值就会很小。由于在你的初次销售中，有一部分产品会落在竞争者手中，所以你必须认真考虑这个问题。第二，即使竞争者需要花4年时间才能赶上现有产品，那么，针对那些在一段时间如两年后模仿你发明的人，你是否有兴趣予以回击呢？简单地说，我们可以为你申请专利，但我认为专利很可能不能提供你所想得到的保护。"

资料来源：罗伯特·巴隆，斯科特·谢恩．创业管理——基于过程的观点．张玉利，等，译．北京：机械工业出版社，2005.

问题：

1. 考虑到行业的性质，专利对汤姆有多大价值？请予以解释。
2. 如果汤姆获得了一项专利，他可以采取行动来反击专利侵犯者吗？是否值得为此花费时间和成本？为什么？
3. 你认为汤姆应该怎么做？为什么？

第八章

新企业的战略计划与经营模式

引导案例：戴尔公司[①]

迈克尔·戴尔找到了一种行之有效的方法，于是他动手干了起来。

1984年，他在得克萨斯大学的宿舍里就开始销售IBM个人电脑。戴尔挨家挨户访问本地企业，把他能弄到手的电脑全部销了出去。然后，他开始购买部件自己装配，由于他采取了直接从生产厂商进货、再向客户销售的方法，价格定得很低，因此业务越做越兴旺。

完成大学一年级的学习之后，戴尔说服他父母让他放弃学业，专职从事电脑销售。第一个月，他的销售额就达到了18万美元，从此他义无反顾，一发而不可收拾。到1998年，戴尔电脑公司的年收益已经高达120亿美元，并且增长势头不减。坚持行之有效的方法是具有极高价值的，最好的证明是如下例子：戴尔后来试图通过正常途径，即通过零售渠道来销售电脑。这一做法的结果被证明是一场大灾难。零售商抱怨说，顾客已经习惯了跟生产厂商直接交易。顾客也觉得无所适从。戴尔马上放弃了通过零售渠道的做法，仍采用直接销售法，直到今天，它仍是戴尔公司的优势所在。

在竞争激烈的信息时代，一个创意刚刚出现，可能就有成千上万的人同时想到了，但最终真正将之成功运作的可能就只有一家或少数几家。在这里，经营模式起到关键的作用。很多创业者最终失败的原因，并非是没有好的技术，没有好的人才，而是因为“先天基因缺陷”——没有好的创业经营模式！迈克尔·戴尔成功的经验告诉我们，好主意的重要性不如行之有效的企业模式。

本章将由以下内容组成：（1）创业方式；（2）新企业的经营模式；（3）新企业的组织结构；（4）新企业的战略计划。

---

① 塞思·戈丁. 创业者圣经. 赵孝盛，等，译. 上海译文出版社，2000：43.

第一节 创业方式

创业者可以通过三种方式建立新企业：创建一个新企业，收购现有企业，许可经营。每种选择都有利有弊。它们之间的区别在于开办新企业需要有投资资本，收购旧企业是寻找存活机会，而寻求特许经营权是希望能尽快赚钱。每种创业方式的选择都有有利因素和不利因素。选择哪一种方式开始创业，取决于创业者的创业目标与创业条件。

一、创建一个新企业

新建一个企业（new venture creation）是从零开始创建一个企业，是与创新与企业家精神密切联系的一个概念，即古典意义上的创业。

多数想创业的人士都认为创业的最好方式是开办一个新的企业，而不是购买一个现成的。这种方式给予创业者最大的满足感，但同时也意味着要承担比购买现成企业高的风险。

开办一个新的小企业的最有效的方法之一就是创建一种独特的产品或服务，即当前市场上还没有提供的产品或服务；如果你能够提供，将会有很大的需求。第二个方法就是对当前市场上的产品进行改进，或者将产品扩展到其他新的领域中去。

有三个原因说明为何要组建新企业，而不购买现有企业或获得某种特许经营权。

1. 新建企业以新发明、新产品或新服务为特征。

2. 新建企业能充分利用理想的地址、设备、产品或服务、雇员、供给方和银行方面的优势。

3. 新建企业可以避免不理想的先例、政策、程序和现有公司的一些法律契约限制。

开办自己的企业有着不少好处。总的来说，在开始创立一个企业的前期花费要比收购一个企业的费用低，而且在开发一种独特的产品时能充分发挥创业者的独创天赋，可以从事一个全新市场的开发；可以自己做主选址，创建自己的管理模式和方针，不会有在收购旧企业时一同购进其麻烦和原有企业缺陷的问题。

当然开办自己的企业会有一定的风险，创业者必须从零开始做起。创业者有责任选择一种合法的企业结构、一个场所和内部资产营运系统。创业者必须申请并获得营业执照和经营许可证，发展自己的基本客户群、开发企业的管理和组织体系以及市场营销计划。有时，这些似乎会让创业者望而生畏。本书的内容结构基本上是针对新建企业而安排的，目的就是揭开企业开张的神秘面纱，全面了解一个企业开张和发展的正常步骤。了解一个企业如何运作是增加创业成功机会的一个途径。

大部分人都是在他们比较熟悉的行业开办他们自己的企业。他们应用自己的才能和创造力开发出一些独特的东西。他们生产制作、供应和销售一种非常好的产品或提供一项完善的服务。然而，一个成功的企业家必须是在能提供好的产品或服务的同时了解一个企业是如何运作的。

开办一个新的企业就意味着要拿出大量的时间用于对新企业的计划，并要对产品（或服务）潜在市场进行研究。市场分析可以帮助小企业主确定是否存在特定的产品和服务的需求，这个需求是否足够大，以至于说明启动小企业经营是合理的。市场分析的方法包括以下几个步骤：

1. 尽可能清晰的陈述问题。
2. 收集关于问题的所有必要的事实。
3. 对事实进行组织和分析。
4. 制订一种或者多种行动方案，分析各种方案的优点和缺点。
5. 选择最佳的方案，并实施。
6. 观察这一方案的实际进展情况，根据需要进行调整。

二、收购现有企业

如果从未办过企业，那么购买并经营一个现成的企业就有许多好处。企业在建立客户关系、开发业务、训练员工、建立库存等方面，都有了一定的基础，在市场上也有其相应的知名度和影响。

收购旧企业有它一定的好处。这也许就是你能进入一个早就物色好的地区开展业务的唯一途径。你能节省企业开办初期所要投入花费的时间、人力和金钱。通常你能充分利用卖方所投入的资产。原来的企业已经形成了一套自己的组织形式和经营体系，建立起了自己的基本消费群。通常卖主会就公司的经营管理与买主进行协商。

总之，购买（buyout）现有企业的原因也可简化为三种类型：

1. 减少新建企业必须面对的不确定性和难以预料的困难。
2. 获得现有企业及其与客户、供应商已建立的关系。
3. 以低于新建企业成本的价格购买现有企业。

通过收购现有企业创业要注意的问题是选择合适的收购对象，调查评价出售企业的动机，评估收购企业的市场价值，确定合理的交易条件。

想要找到准备出售的企业的办法有很多。贸易联合会和周围的商业团体通常是最早知道某个企业要出售的信息和这个企业的现状及信誉。商业经纪人是获取财产、位置、市场和财务状况等资料最具权威的信息提供者。他们可代表买主或卖方，并按收购价的一定比率收取佣金。报纸上的“商业契机”分类广告经常登出一些本地企业的名单。银行职员、商会和其他社区内的专业人士通常是最早知道那些正在出售或准备出售的企业的人。

当创业者找到一家所感兴趣的企业时，首先要弄明白它出售的原因是什么。或许这是一家存在严重问题的企业，比如：是由于新的竞争、某生产线的老化或是流动资金等问题所引发的企业出售。要仔细研究其业务和调查其市场，探究各项业务的走向。认真研究它所面临的竞争、周边环境、地方工商业界和当前的消费基准等方面的情况。

对于一个要出售的企业，购买者必须考虑相应的问题，比如：

1. 我为什么要购买这家企业？

2. 企业所有者为什么要卖它？

3. 企业目前的经营方式在当地有前途吗？

4. 企业当前的物理状况如何？是否拥有建筑物？库存状况如何？你要买库存、设备和器具吗？企业的其他资产状况如何？多少员工会留下来？

5. 企业将面临哪些竞争？

6. 企业的财务状况、盈利能力、利润趋势如何？

7. 我经营这家企业合适吗？

8. 我有所需的技能吗？

9. 你会得到土地和建筑物吗？

10. 你要买企业名称及其永久使用权吗？

11. 你是在买现成企业呢还是相当于在附近设立了另一家企业？

当创业者收购一个企业的时候，也就同时购进了一定数目的有形和无形资产。在确定一个收购价之前，一定要弄清楚所购入的是些什么和它们的现值是多少。

确定企业价格有一些方法。通过对一些类似企业的比较，可以得到一个关于合适价格的“感觉”。但无论最终的成交价是多少，购买者所支付的金额也就是对新企业的投资。创业者需要分析一下会从付出的代价中得到什么。

购买价格是一个较难确定的问题。可以从以下几个交易指标考察：

1. 估计价格：需要明确以下几个指标：账面价值、重置价值、清算价值、历史收益和现金流量。

2. 资产定价：建筑物、库存、设备、预付费用、日常供应品、应收账款和商誉。最后要进行交易谈判。

一个经验丰富的独立会计师能帮助创业者分析卖主的财务现状和纳税记录，以便确定该企业的盈利能力和收购价格。不要盲目听信卖方会计之言，要仔细研究卖方的未来发展规划和实施状况。为了急着把企业出手，卖方往往会夸大其词。如果创业者无法获取所需的财务资料，明智之举就是将其放弃，并继续去寻找别的机会。

三、特许经营

特许经营（franchise business）是目前在全世界流行的一种新型组织经营形式。近两年来，中国也正兴起一股特许经营的热潮。所谓特许经营，是指特许人（franchisor）通过合约将某种特许权转让给受许人（franchisee）进行经营，特许人从受许人的经营利润中提取一定的比例作为回报。特许经营应当具有如下特征：

1. 特许人（franchisor）（或称许可方）与受许人（franchisee）（或称被许可方）之间为合同关系；
2. 特许人向受许人提供经营诀窍，并进行营业指导和援助；
3. 受许人服从特许人的控制；
4. 受许人向特许人支付报酬；
5. 两当事人是独立的经营者，受许人依其自有资本进行经营（并不排除特许人的资金支援）。

特许经营是一种程序化、指导经营关系的协议。特许是围绕双方签订的合法特许协议的一种市场营销活动。被许可一方有权以个人所有者身份从事经营企业，但要根据特许权人一方所限定的方式进行经营。特许公司通常给系统或加盟成员提供企业名称、商标、产品、专利或技术、经营程序等方面的使用权。

许多小型企业主以买进特许经销权来把自己的风险减至最低。特许经销权是个体企业作为某个大型系列企业结构体系中的一部分来经营的销售方式。系列企业提供相同的产品和服务。公司（授予特许者）授权给个体经销商（被授予特许经销权的人）享用公司的名义、商标、声誉和经营模式在市场上销售其产品和服务。这类经销协议通常给予总经销商在某个特定的地区享有专营权。作为回报，总经销商要支付一笔费用/或销售总额的一定比例给许可者。

特许经营主要有两种方式：商标特许经营和经营模式特许经营。前者的经营方式赋予被特许人以总公司的品牌和商标出售特定产品的权利。此种特许经营模式的典型代表就是汽车经销商（他们被制造商授予销售特定汽车品牌的权利，如奥迪、别克等）和汽车加油站（如艾克森美孚石油公司）。后者的经营方式提供的是一套完整的商业系统给被特许人，包括商标名称、销售的产品或服务、企业经营场所、营销战略、实际经营企业的方法、质量控制以及在实际运营中提供的帮助。此种特许经营方式在许多行业都被采用，诸如商业服务业、旅馆、汽车租赁机构、快餐店等。

特许经营提供了一种独特的创业机会。进行特许经营，成为被许可方，对创业者而言是一个很好的选择，它可以帮助创业者增加收益，而无需很高的启动资金，可以利用现有的技术和渠道，而无需为初期的开拓费尽脑筋。特许经营的好处在于它能使你以一个公众已接受的品牌和商标开展业务，可以得到培训的机会和行家们所给予的经营指导，同时还可以得到许可方的财务支持。一些公司会指导新企业的日常经营，帮助新企业成为行家。公司会连续不断地提供经营咨询服务，这通常包括了帮助记录内部营业资产账目。公司进行的区域或全国性的促销活动可促进新小加盟企业的业务开展。许多特许经营者往往会立即体验到顾客看了品牌广告后专门光顾其店的效应。

具体来讲，创业者采用特许经营模式的时候可以得到许多好处：

1. 可以得到培训与支持；

2. 可以拥有标准化产品和服务；

3. 拥有了全国性广告；

4. 强大的采购能力，在价值链上的谈判能力强；

5. 有强大的财务支持：常见的就是总公司内部的建设贷款、给予补偿特许经营费用的短期贷款；

6. 有正规科学的区位选择和得到总公司的区位保护；

7. 拥有的是已被证实的有效运作的商业模式，少走弯路。

特许经营的一些不足之处也应该了解。由于公司实行的是标准化经营，被许可方不能凡事都按自己的意愿去做，通常你会受到一定的制约，在很多事情上无法自己做决定。公司通常以总销售额的一定比率收取特许使用费，而那笔特许使用费最终不能算作自己的利润。另一方面，特许授予者通常不会分担你的损失。你在制定销售价格、介绍新的产品和服务和撤出不赚钱的产品时都可能会受到限制，因此，新企业的竞争能力受到一定的限制。由于特许授予者会要求递交明细报告，被许可方必须考虑抽出时间和精力来准备这些繁琐的报告。

具体来说，特许经营的一些缺点表现在：

1. 较高的加盟费和特许权使用费，这笔费用常常占到总销售额的3% ~7%，而这笔费用即使没有收入也是要交的；

2. 必须强制性的标准化，不能按照自己的意思做事；

3. 采购和产品线方面的要求很严格，必须从固定处采购；

4. 培训项目参差不齐，有的培训项目很糟糕，创业者要谨慎选择加盟方；

5. 面临着市场饱和的危机，由于只要交钱即可加盟，因此有些地方这些加盟店已是店满为患了；

6. 较低的独立分店之间的协调能力，每个分店在服从总体的基础上还是有一定空间的自主权，比如说独立宣传，这样就会产生“溢出”效应，这就降低了单个加盟商与他人协调行动的激励作用，也就降低了企业的总体效率。

总之，通过特许经营创业的好处是可以减低白手起家创办企业的整体风险，可使新企业经营者从特许经营系统的所有成员积累的经验中获益。具体表现在：

1. 可接受正规培训；

2. 获得资金援助；

3. 可靠的营销方法；

4. 协助管理；

5. 开业速度快；

6. 整体倒闭率低。

对创业不利的方面主要体现在特许权费用和收入按特许权提成，经营独立性差，发展受限制。

以上分析了三种创业方式的有利条件和不利因素。无论选择哪种创业方式，最终都需要有效的计划来运作。任何新企业都以明确的经营计划为其根本，它是新企业起步、运作和成长的蓝图。无论是创办自己的企业，还是收购原有的企业或是购买特许经销权，创业者要认清企业发展所需的关系使自己获得成功，然后计划好每项工作使之都能运筹帷幄。通过加强企业计划来提高自己的胜算，企业计划能帮助创业者对企业的正常运转做出合理有效的决定。

第二节　新企业的经营模式

一、创业模式与经营模式

（一）创业模式与经营模式的含义

创业模式是创业者选择进入市场、经营管理新企业的方式，是新企业对市场做出反应的一种范式，这种范式只在特定的环境下对特定创业者或创业企业是有效的。从一般意义上讲，创业模式是组织设计（组织模式）和经营模式的结合。

组织模式是组织的结构特征、决策系统和人力资源政策的集合。

经营模式体现一个组织的交易方式，包括创立什么，谁去创立（个人、合伙、外包等），如何传递（因特网、直销）以及接受者如何接受（如网上购物、会员制、赊销、信用卡等）。经营模式的内涵有时可以简化为“3W”问题，即生产什么（what），为谁生产（who），以及如何生产（how）。

1. 生产什么？

由于商品和服务总量的三分之二都集中在消费部门，所以消费者需求决定生产什么。

2. 为谁生产？

经济体系中，“为谁”的问题通常被定义为谁最有钱来购买商品和服务的问题。一般而言，最有钱的那部分人是成功创业的人（消费者需要他们的商品和服务）或者是那些在需求很高的行业中就职的人（企业需要他们的技术）。

3. 如何生产？

如何生产与消费者的想法有关，通过企业与消费者之间的相互作用来实现。例如，劳斯莱斯一直是极其豪华的轿车品牌，然而很多消费者买不起劳斯莱斯轿车。创业者们注意到这一点，就以较低的价格来生产不那么高级的轿车，以满足那些买不起劳斯莱斯的消费者的需要和愿望。

在处理这些问题的过程中，理解市场在各个层面如何运作非常重要。例如，如果生产出来的某些产品，消费者不买，这就是市场给企业停止生产这种产品的信号（这是关于生产什么的问题）。即使一种产品的品质非常好，可是消费者买不起，生产者也不得不想办法采用其他的技术降低价格（这是如何生产的问题）。那些准确选择进入行业，建立企业并生产有大量市场需求商品的人将获得更多的回报（这是为谁生产的问题）。

下面的一个例子有助于理解创业模式（企业模式）包含哪些因素。从批发商那儿批发冰淇凌三明治，把它们放进卡车上的冰箱中，把车子开到最近的海滩，零售给人们。你每卖出一份冰淇凌就有一份利润！

刚开始时，这也许算不得什么大主意，但我们可以提高一个层面来看问题。假定你从经销商那儿买下许多箱冰淇凌三明治，分装 20 辆卡车，雇用中学生做零售，把一半利润留给自己。猛然，你会发现你一年可以赚上好几十万元。

不妨再进一步，假定你以更低的价格直接从制造商那儿进货，并且将购买或许可的商标贴在三明治上。然后装满 200 辆卡车，这样，你就需要专人负责车队，还必须购买保险，还有上千桩其他事情需要处理。总而言之，你的企业就此建立起来了。

在上述主意扩展的每一步中，我们虚构的冰淇凌业务经营者都在进行着选择。他选择跳过超级市场，他选择不做广告，他选择不使用低价销售，他还选择不建立国外分支机构。每选择的一种道路可以让我们看到与企业模式相关的所有关键因素：

1. 经销渠道：在哪儿向最终消费者出售产品？存在哪些中间商？
2. 销售：谁在为你搞销售？你如何付酬劳给他们？
3. 定价：批发商、零售商、消费者各付多少？
4. 生产：产品如何生产出来？
5. 原料：出售的产品从何而来？
6. 产品定位：最终消费者心目中对该产品如何定位？
7. 市场营销：消费者如何了解产品信息？
8. 市场准入壁垒：面对竞争对手，你如何战而胜之？
9. 规模的扩大：如何扩大业务？

在下面创业模式的分类一节里，可以看出各种创业模式的特点。

（二）经营模式的重要性

有人说，发现有利可图的商业机会只是创业成功的第一步，而决定企业最终成功的是战略，这里所说的战略包含有经营模式的含义。在美国联邦快递公司发现通过航空做快运业务的同时，还有另外一家公司在做同样的业务，然而最终更为成功的只有联邦快递，原因在于它选择夜间、租赁飞机的方式实现了低成本和高利润，而另一家以自购飞机为主，虽以高质量、大批量为导向，却没能实现赢利优势。所以，经营模式的重要性表现在它会把资产转换成现金，具有实现赢利的能力。

发明一种企业模式是很令人惊奇的。因特网是企业模式的发源地，在因特网上每天都有新企业开张，其中不少还是由一些连如何谋生都一无所知的人经营的。

雅虎（Yahoo!）、亚马逊（Amazon）等都是通过因特网搞营销的公司，它们从各自的角度来看待市场营销的方式。各家公司都在寻找一种有较大扩展余地、易于建立防线的模式，以便攫取最大的利润。

哈兰得·山德士上校在66岁的时候遭了大难题：一条新的公路把交通引向别处，他的肯德基炸鸡店不再处于交通要道了，最后只得关门大吉。他把实物资产都拍卖掉之后，就破产了。

但山德士上校还拥有两项资产：他的炸鸡配方和关于新企业模式的计划。这样一种模式能够把现在看上去似乎没有什么价值的方案转变成一家公司的基础，这家公司最终发展到年销售额高达80亿美元。

山德士上校的模式很简单：他让餐馆老板每售出一份按照山德士配方调制的鸡块，就付给他4美分提成费。他的配方非常成功，内含11种香草和调味品。他又使用高压锅减少烧煮时间。但是，肯德基炸鸡店之所以能够成为世界上规模最大的连锁餐馆之一，原因却在于山德士上校所独创的企业特许经营模式。

只有模式，没有运作模式的能力，同样会失败。现实世界中同样有很多网络公司亏损或失败了，比如一些美国网络公司，包括Google在中国市场一直在亏损。在竞争激烈的互联网时代，一个主意刚刚被想到，可能就有成千上万的人同时想到了，但最终真正将之成功运作的可能就只有一家。在这里，除了各个模式本身在实际操作过程中会存在、有可能导致不同结果的差异外，真正起到决定作用的是各个不同公司实际的运作能力。例如建立一个面向家庭PC用户的虚拟娱乐社区，分别由联想和一个学生团队来做，效果肯定不同。同样，如果涉及到对电子商务支付认证体系的操作，没有银行关系和背景，实际上也是死路一条。这里讲到的运作能力，仅仅是创业者可以开发和调动的资源，包括资本、渠道、客户等。我们常常说“创业者应该做好自己最擅长的事情”，这里的擅长，不仅仅是指能力，更是指在你所处环境的资源条件。在设计自己的创业模式时，非常重要的一点是对自身以及环境的条件有一个客观衡量，认清自己能做什么，在什么环节投入会取得最大的收益，而不是盲目去模仿和追随别人成功的模式。所以，对一个创业者来说，一个真正好的模式，应该是适合自己的，即有能力操作而且能把现有的资源进行有效整合的模式。

阅读材料： **商业模式缘何重要①**

一个好的商业模式始于对需求的洞察，最终获得的是源源不断的利润。

■琼·马格利塔（Joan Magretta）②

“商业模式”（business model）是互联网热潮中一大时髦用语。正如作家迈克尔·刘易斯（Michael Lewis）所说，人们经常用这个词来“赞颂各种各样不成熟的创业计划”。一家公司不需要战略，不需要特殊的能力，甚至不需要任何客户——它所需要的仅仅是一个基于网络的商业模式，这个模式许诺公司将在某个遥远、不确定的未来疯狂盈利。许多人士——不管是投资者、创业者还是企业管理人员——都热情拥抱这一幻想，到头来却弄得遍体鳞伤。随着互联网热潮不可避免地退去，如同“.com”这个后缀词一样，商业模式的概念立马就过时了。

这真令人遗憾，虽然大量资金确实投向了有缺陷的商业模式，但问题不出在“商业模式”概念本身，而在于对这一概念的曲解和误用。一个好的商业模式对任何一个成功的组织来说仍然是不可或缺的，不管它是一家新企业还是一家老公司。然而，在经理们将这一概念付诸应用之前，他们首先需要一个简单明了的定义来正本清源。

讲一个好故事

尽管商业模式本身并不神秘，但“模式”一词使人联想到的却是写满了神秘的数学公式的白板。事实上，商业模式都是一些故事——说明企业如何运作的故事。一个好的商业模式回答的是彼得·德鲁克（Peter Drucker）早就提出的一些问题：谁是你的顾客？顾客看重什么？它同时还回答了每个管理者都会问及的一些基本问题：我们在这项业务中如何赚钱？潜在的经济逻辑是什么？也就是我们如何以合理的价格为顾客提供价值？

想一想旅行支票商业模式的幕后故事吧。这是迄今为止最成功的商业模式之

---

① 琼·马格利塔. 商业模式缘何重要. 贺国平，译. 哈佛商业评论，第1辑. 2002：56-63.

② 作者简介：琼·马格利塔，管理顾问、作家、曾获《哈佛商业评论》杂志麦肯锡奖。本文取材于她2002年在Free Press出版的一本新书：*What Management IS: How It Works, and Why It's Everyone's Business.*

一。美国运通公司（American Express）的总裁法戈（J. C. Fargo）在1892年到欧洲度假期间，在用信用证提取现金的过程中遇到了麻烦。“我一到达偏远的地方，”他回去之后说，“那些信用证就同弄湿的包装纸一样毫无用处。如果美国运通公司的总裁都遇到这样的麻烦，普通的旅行者会遇到什么样的烦恼就可想而知了。我们必须为此做点什么。”① 运通公司采取的措施是创造了旅行支票，并围绕这一创新发展了一个充满活力的商业模式，这个模式具备一个好故事必备的所有元素：准确的角色刻画、合理的动机以及使人洞悉价值的故事情节。

对顾客而言，这个故事浅显易懂。支付少量的费用，旅行者不仅可以换得一份安心（为避免遗失及被盗造成的损失，这些旅行支票都投了保险），而且可以得到便利（旅行支票得到了商家的广泛接受）。商家在这个故事中也扮演了重要的角色。他们接受旅行支票，因为他们相信运通公司的品牌，这个品牌就像一个通用的信用证；同时通过接受旅行支票，他们还可以吸引更多的顾客。此外，使用旅行支票的商家越多，单个商家就越不想被排除在外。

对运通公司而言，它发现了一项无风险的业务，因为顾客总是用现金来购买旅行支票。在这一商业模式中，故事的情节，也就是我们所说的潜在的经济逻辑发生了变化，从而使一项本来很平常的业务变成了一台赚钱机器。这一变化产生了**低利率存款流动现金**（float）。在绝大多数业务中，成本的发生先于收益：在别人购买你的产品之前，你就必须把产品制造出来，并为之支付一定的费用，但旅行支票将债务及风险的正常周期颠倒了过来。因为人们在使用旅行支票之前（通常是很长一段时间以前）就支付了相应的金额，从而使美国运通公司获得了银行一直享有的东西——低利率存款流动现金，相当于从顾客那里得到的无息借款。此外，有些旅行支票从来没有兑现，这又给该公司带来了一笔额外的横财。

正如这个故事所表明的那样，一个成功的商业模式是对现有方法的改进或突破。它也许能给一个零散的顾客群体带来更多的价值；也许能完全取代旧方法，成为有待下一代企业家去突破的新标准。现在，没有人会拎着一只装满信用证的箱子出门度假。在这一案例中，法戈的商业模式改变了游戏规则，即旅行的经济法则。旅行支票消除了可能遭遇抢劫的顾虑，并且省去在一个陌生的城市兑换现金所需要的时间，这样就为旅行扫清了一大障碍，便于更多的人出外旅行。与许多功能强大的商业模式一样，这一模式不仅改变了现有收入在各企业间的分配，还创造了不断增长的新需求。在一项新技术——自动柜员机给顾客带来了更大的便利之前，几十年来，旅行支票一直是人们带钱出国旅行的首选方法。

这样看来，创造一个新的商业模式与撰写一个新故事有许多异曲同工之处。从某种程度上说，所有的新故事都是对老故事的改编，都是人类生活中亘古主题的变

① James C. Collins and Jerry I. Porras. Built to Last, HarperCollins, 1994.

奏。同样，所有新的商业模式也是对存在于所有业务之中的一般价值链的改变。一般说来，这一价值链包括两个部分。第一部分包括与生产相关的所有行为：产品设计、原材料采购、制造等；第二部分包括与销售相关的所有行为：寻找并接近客户、交易谈判、分销产品或者提供服务。一个新商业模式的故事情节或经济逻辑，可能始于设计一种新产品，以满足一项未满足的需求，就像旅行支票一样；也可能始于一个流程的创新——用更好的方法从事一种成熟产品或服务的生产、销售或分销。

让我们来看看直销先驱迈克尔·布朗纳（Michael Bronner）在1980年创造的一个简单的业务。当时，他是波士顿大学的一名低年级学生。与他的同班同学一样，布朗纳偶尔也购买在当地商店或餐厅使用的折价券。学生们通常花很少的钱就能够购买到这种成沓的折价券，但是布朗纳有一个更好的想法。的确，这些折价券给学生带来了实惠，但是它们给发行的商家带来的好处可能会更多。这些商家可以通过增加比萨饼的销量或者为更多的学生理发，获得更高利润。布朗纳认识到，将这一想法变成现实的途径是扩大折价券的发行量——让每个学生的背包里都有一沓。

这就提出了两个问题。其一，正如布朗纳所知，学生们常常是囊中羞涩，甚至不愿花点小钱买这些折价券，免费赠送就解决了这个问题；其二，布朗纳必须在自己不亏本的条件下将折价券送到学生手里。为此，聪明的布朗纳向波士顿大学宿舍管理部的主任提出了一个建议：由布朗纳自己将折价券集中起来，大批量地送到宿舍管理部，然后由这一部门把折价券免费分发到校园里的各个宿舍。这样会使宿舍管理部在学生——这一素来难以取悦的群体眼中有一个好的形象。该主任同意了。

接下来，布朗纳向学校附近的商家们提出了一个更为有趣的建议：如果他们愿意花一点钱出现在新的折价券上的话，波士顿大学公寓的所有14 000名住校生将看到他们的折价券。布朗纳的想法成功了。不久，他就把这一概念推广到其他学校，然后又延伸到商业区的一些写字楼。他的第一家公司 Eastern Exclusives 由此诞生。布朗纳的创新不是折价券，而是他的商业模式。这个模式成功了，因为他洞察到三类人的需求：学生、商家和学校的管理者。

将描述与数字结合起来

随着个人电脑的普及与电子表格的出现，“商业模式”这一术语第一次得到了广泛应用。在电子表格出现以前，制定创业计划通常意味着基于现实做出一项单一的预测，至多也只是围绕预测做一点敏感度分析。电子表格的出现为制定创业计划提供了更具分析性的方法，因为你可以对其中的每一个主要项目都加以分解，对各构成要素及其子要素进行分析和检验。你可以对业务所依赖的关键性假设提出一些“如果……会怎么样?”的问题。例如，如果顾客对价格比我们预想的更加敏感会怎么样？有了电子表格，只要敲几下键盘，你就能看到每一个方面会出现何种变化。换句话说，你可以模拟业务的运作过程。

这是一个新生事物。在个人电脑从根本上改变创业计划过程之前，大部分成功的商业模式，如法戈的模式，更多地产生于偶然，而非产生于精心策划和深谋远虑。只是在业务开始运作之后，这些商业模式才明晰起来。然而，通过把公司对市场的洞察与由此产生的经济价值更紧密地结合起来——即把对人们行为的假设与预期的损益数据联系起来——电子表格使我们可以在业务开始之前就模拟其运作。

当然，电子表格的作用取决于表中各种假设的正确性。一旦企业开始运作，其商业模式中隐含的那些既与需求有关，又与经济效益有关的种种假设，都要在市场上不断经受检验。成功往往有赖于管理层是否有能力在模式实施中对其进行调整，甚或进行全面改革。欧洲迪斯尼乐园（Euro Disney）1992 年在巴黎开设主题公园时，套用了美国各迪斯尼乐园的成功模式。该公司想当然地认为，欧洲人每次游览所花的时间以及花在食物、交通和纪念品上的钱与美国人差不多。

迪斯尼乐园对其欧洲业务收入的种种假设，最后证明都是错误的。例如，欧洲人不会像美国人那样整天在公园里边逛边去各式各样的餐厅品尝小吃；相反，他们都希望在同一时间坐下来吃午餐或者晚餐。这样，到了用餐时间，欧洲迪斯尼乐园的每家餐厅都人满为患，游客们排着长队翘首等待，怨声不断。由于判断失误，欧洲迪斯尼在开业的头几年里简直就是一场灾难。只有在对商业模式中的十多个关键因素一一加以改变以后，欧洲迪斯尼乐园才获得了成功。

如果管理者有意识地遵循能促进整个业务系统顺利运作的模式来工作，那么每一项决策、每一个举措以及每一次测评都会提供有价值的反馈。利润的重要性不仅在于其本身，还在于能证明你的模式是否行得通。如果没有达到预期的目标，你就应该像欧洲迪斯尼乐园一样重新检查你的模式。从这个意义上说，商业模式创造过程无非是科学方法在管理上的应用——从一个假设开始，在实施过程中检验，并在必要时加以修订。

两个关键的检验

商业模式行不通，不是因为没有通过叙述检验（如故事没有意义，或者说不符合经济逻辑，业务本身不能为客户创造价值）；就是因为没有通过数字检验（如损益与预期不符）。在线杂货商的商业模式就没有通过数字检验。杂货业的利润从一开始就非常薄，诸如 Webvan 这样的在线零售商，在营销、服务、配送及技术上又投入了新的成本。顾客到网上购物，不愿意比在商店里购物多花钱，这些在线杂货商自然难以赢利。互联网上的杂货商数目曾经非常多。许多公司在电子商务的第一次浪潮中就惨遭失败，就是因为其商业模式的基本损益预测有漏洞。

还有一些商业模式没有通过叙述检验。想一想 Priceline Webhouse Club 的迅速崛起和陨落吧。这家公司是Priceline. com的一个分支机构。Priceline. com曾最早推出顾客自定价网上购买机票服务。华尔街最初的狂热追捧使Priceline. com的首席执行官杰伊·沃克（Jay Walker）将这一概念延伸到了杂货业和汽油业。

下面是沃克想要讲述的故事。上百万的顾客会通过网络告诉他，他们愿意花多少钱来购买诸如一罐花生酱之类的东西。顾客也许具体指明价格而不是品牌，所以最终他们购买的可能是Jif牌，也可能是Skippy牌。接下来Webhouse会统计顾客出价的情况，然后去与宝洁（P&G）和Bestfoods之类的公司谈判，试图与它们达成交易：如果你们能把一罐花生酱减价50美分的话，本周我们将订购100万罐。Webhouse想要成为替单个顾客服务的强有力的经纪人，代表上百万的顾客与生产商就打折的问题进行谈判，然后将这样的实惠让给顾客，自己则从中收取一定的费用。

这个故事的问题出在哪里？它以为宝洁、金佰利（Kimberly-Clark）以及埃克森（Exxon）等公司会参与这样的游戏。让我们稍作思考吧，这些大的消费品公司花费了数十年的时间、数十亿美元来培育品牌忠诚度，而Webhouse模式却要教消费者仅仅根据价格来购买。这些制造商干嘛要帮助Webhouse来降低价格，破坏自己苦心经营的品牌知名度呢？它们当然不会这样做。所以这个故事是讲不通的。要成为一个强大的经纪人，Webhouse必须拥有一个庞大而且忠诚的顾客群，而要得到这些顾客，它首先必须提供折扣。既然消费品生产公司拒绝合作，Webhouse就得为折扣自己掏腰包。于是，在2000年10月，Webhouse用完了所有的现金，最终也失去了相信这个故事的所有投资者。

倘若有人认为有缺陷的商业模式为互联网企业所独享的话，那就错了。人们总是会忘记那些半路夭折的构想，这样的构想充斥着整个商业史，它们同样经不起推敲和检验。在20世纪80年代，一站式金融超市（one-stop financial supermarket）是一个使许多经理人浮想联翩的商业模式。然而，西尔斯公司（Sears）却发现顾客们并不能将它出售的看家产品——电动工具和它新推出的金融投资工具——年金联系起来。20世纪90年代，Silicon Graphics公司在互动电视上投资了数亿美元，但它找不到像发明该产品的工程师那样对该技术真正着迷的顾客。最终，诸如此类的模式以失败而告终，因为它们建立在对顾客行为的错误假设之上。这些商业模式提供的所谓“解决方案”却引发了新的问题。

与滥用商业模式这一概念相反，如果运用得当，它确实会迫使管理者缜密思考自己的各项业务。商业模式作为规划工具的最大优点就是：它将注意力集中于将系统内所有元素都协调成为一个契合、有效的整体。因此，我们也就不奇怪为什么还会有经理人即使在互联网热潮期，也还是能棋高一着，带领企业成为赢家，因为他们抓住了商业模式这一概念的实质。在拍卖网站——eBay创业初期，梅格·惠特曼（Meg Whitman）就加盟了，因为，用她的话说，她被“eBay用户与网站之间的情感联系"① 所打动了。人们对 eBay 的早期反应显示出了 eBay 品牌的潜力。惠特曼还意识到，与其他正在诞生的互联网公司不同，eBay 的业务"只能在网上进行"，是任何网下运作无法替代的。换句话说，经验丰富的经理人惠特曼，看到了一个令人信服、逻辑清晰的故事，这个故事有可能变成现实——一桩赚钱的生意。惠特曼一直关注着那些将收藏家、淘低价者、网上社区搜寻者（community seeker）以及小生意客户吸引到 eBay 来的心理因素及经济因素。eBay 的拍卖模式之所以能够成功，不仅因为互联网降低了连接为数众多的买家和卖家的费用，而且还因为该公司对业务范围的界定使其具有合理的成本结构。eBay 将付款和送货这些拍卖的后勤工作留给了买家和卖家处理。eBay 从不拥有货物，所以没有存货。因而，该公司没有任何运输成本，没有任何信用风险，也没有与这些活动相关的管理费用。

商业模式不同于战略

任何一个能生存下来的组织，都是建立在一个良好的商业模式之上的，不管其创始人或管理层在构思时是否用了与商业模式相关的术语。但"商业模式"与"战略"不是一回事，尽管今天人们经常混淆使用这两个术语。商业模式描述的是，业务的各个部分怎样组合在一起构成一个系统。但是，商业模式没有把影响业绩的一个重要因素"竞争"纳入考虑。每一家企业都会遇到竞争对手，这只是早晚的问题（经常是早遇到），而应对竞争就是"战略"的任务。

竞争战略说明的是，如何比竞争对手做得更好。按照定义，做得更好意味着卓尔不群。当组织独一无二，以一种其他企业不能复制的方式做别人没有做的业务时，它们就会取得良好的业绩。抛开专业术语，战略的全部内容就是如何通过与众不同来做得更好。这个逻辑简单明了：如果所有的公司从事相同的活动，为相同的顾客提供相同的产品和服务，没有一家公司会兴旺发达。激烈的竞争使价格一降再降，顾客可能会在短期内从中受益，但到头来公司却是赔钱赚吆喝，得不偿失。正是这种竞争——迈克尔·波特（Michael Porter）称之为"破坏性竞争"——在互联网零售商中起了作用，不管他们卖的是宠物用品、药品还是玩具。太多初出茅庐的公司带着雷同的商业模式涌进了市场，无论从市场定位、产品和服务定位，还是价值创造等角度考虑，它们的战略都与别人没有差异。

要弄清战略和商业模式之间的区别，只须看一看沃尔玛（Wal-Mart）。你可能会认为，这个零售巨人的成功是因为开创了一种新的商业模式，但事实并非如此。当山姆·沃尔顿（Sam Walton）1962 年在阿肯色州名叫 Rogers 的小镇开设他的第一家沃尔玛商店的时候，折扣零售的商业模式已经出现好几年了。这种模式最早出现于 20 世纪 50 年代中期，当时行业的一批先行者（早已被人遗忘）开始将超市

① Meg Whitman at eBay Inc.（A）. HBS case No. 9-400-035.

的经营思路运用到一般商品的销售中。从20世纪30年代以来，超市就一直教育着顾客，向其灌输放弃售货员的服务以换取低价食品这一价值观，而新一代的零售商认为，它们可以将超市的基本故事情节运用到服装、家用品以及大量其他消费品中，通过降低成本来提供比传统的百货商店更低的价格。就这样，折扣零售的基本商业模式成型了：首先，去除传统百货商店里令人舒适的一些设施，如地毯、枝型装饰吊灯；然后，调整商店布局，使之能更有效地服务大批量的顾客；最后，减少每一层楼面的售货员，让顾客为自己服务。把这些事情做好了，你就能够低价销售，而且仍然能够赚钱。

听说了这些新式的折扣商店之后，沃尔顿亲自参观了其中的几家，并看好这种模式的潜力。1962年，沃尔顿决定自己开店，他借鉴了凯玛特（Kmart）和其他超市的许多经验来开设早期的商店。然而，使得沃尔玛取得如此惊人成功的却是他与众不同的做法——他在这一基本商业模式上打上的自己的烙印。虽然沃尔顿的商业模式与凯玛特的相同，但其战略却是独一无二的。

例如，从一开始，沃尔顿就选择了与其他折扣商不同的市场和不同的顾客群。1962年最大的10家折扣商，都将重点放在了一些大的城区以及像纽约这样的城市，今天这些折扣商无一幸存。用沃尔顿自己的话来说，沃尔玛的“主要战略是将规模适宜的商店开设在无人问津的偏僻小镇上”。① 他挑选人口介于5 000到25 000之间的边远乡村小镇，比如Rogers镇。作为一个在小镇长大的人，沃尔顿对家乡的地理位置很熟悉，那里大约驱车4个小时才能到达最近的城市。他正确地断定，如果与城里商店的价格相比，他的商店价格相同或更低，“人们会就近购物”。沃尔玛选择的市场往往较小，只能维持一家大的零售商，因此沃尔顿可以捷足先登，阻止竞争对手进入沃尔玛的领地。

沃尔玛也采取了与竞争对手不同的促销和定价方法，它向顾客许诺了一种不同的价值。竞争对手在很大程度上依赖于自有品牌商品、二线（second-tier）品牌商品以及降价促销，而沃尔玛却承诺销售全国性品牌，并且天天低价。为了使这一承诺不停留在营销口号上，该公司通过在采购、物流以及信息管理等方面的创新，不断提高效率，降低成本。

折扣零售的商业模式自20世纪50年代面世起，就吸引了众多的商家。他们中的大多数都折戟沉沙，只有少数，如沃尔玛和Target，由于战略与众不同，才历经艰辛取得了优良的业绩。沃尔玛为其精心挑选的客户群提供更廉价的品牌商品。Target则围绕另外一种价值——风格和时尚——来构建自己的战略。这个行业中的失败者——像凯马特这样的长期表现不佳的一些商家——都试图为所有人提供所有商品，而未能找到与众不同的竞争方法。

---

① Wal-Mart Stores, Inc. HBS case No. 9-794-024.

仅有好的模式是不够的

还有一个更新的故事，能进一步说明商业模式和战略之间关系。这就是戴尔计算机公司（Dell Computer，以下简称戴尔）的故事。与山姆·沃尔顿不一样，迈克尔·戴尔（Michael Dell）是一个真正的商业模式创新者。今天，他所创造的模式已广为人知。当其他的个人电脑制造商通过转售商（reseller）来销售电脑时，戴尔却直接把电脑卖给终端客户。这不仅从价值链中去除了一个高成本的环节，还为戴尔提供了必要的信息，使它能比同行在管理库存方面更占优势。因为电脑行业中创新的速度很快，戴尔电脑在库存方面的优势使它避免了像其他厂商那样必须承受产品过时带来的巨额成本。凭借其创新的商业模式，十多年来戴尔始终领先于竞争对手。

在这个案例中，戴尔的商业模式发挥的作用与战略类似，它使戴尔与众不同，使别人难以复制。如果戴尔的竞争对手试图直销，他们就会破坏现有的分销渠道，疏远他们以前依赖的转售商。竞争对手受自己战略的束缚，模仿戴尔不行，不模仿戴尔也不行。当一种新的商业模式改变了一个行业的经济法则，并且难以被人复制时，其自身就能创造出强大的竞争优势。

但是，在戴尔的故事中，人们往往忽略了纯粹意义上的战略所发挥的重要作用。戴尔的直销模式就参与价值链的哪些环节做出了取舍；而其战略则就市场定位、产品和服务定位做出了关键性的选择。例如，在20世纪90年代，当其他PC制造商专注于生产个人家用电脑时，戴尔却有意识地选择利润丰厚得多的大企业客户作为目标。其他PC制造商生产低档电脑吸引第一次购买电脑的消费者，但迈克尔·戴尔对这种“零利润”的业务没有兴趣，他专注于销售功能更强大、利润更高的电脑。

因为直接销售给客户，所以戴尔有机会对顾客做深层次的分析，并注意到虽然整个行业的平均售价在降低，自己的平均售价却在上涨。那些购买第二台、第三台电脑，以及寻求功能更强、易学好用的电脑的个人消费者也来找戴尔——虽然戴尔的目标客户并不是这些个人消费者。1997年，在对个人消费者的业务达到10亿美元之后，戴尔组织了一个团队来专门服务于这一市场。

现在，电脑行业中的每一个厂商都在直销，戴尔的战略也转移到应对新的竞争上来。凭借10年来在直销上的领先优势，戴尔是迄今电脑行业中直销模式的最佳执行者——一个低成本生产商。因此，戴尔正在利用PC机的成本优势开展价格竞争，以扩大市场份额，将弱者驱逐出局。与此同时，该公司凭借其核心商业模式，在潜在利润比PC更大的新产品上追逐机会，例如服务器市场。在新业务中基本的商业模式没有变化，要变的是在哪里——哪些地理市场、哪些细分群体、哪些客户、哪些产品——运用这一模式的战略抉择。

戴尔明晰的商业模式还有另一个作用：它为员工交流和组织激励提供了一个基础。因为商业模式常常讲述的是一个美妙的故事，它能将每个人都统一在公司期望建立的价值观中。故事很容易理解，也很容易记住。它有助于员工把自己的工作置于公司的大目标之下，并相应地调整自己的行为。如果一个良好的商业模式以这种方式得到应用，它就可能成为一个强有力的工具，带动企业更好地运作。

如今，"商业模式"和"战略"是商业领域里使用得最泛滥的两个术语；它们经常被引用来表示所有的事情，结果却什么都没有表示出来。但是，戴尔和沃尔玛等大公司的经历却表明，这两个概念其实具有不可估量的实用价值。的确，我们在明确区分某些抽象术语的时候，少不了一定程度的主观臆断。但是，如果我们不将它们区分开来，这些概念会继续令人困惑，也无法应用。下定义能使概念变得清晰，而搞清楚那些与企业业绩有关的基本概念尤为关键，因为任何组织都承担不起思维混乱带来的后果。

（三）成功的经营模式的特点

在新企业开张之前，了解企业模式的机制是至关重要的。美国作家 Seth Godin，也是一位创业者，根据自己的创业经验，总结了企业模式至少应该具有以下五个特征：

1. 企业应该赢利

没有哪个企业家有本事从第一天就开始赢利。面包商必须先花钱购置炉子，付清房租并购买配料。咨询专家必须把名片和介绍的小册子准备好。问题在于：赢利之前需要等待多久？请写下一个目标日期。如果你错过了这一目标，想想看怎样加以纠正，否则不如马上出局。因为已经损失了一大笔钱的缘故而继续从事赔本的业务，实在是一个极糟的企业战略。请务必学会找出会使企业从赢利转向赔钱的各种因素。假定你已经签下合同，承诺以固定的价格向对方交货，而你的供应商却可能向你要求提价，这样的话，你其实成了个风险很大的中间人。

有一幅非常有意思的漫画，上面画着一位数学家正在黑板上做一道极其复杂的证明题，黑板上画满了各种各样的曲线和符号，黑板底下，在证明的最后，有这么一行字："奇迹就此发生。"跟数学家一样，企业模式也不会奇迹般地产生。不时地会有好一些企业创建自己独特的企业模式。我认为，在创办企业之前，最好能设计出一个特定的企业模式。

不妨再来看看冰淇淋的例子，假定它的企业模式意味着你每售出一份冰淇淋三明治就会亏钱，因而不得不扩大销量的话，这样的生意就根本做不得。这恐怕只能在因特网上才可能行得通，而且，大概也长不了。

2. 企业必须建立自己的防线

一家赢利的企业，必然会引来竞争者。一旦竞争者出现，你该怎么办呢？假定原来你已经习惯于每出售一份冰淇淋三明治赢利1美元的话，与竞争者的价格战一旦打响，也许你每份只能赚5美分了。这样的话，情况就很糟，对付办法是所谓的市场准入壁垒，也叫作竞争隔绝。这种壁垒包括专利（其实它并不像大部分人所想象的那么有效）、品牌名、独家经销网、商业秘密（如可口可乐的配方）以及所谓的先动优势。

例如，布洛克巴斯物音像商店在全国各地开出上千家音像商店，由此建立了一条坚固的防线。等到竞争者出现，最好的地段已经无从寻觅了。很容易想象，建立这样一条防线的代价是十分昂贵的。

先动优势是人们的一种美好愿望，期望第一位进入某一行业、第一位把好主意变成现实的人，相对于企图东施效颦的人会有某种优势。例如，假定已经约定由你为某一片草地割草，第二个人就不再有机会从事这块地的割草工作，因为你已经在干了。他只能希望通过降低报酬或提出有能力提早完成的提议，把你挤出这一业务。

3. 企业必须有能力依靠自己发展

企业者很容易陷入的一个大陷阱就是，发明了某一企业模式，却无法依靠自己发展。例如，假定你想销售刮胡子的刀片，你必须考虑到你的顾客是各种各样的，如果没有各式各样剃胡子的刀具可以安上你的刀片，你的生意就完了。只用少量的钱是否能把一项配套型的业务搞起来呢？当然行。有人做到过。但是，十有八九你会铩羽而归。原因何在？因为你在改变世界之前，你就会发觉资金不够用。

我们前面提到的冰淇淋小贩的业务是有能力依靠自己发展的。确实，他必须首先拿出一笔钱来购买第一辆卡车和第一批冰淇淋三明治，但是，从那之后，这一业务依靠自身就能发展。以进价100美元，售价200美元出售冰淇淋之后，他就有了足够的钱来购买两箱冰淇淋。

4. 企业必须有能力自我调节

假定某一企业模式依托数量巨大的顾客或者合伙人的话，它在灵活机动方面就大大不如随时可调整的那种。以地铁车站中的三明治商店为例，它有着1.3万个店铺，每家商店都是独立营业的。假定地铁公司认定未来应该销售烤牛肉的话，要说服这些三明治店主转产、购买新设备、改变所销售的产品，恐怕将大费口舌，因为这些店主已经不太愿意转行了。

与此相比，假定有一家本地餐馆，一共只有一两家分店，如果突然人人都想吃新鲜燕糖松糕，要不了一两天，它们就会出现在菜单上。

上文中的冰淇淋生意也是非常容易调整的。冬天，你可以转而销售热巧克力。如果生意更加兴旺，再买几辆卡车就行了……

5. 企业必须制定退出策略（没有当然也行）

假定你创建了一家企业，然后再把它卖掉，你必须能够抽出你所投入的资金。

如果无法出售企业，你所能获得的就只是年度利润而已。两者是大有区别的。例如，雅虎公司的股票上市之后8个月，它的资产价值达到10亿美元，但是该公司1997年的利润仅有2亿美元，5比1这样的比例是巨大的，也是不同寻常的，这样的情况是不会持久的。但是，如果你的目标是退休后在哪个风景优美的地方购买一所别墅的话，能够制定退出策略就很理想。

出售冰淇淋三明治是没有任何退出策略的，除非你的生意已经达到了一定的规模。如果你只是小本经营的话，你个人就代表了全部生意。竞争者购买一辆卡车比买下你的企业来得便宜。但一旦你雇用员工，打出品牌，并建立起商业秘密和企业体系的时候，你就拥有了一家具有真正意义的企业。

二、创业模式的分类

根据不同的研究视角和标准，可以把创业模式分为不同的类型。

（一）按照创业的创意来源划分

台湾地区学者刘常勇教授将创业模式分为：复制型创业、模仿型创业、演进型创业和创新型创业四种。

1. 复制型创业

复制自己熟悉或工作过的某公司经营模式。通过发现自己的技能能开发市场机会；已基本掌握了原有公司的经营模式，并相信自己的经营模式不比原有公司差的情况下会从事复制型创业，其特点是创业风险小、成功概率高。

2. 模仿型创业

模仿已取得创业成功的新创企业。通过了解打算模仿的新创企业经营模式、专业技术，发现潜在市场和市场机会而进行创业。特点是由于创业者缺乏相关经验，存在较多的不确定性，学习成本高，创业风险较大，往往不能创造市场价值。

3. 演进型创业

以自己拥有的专业特长或已有技术成果为核心竞争力进行的创业活动。由于具备某一专业（技术）特长，或研制成功一项新产品、新工艺，同时发现潜在市场或利润空间，由此希望将拥有的专长或技术发明发展成新创企业，并成功推向市场；属于创造市场价值的机会型创业；但难点在于组织创新，风险投资的支持很重要。

4. 创新型创业

只是根据一些创新构想所进行的创业活动。需要具有独特的个性特征和旺盛的创业欲望；善于洞察商业机会并敢于冒险。伴随的特点是创业难度高，风险大，但成功收益也很大，是一种开创性价值创造型创业。

（二）按照业务所处的产业链划分

这是根据企业在产业链的位置划分的方法。产业链的位置可以分为以下几个部分：设计活动，生产活动，营销活动，其他的辅助活动等。

根据对产业链位置的不同选择，可以得出 8 种不同的组合，也就是可以得出 8 种不同的经营模式：销售型、生产代工（纺锤）型、设计型、销售 + 设计（哑铃）型、生产 + 销售型、设计 + 生产型和设计 + 生产 + 销售（全方位）型。

在企业成立之初，企业的资源和规模有限，往往采取的是较单一的产业链位置组合。大多数新企业根据自己的竞争优势和核心能力以及在整个产业链的位置选择合适的经营模式：生产代工（纺锤）型，销售型，设计型。例如，处于产业链中下游企业的供应商，就会采用生产代工型经营模式。企业一般根据客户的订单，加工产品，在市场上，贴上其他企业的标牌进行销售，企业仅仅负责某一产业中某种或者几种产品或零件的生产，对于产品的销售和产品的设计不做过多涉及。

当企业发展到成熟阶段时，企业的边界和规模不断扩大，经营模式也随之改变，选择的是复合型的经营模式，如销售 + 设计（哑铃）型、生产 + 销售型、设计 + 生产型和设计 + 生产 + 销售（全方位）型。处于该阶段的企业经过长期积累，具备生产、营销、研发等较全面的能力，对价值链进行整合，采取复合型的经营模式。

（三）根据企业的业务所在产业属性来划分

1. 制造型企业

为满足生产或生活需要，利用一定的设备和技术生产或提供具体产品的企业。

2. 服务型企业

不以实物形式而以提供活劳动的形式满足生活或生产需要、拥有一定设施或工具提供劳务的经济组织。传统的服务企业包括饮食、旅店、修理、照相、美容等企业。现代服务型企业包括信息服务、物流、金融保险、各种咨询、广告、教育、文化、体育、旅游等。

（四）按企业的经营规模和成长性来划分

按这种方式可将新企业划分为：生活型企业，基础型企业，高潜力成长型企业。

1. 生活型企业

也称边缘企业或薄利小企业（marginal firms），这类企业通常是私人所有。这类企业在成长几年后规模会发展到 20 ~ 30 名员工，年收入达到 200 万元左右。由于企业的存在主要是维持所有者生计，通常在研究和开发上的投入有限而属于增长有限的企业，往往不会有巨大增长和扩张的机会。

2. 基础型企业

这类企业创自于研究开发，从而为新业务领域打下了基础。这类企业可在 5 至 10 年间成长，员工从几十到几百名不等，年收入也从一千万到二千万元不等。这类企业通常不上市，只能吸引有限私人投资，不会引起风险投资家的注意。

3. 高潜力成长企业（high-potential ventures）

这是吸引最大投资兴趣和公众化的企业。这类企业在创立上可能和基础型企业一样，但成长速度却快得多，增长潜力巨大。在5～10年后，公司规模可发展到员工几百名，年收入达到三千万元。这类企业还被称作瞪羚（gazelles）企业，即增长极快的企业。David Birch将瞪羚企业定义为建立后连续5年每年销售增长超过20%，起步时不低于10万美元的新企业。

（五）根据企业的业务范围划分

业务范围的确定也就是产品和服务的确定，它始于产品或者服务给企业带来价值的大小，以及新的产品和服务对原有产品和服务的影响。

根据业务范围我们可以划分两类经营模式：单一化经营模式和多元化经营模式。一般新企业都是以单一化经营模式为起点，而成熟企业则有可能仍是单一经营模式，更多的则采用了多元化经营模式。

1. 单一化经营模式

单一化经营其实就是专业化经营，是指企业只从事一种产品或一类业务的经营，企业全部生产经营活动围绕着一种产品或业务展开。单一经营模式的优点是易创品牌，有知名度，易垄断，企业所拥有的全部资源都集中用于自己最具优势或企业最看好的某种产品或业务上，力求将其做大做强，基本上不涉足新的产品、新的业务；企业的成长发展也是在保持原有产品、业务项目不变的基础上，采取扩大生产经营规模、开拓新市场、渗透老市场、开发产品新功能等来提高企业市场占有率，增强竞争优势。

在单一化经营模式下，企业增加收入和盈利水平的主要手段有：一是市场渗透即通过增加销售人员、增加广告投入、加强公关宣传等，提高其产品或服务的市场份额，扩大产销量及生产经营规模，达到增收盈利之目的。二是市场开发即通过将现有产品或服务打入新的地区市场或开发新的用户群体来扩大市场覆盖面，进而扩大产品销量、经营规模，达到增收盈利之目的。三是产品开发，即通过改进和改变技术，开发更新、更优的产品或业务种类及新功能来增加产品的销量，获取更大的市场份额。

单一化经营模式是绝大多数企业在建立之后相当长时期内的经营特点，也是众多成功企业成长发展的起点，是一般新企业的经营模式。这一模式的优点在于：首先从经济学意义上讲，因其具有“专业化”特点，有利于企业实现规模经济，获得较好的运作效率。其次，由于企业将资源集中于一种产品或业务，因此，有可能在生产技术、产品开发、市场知名度、对用户要求的敏感性和满足程度以及对市场的了解和营销服务等涉及企业价值活动的诸多方面做得更好，并有能力在行业或市场上建立起较强的竞争力和成本优势及品牌优势。最后，由于产品或业务单一，管理人员在对业务、技术、市场、管理等方面会有更深的了解，积累更丰富的经验，从而有利于形成较强的核心能力，有利于将某种产品或业务做精、做细、做大、做强，使企业占据行业的领导地位，甚至成为专业化巨人，形成垄断性地位。

当然，这一模式的弊端也是显而易见的，“所有的鸡蛋都在一个篮子里”。由于产品、市场范围所限，其发展潜力有限，加之全部资源投入到单一行业，集中在单一产品或业务上，使企业竞争范围变窄，往往不能及时适应市场需求的变化和新产生的市场需求，可能被同类产品或新的替代品打垮；或者当市场变得饱和，或缺乏吸引力，或因新技术使购买者偏好发生快速转移导致其产品、业务需求下降、行业发生萎缩时，企业将面临较大的风险。

2. 多元化经营模式

多元化经营模式是指企业同时从事多种产品（业务）的经营。如上所述，企业建立之初通常采用单一化经营模式，当企业发展到一定阶段并积累了相当的资源，为规避单一化经营模式可能带来的风险，及早开拓新的经营领域或产品服务项目，确立企业未来新的经营支柱产品或业务，走多元化道路，不失为一个积极而明智的选择。多元化经营一般表现为资产结构合理，风险分散，适应市场变化能力强。

按照与原有产品或业务的关联度不同，多元化经营模式可分为两类，即相关多元化经营模式和非相关多元化经营模式。（1）相关多元化经营模式。企业扩展的业务项目与现有产品、业务间，在生产、技术、市场营销等方面具有高度的相关性或同质性，从而使这些产品、业务间在价值链上形成有价值的战略匹配关系，它们可以共用企业的某类经营性“资产”，或共同从事某一价值活动，如：联合采购从而对共同的供应商形成更强的讨价还价力量，联合生产零配件从而使生产企业提高规模经济，分享企业的生产和技术经验、某些设备或生产线，共享营销网络或顾客基础，共享品牌或商誉及对用户的服务联合等。这些都将使企业节约成本，形成更强的竞争优势。如：青岛海尔集团原是单一生产冰箱、冰柜的企业，后来逐步将产品生产经营范围扩展至空调器、洗衣机、电视机、微波炉等多种家用电器。各类产品在物资采购、生产技术、管理、市场营销方面具有高度的相似性或同质性，并可共用许多资源。（2）非相关多元化经营模型。企业所扩展或增加的产品、业务项目与原有产品、业务项目间在生产、技术、管理、市场营销诸方面极少或根本不存在关联性，更无同质性，不存在有价值的战略匹配关系，跨行业发展经营特征明显。只要存在有吸引力的市场前景、财务收益及能给企业带来商业风险的分散，非相关多元化鼓励企业进入任何适当的产业及项目。如：江苏春兰公司原是生产经营家用空调器的专业企业，后又发展生产经营摩托车、房地产等产品、业务。又如：美国通用电气公司（GE），从原来生产电灯泡开始发展成为经营家用电器、牵引机车、发电设备、金融服务、航空运输等业务的综合性企业、多元化企业。

多元化经营模式具有多方面优点。总体来讲，它具有非常鲜明的拓展企业经营边界、谋求广阔发展空间、增强企业竞争优势、优化企业资产结构、规避企业经营的行业风险等优越性。具体地说，一是可规避经营风险，如不断适应生产技术、市场需求、国家宏观经济政策等方面的变化，努力使企业生产经营活动稳定，增强抵抗风险的能力。二是可拓展企业的成长发展空间。根据对各个行业潜在收益、市场需求潜力、未来发展前景的分析判断，选择满意的行业入主经营，追求更快的发展、更高的收益。三是可增加企业市场实力和竞争优势。企业可从产品、业务项目间在价值活动方面的关联性形成的战略匹配关系来追求相互间的价值活动协调效应，获得范围经济和规模经济的好处，增强企业的成本优势；同时，通过相关产品间的协同发展，也将大大增强企业的经济、技术、市场竞争实力。

但是，多元化经营模式要求企业同时涉足多个产业领域，实施多种产品、业务项目的组合经营，会导致企业经营资源分散使用，经营管理难度加大，可能使其追求目标落空或顾此失彼。因为，多元化经营是一项涉及技术、市场、管理和其他经济、非经济问题的内容相当复杂的企业经营模式，其在避免单一产品、业务经营的风险和获得更大、更快发展的同时，自身的风险程度也是相当高的，有时会因一个产品或服务都做不成功，更不要说普遍开花。如果不顾条件盲目多元化将会使企业面临更大的风险，甚至出现危机，导致失败。

总而言之，无论是新企业还是成熟企业，都要选择跟本企业的产业链、业务范围和企业实现价值的方式相匹配的经营模式。选择企业经营模式，通常要综合考虑企业的资源、能力和行业特征。企业的边界处于动态变化中，经营模式也要随着企业自身的能力、资源和外部产业的变化进行调整。

第三节　新企业的组织结构

前一节讲到，组织模式是组织的结构特征、决策系统和人力资源政策的集合。换句话说，组织结构是组织模式的重要内容之一，组织结构决定了组织的决策和人力资源政策，或者说，决策和人力资源政策会通过组织结构特征表现出来。

新企业虽然规模不大，但也需要一个正式的组织结构，以明确组织的任务分工，使每个员工有清晰的角色定位，减少组织中的冲突，提高组织的运行效率。

一、组织结构的基本知识

组织结构是指组织里工作任务如何分工、分组和协调合作的工作关系结构和体制。组织结构会影响员工的行为和态度。组织结构有助于减少不确定性，明确工作内容和责任；组织结构在某种程度上制约员工的行为，如组织的正规化、专业化程度高，命令链牢固，授权程度低，控制跨度窄，员工的自主性就小，行为变化幅度也小。上述组织结构变量是管理者能够测量的客观变量，管理者要帮助员工客观地看待组织的结构特征。

(一) 组织结构的类型

传统组织结构有三种基本模式：职能式结构、事业部式结构和矩阵式结构。

1. 职能式结构

职能式结构由于权力集中，有严格的责任分工，适合于在简单/静态的环境中运作。在此类环境中，明确的分工、健全的指挥、较小的管理幅度，可以使组织效率达到最佳。

职能式结构的缺点表现为：第一，本位主义严重。第二，部门间的协调配合比较困难。

2. 事业部式结构

事业部式结构则在环境复杂、头绪繁多时，显示出只有分权，才能充分发挥各部门的自主性、灵活性的特点。

事业部式结构可以有三种形式：

(1) 产品事业部制：它以产品类别划分不同的管理单位。每一种产品集中相当的人员设备、资金和技术，独立成为一个单位。

(2) 地区事业部：这是以地区相对集中的原则，将生产某些产品或提供某些服务所需要的员工、材料和技术组织在一起。

(3) 顾客事业部：这种结构是针对不同类型的服务对象，将生产或提供某种服务所需的员工、材料和技术组织成一个部门。

事业部式结构也有它的缺点：

第一，加剧了总公司公共事务人员的紧张度。

第二，一定程度上出现了重复。

第三，事业部变成了小的独立王国。

事业部式结构由于适当分权，具有一定的灵活性。推行事业部式结构的三个组织条件是：(1) 组织规模较大；(2) 组织的产品和提供的服务种类繁多；(3) 组织分散，不是集中于一地。

3. 矩阵式结构

矩阵式结构是在原有的职能式结构的基础上，再建立起一个横向的领导系统，两者纵横结合组成一个矩阵。矩阵式结构的特点是一些业务经理必须向两个上司而不是传统的一个上司汇报，因此存在一个双向的命令链。在大多数矩阵式结构的双向命令链里，一条命令链是职能部门（functional department），如营销、生产、工程等（marketing, production, engineering, and so forth），另一条是产品或市场部门（product, market），前者主要专注于企业内部资源，后者专注于产出，其他的矩阵单元可能居于地区、产品或职能部门之间。

每一个矩阵组织有三个主要功能：高层经理领导组织前进和平衡双向命令链；

各矩阵经理（职能、市场或地区）负责下级部门；基层业务经理向两个不同的上级矩阵经理汇报。

矩阵式结构力图追求职能式结构的高效，事业部式结构的灵活，在集权与分权之间达到一种平衡，它适合于多变复杂的环境。

矩阵式结构具有以下优点：第一，有助于增加弹性和平衡决策，在职能关系和目标结构关系中造成了一种权力平衡；第二，提高资源的使用效率；第三，矩阵式结构有利于促进技术的创新。

矩阵式结构的不足表现为：第一，增加了复杂性和模糊性，增加了权力争斗的机会。在项目经理和职能经理之间容易出现扯皮现象；第二，容易引起执行员工的混乱；第三，削弱了决策能力。

每种结构模式——职能式、事业部式、矩阵式、混合式——都代表了一种工具，这种工具依靠组织条件的要求，帮助管理者使组织更为有效。高级管理者定期评价组织结构以判别该结构是否适合正在变化的组织需要。好多组织尝试一种结构之后，又重新组织成为另一种模式，尽力寻找最佳模式，从而实现内部职权关系和外部环境要求的协调一致。例如，Compaq 计算机公司为了开发新产品，从职能式结构转变为事业部式结构，约一年后又调整回到职能式结构，目的是降低产品线之间的竞争。

（二）组织结构设计

在组织结构设计时通常考虑六个因素，这六个因素决定了一定的组织结构与战略是否匹配，是否导致了有效的员工行为。

1. 工作专门化：分工与专门化会提高个体工作效率。

2. 部门化：对任务细分之后（专门化基础上）组合协调相同的工作。组合的方式有按产品、地区和客户类别部门化。

3. 命令链：连续的权力路线。解决的是谁向谁负责（汇报）的问题。

4. 控制幅度：一个主管领导多少下属。

5. 集权与分权：上级向下级授权程度。

6. 规范化：工作标准化的程度。

有效的组织结构与战略的关系表现在：

1. 通过降低营运成本提高组织的效率。

2. 通过全面质量管理提高产品质量。

3. 通过不同职能的整合提高组织的创新与创造力。

4. 通过部门化和职能化的结构提高对市场和消费者的反应能力。

作为一般原则，当组织结构不适合组织要求时，便会出现一个或多个下述组织无效特征：

1. 决策迟缓或质量不高。由于组织层级汇聚太多的问题给决策者，他们可能负担过重，向低层的委托可能不足。另一种导致低质量的决策的原因是信息可能没有传达给合适的人。无论纵向还是横向，信息沟通都不充分，不能保证决策质量。

2. 组织不能创造性地对正在变化的环境做出反应。缺乏创新的一个原因在于部门之间不能很好地进行横向协调。市场部门对顾客需求的识别和研究部门对技术研发的界定必须相互一致。组织结构中也应有专门的部门性职责，包括环境监测和创新。

3. 明显过多的冲突。组织结构应该将冲突的部门性目标汇总成一系列整体组织目标。当各部门目标冲突、各行其是，或者在压力之下，为完成部门目标而不惜损害整体目标时，这种结构便是失败的，缺乏足够的横向沟通机制。

二、新企业的组织结构特征

（一）新企业的组织结构特征

新企业初期大多以简单职能式为多，组织结构模式呈现以下特征：

1. 结构扁平化，大多只有1~2个层级；
2. 高度适应性和灵活性；
3. 结构呈连环状而非阶梯状；
4. 以客户和关键任务为中心，类似于项目管理；
5. 以学习能力、贡献和影响力而非职位权力去影响和管理人；
6. 初期的管理风格是以工作为中心的领导，以任务为导向的行为。这种领导风格的行为特征体现在：确认目标；计划与分配资源；决策；控制进度；审查与评估。

（二）新企业的组织结构类型

根据新企业与成熟企业的不同以及新企业的本质特征，新企业的组织形态主要表现为三种，即网络型组织、虚拟组织、团队型组织。这三种组织形态都具有动态边界、充分利用组织内外部资源、有效地管理知识等新企业的本质特征。

1. 网络型组织

网络型组织是企业间的一种联盟方式，它将具有不同经营优势的两个或两个以上企业组建成实体或虚拟企业，并结合各成员企业的优势，以充分发挥优势互补效用，共同发展，取得更大的经济利益。通过并购现有企业或者通过许可经营的方式创建的新企业最有可能成为网络或联盟组织中的一员，而自身保持单一、简单的经营业务或组织结构。

企业网络这种产业组织方式是建立在合作、交流和协调基础之上的灵巧的产业组织制度。企业网络内企业之间的连接相对松散，但专业化分工关系却很强。新小企业在企业网络内实现了高度的专业化分工，大幅度地提高效率，降低了产品成本。这已不同于一般意义上的产品分工，在企业网络这个系统中，企业生产能力如同商品一样进行交易，事实上这是企业核心能力的分工。

2. 虚拟组织

虚拟组织是通过非契约关系共享资源和增值利润，围绕项目而组成的企业间暂时状态的联盟。在拥有较充分信息的条件下，一些独立企业（如制造商、分销商、供应商）、科研机构或竞争对手出于某种战略考虑，以各自相对具有的优势，本着自愿互利原则通过竞争招标或自由选择等方式组成某种松散型的网络合作关系。虚拟组织没有固定的组织层次和内部命令系统，打破了传统企业组织机构的层次和界限，企业界限明显趋于淡化和模糊，是一种外放式的组织结构。虚拟组织以一种链网的形式存在，各成员企业之间无上下隶属关系，完全是一种富有弹性的伙伴关系，使得链中企业的资源能够共享，获得优势互补的整体效益。

新小企业往往成为虚拟组织中的一员，通过社会化协作和契约关系，承包或外包大企业的非核心业务，或者成为大公司的产业消费者。

3. 团队型组织

新企业大多是以客户和关键任务为中心而开展业务活动，类似于项目管理团队。由组织结构决定的新企业初期的工作关系，体现为角色分工一专多能，一人负责多个任务，专业化分工不是很细，部门化程度不高。

为了减少组织中的冲突，需要明确组织中的职责与权限，明确谁对什么负责的问题，这就是角色定位，即对处在团队或组织中特定位置的人被期望应该表现出的一系列行为，以及他们能行使的权力或权限进行清楚的界定。清晰的角色一旦建立起来，就会使每个人发挥特长，为组织或团队提供其他人不具备或较少具备的独特技能、知识或经验，整个组织将会非常顺利和有效率地运转。

角色定位的寓意是明显的：一旦创业团队走到一起创建新企业，它的成员构成应当是互补的，它意味着应该根据每个成员的专长和知识来划分责任和权力，任何其他的方法都可能是高成本的，并且会降低新企业获得成功的可能性。

下面的阅读材料形象地描述了新小企业与大型成熟企业在结构和人力资源管理方面的差异。

阅读材料：小企业和大企业的比较：在不同的组织系统内工作

美国电话电报公司的组织结构与埃斯利特的组织结构差异很大，就像黑夜和白昼。罗伯·潘科说，“美国电话电报公司纯粹是一种等级结构，每个人对你在组织中的等级都很敏感。例如，经常有人对我说：“你只是第二级，要注意不要在会议上难为第四级的人。”等级就是一切。事实上，我记得有一次与一位等级比我高的管理者一起出差，当我们在机场租到车以后，他对我说，“你是司机，你来开车。”在美国电话电报公司，任何时候都不能忘记你的等级地位。相反，在埃斯利特，一切都很随便。我们是一个扁平组织，员工可以直接来找我，不会受到他的上司的阻拦。我不太在意等级秩序。可是呢，我仍然是这里的负责人。如果我是鲍伯·艾伦(Bob Allen，美国电话电报公司的首席执行官)，我也许会减少美国电话电报公司的等级层次。我的观点是从下往上的。”

大多数的人对于像美国电话电报公司这样的大公司的招聘程序都很熟悉。历史上，这些公司雇用年轻人到入门水平的工作岗位上，然后让他们按照等级往上发展。大学的学习成绩和性向测验成绩在甄选录用决策中起着举足轻重的作用。在过去的10年中，由于解除管制，美国电话电报公司经历了重大的变革。成千上万的人失掉了工作。与过去的做法相反，公司常常聘用公司外部的人来填充中高层管理职位的空缺，因为从公司内部很难找到具备所需要的技能和观点的人。例如，1990年，公司聘用了华盛顿国家保险公司（Washington National Insurance）的总裁理查德·宝德曼（Richard Bodman）担任美国电话电报公司的高级副总裁，负责公司战略和开发。1991年，西兰德服务公司（Sea-Land Service）的前任董事长爱里克斯·曼德尔（Alex Mandl）加盟美国电话电报公司，担任财务总监；斯阔尔公司(Square D Co.）的董事长杰瑞·斯泰德（Jerre Stead）受聘担任美国电话电报公司商务通讯系统部的总裁。

埃斯利特组织结构的小规模和项目形式使得潘科可以更随便和直接的方式招聘新员工。大约一半的新员工是通过现有员工推荐和介绍聘用的。一旦录用，推荐人一般就变成了新员工的保证人，也就是说，保证人帮助新员工适应他的工作。其他的大多数新员工来自公司所使用的自由就职者信息库。当出现空缺时，公司首先把最好的自由就业者作为长期员工进行考察。通过从这个信息库中聘用新员工，罗伯说，他已经掌握了这些人的工作绩效的第一手资料，所以，不需要再做太多的筛选工作。他们以前的工作就是测验。但是，在所有的参考手段中，罗伯比较信赖工作抽样法。例如，申请设计工作和电子分页工作的候选人要参加一项半小时的测验，通过实际操作展示他们的技能。罗伯注意到，所有来自自由就业者信息库的新聘员工也可以有保证人，这些保证人通常是自由就业者以前参加的项目的团队领导人。所有的新员工都会明确地了解公司对他们的希望，然后他们要经过6个月的试用期。试用期满。对他们进行考核。以后的绩效考核都在他们服务周年庆祝会上进行。

美国电话电报公司和埃斯利特实行绩效评估的方式差异很大，也可以说明这两个公司的不同之处。据罗伯说，评估在美国电话电报公司是一种游戏。他们有很完善的工具，但是，没有教会管理人员如何使用这些工具。评估过程是相当标准化的：每个员工接受上司的评估，然后在群体中从1到N排出顺序，这种排列符合修正的正态分布规律。10%被分配在最高的类别中（绩效最出色者），5%排在绩效最差的行列，再接受试用期的考察。当然，对于排列顺序存在着大量的政治行为和讨价还价现象。例如，工作时间在排序中起着重要作用。

“我比较软弱，我不喜欢评价人。”罗伯承认，“我使用一种尺度评价系统，因为这比主观评价要好得多。但我不愿意给人排优劣顺序。”罗伯描述了他使用的评估形式，这个系统把员工的绩效分成4大类：个人绩效；团队成绩；对质量的贡献；个人发展。“前三项基本上是平等的，每一项占30%，个人发展是决定优劣的关键。”在每一个类别中，罗伯从下面两个方面进行评价：(1) 考核期内的成就；(2) 需要改善的领域。“我承认，也可能我的方法是错误的，在评估过程结束之前，我不让员工自己参与。也许我应该从一开始就让他们自我评估。”

埃斯利特的小规模带给罗伯的问题，与美国电话电报公司给管理者造成的问题大相径庭。罗伯认为，“在美国电话电报公司这样规模的公司里，没有任何一个人能够制造什么差异。但是，在我们这样的小公司，每一个人都很关键。如果一个人不来上班，可能就会影响整个公司的运作。这使得埃斯利特的每个人都和指挥中心保持密切联系。我这里的人需要贡献给组织的东西远比美国电话电报公司的员工要贡献给组织的东西多。例如，这可以说明为什么我花费大量的时间制定以利润为基础的报酬计划。我们的人喜欢有伙伴关系的感觉，我希望他们的行为像是这个企业的主人。这是我们能够以我们渴求的速度成长的唯一方式。”

根据罗伯所说，埃斯利特的迅速发展给员工造成了极大的压力，特别是在项目即将完成的关键时刻。“人们不得不大量加班，工作时间变得很长。在一个项目要竣工的时候，团队成员会玩命地工作。我并不认为压力是正常的，我想帮助我的员工减轻这些压力。在项目的攻坚阶段，我会把团队成员招呼到一起，让他们敞开心扉，把任何潜在的个人困难告诉我，就像孩子要经受洗礼或母亲要临产一样。我想提前知道所有的问题，这样，我们就可以集中全部精力，在项目到期前完成任务。当截止日期来临时，我常常给他们带些小甜点、午餐或类似的东西，让他们放松下来，同时表明我很关心他们。如果有人承受的压力太大，我会让他提前回家休息，照样发工资。一旦一个重大项目竣工了，我经常让员工带薪休息几天假。我想让他们花费必要的时间使自己的生活回到正常的节奏。”

资料来源：Stephen Robbins. 组织行为学. 第7版. 北京：中国人民大学出版社，2000：544-545.

第四节 新企业的战略计划

波特教授曾经说过：“我经常听说，大企业、巨人企业，是需要思考企业战略的。相反地，小企业、创业型企业不需要战略；它们可以追求其他的道路来取得成功。在我的眼里，恰恰相反。不像大企业，小企业不能依赖市场的惯性来生存，相反，它们得寻找自己的竞争环境，必须寻找并保卫自己的位置。这就是战略的全部”。

一、新企业战略计划的必要性

不但大企业需要战略计划，中小企业及新创企业同样需要战略计划，大多数企业家都会为他们的企业制定某些形式的计划，但是它们大都是非正式和非系统的，企业系统性的计划会随着企业性质、规模和组织结构的不同而有着不同的实际需要。换句话说，一个小的两人企业运用非正式的计划更可能成功，因为他们企业运作非常简单。但是，当新创企业的人事和市场快速扩大的时候就必须有一个正式的计划，因为这时企业经营的复杂性加大了。

一个新创企业的计划从非正式到正式还有其他方面的原因。首先，企业所处行业的不确定性程度。在一个不确定性程度相对较高的行业里，企业家往往有一个较强烈的愿望去处理企业面对的挑战，这时一个较正式的计划将会帮助企业家实现这一目标。其次，企业竞争优势（包括竞争者的数量和水平两个方面）增加了正式计划的重要性程度。最后，企业家经历的类型和数量将是决定正式计划程度的一个方面。缺乏充分的经历，比如说只有技术性的或者企业经营方面的，可能会限制企业家的理解能力，从而增强了对正式计划的需求程度，以帮助企业制定未来发展道路。

正式计划通常分为两种类型：战略性的和经营性的。这里将首先探讨战略计划的本质，再讨论经营计划。

战略计划是一种结构性的计划，是正式的、书面的长期计划，包括过去、现在、未来业绩的信息，环境分析，企业优势、劣势的确定等内容。战略计划期是3~15年。

经营计划是本财政年度内企业关于经营预算的书面行动计划，主要包括基本的生产控制，例如生产定额、成本控制、人员要求等。

二、新企业战略计划的价值

成功的创业者都有一个共同的特征，他们都有一个明确的关于企业和个人的远景规划和目标，即使他们不能确切知道如何实现它。

未来企业的远景规划通常包括未来企业所属行业和新企业的业务目的，在未来一到三年内企业想达到的绩效目标以及怎样实现目标。例如，“我们企业属于汽车行业，计划是研发、制造和销售汽车零部件，企业目标是成为世界著名大汽车公司在中国的首选汽车零部件供应商，并在18个月后赢利。为了实现目标，产品的价值和标准体现在：在中国市场选择最优质的钢材，采用德国汽车零部件标准和工艺设计来生产优质又具有成本优势的产品。”

制定战略计划有回报吗？研究表明是有的。在一项计划对经营表现的影响的研究中发现，以销售额或者资产回报率为衡量标准，长期计划的程度与企业经营并没有关系。但是，当考虑到其他因素，比如说组织结构、对计划的态度、执行、时间范围、计划内容的时候，数据强烈支持财务情况好的企业在计划制定方面做的工作更彻底。

在另一项美国的研究中，调查了 357 家得克萨斯企业。虽然只有一小部分企业制定过详细的战略计划，大部分企业都运用过某种形式的计划。研究者把它们分为五类：

战略层次 0（SL0）：对明年的销售额、利润没有认识，也没有利润实现计划。

战略层次 1（SL1）：只知道明年的销售额，不知道明年行业的销售额、企业利润，或者利润实现计划。

战略层次 2（SL2）：知道明年企业和行业的销售额，但是不了解明年企业的利润和利润实现计划。

战略层次 3（SL3）：知道明年企业和行业的销售额，也能预测明年企业的利润，但是没有利润实现的计划。

战略层次 4（SL4）：知道明年企业和行业的销售额，也能预测出明年企业的利润，并且有利润实现的计划。

研究者们跟踪这些企业两年后，他们发现处于战略层次 0 的企业有 20% 的失败了，而处于战略层次 4 的企业只有 8% 的企业失败了。这个发现表明在小企业成功和战略计划方面有着联系。

另外一些调查集中于计划对小企业的影响。这些调查支持了战略计划对企业来说是有价值的观点。大多数研究都表明，虽然没有直接的表述，但是，暗指计划会影响一个企业的生存。在 Robinson 和 Pearce 的研究中表明，一些学者把计划作为区分成功和失败企业的一个标准。

在另一项有关 70 000 个企业失败的研究中发现，缺乏计划是企业失败的一个关键原因，另一项研究同样发现，有战略计划的企业比没有的企业经营的要好。

一项研究调查了长期计划的价值（表 8-1）。在研究经营表现好和坏两种类型的企业的反应时，研究者发现了一些有趣的相同点和不同点。两种类型的企业都认为长期计划能节约成本，使预测准确，更快的制定决策。但是，表现好的企业还说长期计划能帮助更好的资源分配，提高竞争优势，有更多的备选方案和扩大的销售额。总之，很明显，经营表现好是一个好的计划的结果。

表 8-1 **长期计划价值的调查**

价值	高业绩企业（%）	低业绩企业（%）
节约成本	52	50
分配资源更有效	66	51
竞争位置的提高	64	49
更及时的信息	42	31
更准确的预测	76	70
更高的员工精神	31	32
探寻备选方案的能力	72	47
不确定性感觉的减少	42	30
更快的制定决策	49	46
更少的现金流问题	36	30
销售额的提高	65	50

资料来源：Donald F. Kuratko，Richard M. Hodgetts. 创业学：理论、流程与实践. 北京：清华大学出版社，2004.

更近一时期，研究者 Rue 和 Ibrahim 研究了 253 家小企业以确定企业业绩和计划之间的关系。他们把企业分为以下几种类型：

类型 I：没有书面的计划（101 家企业，或者占 39.9%）。

类型 II：中级程度的计划，包括一个书面的计划，或者说一些定量化的目标，一些具体的计划和预算，确定出了一些外部环境中的因素，预测计划和实际业绩之间差别的程序（89 家企业，或者占 35.2）。

类型 III：深度的计划，包括含有定量化的目标、预测计划和实际业绩之间差别的程序在内的书面计划。

研究结果表明处于类型 II 和类型 III 的企业中有 88% 的企业的业绩在行业平均水平以上，而处于类型 I 的企业中只有 40% 的企业的业绩在行业平均水平以上。

总之，所有的研究都表明，有战略计划的企业比没有战略计划的企业的业绩要好。最重要的是，研究都强调了计划程序的重要性，而不仅仅是计划本身导致了良好的企业业绩。

三、新企业战略计划的特征

战略计划是根据企业的优势和劣势，对企业外部机会和威胁进行有效管理的长期计划。它包括定义企业使命，细分可实现目标，形成战略和确定企业政策。也就是说，战略计划是一个企业在决定未来发展方向问题上最重要的步骤。一项“最好的”战略计划将受到很多因素的影响，在这些因素中，企业家的能力、企业复杂性、行业的性质等是最主要的。但是，不管是什么具体环境，在战略计划制定上五个步骤必须遵守：

1. 考察企业外部和内部的环境（包括机会、威胁、优势、劣势），即SWOT分析。这种分析方法包括影响企业实施现在和未来战略计划的外部因素。通过使用这种方法，新创企业能够较顺利地执行以下的战略形成、战略实施、战略评价、战略反馈。

2. 形成企业长期和短期战略（使命、目标、战略、政策）。

3. 实施战略计划（程序、预算等）。

4. 对战略执行的评价。

5. 通过持续的反馈采取后续行动。

战略计划步骤的最大价值在于实施过程中的战略思考。虽然战略思考还没有用文字表述，但是战略思考可以把企业家所处的环境和创新转化成企业未来的愿景。

四、新企业战略计划的缺乏

新创企业对经济的作用在创新、就业等方面是显著的，并且有效的计划能够帮助这些新创企业的生存和成长。但是不幸的是，研究表明新创企业在计划制定方面还显得很贫乏。人们发现了五个方面的原因导致了这种情况：

1. 缺乏时间。经理们说他们整天都要面对日复一日的经营从而很难抽出时间来制定计划。

2. 缺乏相关知识。小企业主/经理们以前很少接触，也很少有计划制定方面的知识。他们不知道计划制定过程的组成部分，也不知道计划的后果。

3. 缺乏技巧。小企业经理们通常都是通才型的，他们缺乏计划制定的专业知识。

4. 缺乏信任，不开放。小企业主/经理们敏感度高，并且高度护卫着他们对企业的决策权。这就导致了他们不愿制定战略计划，这是因为战略计划的制定需要员工或者外面咨询人员的参与。

5. 认为成本高。小企业主们认为战略制定会伴随着很高的费用。这种担心导致了他们回避战略制定。

比如说，不管是经营好的还是经营不好的小企业都会在制定长期计划方面遇到问题。时间和费用是主要的障碍。另外，经营不好的小企业主说缺乏计划制定氛围，没有经验的经理、不好的经济大环境也是遇到的问题。经常的情况是，对新创企业来说，制定战略计划都是不简单的事情。另一方面，从战略计划中可以得到很多的好处。

五、新企业战略计划中的错误

战略的执行就像战略本身那样重要。许多创业者在把具体的战略应用到他们具体的企业中的时候都无意识地犯了一些错误。竞争环境不同，战略就必须根据不同的环境应用不同的战略。

波特教授指出了创业者在应用战略时的五个致命性错误：

错误1：错误理解行业吸引性。有太多的创业者认为成长最快的行业就是吸引性最大的。这是错误的，因为有吸引性的行业的进入障碍也高，并且企业数量也少。高科技行业或者看起来富丽堂皇的行业通常有很多的竞争者，从而使整个行业没有可赢利性。

错误2：没有真正的竞争优势。一些创业者只是抄袭或者模仿竞争者的战略。那或许是一种简单的策略，风险低，但是这也意味着没有真正的竞争优势。要想真正成功，新创企业必须有独特的竞争方式。

错误3：追求达不到的竞争位置。许多创业者在一个快速成长的行业中追求一个垄断性的位置。他们在企业成立初期是如此地忙，以至于他们不知道企业成功以后会是怎样。比如说，一个成功的软件程序将会很快被人模仿，所以优势本身自己并不能持续。在软件行业中，真正的竞争优势来源于对客户的服务和支持，提供经常的更新，使一家公司与客户形成网络关系以使它们的计算机部门依赖于自己的组织。这才能创造进入障碍。有时候小企业通常不能保持优势。

错误4：为了增长而牺牲战略。在增长和竞争优势之间一定存在着一种平衡关系，这种关系使企业成功。如果创业者牺牲自己独特的战略来追求快速的增长，那么企业将会失败。虽然说快速的增长在某些行业中是可以追求的，创业者也必须要保持和更新自己的竞争优势。

错误5：不能就战略问题与员工们很清楚地沟通。与企业每一个员工就战略问题清楚地沟通是十分关键的。不要认为员工们已经知道了企业战略，经常要与他们清楚地沟通。

波特教授说："形成一项战略最大的价值在于它能创造独特性，或者是使行动保持一致性。在企业中所有的部门都朝着同一个目标前进。如果人们不知道目标是什么，那么人们怎么朝着它前进呢？如果对成本没有一个清晰的认识，那么他们日复一日的工作将不会促进他们的目标。在任何一个公司里，员工们每时都会做出选择。一个清晰的战略将会帮助他们做出正确的选择。"

是战略错误还是执行不力？福特汽车公司的一次失败的经历

1957年福特汽车公司（以下简称福特）的爱泽尔（Edsel）牌汽车的彻底失败

在美国家喻户晓，即使是在爱泽尔失败后出生的人也听说过这个故事。

爱泽尔经过了精心的设计、用心良苦的推出和巧妙的营销，其程度很少有产品可与之媲美。爱泽尔本来是作为美国商业史上规划最周密的战略的最终产物而推出的：经过10年奋斗，福特公司从第二次世界大战后的濒临破产，发展为虎视眈眈的竞争者，成为美国市场的二强之一，而且数年之后，又成为在迅速增长的欧洲市场上争夺冠军宝座的有力竞争者。

到1957年，福特已经成功地在美国四大汽车市场的三个中重新树立了自己强有力的竞争地位：在"标准"市场，以"福特"参与竞争；在中低市场，以"水星"参与竞争；在"上层"市场，以"大陆"参与竞争。爱泽尔当时是为剩下的一个领域——"中上层"市场而设计的。这个市场中有福特的头号劲敌通用汽车公司生产的"别克"。第二次世界大战后，中上层市场发展很快，而且第三大汽车厂商克莱斯勒在这个领域还涉足不深，使得市场向福特敞开了大门。

福特花了很大的精力和时间来规划设计爱泽尔，它的设计体现了从市场调查得到的最新信息，这些信息包括顾客在汽车的外观和款式方面的喜好，除此之外，还体现了最高质量的控制标准。

但是，爱泽尔一上市就完全失败了。原因不在于不理智的顾客，而在于他们对汽车行业发生的事情的评估与对消费者行为的设想不相符合。

福特决定去进行调查，这个举措是继斯隆之后的汽车产业的又一大创举。斯隆在20世纪20年代曾将市场分为"低、中低、中上、上层"四个部分，在此基础上建立了通用汽车公司。福特的人员出去调查后发现这种划分方式已经被另一种方式取代，或者至少并存，就是我们现在所称的"生活方式"区分法。后来，在爱泽尔失败后的很短时间内，福特又推出了"雷鸟"，它成为自老福特推出T型车以来最成功的美国汽车。

但是，至今为止，人们仍然没有真正理解发生这种变化的真正原因，我们所知道的只是发生了某些事情。

资料来源：德鲁克．创新与企业家精神．海口：海南出版社，2000：47-49.

第五节　新企业的战略执行方法

战略执行是指具体的决策和行动。从起步走向成长的新企业，一切处于转型期。过去的机会价值和计划内容需要随着环境的改变而进行调整，需要像成熟企业一样逐步建立成型的、系统的制度和规则。

在上一节我们讨论了战略计划制定的必要性，也就是说新创企业必须制定战略计划以帮助企业成功生存与发展。战略计划制定后下一步就是执行，并且大多数人在这一步都会遇到更多的困难，不知道如何正确地执行。其实，新创企业可以使用很多方法来执行战略计划。具体的选择应是把创业者的性格和企业运作的环境有机结合起来。在这一节里提供了四种基本的方法，分别是机会管理方法、里程碑计划方法、创新型战略矩阵方法和多阶段统一方法。

每一种方法都对战略计划进行了深入的探讨，虽然在实践中创业者倾向于采用最佳的元素组合而不是选择与抛弃其他方法。

一、机会管理方法

机会管理方法很大程度上是基于环境分析。这个过程从战略形成开始：（1）对内部资源的评价，（2）对外部市场情况的预测，（3）对企业优势与劣势的评价，（4）形成企业目标。见图 8-1。

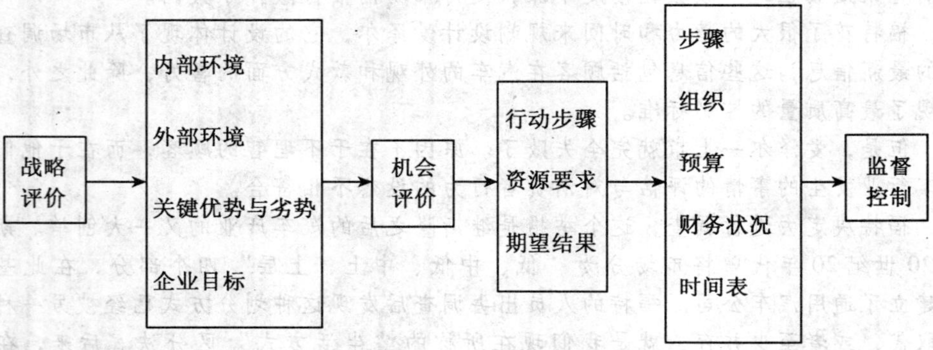

图 8-1　机会管理方法

创业者可以创建一个工作表来帮助他们分析环境。表 8-2 提供了一个用来评价企业优势与劣势的表格。通过保存这些工作表和一年一年地比较，企业将可以对机会管理进行动态的分析，并且注意到影响企业方向的战略变化。

表 8－2　　主要优势和劣势分析框架

关键成功要求	年　份	
因素	主要市场、行业成功要求（1～10）	公司一致性排名（1～10）
市场		
生产		
创新		
金融		

续表

关键成功要求	年份		
管理			
位置			
员工技术			
企业优势		企业劣势	

机会管理方法比较流行，因为它容易理解并且在执行过程中能进行调整以适应变化了的情况。这种方法在很大程度上是基于战略的第一法则：发挥强项，其前提是确定成功的关键因素。新企业建立之后，随着企业的发展、客户与所提供的产品增加，企业应经常思考、检查创立企业的主要成功因素是否仍然是最重要的，思考问题的方法是从客户角度看问题。一种方法是列出影响企业成功的关键因素，并按其重要性排序，对主要竞争者的分析也用这种方法。在新企业的管理过程中，根据关键任务来评估绩效是至关重要的，因为它指明了必要的管理活动，指出了最佳的经营业绩。表 8-3 列出某玻璃安装公司对自己与竞争对手主要成功关键因素（KSF）的评价。

表 8-3 **确定成功的关键因素**

成功的关键因素	KSF 的重要程度	以 10 分为准，比较自己与竞争者			
		你自己的企业	竞争者 A	竞争者 B	竞争者 C
保险公司的建议	50%	9	9	5	5
快捷的服务，经过培训的有竞争力的员工	25%	7	6	7	8
网点多，维修方便	15%	7	6	6	7
实惠的价格	10%	5	7	7	6
加权平均	100%	7.8	7.6	5.9	6.2

企业在成长的不同时期需要不断反思其内部竞争力，这会提供很好的客户满意度，而要做到这一点，需要保持与客户长期密切联系，需要持续的市场调研，比如定期提供客户关于产品或新产品的宣传册，不定期邀请客户参加公司的午间讨论，

并提供免费午餐以获得顾客的想法，这也是获得竞争对手信息的重要渠道。

二、里程碑计划方法

里程碑计划方法是基于目标逐渐达到方法的使用，即从企业刚成立到战略的再形成。在进行到下一个目标时必须要求上一个目标完全完成，再形成一个整体的战略计划。里程碑计划方法的三个优点是：(1) 有逻辑性和实用性，(2) 避免了由于忽视关键因素而导致的损失，(3) 基于持续反馈的重复计划的方法。表 8-4 提供了一个应用这种方法的实例。

表 8-4　　里程碑计划方法

里程碑	描　述	关键问题
1	新企业基本创意的形成	建立新企业是否有必要？
2	公司原型的完成	对劳动力、生产资料、设备的了解程度如何？ 它们是如何影响价格计划的？ 产品的特征是否还和最初的概念一样？
3	筹集种子资金	投资企业是否可以接受？ 在市场中是如何看待企业的？
4	企业的试经营	在最初经营中有关企业的任何设想有没有改变？ 特别是检查以下方面： 生产资料的配套性和成本情况 加工成本和技术 生产人员的培训需要 报废率与成本、生产控制要求
5	市场测试	消费者为什么购买这种产品？ 消费者为什么不购买这种产品？ 我们的产品与竞争者的产品不同或者优于它们的吗？ 应该怎样估计可得到的市场份额与大小？
6	成立期的运作	销售和供应准确吗？ 市场和财务有意义吗？
7	向第一批主要的顾客销售	我们的产品如何与竞争者的相比较？ 我们才开始的销售方法是改变还是继续？
8	对竞争的反应	对竞争该如何做出反应？ 市场营销、推广、销售、产品或者其他经营会有什么样的变化？

续表

里程碑	描　述	关键问题
9	战略重新设计或改变方向	市场所需与企业提供的产品之间存在着什么样的不同？ 在定价、财会、设计、市场营销以及其他战略方面需要做出怎样的改变？

里程碑计划方法在新创企业是技术型企业，经历好多阶段或者需要大量资本时比较流行。对比机会管理方法，里程碑计划方法更全面并且涉及大量资本和时间。

三、创新型战略矩阵方法

根据传统战略矩阵的结构（例如 BCG 矩阵），研究者 Matthew C. Sonfield 和 Robert N. Lussier 发明了一种创新型战略矩阵来测量风险和创新。

在创新型战略矩阵中，创新被定义为新事物和差别的创造，体现为创造独特的产品或服务的能力。衡量的标准是一件产品或服务越新，差别越大，它的得分就越高。风险被定义为主要财务损失的可能性。新创企业失败的几率有多大？财务损失导致的结果会有多严重？

有很多方式来提高创新度，但减少风险很大程度上考虑的是财务因素，其次再考虑个人形象。

这一模型甚至允许最有经验的创业者们去考虑他们新创企业的环境并制定适合的战略。模型的纵轴表示创新，横轴表示风险。用 I 和 R 代表高，用 i 和 r 代表低。见图 8-2。

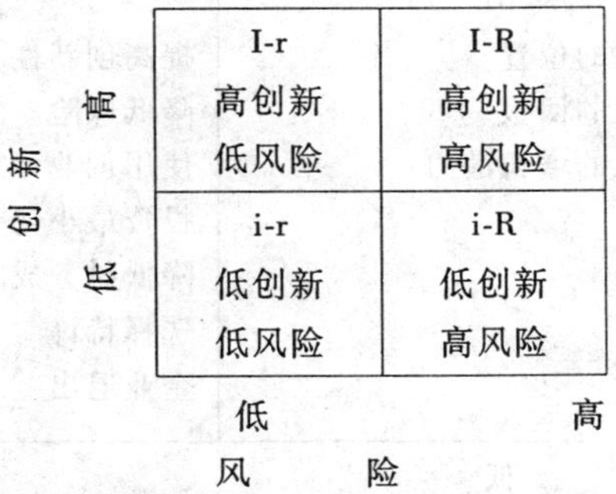

图 8-2　创新型战略矩阵模型

资料来源：Matthew C. Sonfield and Robert N. Lussier. The Entrepreneurial strategy Matrix：A Model for New and Ongoing Ventures. Business Horizons, May-June 1997：75.

创新型战略矩阵的价值在于它让不同的创业者能选择适合他们自己的道路。当创业者发现了适合他们自己新创企业的道路时，他们选择的战略就可能会最有效。

一个高创新、低风险的企业当然比低创新、高风险的要好。但是，在低创新、高风险区域里存在着大量的企业。在商业世界里，风险比创新更普遍。

矩阵隐含着两层战略含义。首先，创业者会发现比其他道路更好的途径，适当的一组战略是从一个象限移动到另一个象限。第二，这样的移动对于一位创业者来说并不总是可能的，所以说适当的战略就是要降低风险，提高创新性。

四、多阶段统一方法

这种方法是参照各种方法而得来的。对于战略分析来说，有三种关键因素：个人、企业和环境。然而，对于任何企业来说（商业构思，创业前，创建，早期成长，收获），各个阶段对于战略分析也是很重要的。除此以外，创业者个人的事业情况也应考虑，也就是说创业者事业所处的阶段（早期，中期，晚期）也是一个关键的因素。所以说，把创业者战略看作统一的是有必要的。换一句话说，所有的进化中和正在出现的情况都是动态的、统一的。如果考虑新近正在出现的创业——公司创业，那么创业型战略将是一个多维度、多阶段、统一的模型。图 8-3 试图把所有的因素都放进一个三维的模型中以强调基于对各种因素都加以评价和衡量的统一战略。

创新	风险：低	风险：高
高	I-r 快速行动 保护创新 通过控制系统、合同和其他措施来控制投资和经营成本	I-R 通过降低投资和经营成本来降低风险 保持创新 对高投资的项目外包 联合经营
低	i-r 保卫现在的位置 接受有限的回报 接受有限的增长潜力	i-R 提高创新性，发展竞争优势 降低风险 使用创业计划和目标分析 投资最小化 降低财务成本 选择特许 企业退出

图 8-3　创新型战略矩阵：合适的战略

资料来源：Matthew C. Sonfield and Robert N. Lussier. The Entrepreneurial strategy Matrix：A Model for New and Ongoing Ventures. Business Horizons，May-June 1997：7.

小 结

创业者可以通过三种方式创建一个企业：收购现有企业、特许经营与创建一个全新的企业，每一种方式都有各自的适用条件，但都离不开机会市场的驱动。但仅仅发现了一个好的机会并不能确保创业成功，决定成功的关键因素是战略，而创业或经营模式是战略的核心内容与体现，它决定了企业转化机会的能力、效率及赢利水平。尽管很多新企业缺乏明确、清晰、书面的战略计划，但所有的研究都表明，有战略计划的企业比没有战略计划的企业的业绩要好。

思 考 题

1. 什么是创业模式？成功的创业模式有什么特点？
2. 分析三种创业方式的条件和各自的优缺点。
3. 新企业的组织结构设计应该考虑哪些问题？
4. 新企业的战略计划与大公司的战略计划有哪些异同？
5. 分析新企业的几种战略执行方法的适用条件。

讨论案例 1 Amazon 的创业模式

对中国的读者来说，Jeffrey P. Bezos 的名字听起来有些陌生，但如果知道他是大名鼎鼎的亚马逊书店（Amazon. com）的创立者，就会对他刮目相看了。这位古巴难民的后代从小就表现出强烈的干事劲头，虽然他没有实现少年时代当一名宇航员的理想，但在互联网时代却创造了一个神话。

Bezos，1964 年 1 月 12 日生于美国新墨西哥州中部的 Albuquerqre。父亲 Migual 在 20 世纪 60 年代初期离开古巴，是 Exxon 公司经理，母亲在银行工作。Bezos 在迈阿密蒲葵中学期间担任班长，并在普林斯顿大学获电子工程和计算机学士学位。小时候他的理想是当一名宇航员，中学期间曾组建“梦想协会”，鼓励同学们的创新思维。妻子 MacKenzie 是一名小说家。1995 年 7 月，在华盛顿社区 Beueve 的车库里，Amazon. com 悄悄开张了，互联网时代的又一大神话从此诞生。

一、又一个网络神话

1998 年 10 月 5 日，*Forbes* 排出全球 100 大科技富翁。其中前十名里最为风光的不是比尔·盖茨（人们对于他的首富地位已习以为常），而是火箭般蹿上来的 Jeffrey P. Bezos。一年前他看上去还像一名叫花子，现在居然一口气从第 25 名飙升至第 9 名。而且至今为止，Amazon 的股票仍升势不减，在互联网的股票中表现仅次于 AOL 和 Yahoo。虽然，Amazon 成立以来还未挣过钱，且亏损势头不减，但 Amazon 俨然已成为电子商务的第一代表。

这位待人和蔼友好的年轻人，你很难把他当作一位十分可靠的电子商务大亨。然而，自从他 1994 年初开始构想 Amazon. com 后，就步步为营，从未有过明显的失败。

在创业之前，Bezos 在某投资银行工作，是该银行有史以来最年轻的高级副总裁，负责寻找网络方面的投资机会。在第一次上网冲浪时，他偶然进入一个网站，了解到网络用户一年中居然猛增 2 300%。这个消息一下子就点燃了他大脑中的明灯。

几周后，他就拒绝丰厚的待遇，踏上了创业之路。他让妻子开车，而自己则在笔记本电脑中匆匆起草一份创业计划。还没在西雅图安顿好，他就把有希望上钩的投资商们招集过来。之所以选定西雅图，是因为这里有现成的技术人才，而且离 Logram 图书部门的俄勒冈仓库特别近。

Bezos 给 Amazon 提供的不仅仅是他的远见，还有他的干劲和激情。公司设在一栋破旧的小楼内，占了三层，他在楼上楼下四处跑动，所有的电力装置都是他安装的。Bezos 要求 Amazon 要全力以赴，公司内始终是一种紧张而忙乱的气氛。唯一能让人放松一下神经的，就是他突然爆发的大笑。他在办公室中一笑起来，无论是楼上楼下，还是大厅里都能听到笑声的回荡。随着公司股票节节上扬，Bezos 笑的频率和音量也随之增加。

二、艺术般的事业

Bezos 以世界最大的河流之一——亚马逊河（Amazon）来命名他的公司，并不是偶然的。他希望像这条世界最大的河流一样，成为全球网络时代零售业的巨头，他想让 Amazon 成为 100 亿美元以上的大公司。如果你参观过西雅图拥挤而邋遢的总部，你就再也不会对这个雄伟计划表示怀疑了。与那些硅谷的同行们截然不同，Bezos 是如此的节俭，以至于他的办公桌都由旧门改装，而且十分狭小，连计算机显示器都得搁在电话簿上。当然，大伙都有一笔巨额的回报：每个人都有股票，已为他们造就了数十位百万富翁。

Amazon 是家彻头彻尾的新式公司，与硅谷和微软模式都截然不同。Bezos 的管理层就更是古怪奇特，就像大杂烩，既有来自微软的难民、一本正经的职业经理，也有自由艺术家以及摇滚音乐家。比如，负责公司战略扩张的 RyanSawyer，是获过罗氏奖学金的研究生，在牛津研究的是诗歌。Amazon 从不关心一个人以前是干什么的。因为 Bezos 明白，他干的是一件物理世界所没干过的事，比如在一家店里就要销售 300 万本书籍。具有讽刺意味的是，在创业之初，Bezos 就在竞争对手

Barne&Noble（BN）超级商场的咖啡屋中与发行商以及未来的公司雇员会面。

除了提供大量的书籍以及简洁快速的网页外，Bezos 努力在 Amazon 创建出一种网络社区的氛围。他鼓动读者粘贴书评，现在已达近百万篇，成为 Amazon 最大的特色之一。他还邀请作家们在网上与读者聊天。著名作家约翰·厄普代克给一篇小说起了头，居然有 40 多万人寄来了小说的后续。

当然最关键的是，Bezos 把买书的过程变得极其简单。用户在首次购买后，就会将地址、信用卡信息安全地储存起来。下一次再买，只要按一下鼠标就能给书插上翅膀，迅速送至你的信箱中。为确保订单无误，Amazon 还会发 Email 确认，使你宽心。

竞争对手也能拷贝这些策略，但 Amazon 还能不断提升殷勤周到的服务。1998 年 Amazon 推出 GiftClick 活动，只需填上 Email 地址，选择一件礼物就行。其余工作都由 Amazon 完成，结果发现 64% 的订单都来自老顾客。

Bezos 也是最早借用网络独特威力来推广品牌的商人之一。一开始，他就让其他网址通过与 Amazon 的链接销售图书，他给予的回报是：销售额高达 15% 的回扣。如今已有近 15 个网址加入了这个称之为“联合计划”的行列，使得其竞争对手 BN 的在线业务始终无法走出困境。

尽管 BN 久负盛名，而且也投入巨资进行网上宣传，但网上用户仍只有 37% 的认知率，而 Amazon 已经超过 50% 以上。结果 BN 上网后，Amazon 业务并未受到影响，仍以 300% 以上的速度猛增。1998 年第三季度达到 1.536 亿美元。

三、新的商业模式

Amazon 的成功不仅仅是因为它捷足先登，更关键的是它几乎完美的在线销售艺术。Amazon 重新定义了零售业。1998 年 10 月 16 日，零售巨头沃尔玛起诉 Amazon 暗地挖人并获取商业机密，造成巨大的经济损失。Bezos 对此不屑一顾，他笑着说：“即使我们的员工全来自沃尔玛，也不到他们员工的 2‰。”这个案件胜负如何并不重要，但这是互联网历史上的分水岭：电脑空间的零售商开始与地面上的同行们正面交锋了。

Amazon 的成功将传统的零售巨头纷纷赶上网去，并且动摇了它们的传统优势：商场的规模与数量、在大众媒体建立起来的品牌，甚至改变了商场购买的感官体验。Amazon 定义了一个新的产业，是新经济的最佳体现。

Amazon 提供了 310 万个可方便查找的书目，比地球上最大的书店还要多 15 倍，而且不需要耗费巨资修建大楼，也无需招聘大量员工。Amazon 1 600 名员工人均创收 37.5 万美元。

Amazon 的另一大优势是：可以自动分析顾客的购买记录，为每个用户提供个性化定制的推荐书目。1998 年 11 月 17 日，Amazon 又推出视频产品商店和扩张后的礼品商店。显然，Bezos 不想局限于书籍，而要将 Amazon 变成网上的第一商店。无论是手表、录音机、游戏、软件、鲜花、旅行服务、音像制品、消费电子、玩具还是服装、服饰等都在他们构想的范围之内。

1997 年公司推出音乐 CD 商店，头一季度营业额就达 1 440 万美元，很快超过了早两年开业的 CDnow 公司。实际上，不知不觉中 Amazon 成了全球最大的网上贸易商店，拥有 450 万顾客。公司自 1997 年 5 月公开上市以来，到 1998 年 11 月 30 日，股票已猛涨 2 300%，市场价值突破百亿美元，比拥有 1 011 家分店、年收入 31 亿美元的 BN 公司要高出 5 倍以上。1998 年 Amazon 网上商店销售额为 78 亿美元，到 2003 年达到 1 080 亿美元。

四、众矢之的

Amazon 成功的关键是 Bezos 选择了一个最恰当的市场空白：书籍。这个市场没有大的网上对手，也没有占据统治地位的传统公司。最大的 BN 公司也只在美国占据 11% 的市场。但是，随着业务扩张，在新的领域内，Amazon 的优势不复存在，竞争对手也会更多更强大。

甚至在图书市场，Amazon 也没能吓退任何进攻者。1998 年底，拥有包括兰登公司在内的多家出版公司的德国媒体巨头 Bertelsmann，投资 2 亿美元，获得 BN 在线业务 50% 的股份，为它与 Amazon 激战提供了强大的后援和威猛的弹药。1998 年 11 月 6 日，BN 釜底抽薪，以 6 亿美元买走 Ingram 图书业务部，准备颠覆 Amazon 的基础。因为 Amazon 出售的图书高达 6% 是由 Ingram 供应的。虽然 BN 表示不会影响 Ingram 原有的业务，但这将迫使 Amazon 寻找新的供应商，当然也会因此提高成本。一股可怕的力量正威胁着 Amazon 的核心业务。

其他业务也烽烟再起，1998 年 11 月 23 日，受到 Amazon 严重威胁的网上头号音乐商店 CDnow 宣布购并竞争对手 NZK，使其销售翻番，而且纠集电影零售商 Reel. com、计算机销售商 CyberianOutPost、eToys 及其他公司一起组建名为 Shopper-Connection 的虚拟购物商场。著名的网络门户 Yahoo 和刚刚购并了 Netscape 的 AOL，以及成长迅速的 Buy. com 都斗志昂扬，要瓜分电子商务这块大饼。另外，除了图书之外，其他业务领域传统商店的巨大品牌也使 Amazon 备感压力。

即使所有的对手都不足为惧，Amazon 也得面临一个根本的挑战：零售业是一个典型的微利行业。Amazon 不断扩张，成本激增，实现盈利极为困难。Bezos 虽然在办公设备和生活方面极为节俭，甚至到达吝啬的地步，但是在品牌宣传和顾客方面，却是慷慨大方，与许多喜欢炫耀身份的 CEO 形成鲜明对照。据称，1999 年 Amazon 市场推广费用就达 2 亿美元，比 1998 年增加一半多。到目前为止，Amazon 投入市场推广的费用在 1 美元中就占 24 美分，而一般商店仅需 4 美分。

当然 Amazon 的优势也有：比如传统书店需要 160 天左右的库存，买书后 45 ~ 90 天内给出版商付账，使它需要占用这些书的成本达 4 个月左右。Amazon 则只有

15 天的库存，用户用信用卡可即时付账。此外，Amazon 如增加 37% 的顾客（140 万），相应的运作成本只需增加 60 万美元。

Amazon 还拥有一件无价之宝：大量用户的个人信息。Amazon 能够及时搜集用户信息和反馈，由此分析每个用户的偏好，可更有效地建立顾客忠诚度。正如 Bezos 所说："我们希望 Amazon 成为你个人的最佳商店。如果我们拥有 450 万顾客，我们就会有 450 万家商店。"

Amazon 成了众星捧月的宝贝，也成了众矢之的的靶子，Amazon 的未来扑朔迷离。不过，有一点是明确无误的：Amazon 已经彻底改变了零售业的模式。

案例参考文献：《他把书店搬上网》，原载《计算机世界》1999 年 4 月刊，作者不详。

问题：

1. 总结 Amazon 创业模式的特点是什么？它是如何改变传统的零售业商业模式的？

2. Amazon 的模式能产生持久的竞争优势吗？为什么？

讨论案例 2 中国民营航空企业的市场进入战略

伴随着鲜花和掌声，印有"奥凯航空"标志的波音 737 飞机在天津滨海国际机场飞上蓝天。2005 年 3 月 11 日上午 9 时 30 分，奥凯航空公司首次航班（天津—长沙—昆明）正式投入航线运营，成为中国历史上首家"飞天"的民营航空公司，中国航空业国有资本垄断的坚冰终被打破。2004 年 5 月 26 日，中国民航总局正式批复同意奥凯航空公司开展航空运输企业筹建工作，并委托民航华北管理局对奥凯航空公司的运行资格进行审定。2004 年 9 月 1 日民航总局批准了奥凯航空公司 3 架 B737 飞机的引进计划。2005 年 2 月 17 日，民航总局批复同意向奥凯航空公司颁发了公共航空运输企业经营许可证。2005 年 2 月 25 日奥凯航空公司首架飞机抵达天津。2005 年 3 月 4 日，民航华北管理局向奥凯航空公司颁发了《航空承运人运行合格证》及《运行规范》。

继奥凯航空公司之后，鹰联、春秋民营航空公司开始运营，随后，华夏、东部快线、东星三家也已经获得市场进入。

2005 年，民航总局发布的统计数据称，当年 1~5 月国内航空公司累计亏损 3.4 亿元。在此之前，民航业也不是什么赚钱的行业，2004 年破天荒的全行业盈利 86.9 亿元，就已经"比此前 10 年的利润还要多"。国内航空市场已经从点对点的竞争转变为网与网的竞争，规模效益相当明显。全行业对此已经形成共识。

航空市场现在已经错过了最佳的进入时机。为什么政策的口子一撕开就有这么多的企业要进入，它们在其中的发展机会到底有多大？

低成本运营模式

民营航空公司的进入，能否为中国航空业带来运营模式的创新。目前代表中国民航业新生力量的民营航空公司都显示出了一个共同的战略构思——低成本运营。

1978 年赫伯特·凯勒尔创立美国西南航空公司，标志着一个廉价航空模式——低成本航空公司的诞生。低成本航空公司就是以开拓新型销售渠道、购置单一机型、降低维修成本、机上不提供饮食等服务，来减少航空公司的成本，从而将机票价格大幅度降下来。

春秋航空公司：打通旅游产业链，埋首成本控制

2005 年 7 月 18 日，春秋航空公司在首航中推出 13 张 199 元机票，被业内视为变相的价格战。其董事长王正华解释了春秋航空公司能承受的最低价。春秋航空公司是目前唯一不采用中航信销售系统的公司，采用 B-C 网上支付方式，可以节省占票面价值 5% 左右的机票代理费和节省 5% 的销售费。另外，通过提高员工效率可节省 3% 的成本；通过节省机上不必要的开支，可节省 1% 的成本；保持较高的客座率和飞机使用率，可节省 10% 的成本；通过降低管理费用，还可降低 20% 左右的成本。综合测算，一趟航班的盈亏平衡点是：机票均价在 5 折左右，客座率保持在 85% 以上，每年有 160 万人次的巨大旅游客源，所以，春秋航空公司在打通上下游产业链后即便以较低的机票折扣，仍然能取得赢利。

春秋航空公司从筹建伊始便确立了低成本运营策略，也就是春秋航空公司所谓的差异化服务。其差异化服务包括：规定的最高免费行李额为 15 公斤，而国内其他航空公司最低免费额为 20 公斤。在春秋航空公司的飞机上，乘客仅能免费享用 1 瓶 300 毫升的矿泉水，而没有免费餐食。如果旅客需要另外的食物和饮料则需要自己付费。对于因为航空公司自身原因引起的航班延误或取消航班，春秋航空公司在延误的情况下，不提供餐饮；延误 4 小时以上，晚上 10 点以后的延误将提供带盥洗设备的标准间住宿。

低成本运营秘诀

春秋航空公司早在成立之初就已明确提出要做中国的“低成本航空”。据该公司内部人士透露，公司初步预算认为它比北京航线上其他航空公司的票价低 50%，因为这是公司成本可以接受的。

如何做到“低成本”？通过春秋航空公司的特殊运作模式来实现，其中包括减少工作环节、充分发挥人的能动性，例如减少每架飞机的维护人数等。春秋航空公司最大的优势在于，其母公司春秋国旅的旅行社背景可以为春秋航空公司提供足够多的客源，同时公司可以不进入民航总局的售票系统，而是利用春秋国旅现有销售

系统销售机票以降低运营成本。

春秋国旅是国内连锁经营、最具规模的旅游批发商和包机批发商。目前，其在上海有50个连锁店，在苏浙地区有400余个、全国有近2 000个网络成员。公司完全可以在销售旅游产品的同时销售机票，而不需要像其他航空公司一样加入民航的销售系统，并在外找寻票务代理。

春秋航空公司初步计划利用春秋国旅现有的销售系统销70%的机票，30%通过网上和呼叫中心销售，使销售成本控制在2%～3%，这样成本就可以比一般航空公司低6个百分点。

这种差异化服务无疑是给了消费者多一种选择。通常情况下，餐饮之类的消费对旅客来说并不那么重要，通过减免餐饮等手段来给机票“瘦身”，吸引更多的人来坐飞机也未尝不是一件好事。

奥凯航空公司：错位经营大做航空货运

低成本运营的模式也是奥凯航空公司努力追求的目标，但更强调错位经营，因为对于小规模的航空企业来说，可挖掘的成本有限。在考察了国外多家航空公司后，奥凯航空公司总裁刘捷音指出，奥凯航空公司选择起降费用比较低的天津滨海机场作为基地，避开以北京、天津、上海等大城市为中心基地的大公司的竞争，同时在航线上选择错开干线，都是为了降低成本。“除了重视航线的培育和开发新航线外，公司将在运营策略上探索一系列新的做法，比如，在外包管理、扁平化管理等方面开展新的尝试，为百家公司提供货运服务，同时做到精简管理人员，保证高质高量。”

能否真正“低成本”？鲇鱼还是观赏鱼

从民航总局局长杨元元告诉大家“现在有人正在申请成立航空公司”那天起，民营航空就被期许成为国内航空市场的“鲇鱼”——打破垄断，降低票价。

但是，鲇鱼并不好做。

如果民营航空公司能够成为低成本航空公司，它们将成为这个行业的鲇鱼。低成本航空的概念和民营航空常常被当作一个概念来使用。一些民营航空公司的高层也纷纷表示自己要做低成本航空公司。但是，概念很快被现实击碎，无论从航油价格、空管费用、起降费还是飞机引进，要满足低成本航空条件的时机国内还不成熟。目前国内航空公司的成本结构一般由两部分组成，一是不可控制成本，大概占80%，包括航油、机场起降费、民航基建基金、机票销售和机务维修等。其中航油是航空公司主营成本的主要部分，约占25%～30%，2005年1～5月航空公司的亏损即是因为航油价格持续上涨所致。发改委已经批准从8月1日起重收燃油附加费。二是可控制成本，大约占20%，包括工资、福利以及一些零碎的费用。但是这一块对于民营航空公司来说也并不好控制。

联合证券公司航空业分析师马晓立认为，民航业在飞机成本、培训费用、采购和备用件等方面，都讲求规模性。规模不大，就会导致成本不经济。中国民航学院李晓津教授给记者举了一个例子说明航空公司的规模优势：通常3台飞机发动机需要配1台备用发动机，但即使只有1架飞机，也需要配备1台备用发动机。航空市场顾问机构天合星联的分析师程熙告诉记者，东航在北京至上海每天有很多航班，如果哪一班售票不理想，就可以把旅客合并到下一班，即使赔偿也比低上座率起飞省很多钱，没有规模效应这是做不到的。国内航空市场已经从点对点的竞争转变为网与网的竞争，它使得航空公司从整个网络而不是单一航线的角度来考虑赢利，因此它可以在任何航线上通过低价挤垮竞争者。印证程熙这番话的事实就是，在奥凯航空公司天津—长沙—昆明航线开航几天后，海航就重开原来因为亏损而停飞的同一航线。

某大型航空公司负责人在接受记者采访时认为，国外航空公司人力成本占到总成本的30%，他们通过减少人力当然可以有效减少成本；但国内航空公司人力成本只占到总成本的10%，再怎么调整也影响不大。在购买航空燃油、支付机场起降费等方面，民营航空公司又无法获得特别优惠，因此它们目前实际上也很难真正做到“低成本”。此外，还有一点必须注意，在中国，航油航材、起降费、飞机折旧占航空公司成本的大部分，其中航油占成本的30%左右，服务费用只占成本的一小部分。在航油价格压力下国有航空公司尚且大喊经营吃力，那资金等各方面相对比较薄弱的民营航空公司仅靠节省餐饮费用和一些服务费用为何就可以打出如此低的票价？

奥凯航空公司从3月首飞到现在，票价和竞争对手海航一样。春秋航空公司轰动一时的199元机票只不过是“开业大酬宾”，春秋航空公司新闻发言人李伟民告诉本报记者，现在199元的低票价已经终结，现在推出299元“机票+酒店”的商务套餐，并且数量控制在每个航班15张以内。鹰联航空公司首航当天的票价是8折。奥凯航空公司董事长刘捷音告诉记者，要闯低成本模式这条路，但他们估计争取和等待政策的宽松需要三到五年的努力。

“我们目前还达不到低成本运营的模式。”奥凯航空公司总裁刘捷音坦称，虽然这种模式表现为票价低，但是由一系列低成本运作因素形成的低成本模式需要一个成熟的人才流动机制，在飞机引进、市场准入方面还需要一个宽松的政策和市场环境，在机场、油料、空管方面需要一系列的配套政策，只有这些市场成熟，才能形成低成本的航空模式。他预计，要过3~5年中国才能真正出现低成本的运作模式”。

奥凯航空公司的飞行员主要是从新华航空公司挖来的，相对于大航空公司的稳定发展而言，民营航空公司挖人需要支付“风险溢价”，即给出更高的工资。新华航空公司的控股方海航立马上告至民航总局，扬言如果民航总局不制止这种行为，海航就要大肆到别的公司挖人。于是就有了后来的飞行员转会费 200 万元的规定。这更增加了没有人才储备的民营航空公司的成本。

更重要的是，民航运输业的整体形势已经发生变化，使得民营航空公司难以成为这个行业的鲇鱼。20 世纪 80 年代末是小航空公司竞相成立的时期，川航、深航、海航都是从那时起家的。但那是处级以上干部拿着介绍信才能买机票的时代，而且一票难求，根本没有打折一说；那是各地政府不遗余力要办自己的航空公司的时代，四川省副省长找到邓小平同志希望解决“蜀道难”的问题，有航空公司的省除了政府出资外还规定本省干部坐飞机必须坐本省的；那是急切想解决海南交通难题的省长刘剑锋调任民航总局的时代，而民航总局下海的处长陈峰正好赶上了这个时代。

业内人士指出，要真正实现低成本运营，还有很长的路要走，其中需要打破一些现有政策和运营环境的壁垒。例如，对于航空公司来说，飞机关税、机场起降费、市场准入费、购买航空燃油等不可变成本高达 80%，而公司能够控制的成本仅在 20%，可控空间很小。

可以预见，在越来越看好的政策环境下，通过有效的内部管理和灵活的营销手段，航线选择科学合理，民营航空公司完全可以大大提高效益，保持较高的盈利水平，它至少给传统模式注入了一针兴奋剂，也许这才是它的真正意义所在。

资料来源：本案例来自网上资料，经整理。

问题：

中国民营企业进入民用航空领域，采用了哪些战略？其战略目标与战略执行是否有效？

第九章 新企业的营销与财务管理

引导案例：淘金路步步惊魂①

1999年，25岁的李智和他的两个好朋友刘明、陈文三人合伙在深圳成立了一家公司，注册资本50万元。公司最初专注于卫星信号接收器的销售及安装，产品可以直接从原来的公司批发；不久他们就和珠海一家电话机厂商签下了合作协议，成为该厂的代理商。

激情万丈时

创业之初似乎很顺利，卫星信号接收器三四个月的时间安装了十多台，赚的钱已能冲抵房租水电等费用。

但日常开支仍然令创业的资金一天天在缩小，那都是他们昔日的"血汗钱"，这种趋势让人很心惊。在三个创业者眼里看来，光做卫星信号接收器的销售和安装并无多少利润可赚，所以他们每一天都在寻找新的而且盈利迅速的项目。2000年3月，IP拨号器进入了他们的视野。

早在1999年，有关IP拨号器的报道已经见诸媒体，不过当时国内还没有专门的生产厂商，充斥市场的都是进口产品。一段时间之后，他们注意到在深圳等地已经有厂商开始投产，于是买来一个拨号器打算仔细研究一番。拆开一看，对电子通信产品都很熟悉的三个人不禁惊喜：整个机器成本算下来不过50块钱出头，可是当时市场价却是每台1 000多元，1999年最高甚至卖到2 000元。IP拨号器技术原理很简单，基本是电话机原理，只不过多了块控制芯片。在电子通信市场异常发达的深圳，相关部件的生产厂商多如牛毛，所以基本元件的供应不是问题。

他们决定自己生产。以满大街的公用电话为例，电话亭老板在安装拨号器之前的成本大约在0.7～1.1元/分钟，收打长途电话费是0.8～1.2元/分钟，安装了拨

① 资料来源：http://club.amteam.org/upload-files/77/771363_ 99382.DOC，文中主人公名字经过处理。

号器之后收费和原来相同，但成本只有0.4元/分钟。仅此一项，拨号器的市场就大得望不到边。这一点让三人觉得眼前拆开的不是拨号器而是一个金娃娃。

初期一切都进行得井井有条。产品设计生产开始启动，买来了数万元的生产调试设备，还招聘了一个专门负责调试的专业人员，陈文日夜兼程地进行程序设计，李智和刘明则在深圳地区洽谈业务，寻找合适的生产厂商采购零配件。不久实验室产品诞生，在深圳地区做了简单的应用测试后，李智带着产品飞往福州、厦门、宁波、东北等地联络发展经销商。以前给人家打工时出差动辄是星级酒店和高级宾馆，现在的他则是能省即省。当时这种定价的产品对于经销商而言很具有诱惑力，市场方面的情况很不错。回深圳后，刘明和陈文也相继去了西北、西南一带，带回来的同样是好消息。

财富在触手可及之处，心情如三月的春风吹拂。

危机初显处

既然市场反馈非常之好，李智就着手开始铺摊子：他制定了完整的全国性营销计划，招聘了业务人员、技术人员、专职会计和文秘人员。产品一进入市场效果就很不错：虽然发货量少，利润却基本可以维持公司的运转。除了出差的时间外，李智一直睡在办公室，既做老板又做工人，每天的睡眠时间不到4个小时，就这样持续了4个月。顺利的开始和充满希望的未来，好比浓咖啡下肚，让李智不觉得有丝毫疲倦；但同时它也有麻醉剂的效果，使他感觉不到危机已经像毒蛇一样，悄悄爬到了脚边。

由于看好这个利润超高的市场，竞争对手纷纷跟进。2000年六七月份，拨号器的市场价格降到每台500元——这是一个令人心惊胆战的跌幅。不过市场在迅速扩大，依照三人的预期，这样价格的利润率依然非常诱人。公司再次招聘业务员扩充销售队伍，最高峰时人员总数达到了14名，每月的费用也攀升至3万余元，这是一个让李智这样的小老板难以入睡的开支。

竞争很快变得更加激烈，竞争者大部分是转型的电话生产厂商和大通信公司下属的事业部、分公司，类似李智们这样白手进入市场的寥寥无几，从公司的背景、实力和行业优势来说，李智的公司已经先输一步。

然而，这还不是最紧要的，3个月以后，各地的经销商纷纷退货，技术问题爆发。

拨号器是通过集成电路来控制的，也就是常说的IC芯片，它对输入输出的电压很敏感，稍有偏差就出问题。由于他们生产的拨号器兼容性不够，产品具有很大的区域局限性。经销商的退货使得前几个月已经实现的现金销售再次转变为存货。三个人紧急商议，决定由一直负责技术方面的陈文重新编写程序设计方案。但是，陈文的技术经验有限，多次改进后，依然无法解决区域适应性的难题。如此反反复复，3个月的时间过去了，问题依旧如磐石横路。老客户相继丢失，重新设计产品和接受退货成为公司的日常工作，3个月的时间内公司没有实现一分钱的销售，而每个月3万元的费用却丝毫不可能减少。

压力之下，创业初“十倍速致富”的梦想仿佛越来越远了。

豪情渐变冷

陈文和刘明原来是非常好的朋友，但是3个月毫无销售的运营，毫无改善的希望，使友谊再也难以挂在脸上。恶言只要发生一次，就会在心里留下怨恨；怨恨留下一点，必然有下一次恶言。陈文过于自信和推卸责任的做法，令矛盾最终公开化。开始时还只是针对公司事务方面的矛盾，到后来逐渐转化为个人之间。不断在彼此间滋长的不满乃至人身攻击，导致合伙创业决策的灵活性和高效率等优势丧失殆尽。

局面越来越坏，唯一的办法是尽快低成本地解决技术问题。然而，在一个新的行业里，本来已经很难有成熟的工程师，更何况即便有，他也不会至今仍“流落民间”。

没有人愿意束手就擒，每一个人都在寻找变局的机会。

2000年7月份有一位台商主动找到李智，谈到我国台湾省的电信市场也适逢变革，有意和李智一道开发台湾省市场。李智非常高兴，觉得这是一次重新开始的机会。他找到了一位自称可解决该技术难题的工程师，并和一家芯片厂商签订了开发协议。但是，前面的时间拖得太长，此时的李智已经无力承受过大的成本，结果只能是失望。当时他们也考虑找厂商做OEM（贴牌生产），但因质量无法控制而流产。

2000年国庆节，大部分人的欢乐时光，对李智而言却是异常痛苦的煎熬。来自西北客户的一笔数额巨大的退货后，合伙人之间爆发了一场宣泄情绪似的冲突，刘明和陈文相继离开公司，李智变成了独木支撑危房。

2001年元旦，拨号器的市场价格降到每台100多元，零星的市场销售和不断投入的开发费用造成了公司后继资金的严重匮乏。千禧年的曙光带来的是市场变局，拨号器购买者最终集中于几家大的电信营运商手中，但与电信营运商的合作，却已不是李智这样风雨飘零的小公司所能做到的。

2001年4月春暖花开，苦苦挣扎的李智回天无力，关闭公司。

此后很长时间，李智都在思考这次创业失败的前前后后。

李智坦言，作为初次创业者，他们对于创业风险明显缺乏相对准确的估计。如果早预料到后期的技术研发需要的时间和成本，也许他就会把销售队伍的发展再放慢一些，初期可以去租一个便宜点的地方；在产品开发方面，会更有系统性，比如说采用现在比较成熟的项目经理制；甚至在合伙人的选择上也可以考虑更成熟一些。

以上案例生动地揭示了创业初期影响创业成功的两大基本的问题：营销与财务管理（成本控制）。这一章将重点分析新企业如何建立有效的营销策略与财务管理制度，加强成本控制，保证现金流，进而实现赢利。

第一节 新企业的营销管理

企业要想获得成功，仅仅拥有各种产品和服务是远远不够的，它还必须让顾客购买这些产品和服务。只有当企业提供的产品和服务能够给顾客带来实实在在的利益的时候，顾客才会花钱购买。Scott Shane 教授认为，新企业的营销有两个重要方面就是销售和定价。“好酒不怕巷子深”是不适合新企业的。可以说，当新企业启动之后的头等大事就是想办法把产品卖出去。

新企业的营销具有不同于现有大企业的营销方式和侧重点，其中目标市场营销、定价策略、人员销售以及营销技能等决定了营销策略乃至新企业的成败。

一、目标市场营销

新企业可用于市场营销活动的资源是有限的。集中精力主攻一两个关键细分市场，就是目标市场营销。新小企业的本地特性决定了其营销策略往往是瞄准某一细分市场，采取局部的、有针对性的营销策略。如何区分与确定消费者就成为营销策略的关键。

细分市场的方法有两种：一是地理细分，即为某一地理区域内的消费者服务（比如，一家社区商店只向其周围一公里半范围内的居民进行广告宣传）；二是消费者细分，在试图吸引新的消费者之前，要明确哪些消费人群是最有可能接受这种产品的。

（一）识别潜在消费者

企业的潜在消费者可以描述为：

1. 需要企业产品（或服务）的人。
2. 买得起这些产品（或服务）的人。
3. 愿意购买这些产品（或服务）的人。

潜在消费者具有以下特征：

1. 对企业来说，潜在消费者就是最重要的“贵宾”。
2. 潜在消费者并不依赖任何企业。
3. 潜在消费者是企业的服务对象，他们不会干扰企业的经营活动。
4. 企业不是通过服务潜在消费者来讨好他们，而是通过满足客户的需求来实现自身的利益。
5. 潜在消费者并不是一组统计数字，他们首先是人，也具有常人的感受和情绪。

6. 潜在消费者并不是你斗智的对手；任何人只要和潜在消费者发生争吵，则必输无疑。

7. 潜在消费者是那些有想法和需求的人，企业的任务恰恰就是要迎合他们的需求。

（二）创业者应该了解潜在消费者哪些信息？

通过细分市场，创业者就比较容易把握各个消费群体对产品（或服务）的具体要求。

1. 了解消费者在何处购买。创业者需要知道目前消费者在何处购买此类产品（或服务），并且要确定哪些因素可以使他们转而购买你的产品（或服务）。

2. 了解消费者何时购买。了解消费者的购买时间和购买频率（每日、每周、每季、每年），有利于创业者就营业时间、广告宣传时间以及各个时期的备货等问题做出正确的决策。

3. 了解消费者如何购买。了解消费者的购买方式，便于创业者就企业销售中的信用政策和价格政策等做出决策。

（三）从哪里获得消费者信息？

一般来讲，信息来源可以分为：第一手资料，即从直接参与相关活动的人员处获得的资料，比如，在一个有关家具方面的调查中，从家具制造商或批发商那里得到的资料。第二手资料，即已经存在于某些地方、在调查研究中可以使用的数据。这些数据可能不是为了某种具体的目的而收集成的。第二手资料可以从各种贸易商（或制造商）协会、政府机构或各种出版物中收集。

（四）如何分析消费者对产品（或服务）的需要或接受情况？

消费者购买产品（或服务）的目的是自用而不是为了从中获取利润。消费者购买产品（或服务）是为了满足自己或家人的需要，他们购买任何产品（或服务）都是因为期望这些产品（或服务）能为其所用。

人们购买东西基于以下两条理由：

感性理由。自豪、社会成就、抱负、愉快、增加空闲时间。

理性需求。经久耐用，便宜，使用起来经济便捷、高效、可靠。

心理学家认为：消费者购买产品（或服务），首先是为了满足其某种基本需要。这些基本需要包括食物、住所和衣物。满足最基本需求的个人购买行为受理性驱使，但钱多一点的人则会追求产品（或服务）的质量、数量和可靠性。

大多数消费者不承认他们购买产品（或服务）是为了满足情感方面的需要。然而，心理学家确信，虚荣绝对是一个感性的购买动机。有些动机看起来比其他动机似乎更为合理。由于人们认为自己是理性的个体，因此他们倾向于用合乎逻辑的方式解释他们购买的理由。要想成功地把一项产品（或服务）推向市场就一定要弄清楚消费者购买你产品（或服务）的动机。

二、人员销售

从销售技巧方面来看，对创业者来说，行之有效的直销非常关键。他们做不起广告，只能通过亲自拜访目标客户获得定单。例如，在对《有限公司》500 强的调查中，只有 12% 的创业者是通过中介机构获得早期收入的，另外 88% 的创业者则是向终端用户直接销售，而且几乎在所有的案例中，创业者（而不是雇来的销售人员）是负责销售的中间力量（Bhide，2004）。

新企业在开始阶段，营销的重点放在劝说顾客购买新产品或服务上，所采取的主要营销方式是人员销售，由创业者通过与顾客直接互动销售产品或服务，而在随后阶段才会用广告、打造品牌或建立销售团队。

（一）制定一个销售计划

市场研究报告的一个重要部分是销售计划。创业者对企业将来能够销售多少产品（或服务），必须做出合理的估计。为此，要根据市场调查结果做一个未来的月度销售计划。通常要做未来 12 个月的计划。如果不只一种产品（或服务），且价格不同，则要对每个产品（或服务）分别做出销售计划。销售多种产品的批发商或零售价，可以用平均价格针对主要产品组合做计划。

销售计划包括三种基本数据：产品数量、产品单价和销售额。销售额是企业销售商品获得的资金数额。一个月期限的为月销售额，一年期限的为年销售额。表 9-1 是企业销售计划样表。

表 9-1 **XYZ 公司销售计划** 年份：

月份	1	2	3	4	5	6	7	8	9	10	11	12
产品												
单价												
销售额												

创业者从销售计划中可以得知需要在何时购进原材料或商品，知道每个月可能回笼多少资金。虽然经营时间较长的创业者可以根据过去的经营情况推算出企业下一年的可能业绩，但是市场调查还是应该经常做，尤其是当销售计划未能完成的时候，或者创业者打算扩展业务、推出新产品的时候。

（二）销售需要沟通

当销售产品时，创业者就是通过与潜在客户进行沟通来介绍自己以及所销售的产品或服务，可以把这个过程看作一系列步骤，每一个步骤都需要进行高水平的沟通。

步骤1：接近潜在客户并介绍销售者自己和企业。

步骤2：展示或者描述所销售的产品或服务。激发顾客对新产品或服务的兴趣，让顾客意识到新产品能满足他们的某种需要。

步骤3：向潜在客户证明产品或服务如何使他们受益。识别出顾客为了购买这种新产品会有什么要求，比如关于产品方面的专业知识、销售指南、服务联系方式等。对顾客的异议做出反馈，一般是对顾客的迟疑、疑问等做出满意的回答，比如操作指导、可能的故障以及故障处理等。

步骤4：让潜在客户做出购买决策，促使顾客采取购买行动。当顾客做出购买承诺之后，销售人员不要再浪费时间讨论产品问题，而是趁热打铁，诱导顾客做出支付方式、送货方式等方面的抉择，促成交易的达成，结束销售。

步骤5：一旦客户购买了企业的产品或服务，就要着手制定一个有助于留住客户的策略。有一项研究表明，吸引一个新客户所支付的成本是留住一个老客户的成本的10倍。所以，把客户留住才是上策。

（三）销售人员的沟通技巧

和有效沟通一样，销售也是一个双向选择的过程。销售不仅仅是一种技巧，更是一门艺术。你必须善于提出问题，必须主动倾听并理解客户的需求和兴趣，必须根据潜在客户的个性特征和购买动机来调整你的谈话内容和沟通方式。通过有效沟通，你和客户之间就建立了信任和信心，这就为你当前的交易以及今后的买卖打下了坚实的基础。

企业的成功在很大程度上取决于营销艺术。如果创业者能够利用各种机会来服务客户、满足他们的需求，并解决他们的问题，客户就会感到满意。满意的客户将会继续购买这家企业的产品或服务，并向其他客户推荐。无论是什么类型的企业，创业者都不能仅仅专注于生产产品或提供服务，还必须专注于把产品或服务销售出去。从这个意义上说，创业者就是销售员，因为他们要不断地把他们的产品或服务销售给大众。不管他们走到哪里，也不管他们在做什么，他们都必须维护企业的良好形象。

成功的营销人员必须具备的个性特征有：

（1）结果导向

（2）动机强烈

（3）自信

（4）职业形象

（5）诚实

（6）可靠

（7）了解自己的产品

(8) 虚心倾听
(9) 热情大方
(10) 善解人意
(11) 善于沟通
(12) 和蔼可亲
(13) 礼貌周到
(14) 灵活机动
(15) 主动接近顾客

成功的营销取决于创业者（或销售人员）的营销能力，这种能力包括以下几个方面：

(1) 吸引购买者的注意力
(2) 判定客户的需求、想法、疑问和目标
(3) 证明产品或服务能够很好地满足客户的需求
(4) 解决各种妨碍客户购买的问题
(5) 向客户征询意见

（四）销售目标管理

由于销售人员是企业与客户之间沟通的重要一环，人员销售对新企业营销至关重要，因此，提高销售队伍的能力直接决定了营销的成败。那么，如何提高销售人员的绩效？销售目标管理是通常采用的方法。

销售目标管理要求确立销售目标并保证目标的实现，不仅从数量上为销售人员制定销售额和毛利目标，还要从质量上考察销售人员花在客户上的时间（图 9-1 是对销售人员的工作时间分配的一个研究）。①

有了这些具体的目标，激励和管理销售人员的任务就变得相对简单了。若业绩欠佳就有必要评估销售人员打电话或以其他方式与客户沟通的频率。

三、新产品的定价模式

（一）新产品的定价过程

新产品的定价过程涉及以下几个方面：

1. 创业者需要确定新产品的成本，且价格要高于成本，否则，企业会亏损。对于产品成本，创业者一般都能估算出固定成本与可变成本，问题在于单位产品需要分摊多少固定成本，这主要受生产能力或销售量的限制，因为大多数创业者不清楚到底能生产出多少产品，又能卖出多少产品，而一般情况是创业者总是高估了生

---

① 科林·巴露，罗伯特·布朗. 小企业三步曲：创立、生存与发展. 宁光洁，等，译. 北京：机械工业出版社，1999.

产能力，结果导致单位产品承担了较高的固定成本，实际上超出了产品收入。

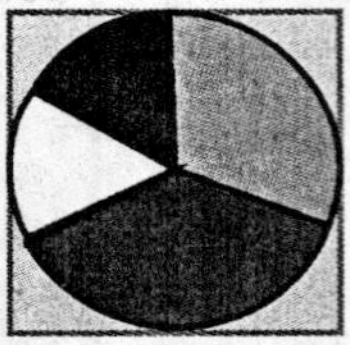

图 9-1　销售人员的时间分配

2. 创业者需要关注市场条件。大多数产品的市场容量有限，这就限定了产品价格的上限和下限。创业者应该确保在给定的市场空间里把产品卖出去。如果产品成本太高，而在市场容量有限的条件下找不到合适的定价，那么产品的销售就会陷入困境，因为定价太低必然难以赢利，定价太高则因受替代品价格和消费者的购买能力和意愿等影响而难以销售出去。

3. 创业者应了解顾客如何权衡产品的特征与价格。比如，新产品相对于老产品的改进程度、有无品牌价值差异影响，还要考虑销售折扣、赊销等方式带来的隐性成本因素。

（二）新企业的赢利定价模式

1. 资本密集与资本节约条件下的定价

许多新小企业创业初期失败的一个原因是过多的创业资本被用于购买固定资产。虽然有些设备是初期必需的，但其他有些购买可以推迟，比如借用或租赁一段时期。但是，像传真机、复印机、电脑、运输车辆等应该购买，它们会成为固定成本的一部分。

固定成本越高，达到收支平衡、开始获利的时间越长。对于新企业来讲，时间就是机会，它需要尽快获利，否则会亏损甚至破产。新企业需要分清哪些是固定成本，哪些是可变成本，比如房租，不随销售量而变化，是固定成本；而有些成本，会随着销售量而变化，比如存货，产品卖得越多，购买存货的成本就越大，这是可变成本。现在来分析在一定的固定成本和可变成本结构下的收支平衡点。

假设一个企业只卖一种产品，只有一项固定成本——房租。若租金是 10 000 元，每件产品售价 5 元，每卖出一件产品，变动成本增加 3 元。

收支平衡点是企业开始获利的时刻，这时，销售收入开始超过固定成本与变动成本之和。该企业的平衡点为 5 000 件。

收支平衡点的计算公式是：

$$\text{平衡点(BEPP)}=\frac{\text{固定成本}}{\text{销售价}-\text{单位变动成本}}=\frac{10\ 000}{5-3}=5\ 000\ (\text{件})$$

下面来分析资本密集与资本节约条件下的投资决策。

来看两个假设的新成立的小企业，他们以相同的价格10元制造和销售同样的产品。它们计划在第一年卖10 000件。

A公司的业主计划开始就购置充足的设备，固定成本是4万元，是B公司的2倍。这是由于他买了自己的汽车、运输工具与复印机。这些设备在一段时间内都不会得到充分利用，但最终会节省成本。这种超出的花费将带来比B公司低的变动成本，这是典型的资本密集型的情况。

B公司相反，计划以极少的成本创业，只花2万元于固定成本，但它的单位变动成本较高，为4.5元，例如它要支付运输费用，而A公司自己有运输车辆，仅需买汽油。B公司是资本节约型的。

A公司达到平衡点时的产量（或销售量）计算：

单位变动成本	2.50元
固定成本	40 000.00元
变动成本	25 000.00元
总成本	65 000.00元
卖价	10.00元

$$\text{平衡点}=\frac{40\ 000.00}{10.00-2.50}=5\ 333\ (\text{件})$$

最高利润35 000.00元（销售收入－总成本）。

B公司达到平衡点时的产量（或销售量）计算：

单位变动成本	4.50元
固定成本	20 000.00元
变动成本	45 000.00元
总成本	65 000.00元
卖价	10.00元

$$\text{平衡点}=\frac{20\ 000.00}{10.00-4.50}=3\ 636\ (\text{件})$$

最高利润35 000.00元（销售收入－总成本）。

从两个公司的数据可以看出10 000件的总成本相同，所以若10 000件全被卖出，各自的利润也相同。不同之处在于B公司在卖出3 636件后开始获利，而A公司却要等到5 333件卖完时才能开始获利，也许等不到那么久公司就破产了。

这仅是一个假想的例证，现实生活中有许多公司因过快支付大笔费用而倒闭的例证。市场决定着卖价，你的成本必须与之相适应以谋求生存。

2. 可获利的定价

为完整理解收支平衡图，需要增加一个概念——利润。通常认为仅在年末计算利润往往是一个错误，它应该是在一开始就确定的数量化目标。

回到前面的例证。潜在创业者计划投资1万元于固定资产，他需持有5 000元的存贷，总计投入15 000元。这笔钱若存入银行，可获1 500元的利息，所以创业者希望获得4 000元利润（利润率约27%）以补偿自己创立企业的风险。现在来看创业者何时可达到收支平衡。

新等式中必须包括创业者的期望利润：

$$\text{BEPP}=\frac{\text{固定成本}+\text{预期利润}}{\text{售价}-\text{单位变动成本}}=\frac{10\ 000+4\ 000}{5-3}=7\ 000\ (\text{件})$$

我们现在知道要达到预期的目标，必须销售7 000件。这一等式的要旨在于每个变量都可改变以达到满意的结果。例如，假设你认为你的销量不到7 000件，但6 500件是可行的，那么，你的卖价应达到多少以获得相同的利润？

用BEPP等式，你可计算得结果：

$$\text{BEPP}=\frac{\text{固定成本}+\text{预期利润}}{\text{售价}-\text{单位变动成本}}$$

$$6\ 500=\frac{10\ 000+4\ 000}{\text{售价}-3}$$

$$\text{售价}-3=2.15\ (\text{元})$$

$$\text{Z 售价}=5.15\ (\text{元})$$

如果市场可以接受5.15元的卖价，则一切都没问题。若不能接受，就要另想办法，或者降低固定成本或变动成本，或者增加销量，而不能认为低利润是不可避免的。

3. 从个别到一般

用来说明收支平衡点的例证是简单的。很少有企业只卖一两种产品，所以一个更一般的公式在新的企业出售多种产品时会更有用。

为了计算新的收支平衡点，创业者必须估计企业的总利润。若企业已开业，利润数据可通过从顾客手中获得的收入减去向供应商支付的成本得到。若还未开业，研究竞争对手将得到关于目标利润的启示。

例如，新企业要达到40%的毛利润率，而企业的固定成本是10 000元，总利润目标为4 000元的产出将是：

$$\text{BEPP}=\frac{10\ 000+4\ 000}{40\%}=\frac{14\ 000}{0.4}=35\ 000\ (\text{元})$$

所以，要实现利润目标，新企业必须达到35 000元的产出。回到前面的例证，BEPP是7 000件，卖价是5元，两者相乘即为35 000元的产出，毛利率也为40%。

第二节 新企业的成本管理

企业不能无本经营，创业者经营企业是会发生各种成本费用的。为了降低成本费用，创业者必须对经营过程中的各项开支了如指掌，并且要设法把各项成本费用控制在企业获取利润所必需的最低限度，实现利润最大化。

一、成本和费用

企业开始运作之后会发生各种各样的支出，这些支出有的可以计入产品或服务的成本，随产品、服务的销售或提供得到弥补；有些则形成可支配的财产，在企业经营期内慢慢磨损或被耗用；另外的部分构成经营管理的费用，直接从当期收入中扣减。

为正确的计算产品或服务的成本以及企业的利润，需要做好以下工作：

（一）根据支出的性质正确区分资本性支出和收益性支出

资本性支出指企业为取得受益期在 1 年以上的财产而发生的支出，如购买房屋、设备、商标专利权等的支出，这些支出因为受益期较长，在发生时不应该全部从当期收入中扣减，而应计入资产价值，在其受益期内分期摊销。

收益性支出指企业为取得本期收益所发生的支出，其受益期在本期，所以应在支付时全部计入当期成本费用。

1. 正确划分成本或费用

能够计入当期成本费用的收益性支出，按其与生产经营活动的关系，可分为成本和费用。

成本是企业用于产品生产或服务提供的支出，成本是产品或服务价值的基础或构成内容。

费用是企业用于经营管理活动的各项耗费或支出，如用于产品销售或宣传的销售或营业费用，用于后勤管理的管理费用，在筹集资金过程中发生的利息、手续费等财务费用等。

产品或服务的成本随产品销售、服务的提供得到弥补，而用于经营管理的各种费用，则直接从当期收入中扣减。

2. 正确区分成本费用项目

成本费用按所反映的经济内容可以分为原料支出、人工支出和其他支出。

（1）原料支出。所有被用来加工产品或提供服务的各种物资都属于“原料支出”。那些虽然不是用作生产产品，但在企业经营中必不可少的物资，比如劳动保护用品、卫生清洁用品等，也算在原料支出之内。

在生产过程中使用的各种各样的物资中，通常作如下一些区分：

①原材料，如胶合板、金属条、金属片、皮革、毛线、编织布、塑料制品、面粉、黄油等。

②标准材料，如铁钉、螺丝、螺栓、螺帽、配件、家用电器、零部件、纽扣、拉链等。

③辅助材料，如胶水、油漆、电焊条、气焊用气、磨砂纸、纱线、丝线等。

在批发店或零售店中，购进用于转卖的商品的成本也被列入原料成本之中。为产品生产或服务提供的原料，计入产品或服务的直接成本；间接使用的原料，如车间为维修机器设备领用的原料，计入间接成本；销售部门或管理部门为经营管理活动而领用的原料分别计入营业或管理费用。

（2）人工支出。一个创业者，一旦他把员工招聘到企业来工作，他就成了雇主，就要对员工承担起法律和社会的责任。这些责任是法律和政策规章所规定的，或者是通过集体谈判达成的。比如：

①工人的最低工资

②法定工作时间

③加班报酬

④年度带薪休假

⑤病假

⑥福利费用

以上所列各项表明，企业的人工成本并不仅仅包括员工工资或报酬。附加的人工成本通常被当作工资的一定比例来计算。在不同的国家中，这个比例会有很大的差异，有的只占工资的很小一部分，有的则高达40%。在我国工作的应付福利费按照工资总额的14%计算提取。

人工支出按照发生的地点和用途不同，也可分别计入直接成本、间接成本和费用中去。直接与生产相关或与提供的服务相关的所有支出，属于直接成本；同时为多项产品或服务提供劳动的人工支出，计入间接成本；为经营管理活动服务的销售部门或管理部门的人员的人工支出分别计入营业费用或管理费用。

（3）其他支出。所有不包含在上述各成本费用项目中的开支都归入“其他支出”。这些支出主要包括电费、水费、电话费、上网费、保险费、租金、宣传广告费、管理费、贷款利息等。

①财务费用。创业者如果申请贷款，那么，在借贷存续期间就必须支付利息。创业者如果从自己现金账户上透支，也要支付利息。这些利息支出以及借款时所发生的手续费等叫财务费用。

②销售或营业费用。企业为销售产品或提供服务可能会发生大量的广告或展览费，这些促销费支出应计入营业费用。

③管理费用。企业为进行日常管理所花费的水电费、电话费、办公费、办公用

房租金等，计入管理费用。

3. 资本性支出的费用化

企业发生的资本性支出，在其受益期内会随着生产经营的展开而被逐步计入相应成本费用。

①折旧。企业的机器、设备或车辆等尽管在使用的过程中会保持原有的形态不变，但是它们的价值却随着不断磨损而减少，也会随着技术进步和新设备的出现而贬值，这种价值的损耗叫作折旧，它须根据发生的地点和用途分别计入间接成本或费用。厂房或机器设备的折旧由相应的产品或服务受益，属于间接成本，应通过一定标准分配计入产品或服务成本；办公用房的折旧则直接计入费用。

②摊销。企业购入的商标权、专利权等会随着有效期限的减少逐渐终结或消失，所以也应将其价值在受益期内分期摊销计入每期费用。

企业的机器、设备或车辆的折旧是一个过程，需要持续许多年。折旧期间的长短取决于机器设备的类型、预期使用年限等。那么，企业的折旧费如何计算呢？在我国，折旧的计算有很多方法，这里只介绍使用较多、也较简单的平均年限法。平均年限法指将设备的价值在预期可使用的年限内平均计入相关的成本费用，用厂房、机器、设备、车辆等的购进价格除以期望使用年限就可以了。

比如，一辆新货车购价 120 000 元，其期望使用年限是 5 年，那么，这辆货车每年的折旧费为：

$$120\ 000\text{ 元} \div 5 = 24\ 000\ (\text{元})$$

企业的每一项固定资产者要登记造册，记录在一张特制的折旧表——固定资产卡片中。企业固定资产卡片包括以下一些内容（如表 9-2 所示）。

表 9-2　　固定资产卡片

编号		名称		新旧程度		财产来源	
数量		规格		财产价值		保管地点	
特征		来源时间		使用年限		清理残值	
年度		折旧额		累计折旧			
年度		折旧额		累计折旧			
年度		折旧额		累计折旧			
年度		折旧额		累计折旧			

需要特别指出的是，折旧、摊销等只是厂房、机器等磨损价值或商标权、专利权减少价值的计量或转移，其本身不用支付现金，所以叫作非付现支出。

二、成本费用预测

每个创业者应该时刻关注企业发展的未来趋势，并做出正确的预测。通过企业的市场营销计划，创业者就能够清楚区分将要生产和销售多少产品，推出多少项服务内容；如果存在季节性变化，那么，要明确市场销售量将有哪些上升或下降，由此一来，企业的成本费用也会随之变化。所以，企业的创办者必须进行成本费用测算，以了解企业一年之中（至少一年）所发生的总成本费用情况，进而弄清楚企业计划中的销售收入是否足以收回成本费用。表 9-3 提供了一个典型的成本项目预测表样。

表 9-3　　年企业每月成本预测

成本费用项目	1月	2月	3月	4月	5月	6月	7月	8月	9月	10月	11月	12月
工人支出												
原料支出												
其他支出												
付现支出合计												
非付现支出												
总 计												

由于企业性质不同，每个成本费用项目可以再划分为若干子项目。比如，人工支出项目可以进一步分为生产人员、管理人员、销售人员等。

第三节　新企业的财务管理

在任何企业，财务管理都是一项重要的工作。所有的商业交易都应该完整地记录在企业的账簿上。正确的账簿记录和健全的财务管理制度能够及时地为创业者提供所需要的财务信息，有利于创业者做出正确的经营决策。

一、建立会计账簿

（一）会计账簿的重要性

会计账簿是把记录企业交易的过程转化成财务账目、保留交易记录的文件。

企业之所以要建立会计账簿，是基于以下两个原因：

1. 法律上要求所有企业都必须建立某种形式的会计账簿。

2. 全面的账簿记录有利于解决以下一些问题：

(1) 企业赚取了多少利润?

(2) 企业的价值有多少?

(3) 客户以商业信用形式从企业赊购了多少?

(4) 企业还有多少负债?

(5) 企业应缴纳多少税款?

所以，会计账簿有两个主要作用:

1. 提供便于查询和查证的税务资料。会计账户混乱会带给企业很多审计、处罚甚至企业倒闭方面的问题。

2. 提供便于用来进行企业分析的资料。准确的财务报告能帮助创业者在企业经营过程中了解其动向和实际变化。

企业获取成功必须精确地记录账目。最有效的就是建立一个完整简便的体系，以便为企业提供最有帮助的全部资讯。如果企业有一套精确的财务档案，创业者或管理者看一眼就能道出企业的业务状况——哪个地区是收益好并有成本效应的，哪些地区需要进一步改进。

(二) 如何建立会计账簿记录制度

做好会计账目需要聘请财务专业人士。如果新企业尽量自己去做会计账目记录，就需要仔细地了解企业的进展。如果企业很小，在建立全面的会计账簿记录制度之前，首先要找到合格的会计人员，建立一套核算体系，并尽量保留自己全年的总账目记录，还需要选用一些专业的财务软件包。

由于大多数的企业法人都不了解所有税法的内容和变化，最好是把此类工作委托财务专业人士来做。他们能够帮助你从头开始建立一个账目表，并用相应的软件设立你的账簿来简化资料的传送。税务专家还能保留如工资单和折旧等复杂的记录，还可指望专家们能在每年年末通过准备企业的纳税申报单来使创业者获得税务收益最大化。

即使创业者觉得由财务专家来记录会计账目更好，也要了解其账目的基本内容。要求企业的会计在每个月末准备好一份资产负债表和损益表给创业者或管理者，并且确保自己能读懂并掌握其内容，这两份财务报表的资料对创业者有效经营企业是至关重要的。

(三) 由谁负责企业会计账簿的记录和保存?

1. 企业主自己亲自做。如果企业规模比较小，而企业主自己又具备会计方面的经验和技能，那么，企业主可以自己来记账。但是，要记住：记账是需要占用时间和精力的，企业主从事这项工作的时候，他（她）可能就干不了别的事情了，即使别的事情也很重要，也只能由企业主去做。这时候，企业主就应该尽快委托其他人来做会计工作。但是，企业主应该始终关注会计事务。如果会计因病或由于其他原因离开工作岗位，那么，企业主也要能随时接过手来。

2. 指派一名会计助理。如果企业主聘用其他人来记账，那么，他的首要任务之一就是把全部或部分记账工作交给其中一名员工。企业的所有员工都或多或少地要承担一些记账的责任，因为他们要开列售货单，或者填写现金登记簿。在许多情况下，企业主所交办的记账工作要求准确无误地完成，不能出现差错。企业主有责任对承担记账工作的员工进行个别指导和培训，同时，要对员工所采用的记账方式进行定期评估，以改进记账工作。

3. 聘请一名全职会计。当企业发展到一定规模之后，就应该聘请具有会计执业资格的人员来担任专职会计，他们通常要比企业主更加内行。有的企业主不太愿意把会计事务委托给别人去做，他们觉得还是自己亲自“经手”账目比较放心。但是，这种事必躬亲的做法容易使自己的企业主角色和会计人员的角色混淆起来，有时候还会削弱企业主的地位。最好的解决办法是，把你的想法和要求详细地列出来，让会计人员去完成你想要做的事情。

4. 委托会计公司办理。有许多会计公司向企业提供会计服务项目并收取一定的服务费，其服务内容包括为企业准备损益表和资产负债表，以应付年度审计；为企业制作月度工资单；为企业进行每日销售情况分析；为企业提供存货控制分析报告等。

5. 设立财务会计部门。如果企业规模进一步扩大，那么，从业务发展需要出发，企业应该设立独立的财务会计部门，并委任一名财务总监来领导这个部门。财务会计部门应该保存全套会计账簿，包括现金和银行存款等日记账，应收账款和应付款账款等明细账，以及总分类账。同时，根据财务会计部门所要处理的信息量的大小，还可以购置一些机械化或电算化会计处理设备。

（四）小企业会计账簿中应该记录什么?

新企业开始运作之日就是开始记账的时候了。创业者开办企业时所发生的所有费用都是企业开办的正常成本费用。与此相对应，企业所获得的任何收入也都应该进行记录说明。

创业者可以从记录每天的日常活动开始做账：去了哪里、见了什么人、花费了多少，记录好其业务类型、旅差费、供应品的购入、电话费、专门材料——所有与企业有关的事情。

新企业的账目系统必须是根据创业者的个人所需而设立。由于没有两家企业所涉及的业务是一模一样的，最好不要去买现成的账簿登记本。了解自己所掌握的所有所需的资料并建立自己相应的账目记录。作为一个企业主，应该了解掌握企业所有的出入账目。

此外，简洁是小型企业账目的关键。有许多不同类型的普通财务账目，其目的是为了记录发生在企业中的事务，而常规的记录可以用来做申报纳税或作财务分析的月报或年报表。新企业应该只设立这种常规记录为某项具体业务提供所需的资料。例如，洗车业都是现金交易，就不需要“应收账”记录。账目少也就容易读懂，而且记账的时间也短。

每个公司都需要有一定的记录来管理其日常事务，这些记录可用来形成企业的月损益报表和资产负债表。

此外，新企业还应该建立一个总会计账户进度表并保持最新的记录。会计账户登记有一个特别的顺序，进行适时的记录方可保持该记录的有效性。既然会计账户记录的两个目的是作为税务资料的补充和内部计划资料的分析，那么，总进度表应该符合这些要求。其内容应该按照每天、每周、每月和年底的频率进行。

以下是会计账户的常规记录：

1. 应发工资额记录。创业者必须清楚企业应支付的工资额。这笔账需要单独列出，记录要准确无误，而且要按一定顺序记录下来，以便核查。

2. 现金余额记录。创业者必须清楚知道企业的现金余额，以决定能否付清账单，这就要求对现金流入和流出进行及时记录，随时了解其支付能力。

3. 应收账款记录。在某种情况下，创业者也会向客户赊账。客户所赊欠的账款就叫应收账款。应收账款的记录十分重要。如果没有账簿记录，那么，创业者怎么知道这笔应收款何时到期？应收金额是多少？什么时候可以延期？何时采取措施追索逾期应收账款？如果应收账款含有利息，那么何时开始计息？

4. 应付账款记录。企业欠别人的账款（比如欠供货商的钱）就叫做应付账款。应付款需要及时结清，原因有两个：第一，及时结账有时候可以得到现金折扣，而逾期付款则要支付违约金；第二，及时结账有利于维护自己的信誉，有利于与贸易伙伴保持良好的业务关系。如果没有账簿记录，就可能会出现差错。

5. 存货记录。即使是一家小型零售企业，企业主也必须掌握存货情况。什么商品畅销？什么商品滞销？是否有足够的库存以备销售？当然，企业主可以把这些信息记在脑子里，但是，要想把生意做大，这是远远不够的。企业要想赚到钱，必须对存货情况进行准确记录，并且要根据销售情况随时更新所记录的信息。

6. 纳税记录。企业主必须制作一些为纳税需要所准备的财务报表。税收是根据企业所赚取的利润来计征的。即使是一家小型零售企业，也需要制作一些财务报表，向税务机关报送。

7. 财务报表。企业主至少应该一年完成一份关于企业经营状况的综合财务报表，就像一个人每年去做一次全面的体检一样。从销售总额方面看，企业做得如何？企业的开支项目有哪些？税前利润和税后利润分别是多少？下个年度企业主应该采取什么措施来改善企业经营状况？当企业向银行申请贷款时，创业者必须向银行提供这样一份财务报表；当创业者准备出售自己的企业时，他们必须向那些有意向购买的人说明企业的财务状况，这也需要使用财务报表。

二、财务报表

财务报表实际上就是从上页所讨论的一般性记录发展而来的，这些报表一方面是用来提供准备纳税的资料。更为重要的是，运用这些财务报告能帮助创业者了解企业的财务状况和辨别其相关的长处和不足。那些愿意花时间通过财务报表来了解和估算他或她所经营企业的企业主，将比那些只关心产品和服务的企业家来说要有远见得多。

正确地理解和使用财务报表十分重要，因为财务报表是判断企业财务是否稳健的主要手段。在认识和使用财务报表方面，创业者需要的是：

1. 要能够制作简单的财务报表；
2. 要能够理解和分析财务报表上的信息；
3. 能够根据财务报表判断企业的财务状况，识别企业财务上的优势和劣势；
4. 要能够及时发现问题，果断地调整企业的经营方式，改善企业的财务状况。

下面介绍两种所有企业都必备的主要财务报表：资产负债表和损益表。

（一）资产负债表

资产负债表是总括反映企业存续期间某个特定日期财务状况的报表（或显示企业截止到某个固定日期的财务状况报表，最有效的是在每个会计年末进行统计。如果用财务软件资产负债表则能轻松地在会计年度结束时做成）。

资产负债表是反映企业所拥有的资产和所承担的债务以及投资者或创业者在企业中所拥有的权益的一种财务报表。

资产负债表可以被比作一张静态的图片，它能反映公司财务状况的好坏。对这个报表的审查将让创业者去分析企业并及时改进实施方式。参见表9-4。

计算资产负债表的公式是：

$$资产=负债+净资产$$

1. 资产

资产是由于过去的交易或事项形成并由企业拥有或者控制的资源，该资源预期会给企业带来经济利益。资产就是企业所拥有的所有资产的货币价值，包括企业所拥有的现金、设备、厂房和存货等。

企业资产按照流动性可分为流动资产和固定资产。

（1）流动资产是指可以在一年或者超过一年的一个营业周期内变现或者耗用的资产，包括现金、银行存款、短期投资、应收账款、待摊费用、存货等。

（2）固定资产是指同时具有下列特征的有形资产：为生产商品、提供劳务、出租或经营管理而持有，使用寿命超过一个会计年度。

一般来说，固定资产包括土地、厂房、机器、设备和车辆。

2. 负债

负债是指过去的交易或者事项形成的现时义务，履行该义务预期会导致经济利益流出企业。负债是企业所欠债权人的所有债务，如短期贷款、应付账款，应交税金和抵押贷款等。

表 9-4 资产负债表 单位：万元

编制单位：ABC 公司 2006 年 6 月 30 日

资产	期末数	负债和所有者权益	期末数
流动资产：		负债：	
现金	5	短期借款	
银行存款	15	应付账款	
应收账款	15	应交税金	1
产成品	14	一年内到期的长期借款	
原料	3	长期借款	40
流动资产合计	52	负债合计	41
固定资产：		所有者权益：	
土地和建筑	40	投入资本	181
机器与设备	144	利润留存	11
在建工程		月度净利	3
固定资产合计	184	所有者权益合计	195
资产总计	236	负债和所有者权益总计	236

企业负债又可分为短期负债和长期负债。

(1) 短期负债：通常指那些需要在短期内（如 12 个月内）偿还的债务，包括应交税金、短期借款和应付账款。偿还短期负债需要动用企业的流动资产。

(2) 长期负债：是指那些偿还期限在 1 年以上的债务，如长期借款。

3. 净资产

净资产也叫所有者权益，指企业所有者在企业资产中享有的经济利益，其金额等于资产减去负债后的余额，包括业主的初始投资和留存盈余。

(二) 损益表

损益表是反映企业在某一时期内（如一个月或一年）经营成果的财务报表。这个财务报表显示企业在一个具体时间内的财务活动。与资产负债表不同的是，损益表可以被视为是一个动态的画面，它显示了企业的资金来源及在一段时间之内的花费，从这个表中能找出经营管理中的不足，制定更有效的企业经营计划，从而获得收益。

损益表应该在每个月末准备。流水账上的所有合计数将转计到损益表上相关列项。在12月底（或企业的会计年度末）会得到一个有关企业一年12个月的收入和花费的清晰画面。同样，可以利用财务软件来制作企业的月或年报表。

把过去几年的损益表进行比较，就能看出哪些是高收益的时期，哪些项目有增加或减少的利润额及许多其他有价值的资料。千万不要低估这个重要工具的价值。

如同资产负债表有一个公式一样，每年损益表所包括的每个分类都必须有一个具体的顺序。在期末有一个时间间歇来分析包括在会计账目记录上的资料，同样，这段时间也要包括在损益表上。参见表9-5。

表9-5 损益表 单位：万元

编制单位：ABC公司 2006年6月30日

项目	本期数	本年合计数（略）
1. 销售收入	22	
现金销售	14	
赊销收入		
2. 销售成本	8	
期初存货	24	
本期购进	32	
可供销售的存货	18	
减：期末存货		
3. 销售毛利（1－2）	22	
4. 经营性支出	18	
5. 利润总额（3－4）	4	
6. 所得税（5×税率）	1	
7. 净利润（5－6）	3	

报表编制得越频繁越能及时地了解企业的盈亏状况。

制作损益表有五个步骤：

1. 计算出企业的销售收入，包括现金销售和赊销两部分。

2. 计算出已售产品的成本。计算时可以把销售期间购进的商品价值加到期初库存中去（期初库存数可以从以前的财务报表获知），然后，再减去期末库存品价值；也可以直接根据所销售产品或服务的数量乘以其单位总成本计算。

3. 计算出销售毛利，即销售收入减去销售成本的各种成本费用。

4. 计算企业的各项经营性支出，即不构成销售成本的各种成本费用。

5. 计算出企业的利润总额和净利润。销售毛利减去企业的各项经营性支出，所得差额即是企业的利润总额。利润总额大致上能够反映出企业的盈亏状况。如果企业是在工商部门正式注册的，那么，企业主还必须承担纳税义务。利润总额扣除应缴所得税额，就是企业的税后利润。税后利润是企业盈亏状况的真实反映。

第四节 新企业的现金流管理

一、现金流量决定新企业的成败

据调查，33%的创业者表示在筹建和经营企业时存在现金流管理方面的问题。企业失败的原因其实有1/3以上都是缺乏现金流所致。由于不重视现金流管理，许多新创企业相继破产。许多企业在初创时不考虑自己企业的现金流支持，而盲目增加投资，扩大生产，从而导致现金危机。因为早期的销售水平通常并不能产生足够的现金流来满足企业的经营发展所需，对企业来说完全有可能在赢利的同时由于缺少现金而倒闭。所以，对于初创企业来说，拥有足够的现金，能够持续经营是非常有必要的。

那么，什么是现金流？

在分析现金流时，创业者必须明白现金和利润不是同一回事。利润是企业的总收益和总支出之差。它体现了企业的运作效益如何。现金是手头持有的能随时在企业里使用的资金，通过在一段时间内记录企业的现金流和流出量，可反映出企业资产的流动性以及能按时支付各种账款的能力。

图9-2给出了典型企业现金流的情况。现金流是企业在一个会计期间的实际现金流入量和流出量。当企业用赊账或现金的方式进行采购生产时，企业的现金流就会减少；企业所产生的存货可以现金或赊账的方式销售，当有现金流入或应收账款收回时，企业的现金余额将增加。值得注意的是，购买材料进行生产销售，这些支出一般来说在销售发生之前就必须支出，但应收账款的回收要滞后于销售，即以赊账形式购买的客户有可能直到下个月才付给货款。

二、编制现金流量表

（一）什么是现金流量表

预算现金流量表（The Pro Forma Cash Flow Statement）是一种财务文件，是以货币的形式描述的企业计划。现金流量表就如同一个预算，它以预算形式（或计划）进行内部计划和估算在一定的时间内要展开的业务，通常是指下一个财务年度，需要多少出入资金。企业年底的盈利将取决于现金流入和流出的收支差额。

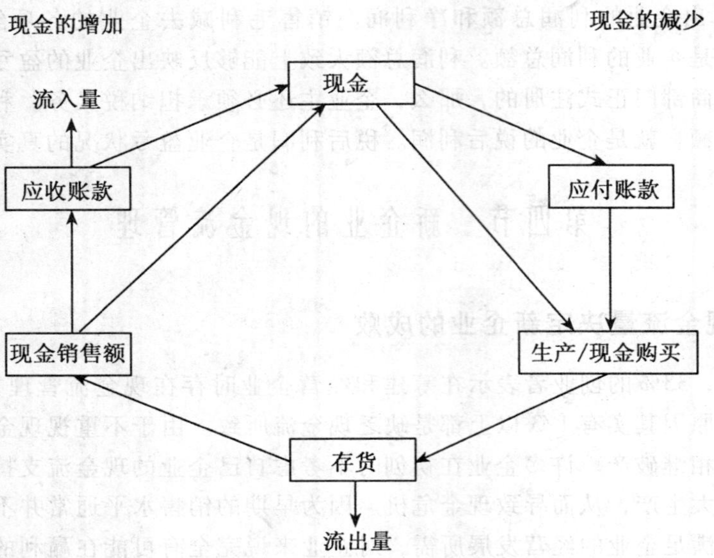

图 9-2　现金流

现金流量表可说明什么时候收入应收现金和什么时候支付账单和债务。它还能使管理人员了解所需的现金来自于何处。

这个报表只涉及实际现金交易，并不跟折旧、企业信誉、摊销或其他非现金费用有关联。所有的开销以手头的现金进行支付，如资产出售、产品销售与服务提供的收入、投资利润等。如果企业需要 100 000 元来支付费用，并用 5 000 元来支付业主的开销，那么将需要至少相等数目的资金注入企业以维持开销。资金不足将最终导致无力支付的后果。

经过周密的计划，创业者应该不光是试图计划出企业流进和流出的具体现金数目，而且还应包括什么时间流进或流出。一个企业应该有能力设计出其总收益来满足需要。如果不能按时出售支付费用，新事业就会迅速地成为历史，除非事先计划好有其他渠道的资金来源帮助企业渡过难关直至有实际收入进账。出版业就是一个典型的例子，企业会在其收到投资回报前 6 到 9 个月内非常需要资金，一旦出版商不能付款给印刷商，就不可能有书来销售，印刷商也就不能在得到出版商 9 个月收到货款后支付的承诺完成成品生产。为了保持企业的正常运营，出版商需要事前计划好资金来源渠道，以此渡过难关直至收到进账资金。

（二）如何编制现金流量表

企业一旦建立了适合自身情况的会计账簿制度，就可以对其过去和当前运行情况了如指掌。然而，对创业者来说，仅仅了解过去和现在的情况还不够，他还需要具备财务预测的能力，对将来可能发生的支出项目，如工资、原料、利息、应付款项和银行贷款等做出安排。会计账簿记录中所提供的数据有助于未来的财务预测，特别是当企业经营受到季节性市场供求变化影响的时候，更要借助于以往的经营数据来进行预测。

现金预算被证明是一种有效的财务预测工具。现金预算是根据资金进入企业和流出企业的情况来编制的。存入企业银行账户里的资金也是现金。在大多数情况下，流入企业的现金来自于产品和服务的销售，除此之外，银行贷款和透支、设备变卖、税收返还等也是现金流入的渠道；现金流出企业主要是由于支付工资，购买材料，支付水电费、电话费、银行借款利息等各种费用。

创业者根据销售预测就可以大致知道期望或可能达到的营业额，以及生产或购买商品的成本大小。

由于现金流量表所涉及的是现金的流入和流出，因此，做计划的第一步是准备好两个工作表。

1. 现金支付表，如表9-6和表9-7所示，这个表格文件记录的是流出企业的现金。它明确了企业支出的各种类型和职责以及各列项目所需的现金计划。企业可能要通过进行几个不同的预算（库存的购入、直接花费、管理费用和业主提取的资金等）来处理这个事务。

这些花费通常并不好估算，新企业需要去做大量的市场调查；如果是接管一家旧企业，就要汇总过去财务状况的信息和了解未来新企业具体行业的走向。

2. 资金来源表，如表9-8和表9-9所示，这个表格文件用来记录流入企业的现金，它能帮助创业者估算将会有多少现金流入企业和这些现金的来源。要完成这个表，需要查看手头的现金、计划收入、能清算的资产、那些可能借钱给你或给你投资的人，以及可以运用的所有者权益。这个表还会有助于企业去寻找可能用来增加可用资金的方方面面。

表9-6　　现金支出工作表

分类解释
1. 开办费
这是发生在你企业起步初期的企业启动费用，基本上都是一次性的费用，并以纳税为目的进行现行价值核算。
2. 库存购入
一段时间内花费在购入要出售的各类货物的现金。如果购入的是产品，那也包括购买这些

续表

产品的现金费用。比如制造商的库存购入，则包括所生产的每件产品的人工和原材料费用。

3. 可变费用（销售或直接费用）

这些是直接与你的产品和服务有关的花费（不是生产成本或库存购买价格）。

4. 固定费用（管理或间接费用）

它包括所有办公管理费用。有些账单必须提前支付，包括总现金费用，甚至包括延伸至下一年某段时间的费用。

5. 资产（长期购买）

这是指资本资产（土地、房屋、汽车、设备）在之后几年会有折旧。确定你打算如何支付这些资产，以及在现阶段所要支付的现金。（土地是惟一按成本价格列出而没有折旧的）。

6. 负债

哪些是你想要偿还解脱的债务或贷款？在新的一年开始时你是否有应付账款？你需要确定本年度需要支付的现金费用数额。如果企业有一个20 000元的汽车贷款，在12个月中每月需要支付500元，你在来年就需要准备一个6 000元的备用现金。

7. 所有者权益

这一项常常在计划流动资金时被忽略，作为企业主，如果你每月需要取2 000元作为生活费用，你应该计划企业有24 000元的流出现金。不做这类计划的话，则会导致现金不足而使企业陷入困境。可变的和固定费用的分类都是由企业自己决定，每个企业都会有各自行业中特殊的费用，创业者应该制定适合自己企业的可变费用和不变费用类别。

表9-7　　现金支付参考表

企业名称：爱斯体育用品公司　　时间范围：2006年1月1日~12月31日

1. 开办费		1 450
营业执照	30	
公司登记	500	
法定费用	920	
其他开办费用		
2. 库存购入		
零售进货货款支出		32 000
3. 可变费用（销售）		
广告/市场营销	6 000	
活动策划	2 500	
货运	800	

续表

包装成本	14 000	
销售人员工资/佣金	2 000	
旅差费	1 550	
其他杂费	300	
销售费用合计		27 150
4. 固定费用（管理或间接费用）		
财务管理	1 800	
保险	900	
执照与许可证	100	
文员工资	16 300	
租金	8 600	
公用事业	2 400	
其他杂费	400	
管理费用合计		30 500
5. 资产（长期购买）		6 000
现阶段应付账		
6. 负债		
退休金、借贷和应付账款		9 900
7. 所有者权益		
业主提款		24 000
现金支付总计		131 000

表 9-8　　资金来源工作表

分类介绍

1. 现有现金

你目前拥有的资金。确定包括了零用现金和未储存资金。

2. 销售（收入）

这包括对你的产品或服务销售收入的预测。如果支付时间不包括在本表的时间段内，这也是不要把那部分的销售包括入内。考虑计划销售时间，一旦出现发票不能按时收到付款而那时又正是需要大笔现金的状况，就在那上面打上明显的记号并在决定临时融资事宜时纳入考虑之列，包括你准备销售产品或提供服务所需的拥金。在计算应收账目时，应该预计到某些发票可能收不回款而变成坏账的比例，并从应收账目上减掉这笔费用。

续表

3. 杂项收入

你是否会有钱进行放贷或存入银行账户，让其在闲置的时间段产生利息收入。

4. 长期资产销售

如果你打算出售任何固定资产，如土地、房屋、车辆、机器、设备等，一定要确定在当前的时间段里能收到现金。

5. 负债

这一项表明你将能向贷款机构如银行申请借贷的数目。客观地分析和预测自己能借到什么。如果你没有抵押、没有好的企业计划，或有不良的财务史，你就很难融到资金。

6. 资产净值

资产净值来自于法人投资、已投股本、股票销售或风险资本等方面。你是否预计个人基金的有效性？你的企业是否有增长的潜力从而能引起投资者的兴趣？在这些方面一定要是切实可行的。

表 9-9　资金来源参考表

企业名称：爱斯体育用品公司 时间：2006 年 1 月 1 日 ~ 12 月 31 日

1. 现有现金	20 000
2. 销售（收入）	
产品销售收入	
(大部分的收入款要到 11 月或 12 月才能收到)	90 000
服务收入	22 000
销售或服务的保证金	0
应收账款	3 000
3. 杂项收入	
利息收入	1 000
支付应收货款	0
4. 长期资产销售	0
5. 负债	40 000
货款基金	
6. 资产净值	
业主投资（独资/合伙）	10 000
已投股本（有限公司）	
股票出售（有限公司）	
风险资本	35 000

续表

现有现金合计	A 不含产品销售 = 131 000 B 包括产品销售 = 221 000

现在你已经完成了两个参考表，你准备要运用表中的资料编制一个综合的现金预算表。你已经预算出一年需要多少资金，并完全掌握那些现金来自何处。流动资金计划的下一步是把一年的时间再分段到月份，并预测什么时候需要现金使整个财政年度能平安度过。

为了完成这项工作需要做现金预算。月度现金预算是评估企业每个月预期可以收到或需要支出多少现金的一种财务预测工具。做好月度现金预算可以帮助创业者规避现金短缺风险。一个典型的现金预算如表 9-10 所示。

表 9-10 现金预算表

收支项目 \ 月份	1	2	3	4	5	6	7	8	9	10	11	12
月初现金余额												
销售收入												
其他现金流入												
现金收入总额												
人工支出												
材料支出												
其他支出												
现金支出总额												
月末现金余额												

创业者如果要制订现金预算，他需要按照以下步骤来做：

1. 检查库存现金和银行账户的现金，并将可动用现金总额填在第 1 个月的“月初现金余额”一栏中。对于刚开业者而言，“月初现金余额”就是指启动资金。

2. 根据销售预测估算出营业额，然后填在下一栏“销售收入”中。赊销形成的销售额不包括在内，而应当在客户结清账款之后，记在收到款项当月的“销售收入”中。

3. 从其他项目中预计可以进账的现金，比如银行存款利息，则记在“其他现金流入”一栏。

4. 把以上3栏（即“月初现金余额”、“销售收入”和“其他现金流入”）加总，得到一个总的数额，记在“现金收入总额”一栏中。

5. 当月的员工工资支出总额，包括员工参加社会保险的支出和其他福利待遇支出在内，与企业主的工资合并在一起，记在“人工支出”一栏中。

6. 企业的“材料支出”，将随着销售预测的改变而改变。如果预计到某些计划中购买的货物是以赊购方式取得的，那么，这部分支出就要记在到期支付的那个月，而不是购买该货物的当月。

7. 其他所有必须支付的款项，比如说贷款利息、税金、工商管理费用和特许经营费等，都记在“其他支出”一栏中。其他支出也包括当月计划投资的支出。

8. 把以上3栏（即“人工支出”、“材料支出”、“其他支出”）加总，得到一个总的数额，记在“现金支出总额”一栏中。

9. 计算第1个月的现金预算的最后一步，是用现金收入总额减去现金支出总额，得出预计中的“月末现金余额”，并记在第1月的最后一栏。

其他各月的现金流都可以按上述方法计算出来。每个月的月末现金余额记作下个月的月初现金余额。表9-11是一个较详细的预算现金流量表。

表9-11　　爱斯体育用品预算现金流量表①

______年

月份	1	2	3	4	5	6	7	8	9	10	11	12	全年合计
期初现金余额													
现金流入													
A. 销售/收入（现金销售）													
B. 应收账款													
C. 利息收入													
D. 长期资产出售													
可用现金合计													
现金流出													
A. 应售商品成本费用													
1. 购买													
2. 材料													
3. 劳动力													
商品成本小计													

① 表9-6、表9-7、表9-8、表9-9、表9-11参考：琳达·平森，等．小型企业开张步骤．刘茜，译．北京：中国对外经济贸易出版社，2003.

续表

月份	1	2	3	4	5	6	7	8	9	10	11	12	全年合计
B. 可变费用（销售）													
1. 广告/市场营销													
2. 活动策划													
3. 货运													
4. 销售人员工资													
5. 差旅费													
6. 车辆													
7. 销售杂项													
实际费用合计													
C. 固定开销（管理）													
1. 财务管理													
2. 保险													
3. 执照与许可证													
4. 文员工资													
5. 房租费用													
6. 实际开销													
7. 管理费用杂项													
固定开销合计													
D. 利息费用													
E. 企业所得税													
F. 其他用途													
G. 长期资产支付													
H. 借贷支付													
I. 业主提款													
总现金支出合计													
现金结余/不足													
应收账款													
股本存留													
期末现金结余													

注：此表是前面分类现金流量表的扩展。

正常情况下，企业的现金预算按年编制，需要预测未来年份每个月的现金收支。但是，现金预算期间可以根据企业的实际情况和管理要求进行调整，如可编制每周/每日的现金预算。现金预算的时间跨度越短，提供的现金信息就越及时有用。

刚开业的业主通常需要制订一份 12 个月的现金流计划，或者，如果他们向银行申请贷款，那么，现金流计划的时间跨度要与银行贷款的期限相一致。

企业的月度现金预算应根据会计账簿中的真实记录每月更新一次，以及时发现实际现金流与预算的偏差，并对以后的预算做出调整。如果现金预算表明，在未来的月份中企业很有可能出现现金短缺问题，那么，创业者可以尝试采取如表 9-12 所示的措施解决，即要分析的现金管理措施。

表 9-12 现金管理措施

增加现金流入的途径：	减少现金流出的途径：
——增加销售额	——降低成本费用
——减少赊销额	——寻找低价供应商
——通过银行透支	——让现有供货商让利或赊账
——出售某个投资项目	——让银行给贷款展期
——向朋友借款	——推迟某个投资项目

三、现金流分类管理

引起现金流问题主要有三个原因：应收账款、应付账款和存货。

（一）应收账款管理

为了能吸引更多的顾客，创业者往往赊账给顾客，甚至延长赊账期。一定数额范围内的赊账和一定期限内的赊账是允许的，但是超出范围了就会引起创业企业自身的危机，所以创业者要学会对应收账款进行管理。

创业者应该建立赊销和回收政策，确立可行的赊销政策，这其中大致有三步：

首先创业者一定要仔细筛选客户，选择信誉度良好的客户进行赊销。赊销申请就是一个很好的工具来了解客户各方面的信息，这也是防范坏账的第一道防线。通过客户填写的赊销申请可以建立并验证未来的客户的信用指标。

其次就是建立企业的书面信用政策，让每位客户预先知道企业的赊账条款。最好能与客户沟通这些赊账条款，以免因为理解误差而造成不必要的争端。

最后就是采取措施，尽快回收应收账款。比如说迅速递送购货账单，这是因为客户很少会在收到购货账单之前主动付款；应采取多种优惠措施鼓励购买者在收到账单后迅速付款；当一个账目要过期时，创业者必须立即采取措施，因为账目过期时间越长，收回货款的可能性就越小；对旧账未清的客户要限制赊款；按销售量选出最重要的 20% 的客户，建立独立的文档，予以密切关注，有时这 20% 的重要客户能产生 80% 的应收账款；留意客户可能正要宣布破产的迹象；及时记录企业收款的结果。

（二）应付账款管理

创业者在进行应付账款管理时有三种方法：

第一个就是尽可能的延长应付账款的日期，但是这里必须强调的是我们所谓的延长是在保证企业信用等级的前提下的。企业要想长久发展就应该把讲信用放在首位。

第二个就是利用供应商所提供的现金折扣。现金折扣是如果创业者提前支付货款，那么价格就可以打折。创业者应尽可能的与供货商谈判以求最佳赊账期限。有利的赊账期限能对企业的现金流产生巨大影响。

第三个就是创业者可以通过计划可支配的现金支出来改善企业的现金流。比如，给员工每个月发薪水而不是每个星期发薪水就可以大大减少管理成本，使企业在支配现金方面更宽裕；通过使用兼职员工或自由职业者而不是全职长期员工来减少现金支出；每月或每季度支出保险费而不是全职长期员工来减少现金支出；每月或每季度支出保险费而不是以每年一次性支付，同样可以改善现金流。

（三）存货管理

存货也是一种投资，管理不好会造成现金流和生产的困难。过度的存货会降低存货周转率，导致收益率下降，浪费企业宝贵的现金。存货过少也是问题，这会导致产品脱销，使客户无法及时得到产品，从而丧失客户。

用于购买商品的现金变成了存货，只有存货被售出，现金才能得以盘活，现金流才能继续。现金流管理技巧就是投入适量现金来购买刚好能满足需要的存货。这两句话对于描述存货与现金之间的关系是很精辟的。

小　结

财务与营销是新企业成长阶段的两大核心问题。创业最成功的表现是新企业满足了真实的顾客需要。如何发现目标消费者和目标市场是新企业营销的基础，营销的基本策略是细分市场与差异化，人员销售是最常用的营销手段，如何提高销售人员的技能是新企业营销策略的保证。新企业的财务管理需要从最基础的做起：建立会计账簿，聘请专业会计人员。财务管理的核心内容是现金流管理，一切交易以尽快实现现金收入为主要目标，拥有足够的现金是新企业持续经营的保证。

思 考 题

1. 用一个新产品或服务的实例分析新企业如何实现第一次销售。
2. 为什么说管理应收账款和库存等资产项目是很重要的？
3. 如果（1）流动资产比率小于1，（2）负债权益比率连续3年递增，可能会导致哪些内部问题？

4. 下列情况对现金流和利润会产生什么影响？

A. 能偿还私人贷款 5 000 元。

B. 购买价值 8 000 元的存货，款项在 30 天内付清。

C. 购置 15 000 元的设备。

D. 提高工资 4 000 元。

讨论案例 1　Scruba Dub 洗车公司

打蜡哲学

设想一下，你能够比竞争者索要更高的服务价格，并维持较高的市场份额和边际利润。位于马萨诸塞州纳提克市（Natick）的 Scruba Dub 洗车公司就做到了这一点。它是波士顿地区最大的汽车清洗连锁经销商，有 8 个店，年营业额超过 500 万美元。尽管马萨诸塞州发生了长期和严重的经济衰退，但它仍实现了持续成长。近年来，公司的年营业额增长率达 10%。

马歇尔·派斯奈尔与妻子伊莱思、儿子丹和鲍勃共同拥有并经营着这家企业。派斯奈尔说："1992 年，马萨诸塞州的经济受到重创，但这是我们经营最好的年份之一。"

这家企业成功的秘诀是什么？原因在于 Scruba Dub 将汽车清洗领域的专门知识与市场营销方面的才能结合了起来。该公司将洗车这样的日常琐事变成一种愉快的服务性工作。员工们不辞辛苦，致力于做好影响到顾客体验的各个细节。而且，公司跟踪顾客的消费习惯以改善顾客服务并增加销售额。另外，公司向顾客保证，他们会对公司的服务满意，这种承诺进一步支持了公司的发展。

位于马萨诸塞州的 Mercer 管理咨询有限公司负责营销服务的副总裁保罗·科利（Paul M. Cole）评价说，"Scruba Dub 洗车公司的管理者和员工都从顾客的角度思考问题。"公司成员富有远见，预先估计顾客对公司的服务（包括服务保证），以及公司在社区里所扮演的长期角色（如参与万圣节慈善活动）会有什么感受。"他们寻求每一个机会，去展现公司对顾客的关心。"

细节与数据

虽然经营业绩更好，但 Scruba Dub 并不需要行业内大企业那样雄厚的资源，以实施营销和服务项目。这家拥有一百多名员工的企业非常重视通过像现金管理等职能的自动化来削减经费，并将节省下来的资金投资于人力资本、计算机运营和顾客服务上。以下是这家汽车清洗公司的 7 项经营经验，可能也适用于你的企业。

1. 注重细节

像旅馆行业希望旅客舒适惬意一样，派斯奈尔一家希望顾客把接受洗车服务当作一次愉快的经历。最能体现这种服务理念的做法有：清洗入口处花坛簇拥，干净利落的员工很有礼貌地招呼顾客，顾客开车驶入清洗坑道时会得到花生等小食品。

在坑道里面，用于清洗汽车的是由派斯奈尔一家所配置的一套可能是最有效的设备（与竞争者的标准配置相比），以及专有肥皂。车上的小孩很高兴能看到像加菲猫（Garfield）和巴特·辛普森（Bart Simpson）等卡通人物在坑道里的竿子上爬行。在清洗机器与汽车发生撞击时，这些熟悉的卡通人物帮助抚慰受惊的小孩。这样，父母们就比较放松了。当然，孩子们在万圣节可能会喜欢被吓唬的游戏，那时公司就把坑道装饰成像幽灵出没的房子一样。

当汽车被清洗完驶出坑道时，如果车主还希望清理汽车里面，就可以去等候室免费享用咖啡。根据汽车的构造和顾客所选择的服务等级，还可以清洗车轮。还有一些车主进入“满意中心”——服务的最后一站，接受他们所需要的任何汽车服务。Scruba Dub 公司的目标是真正使顾客感受到企业对他们的悉心照顾。

2. 了解顾客

Scruba Dub 公司的营销和服务项目真正建立在对顾客消费习惯进行跟踪调查的基础上。例如，企业建立了“会员”汽车档案。顾客花 5.95 美元便可获得会员证。会员享受一些特定服务，如 10 次付费服务后便可获得 1 次免费服务。公司利用计算机数据库跟踪调查顾客光顾清洗店的频率和选择的服务项目。每次顾客来的时候，都有一名员工扫描贴在汽车窗户上的条码，将汽车信息输入数据库。

公司利用这些信息和其他销售与盈利数据，来分析这些车的历史资料，获知顾客消费习惯，并识别新的服务机会。例如，为开发相对较少的夜间汽车服务，公司推出了“夜间洗车”节省一美元的特殊服务项目，使服务量翻了一番。还有，如果数据显示某位会员有一段时间没有来了，他们就会发出一封“我们想你”的信件，邀请顾客过来接受服务。

最近，公司将顾客的历史资料从后台转移出来，并应用于洗车场地，以提高服务水平。比如，顾客一来，员工就会从计算机里调出顾客的相关信息，叫出顾客的姓名，提醒他们以前所接受过的服务类型，如底盘清洗、专门的上蜡服务或者车轮清洗。

另外，员工目前能够利用这些历史信息，以建议顾客接受升级服务。比如，如果一位顾客通常选择一般性的清洗服务，销售顾问就会向顾客建议，当汽车在含盐量高的路面上行驶之后，需要进行底盘清洗。公司依靠这些特殊服务，使收费价格高出了 5.95 美元的基本价格（平均价格为 1.60 美元），但公司也要求员工只提供那些适合于该汽车和顾客的建议。现场的汽车信息有助于销售顾问了解顾客的消费偏好。

3. 开发潜在客户

Scruba Dub 公司一直关注新客户，通过大众性的市场手段（如收音机广告）

或针对性更强的方法，将他们吸引到洗车店。新车主显然是新的潜在顾客，于是公司与交易商合作向新车主发送30天的免费洗车券。另一个目标顾客是新房主，公司通过外部服务机构从财产转让记录中获得新房主的姓名，然后向他们寄送优惠券。

去年，公司还向收入在75 000美元以上的顾客和各经销店附近的住户发送了广告信函，邀请他们成为该企业会员。会员将成为稳定的顾客，并接受更多的附加服务。这项活动花费了30 000美元，创造了1 000多名新顾客，第一年赢得了45 000美元的经济回报。

4. 解决问题

只要顾客认为清洗工作损坏了他或她的汽车，无须回答任何问题，管理人员就会投入150美元以内的劳动或商品来解决这个问题。即便错误不在公司一方，派斯奈尔一家也不愿让顾客在驱车离开时留下不好的回忆。比如，顾客的汽车轮胎跑气，员工就会指出问题，帮助更换并修理。派斯奈尔说，问题解决后，公司会送一些鲜花、饼干或糖果给顾客。

公司很讲究信誉，如果顾客对清洗不满意，可以获得重新清洗服务，会员将享有其他附加的服务。为回报顾客的忠诚，如果洗车后24小时内下雨或下雪，顾客将免费得到重新服务。对于一些更昂贵的服务项目，公司提供3天担保。如果顾客经过一个水坑弄脏了汽车，公司将提供免费服务。

这种担保有什么好处呢？波士顿地区一家咨询公司TQM集团的总裁克里斯多弗·W.L.哈特说："提供担保的公司承认，劣质服务会破坏与顾客的良好关系。因而，担保有助于公司建立竞争优势。"当然，这要求企业正确判断能够对哪些服务提供担保，而且企业必须改善经营，使得错误仅仅是例外。但是，担保的成本应被看成是一种营销投资以及树立好形象的机会，而不是一种损失。哈特说："把它当作值得赞扬的事情。"

5. 监控顾客满意度

派斯奈尔一家使用各种反馈机制来评价这8个经销店的服务质量，包括所有顾客都可以得到的意见卡，以及每个月管理者亲自请一些驾驶人员填写的专门记录。另外，公司最近还为需要车内服务的顾客提供了一份新的服务问卷调查表，这是Scruba Dub公司管理人员从一个非竞争者那里借鉴来的一种反馈机制，以确保车内服务像顾客所期望的那样细致周到。

总的来说，这些方法向Scruba Dub公司提供了足够的反馈信息，以评价总体的顾客满意度，并运用100以内的指数来进行计算。为补充自己的调查研究，公司还聘请一家外部企业将顾客带到汽车清洗店，并根据他们获得的服务体验形成专业的"购买者报告"（shoppers reports）。

6. 运用培训和激励措施保证优质服务

派斯奈尔说，如果希望提供优质服务，那么在招聘、培训和薪酬方面都要体现这一信息。公司尽量雇用干净利落的员工，以区别于竞争者。他相信，通过招聘就能得到想要的员工。“如果你想招聘那种喜好衬衫和领带的小伙子，你就能找到。”

一旦被雇用，员工就要在类似教室的环境中接受各种模块化的培训（洗车业的一种与众不同的培训实践），以保证各个地区的经销店提供一致服务。新员工必须得到同事们的认可，因为每个店的成员都被视为一个团队，每个团队都有自己的销售和费用目标。

实际上，员工的一半薪金与这些目标挂钩，每个员工的激励工资部分根据销售额以及他工作内容的变化而变化（管理者的激励工资所占比重比清洗汽车的员工更高）。每个团队也尽力争取获得竞赛奖励，这种奖励根据特定销售目标，以及从顾客反馈机制中获得的顾客满意评级而定。

最后，每个经销店抽出几名员工组成一个改善团队，他们定期见面，讨论提高顾客服务水平的新方法。员工最近设计了一个被称为 Quick Shine 的新项目，定位于4%的顾客，提供25分钟上蜡和90天维护服务。

7. 表现出对社区的尊敬

Scruba Dub 公司给顾客留下印象的更巧妙的方法之一，就是做一个好邻居。由于目前的环境意识日益增强，Scruba Dub 公司回收一些废水，并处理用于再循环的垃圾。而且，公司为万圣节装饰了洗车坑道（对邻居们来说，这一直是一个有吸引力的地方），让穷困和无家可归的孩子也去玩。公司还把三天销售额的一定比例捐赠给附近无家可归的人，让他们为孩子们买冬衣，这些孩子可能是公司未来的年轻顾客。

持续改进

Mercer 管理公司的 Cole 认为，从 Scruba Dub 公司的经营中还可以得到最后一条经验。像公司所具有的创造性一样，管理人员在设计改进营销和顾客服务的方法方面，并不总是从零开始，他们善于借鉴其他行业的经营思想为我所用。比如，内科医生和牙医使用卡通画使孩子们高兴，包括航空公司和长途电话公司在内的许多公司，利用复杂的数据库来跟踪顾客的消费习惯，以及开发新的营销项目。

关键是激发员工的好奇心和持续改进的愿望，这是小企业能够实现的目标。Cole 说：“小企业可以具有很强的竞争优势，这不要求企业必须成为一个拥有大量资源和成群 MBA 的庞大组织。”

派斯奈尔认为，实现了长期成长的企业是那些致力于使新创意不断产生的企业。“没有什么事物会一直保持不变。你必须时刻做好改进的准备。”

资料来源：罗伯特·巴隆，斯科特·谢恩．创业管理—基于过程的观点．张玉利，等，译．机械工业出版社，2005：299-301.

问题：

1. ScrubaDub公司采用的是哪一类营销理念？你认为这是最好的选择吗？为什么？

2. ScrubaDub公司采用的是哪一种市场研究方法？为了更好地理解顾客需求，需要哪些其他方法？

3. ScrubaDub公司的促销活动可以被进一步改进和/或拓展吗？请解释。

4. 你认为哪一种预测方法最适于评价ScrubaDub公司的市场潜力？

讨论案例2 庄妈妈的风雨创业路

庄妈妈名叫庄红卫，是上海第六搪瓷厂的一个下岗女工。1996年5月，庄红卫筹集了几万元资金，带了三个人，办起了“庄妈妈净菜社”。净菜社有一个很别致也很响亮的口号：“以妈妈的精神为顾客服务”。正是缘于这个响亮的口号和在当时来说还比较新颖的净菜业务，净菜社很快引起了媒体的关注。一年以后，净菜社又改成股份制。在净菜社最红火的时候，吸收的下岗工人最多时超过100人，每月的营业额可以达到近20万元，庄红卫本人也成为申城家喻户晓的再就业模范人物，上海的媒体干脆将庄红卫称为庄妈妈。“庄妈妈”由此名声鹊起，身上集满了“上海市十大杰出青年”、“上海市自强不息再就业先进个人”、“上海市新长征突击手标兵”、“中国青年五四奖章获得者”、“再就业工程的带头人”等一系列荣誉称号。

成名之后，庄妈妈得到了政府和社会各方的扶持，社会的资金资助和无息贷款使庄妈妈手头前后有70万现金。市自来水公司为庄妈妈公司水扩容时，6.2万元的费用只收了2 000元。同时，庄妈妈净菜社还享有税收优惠，这是别的企业没有的。

庄妈妈对支持她的各方有感恩图报的心理，在这种思想的指导和各种压力之下，庄妈妈自觉不自觉地违背了她创办企业赚钱的初衷，走上了一条众多国有企业走过的老路。从一个企业主，变成一名“政治家”和“慈善家”。庄妈妈吸收了大量下岗工人，为此甚至甘愿顶着亏损的风险。1996～1997年，许多企业都招收外来工，工资低而且干活肯卖力气。庄妈妈净菜社却全部招收上海下岗工人，月薪800～1 000元，是外来工的两倍，而且年底还要发年货。1997年1月到3月间，上海遇上了产业结构调整的第一次汹涌的下岗潮，庄妈妈的净菜社也从4个人迅速扩充到100人，设有财务、统计、生产一部、二部、三部，办公室，运货，仓库，采购等部门，光办公室就有4个人。但是，净菜社的经营情况却并不理想，自开业以来从未曾盈利，最好的月份每月营业额可达20万元，一般月份平均不过10万余元，100余名员工靠这点收入维持，其困难是可想而知的，更何况庄妈妈要出席大会小会，交流演讲，光车费每年又要花去20多万元。这样算来，最少的月份也要亏损4 000元。在亏损之后，为了维持众多员工的工资，只有向政府贷款。贷款之后，就更不能辞退工人，形成了一个恶性循环的怪圈。裁员不可能，就连降低工资也不可能。在庄妈妈宣布要降低工资时，工人们竟然说，如果降工资，我们就集体辞职。开业4年来，已经负债达100多万元。在这种情况下，许多员工不断流失。2000年净菜社的员工又从100余人锐减到4人。2000年8月，“庄妈妈净菜社”因拖欠19个月的房租被封门，净菜社宣告解体。

初次创业，因不懂法律而遭挫折

庄妈妈说，由于在创业初期碰到的都是好心人，她就认为：“只要我做好事，人人都会帮我，人们都是善良的。”然而，一旦遇到挫折，庄妈妈就说别人坑她。

不懂法律、不善于用法律武器来保护自己是庄妈妈的致命失误。被庄妈妈称为“灭顶之灾”的是净菜社与某公司的经济纠纷。庄妈妈租用了该公司的一块场地作为生产车间，后来在使用过程中，发现该场地在通道等方面有明显的缺陷。本来，庄妈妈可以与之解除合同而不必赔付资金。但是，由于庄妈妈在此事件中没有留下任何具有法律效用的文字材料。所以，当她提出解约时，被对方状告违约，官司输了，庄妈妈被判定赔偿50万元。

创业过程中，因不懂财务和管理，一再亏损

在企业管理方面，庄妈妈净菜社存在两个致命的弱点：一是不懂财务管理；二是由家族型企业而导致的人力资源管理方面的重大缺陷。

企业出现危机之后，庄妈妈扛了5袋的账本，找到了上海震旦财务咨询有限公司董事长王震寰。王免费替庄妈妈作了财务分析，他说：“庄妈妈不会运用财务工具，不善于财务管理和资金运作，企业扩张时不懂财务、会计方面的法律。”在财务管理方面，庄妈妈犯了一个低级错误：计算成本时，她认为净菜利润很高，但对毛利的真正概念并不清楚，只计算了原料，而没有将工资、场地费、水电费等也计算进去。庄妈妈认为，发工资也是投资，吸纳较多的下岗工人有利于她的企业形象。岂不知，正是过多地吸收下岗工人，使企业背上了沉重的包袱。还有一点，在她遇到困难时，政府曾经几次借钱给她，但是，她并没有借这些机会正确使用这些资金扭亏为盈，而是越陷越深。那场被庄妈妈后来称为“灭顶之灾”的官司在王震寰眼里却是良药。他认为庄妈妈可以借这个机会理顺成本核算方式，可以裁减冗员，止住亏损的规模，但应庄妈妈的请求静安区财政局又贷给庄妈妈50万元，月息7.025‰。庄妈妈没有裁员，继续其人浮于事的管理。庄妈妈能一错再错的原因就在于她手头一直有钱。以那笔7.025‰的贷款为例，要以产生10%的净利5万元才能偿还。许多小企业家只知道银行里有钱就行，庄妈妈也犯了类似的错误。

在人力资源管理方面，庄妈妈基本上沿用了固定的程式，庄妈妈任董事长，她丈夫任副手，没有引进生产、营销、财务等方面的专门管理人才。公司大量吸收下岗工人，但是并没有进行适当的培训，没有建立基本的激励和约束机制，没有进行职位分工和规划，结果就不可避免地形成了管理队伍庞大、人浮于事、效率低下、人心涣散等弊端。

关门之后的复出

在庄妈妈净菜社关门之后，对于她的创业之路究竟该如何走下去，有人认为她该转行另外开辟一个新天地，因为单纯的食品加工市场已不大。但是，新加坡就有3兄弟搞净菜加工，他们的公司占有整个星岛1/3的市场份额，其资产达千万。问题的关键是看你如何做。如果庄妈妈想从哪儿跌倒再从哪儿爬起来的话，就必须换一种思路，走现代资本经营模式，寻找更大的合作伙伴，而不是像现在一样走零散客户市场。当然，也有一种观点认为，既然庄妈妈不懂经营管理，而"庄妈妈"这个招牌又有市场价值，干脆卖了。曾有公司为"庄妈妈"这一品牌作资产评估，估价在200万元左右。

2002年11月，庄红卫复出了。她与人合作注册成立了上海庄妈妈食品有限公司，并出任董事长。公司以经营粮油为主。她说，现在还是没有离开农副产品的领域，生意虽然失败了，可是自己也收获了一笔巨大的财富，有了经验教训，开阔了眼界，更重要的是有了"庄妈妈"这个无形资产。既然捧着一个金娃娃式的招牌，庄红卫就想把它继续做大，填入更丰富、更实际的内容。哈尔滨的大米、济南的土豆……庄红卫不停地跑，不停地看，"上海太大了，中国的农产品太丰富了，从原料到净菜成品这条产业链还那么原始，这就是生意空间！"庄红卫开口就谈农副产业链的现状和希望，一聊就是产业链上的机会和生意经，对这个领域了解越多，她就有越多的愿望想实现。于是，跟农产品生产基地的人谈产品引进，跟大企业谈品牌合作，与政府招商办谈农贸市场承包……

两年多的思考，让她实现了自我突破，最大的突破就是确定了自己的角色定位：自己是个商人。她会完全以一个商人的标准来衡量和约束自己。企业能否赚钱是成功与否的重要标准，不管什么原因造成亏损都是创业的失败。帮助下岗职工不但要考虑提供工作岗位，还要考虑岗位的持久性。一个企业一个行业只有先在市场上立足，才能创造更多真正的岗位需求。她的企业做大了，就可以提供更多的就业机会，这是对再就业的最大支持和帮助。

——本案例根据《财会月刊》2000年第1期文章《庄妈妈告诉我们……》（作者：王学秀）和其他网上资料整理而来。

问题：

从庄妈妈的创业经历中归纳出创业早期影响企业成败的一些关键管理因素以及创业者应该树立怎样的创业理念。

第十章

新企业的成长管理

引导案例：盛大的成长路径①

盛大网络发展有限公司（以下称盛大）于2003年11月在开曼群岛注册成立，但是业务在1999年11月上海盛大网络发展有限公司成立时就已经开始了。2004年5月13日盛大在美国纳斯达克上市后，一跃成为全球第一大网络游戏公司。

盛大提供一系列大型多人在线角色扮演类游戏（即MMORPG游戏）供用户在线娱乐，这些游戏包括自主研发和代理运营的产品。同时，公司秉承运营网络娱乐媒体的雄厚实力，通过专业化的团队及先进的网络技术，最大限度地为用户挖掘网络娱乐产业的乐趣，提供优质的服务以极大地丰富用户的游戏体验，保障用户的娱乐需要。

盛大业务领域从网络卡通发展到网络游戏，并逐步扩大到互动娱乐传媒乃至上下游产业。盛大已经初步形成了完善的网络娱乐运营模式，继续成为引导行业发展的先驱，实现自己“中国迪斯尼”的梦想。

盛大的成长路径可以从以下三个阶段来分析。

一、盛大早期（1999~2003年）

公司成立初期，立足于中国市场，不断引进优秀的网络游戏，建立多样化的产品平台。首先，1999年11月，盛大推出中国第一个图形化网络虚拟社区游戏“网络硅谷”，并于2001年3月正式进军在线游戏运营市场，同年7月与韩国上市公司Actoz Soft签约，引进大型在线游戏“传奇”，经过外部公开测试后于11月正式上市，并迅速登上各软件销售排行榜首。2002年2月，盛大因成功运营获得年度中国网络游戏商业大奖。紧随其后，盛大又不断引进新的游戏品种。2002年6月，

① 资料来源：根据上海艾瑞市场咨询有限公司《中国网络游戏行业研究报告》（2004年）以及其他相关资料整理；http://www.youthcy.com/Html/gushi22/2006-12/1/1162113586DKCG6E8H13K72_2.html.

签约韩国CCR公司，引进风靡亚洲的在线休闲游戏“疯狂坦克2”；2002年9月签约韩国NEXON公司，引进大型网络游戏“泡泡堂”、“破碎银河系”；2002年11月 签约韩国Creant公司，引进大型网络体育竞技游戏“Buzzer Beater”；2003年1月签约日本CYBERSTEP株式会社，引进网络格斗游戏“Getamped”。这一系列举措，吸引了大批的网络游戏用户。

二、盛大中期（2003~2004年5月）

盛大为不断完善游戏运营能力和提升服务质量，尝试进行一系列自主研发、扩展和整合网络服务平台资源。2003年1~2月，盛大完成了对国内移动领域和棋牌领域的知名企业——深圳风林火山电脑技术有限公司，以及全国性移动应用服务供应商——上海数龙科技有限公司的收购，并于3月投资成立上海盛大网络发展有限公司。2003年10月，盛大又投资成立上海盛锦软件开发有限公司，致力于网络游戏开发。

另一方面，盛大为提升服务，扩大和促进网络娱乐互动，进行了一系列的战略投资。2003年3月，与软银亚洲签订4 000万美元战略融资协议。2003年4月，正式推出网络游戏平台一体化的短信增值服务。同年，正式开通电子支付业务，促进了互动娱乐电子商务的新发展。2003年6月，与新华控股集团有限公司共同投资成立上海盛大新华有限公司，开发网络游戏周边产品。2003年9月，收购全国最大的网吧管理软件公司——成都吉胜科技有限责任公司。2004年1月，参股中国Nokia Symbian OS平台、J2ME平台最大的游戏软件供应商——北京数位红软件技术应用有限公司；收购全球领先网络游戏引擎核心技术开发企业之一的美国ZONA公司。

这段时间，盛大的战略举措扩大了自身的技术水平，于2004年2月推出了中国首款自主研发的大型3D网络游戏“神迹”，并公开测试。同年5月，“神迹”正式启动商业化运营。2004年，为了更好地实现自身的国际化，盛大迈出了走向海外的第一步，首推“神迹”作为打开我国台湾省市场的主打产品。

此外，盛大积极挖掘网络游戏自身的媒体资源，发展相关的媒体和广告业务。2004年3月31日，盛大宣布进军广告传媒业，并成立专门的部门与4A（美国广告公司协会）广告公司进行一系列合作。

盛大的苦心经营并没有白费，2004年5月13日，盛大在美国纳斯达克股票市场成功挂牌，成为在世界居领先地位的互动娱乐企业。

三、成长中的盛大（2004年上市至今）

上市前的盛大，拓展的主要是其目标用户中的网吧用户这一部分。自上市之后，盛大连续与国际产业巨头英特尔及通信设备大鳄阿尔卡特签订合作协议，在软、硬件内容方面同时找到强大的合作伙伴，为盛大“家庭数字娱乐”市场概念的实现奠定了基础。

为此，盛大做的第一件事情就是把用户群进行统一整理，以便让网络游戏的用户群顺利发展为家庭娱乐的用户群。

第二件事情就是做内容的完备工作，完善游戏的品种（如从两年前开始，盛大就开发了“狂坦克”、“泡泡堂”、“冒险岛”等）。接下来盛大总共投资了4.5亿美元进行一系列收购来完成内容建设，还通过一系列跨行业的合作与活动，开创了崭新的商业经营模式，将“互动娱乐”和“家庭数字娱乐”这两种市场概念做了成功的实践。2005年2月，盛大入主最大的中文门户网站新浪。两家公司的股票市值之和超过50亿美元，当时全球市值超过50亿美元的互联网企业不到10家。

第三件事情就是注重销售和渠道建设，充分利用盛大在网络游戏上的终端。截至2004年，全国三四十万家的零售终端店里每个月卖出350万张实物卡。

根据上述分析，盛大的发展历程和战略归纳如图10-1所示：

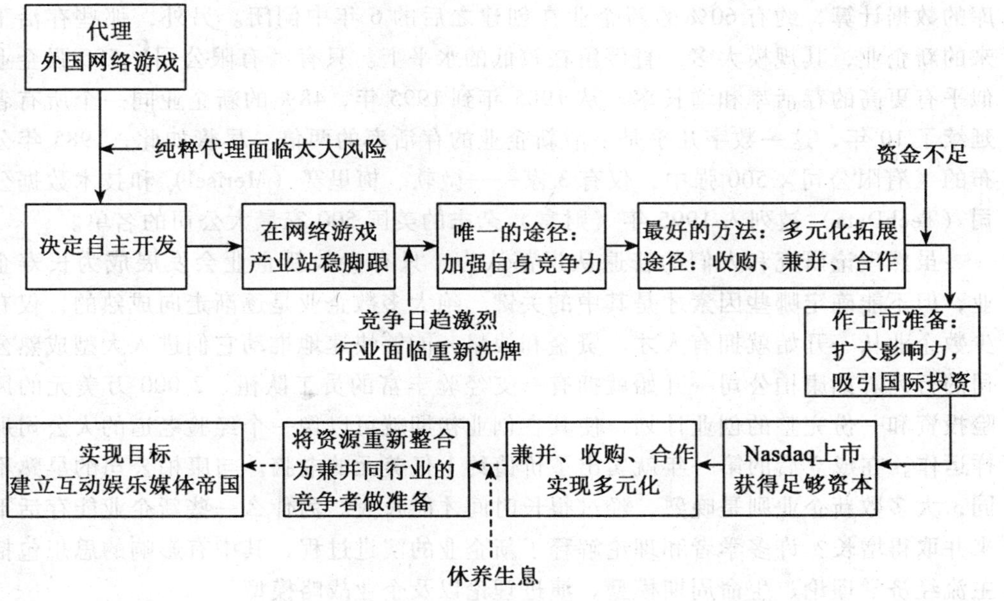

图10-1 盛大的成长路径

以图10-1很好地诠释了盛大的成长路径。从小企业到大企业、从新企业到成熟企业，盛大只用了短短几年的时间就完成了这一转变。虽然这一快速成长的模式不一定适用于所有的新小企业，但它说明了一个企业从产生到成长所需要的关键的管理要素和条件。对商业企业来说，创业成长管理可能是企业成功最关键的问题。当发起成立了一个新的企业时，创业者需要理解由于外部、内部环境的变化而带来的管理上的变化。这是一个巨大的挑战，因为它包含着平衡动态因素的艺术。所以，一个新创企业的生存和成长要求创业者拥有制订或执行战略和策略的能力和技能。但是，需要哪一种具体的技术和能力由企业现在的发展阶段决定。

本章的目的是根据企业发展阶段考察企业成长的特征，特别集中于成长阶段，因为这个阶段是企业前进过程中主要的十字路口。这一章主要分析成长过程中的一些关键的管理问题，包括企业成长的目标、战略与控制，新企业竞争优势的培育，领导力与企业文化的建立，成长过程中的风险防范，持续的公司创新与创业精神，以及适时的扩张与收获策略。

第一节 关于企业成长的一般理论

大多数新企业最终并不能发展成为大规模的长寿企业。根据美国政府企业数据库的数据计算，约有60%的新企业在创建之后的6年中倒闭。另外，那些存活下来的新企业，其规模大多一直停留在较低的水平上。只有《有限公司》500强企业似乎有更高的存活率和增长率。从1985年到1995年，48%的新企业同一个所有者延续了10年，这一数字几乎是一般新企业的存活率的两倍。尽管如此，1985年公布的《有限公司》500强中，仅有3家——微软、梅里赛（Merisel）和技术数据公司（TechData）被列入1995年《财富》杂志的美国500家最大公司的名单。

虽然理论研究和人们的普遍认识都认为，只有少数新企业会发展成为长寿企业，但不能确定哪些因素才是其中的关键。绝大多数企业是逐渐走向成熟的，仅有少数企业从一开始就拥有人才、资金和战略，能够快速地推动它们进入大型成熟公司的行列。如康柏公司一开始就拥有一支经验丰富的员工队伍、2 000万美元的风险投资和一份完整的创业计划，使其在创业初期就可以像一个经验老道的大公司那样运作，在成立后的第一年就卖出了价值约1亿美元的电脑。与康柏公司的早熟不同，大多数新企业则是晚熟，经过很长时间才能长大。为什么一些新企业能存活下来并取得增长？许多学者和理论解释了新企业的演进过程，其中有影响的思想包括主流经济学理论、生命周期模型、演进理论以及企业战略模型。

一、主流经济学理论

为什么有些新企业能够生存下来并持续成长而有些却不能以及前者是如何做到这一点的，主流经济学并没有阐释其原因。标准的微观经济学理论关注的是众多同质的竞争者之间的完全竞争，对这些理论而言，这从来就不是一个问题。企业规模和寿命的差异对结果没有任何影响，某个特定企业的发展是不相关的，把特性的变化视作是现有企业的改变还是新企业的成立没有什么差别。只有罗伯特·特里芬（Robert Triffin）认为当生产者对成本和收益状况的评价发生变化时，成立一家新企业的做法更好一些。

作为经济学的分支，产业组织理论研究更多的是寡头而不是完全竞争，该理论注意到了企业间的规模和增长存在着差异。产业组织研究表明，一个产业的结构特征，包括竞争者的数量及其相对市场份额，对经济结构具有重要影响。一些研究涉及到不同产业结构以及竞争行为上的差异如何导致赢利水平、效率、创新等方面的差异。

对于为什么有些企业能够生存下来这个问题，产业组织研究者也没有深入探究其原因。他们更感兴趣的是产业集中度及其对经济效率的影响。因此，结构性分析或许可以依靠类似规模经济这样的因素来解释为什么在汽车行业能够生存下来的企业比管理咨询业内的公司数量要少，但却不能解释为什么最后是通用和福特汽车公司主宰了美国汽车市场，而其他大量新企业却不复存在；或者为什么麦肯锡公司历经几代合伙人依然兴旺繁荣，而大多数咨询公司仅限于第一代合伙人。

尽管有些产业经济学者引用一些产业出现了关键性的发明、有些决策制定者更有远见、更愿意在新技术上投资、能获得资本或拥有实施新发明所需要的组织建设能力等因素来解释，但他们的目的是解释为什么“随着产业的演进，最初厂商的数量会增加，接下来又会减少”这类问题。在他们的观念里，“创新的成功是随机的，因此，总有些厂商会先于其他厂商获得成功”。

二、生命周期模型

成长阶段理论或生命周期模型对企业是如何发展的做出了预测，并就如何发展新企业向企业家提出了建议。该模型认为，企业的发展是以一种渐进的方式进行的，但该理论对企业发展的假设又过于宿命论了，低估了企业家的作用。

生命周期模型假设，如同人类在生理上和心理上经历的从婴儿到成人的发展历程一样，企业也以类似的可以预知的方式发展着，在成长过程中也会遇到相似的问题。在不同的成长阶段，企业经理面临着不同的任务和首要问题，而且公司的发展阶段决定了必须涉及的管理要素。生命周期理论的代表人物丘吉尔（Churchill）和利维斯（Lewis）认为，随着企业的成长，企业所有者花在具体工作上的时间越来越少，而花在管理上的时间应该越来越多，他必须增加其他人的工作量，这就意味着授权。许多创业者无法从具体工作中脱身以开始管理和授权，这就解释了为什么许多企业在生命周期的阶段Ⅲ-G（“成功—增长”阶段）和阶段Ⅳ（“起飞”阶段）消亡。这就像管得太严的父母会延误后代的发展一样。

生命周期理论将企业发展的特征解释为是渐进的或晚熟的，而不是一次性的或早熟的，与前面的分析似乎一致。但生命周期模型过分夸大了这种生物学意义上的比喻，因为它声称企业是沿着可以预知的阶段向前发展的。例如，该模型认为营运计划是在阶段Ⅲ-D（“成功—自由”阶段引入的，广泛的战略计划是在阶段Ⅲ-G

（“成功—增长”阶段）引入的，实际上，许多新企业的演进方式是不可预测或各不相同的，企业并不存在统一的发展模式。这表明生命周期模型没有充分解释企业增长方式方面存在的巨大差异。另外，生命周期模型一个显著的局限性是对企业家职能的过分简单化。尽管对“企业家随着企业的成长”、“做得更少而放权更多”这类命题没有多少争议，但不能否认企业家所从事的管理任务的复杂性，许多企业家是将战略的规划与战略的执行结合在一起的，他们也会关注细节。

三、演进理论

与一般经济学相比，建立在自然选择基础上的理论模型能更好地解释“现实世界”的现象，这就是为什么尼尔森和温特的开创性作品“《经济变迁的演进理论》(*An Evolutionary Theory of Economics Change*)”引起广泛兴趣的原因。

演进理论和生命周期模型一样是建立在生物学比喻的基础之上，但两者有一个重要的差别。生命周期模型隐含地将企业的发展过程比喻生物成熟的预定阶段，而这种阶段是被编入一个物种的基因编码中的。但演进理论中的企业发展过程没有预先确定的模式，不同的企业以不同的发展速度成长，“历史”至关重要——企业的发展具有“路径依赖性”。

演进理论与其他理论（尤其是标准微观经济学）的不同之处表现在以下三个方面。

第一，演进理论使用了不同的建立模型技术和方法。首先，尼尔森和温特使用多阶段计算机模拟来研究问题。其次，在有关公司决策流程的假设上，尼尔森和温特还背离了经济理论的一些基本假设。在传统的微观经济学理论中，具备完全信息、拥有完全理性的决策制定者能够找到问题的最优解。在尼尔森和温特的模型中，公司对新技术的搜寻建立在“满意”行为而不是“最优”行为基础上。最后，对“程式化（Routinely）”决策制定过程的强调。传统的微观经济学理论假设决策制定者会对外部市场条件的变化做出最优的反应，而在尼尔森和温特的模型中，是公司内部的日常例程驱动着公司的行为，即公司极有可能根据过去使用的惯例来做事。这一假设认为，运气将决定企业发展的结果，原因是建立在组织例程基础上的决策结果难以预料。他们还提到，在典型的竞争环境下，“运气才是最终将赢家和准赢家区别开来的主要因素——尽管技能和能力的巨大差异能将竞争者和非竞争者区别开来”。

尼尔森和温特的假设可能更符合成熟公司的情况，但该模型的某些特征为分析新兴企业的发展提供了有价值的观点。比如，“满意”搜寻的概念非常重要，企业家的满意标准对公司的增长有重要影响：与安于现状的人相比，雄心勃勃的企业家更有可能去寻找能够拓展公司资产的方式。与此相类似，尼尔森和温特特别强调组织例程对公司行为的重要决定作用，组织例程类似于组织的协调机制，而新企业的成长恰恰需要的就是协调机制的建立。但是演进理论将决策制定者个人技能和努力方面的差异性完全排斥在模型之外会限制该模型对公司演进的解释力，他们只是隐含地假设所有决策制定者都拥有相似的动力、远见和天赋。人类一些“超乎寻常的能力和精力（熊彼特语）、胸怀鸿鹄之志、大胆果断的变革对新兴企业而言尤为重要，或许正是在这里，“企业家精神”或者企业家对“增长”的偏爱发挥了最大的影响。人类的这些特殊品质对企业的演进具有深远的影响。企业家在想像力、判断力、做出长期投资的意愿方面的差异会影响到企业的寿命、规模和市场的结构①。

四、企业战略模型

企业战略研究突出强调了主要规则和政策的重要性。战略模型假设，多元化经营的大公司的总经理或高层管理者无法有效地关注每一个细节问题，但他们可以通过制定并实施企业战略对企业的长期赢利做出重大贡献，这一命题与尼尔森和温特模型对随机性和例程的强调形成了鲜明的对比。

尽管战略研究大多从已经相当成熟的大规模公司的经理角度思考问题，但其分析框架稍做调整，仍然可以用来分析新企业的演进过程。

尼尔森和温特认为，战略这个概念是“由一群与哈佛商学院相关联的研究者提出的”。战略领域具有相当长的渊源。随着大规模复杂组织的日益增加，这些组织的高层经理无力对组织进行微观层面的管理，同时又不想放弃对看不见的、无计划的“例程”的控制，于是战略需求就产生了。它要求在考虑任何与组织有关的特定问题之前，要分析整个行业及其客户的竞争地位，还要按照特定的顺序考察管理要素：目标、战略、政策、组织结构、设施和人员。

战略思想的主要学者有阿尔弗雷德·钱德勒（Alfred Chandler）、肯尼思·安德鲁斯（Kenneth Andrews），迈克尔·波特（Michael Poter）等。其中，迈克尔·波特的研究彻底改变了战略领域，这部分是因为他指出了产业组织研究证明会对产业赢利性产生影响的那些变量可以被企业战略学家用来确定一个产业的吸引力。这种转换表现在：产业组织经济学家关注的是公共政策而非企业方针的问题。他们关注的是如何使“超额”利润最小化而不是如何使其最大化。然而，波特则设法“转换产业组织研究的方向，转而研究如何使利润最大化的企业政策目标，而不是如何

① 埃尔斯特对有意识的人类行为与自然选择之间的差别的分析为：自然选择过程是机械化的、短视的。“进化机器”会接受任何随机产生的突变，只要能赋予生物体更强的繁殖能力就行，而不管长期结果如何。它不具备等待或者为了未来而投资的能力，而人类的行为包含着判断。我们不会自动接受好的变异而摒弃不好的变异，我们会为了将来而投资，我们也会彻底地去改变环境而不仅仅是去适应环境。

使超额利润最小化的公共政策目标”。波特的产业吸引力和“五力”分析框架使得将公司的目标、机遇和资产相匹配的特殊过程更加系统化和标准化，他还为企业战略家提供了一套通用的词汇表，有助于将战略制定确定为一门专门化的企业职能。

毕海德教授认为，将战略模型适用于新企业的范畴，需要做两个修正：第一，需要强调企业高层决策者的目标，如果不把战略与要达到的目标联系起来，就无法评估战略的有效性。第二，对战略模型做出修改，使之适合还没有开发出资产组合和协调机制的新企业。在需要建立协调机制的新兴企业中，组织（结构、规则）的选择是战略制定中的重要变量。

新兴企业和成熟企业在资产、协调机制和成长能力方面存在巨大的差异，要想弥补这个差异，企业家要进行许多系统的创新活动。现有的企业成长模型没有充分地解释为什么只有一部分企业成功地完成了这些创新项目。尼尔森和温特的演化理论（以及一些产业组织模型）将企业成长的差异归因于运气。生命周期模型假设只要创业者愿意“放手”，企业将沿着预定的阶段逐步发展。企业战略模型则强调高层决策者通过制定并执行长期战略在推动企业发展中所发挥的作用。战略制定与执行的概念为分析有目的、多维度、多阶段的企业家工作提供了有用的框架，但这一框架要适用于新企业的研究所面对的特殊问题，需要做一些修正。参见表10-1。

表10-1 企业成长理论与模型的比较

主要学派	贡献与局限
主流经济学	标准的微观经济学理论关注的是众多同质的竞争者之间的完全竞争，没有解释为什么某些公司能够达到令人瞩目的规模和寿命。 产业组织理论注意到了企业的规模和增长存在着差异。
生命周期模型	直接提出了新企业的成长问题。 准确地反映了企业发展的渐进性质。 不恰当地假设企业会遵循统一的成长路径。 企业家角色的性质过于简单化。
演进理论	提出了创新和经济变革的问题。 假设企业的成长是运气和惯例结合使然，而不是决策者有意识的选择的结果。 可能反映了大公司的现实，但是低估了企业家在新企业中的作用。
企业战略模型	强调高层决策者的作用。 提供了多阶段、多维度创新活动的框架。 实际使用的是大公司 CEO 的视角；如果用来分析处于过渡期的企业需要进行调整。

第二节　新企业成长研究的一些概念和假设

一、成长型企业的特征

美国《有限公司》杂志曾对500家连续10年快速增长的企业做过调查，提炼出了几条高速成长企业所共有的特征。

一个成功新建企业的显著特征与其创建者所具备的各种经验和知识相关(50%以上的创业者在以前从事过其他业务)，与新建企业为壮大资金或开发新产品而寻求和发展同盟的能力有关。大多数新建的成功企业在其新建初期都与主要的公司有正式的联盟，更多的企业把产品出口到海外而不仅局限于本地市场。

高速成长的企业有良好的筹资，但筹资并不很多，它们只以稍微多的资金起家。

高速成长的企业近一半为高科技企业，56%集中在服务业，25%在制造业，7%为零售业。

企业的创立者分享企业的所有权，而不控制企业的全部财产。创立者们控制企业所有权的比例约占48%，只有6%的企业公开上市。但相比较而言，上市企业的增长速度比非上市企业的增长速度要更快一些。

二、企业成长的几个关键概念

如何判断一个企业是成长型企业，或者反过来，成长型企业需要有哪些指标来衡量，这是研究企业成长需要弄清楚的一些基本概念问题。

1. 企业。与一个实实在在物质形态的生命体不同，“企业”是一个经济学和法学意义上的抽象名词，其范围边界和生命跨度也是一种模糊的概念。不同的理论因要分析的问题不同而采用不同的定义。比如：

微观经济学假定：市场上参与竞争的所有企业都使用相同的技术或生产函数来转化相同的要素投入——资本和劳动力，这种理论对个体企业的增长和存活提出了质疑。

企业资源观假定：伊迪斯·彭罗斯认为，企业是一个“管理单元”，它不与任何特定的市场或技术相关联。给定适当的资源，它能够“生产出任何一种满足市场需要或创造市场需求的产品”。

毕海德教授将企业定义为是包含有一组独特有形和无形“资产”的实体，这里的资产概念很广泛，包括企业的财产（厂房、专利等）、声誉、与客户或要素供给者之间的关系以及竞争能力等。

2. 寿命。分析企业的寿命要与其资产组合的连续性联系起来。企业资产组合的构成会因不同的原因而发生变化，一些资产会变得没有价值或逐渐消失。与此同时，对创新的追求又会创造新的资产。从新企业转变为大规模的成熟公司需要进行根本性的变革，而不仅仅是简单的扩大规模。建立一个大型的长寿企业需要新企业极大地拓宽产品种类，建立有效的资产协调机制，并不断发展参与大规模市场竞争的能力。对于长寿和增长所需的基本条件，新企业一般无法满足，但我们仍然需要定义企业寿命。同样，对成长的分析也要求界定企业的边界和规模。企业长寿的价值来自连续性而不是同一性，正如彭罗斯教授所说的，一家企业的名称可能会改变，管理人员可能会改变，地理位置可能会改变，法律形式也可能会改变，即使经历了这些变化，我们仍然认为它是同一个企业，仍然可以为它的一生撰写故事。如果企业没有因其失去核心经营人员而瓦解，也没有因被其他企业吞并而丧失独立的地位，那么处于危机中的企业，其经营的连续性不管是由银行家还是聪敏的、富有天分的创业者来维持，都无关紧要。

3. 规模。规模可看作企业独有资产的影响范围，这与企业所处的对价格有所影响的市场相对应。有些理论使用所有权或雇用关系作为界定企业边界的基础。毕海德教授的定义接近管理学的文献，是指企业的“业务系统”、“价值链”和“差异化网络”：任何资产，不管从法律的角度看归谁所有，只要部分地或全部地被专门用于某个企业，那么它就是这个企业的一部分。

4. 增长（成长）。决定企业成功的一个关键因素是销售额的增长，它是以假设销售产生的利润和现金流量充足为条件的，更高的销售额使企业通过规模经济效益弥补固定成本。尽管销售额的显著增长会带来一些财务上的问题，比如失去控制的增长。“增长失控”意味着企业经营管理失去控制，企业无法把握现金、存货、顾客和最终赢利等局面，但销售额增长必须满足企业生存。虽然发展中企业可能面临失败，但通过发展可大大增加公司创造经济价值以及在公司内部创造就业机会的概率，这是公司取得成功的关键因素。因此，企业的增长能力对其生存有着重要影响。

5. 寿命与增长。企业寿命与增长之间有着更为复杂微妙的联系。增长的压力来自竞争和生存，企业的最佳规模是一个动态的目标，因为企业的管理能力和资产规模都在不断提升。一家企业增长的潜力与其产品或服务的市场规模联系在一起。此外，资产和经营活动的多样性以及协调机制会影响其扩张的速度。

总之，企业是拥有独特有形和无形资产组合的实体。一个成长型的企业意味着企业的产品（服务）销售额保持持续的增长、员工数量达到一定规模，同时企业保持对企业所有权的控制并维持较长的寿命。

企业的生命期限与其资产的连续性相联系，企业的规模也与企业的经济影响的范围相联系。长寿企业一般拥有广泛的资产组合以及有效的资产协调机制。寿命和增长之间也有密切的联系。从新兴企业向成熟企业转变，需要投资于建立广泛的资产基础，制定这些资产的协调机制，克服增长的束缚。

三、新企业成长阶段的关键因素

一个企业传统的生命周期可以分为四个阶段，这些阶段包括新企业的发育与建立、成长、稳定发展、创新或者衰退阶段。按照钱德勒的资源流动分析说，企业的演进过程是：

1. 最初的资源集中；

2. 资源合理使用；

3. 向新市场的扩张；

4. 发展新的结构以确保资源的继续流动。

成长阶段是从个人的企业到团队经营的一个起点，是由创业者领导到以协作、灵活为基础的转变。

创业者必须理解成长阶段具体管理行为的四个关键因素，这些因素是控制、责任、对失败的容忍、变革。

1. 控制。成长带来了控制和领导问题。当创业者解决问题的时候，他们需要回答：控制系统是不是值得信赖？分配系统是不是值得信赖？请求允许是不是比请求原谅更容易？如果这些问题的答案是肯定的，那么这个企业就是向着健康的控制与参与的道路前进。如果答案是否定的，那么就应该仔细检查每一个否定问题的原因。

2. 责任。随着企业的成长，权力和责任之间的区别就越明显。随着企业的成长，人们倾向于看到单一工作之外的东西，他们需要一个负责、灵活、创新、支持的环境，此时授权就成为必要。一旦创建了这样的环境，企业成长阶段就被创新的行为和共同承担的责任同时呵护着。

3. 对失败的容忍。即使新创企业避免了发起成立之初的“陷阱”走向了成长阶段，保持对失败的容忍仍然是十分重要的。虽然没有公司愿意寻找失败，要想创新和成长就应该容忍一定程度的失败而不是惩罚。但有三种形式的失败除外：(1) 精神失败。这种失败是对内部信任的破坏，因为企业是基于相互的期望和信任，这种破坏能导致消极的结果。(2) 个人的失败。这种形式的失败是由于员工缺乏技能，通常由企业和个人共同负责。改进这种状况就可以使双方受益。(3) 不可控制的失败。这种失败是由于外部因素导致并且最不容易预防和处理。资源限制、战略方向、市场变化都是员工所不能控制的外部力量。高层管理者必须把这种失败减少到最小并且尽量不再重演。

4. 变革。当企业发展到成长阶段和以后的阶段时，计划、经营、执行都会发生持续的变化。保持创新和“机会主义”的姿态要有不同于标准的变革和变化的思想。变革对于企业的资源、人员、结构有许多意义。所以，在成长阶段应当保持变革的灵活性，这要求从管理上对环境变化作出更快的反应。

四、新企业成长的关键任务

（一）目标

目标对新企业的重要性表现在：大胆的目标会刺激对创新活动和投资的搜寻；可以帮助企业从资源供给者那里获得所需要的投入；造就丰功伟绩的承诺所带来的声誉以及所提供的心理愉悦，有助于说服员工和顾客对新兴企业冒险投入；为企业设定一个大胆目标和宗旨有助于减少成员企业之间以及不同的专业化职能部门和次级单位之间的冲突，增强了合作。

（二）战略

建立基业常青的大公司，既要有长期的目标，又要有将投资与创新活动导向目标实现的规则，这就是战略，它决定了企业将在何处以及如何增加价值、所追逐的机会、企业产品品类的宽度和特点、定价策略、分销渠道、技术和研发工作诸多方面。

许多企业家以因陋就简的方式创办了自己的企业，他们依靠对现有商业概念的模仿或稍做修改而向机会市场提供了产品或服务。后来，他们对产品差异更大、经营规模更大的业务的探索大多也是特殊的，而不是系统的搜索。运气、对现状的不满的程度、打破传统进行冒险的意愿，诸如此类的因素，而不是战略在起作用。后来，企业的扩张和惯例完善都要求更为系统化的努力，而不是寻求差异化最初源泉时通常采取的机会主义方式。要建立这样的一个体制，企业家必须制定战略。战略会强化企业家的目标在建立互补性资产过程中所起到的作用。战略能够促进各种创新活动之间的连贯性和一致性，有助于开发诸如专业技术和声誉这类无形资产，还可以通过鼓励合作与团队精神帮助解决协调问题。

（三）执行

建立长寿公司，除了需要制定战略之外，还有赖于对战略的圆满执行。执行是指具体的决策和行动，与制定战略时对一般的规则或原则的选择相适应。

战略制定与战略执行之间的差别与长期（或“战略”）决策和短期（或“战术”）决策之间的差别并不存在对应关系。执行的质量至少与规则和政策的制定一样重要，有时还更为关键。当竞争对手采取相同的战略时，那么成功在很大程度上将取决于执行质量的差异。

在单个职能部门的层面上，执行具有明显的重要性。如果没有采购和推销方面的优势，没有萨姆·沃尔顿开着自己的飞机挑选店址的天分，沃尔玛也不会成为一家价值几十亿美元的企业。

新企业与成熟企业在确定企业的长期目标、制定达到这些目标所需要的一般性规则和政策，并将这些一般性规则转化（或贯彻为）成为具体的决策方面在原则上既有共性，也有差异。

与有前途的新企业采取的机会主义或临时性的方法相比，发展企业的战略性方法与成熟企业的高层管理者所面临的战略任务有很大不同。已有的资产和组织规范限制了成熟企业的高层者所能控制的变量。例如，他们不能轻易改变组织的目标和工作氛围。与此类似，大公司必须将创新机遇与现有资产进行匹配，这也限制了他们在技术与产品市场方面的选择空间。于是，在选择余地较小的情况下，他们可以采取更具演绎性、分析性的方法找到战略。相比之下，在新兴企业里，企业家可以为自己的企业选择长期目标，确定企业将要开发的组织规范，确定目标顾客以及将要投资的资产。这些选择是以直觉的、适应性的方式做出的。在年轻的公司里，政策方针反映的是创业者的信念以及他们对意外事件的适应性反应，而不是推出战略的正式过程。

第三节　新企业如何建立竞争优势

竞争优势的含义是，当一个企业提供顾客所重视的优质产品和服务（顾客感到它优于竞争产品），并产生很好的企业业绩（利润）时，这个企业就具有了竞争优势。

竞争优势通常强调价格/价值、独特的服务、卓越的品质、顾客经验（顾客对企业的参与，感受到企业的文化）和亲和力（便利的服务、消费的方便性）。

一、新企业的战略选择

战略是指导企业根据其潜在的商机进行资源投资的行动计划。明智的战略选择是建立在以企业实际经营情况为基础上的坚实的理论原则为指导的，而不是建立在过去选择的基础上，也不是由产业最新的时尚或个人的偏好决定的。

战略竞争可以看作获得新的位置的过程，这样一个过程将把顾客从原来的位置吸引过来，或者把新的顾客吸引到市场中来。本质上说，牧师和创业者在寻找新的战略位置方面所面临的挑战是同样的。

战略定位经常不明显，发现它们需要创造性和远见。创业者经常会发现独特的位置而被现存竞争者所忽视。另外，新创企业可以模仿竞争者曾经由于长期地模仿他人而放弃的定位。表 10-2 比较分析了战略观念的一些变化以及适合于新企业的选择。

最常见的是，新的定位会因变化而出现。新的顾客群或购买偶尔出现；新的需求会随着社会进化而出现；新的分销渠道出现；发现的新技术；新创企业经常会简单地发掘一种新的竞争方式。这些变化导致了企业战略的重新定位（见表 10-2）。

表 10-2 新企业的战略选择

过去十年中的战略模型	可持续竞争优势
在行业中的一个理想的竞争位置	企业所具有的独特的竞争位置
对所有的行为设立基准点并实现最好的结果	追随战略的行动
实行最大程度的外包并实行高效率	与竞争者之间的一种均势
依赖由企业少数的关键成功要素、关键资源、核心能力而形成的优势	正确行动带来的竞争优势
对所有的竞争和市场变化作出快速灵活的反应	由行动系统所产生的可持续能力、经营效率

德鲁克在他的《（创新与企业家精神）一书中提出了几种企业家战略（Entrepreneurial Strategy），正如他宣称的，这些战略不仅适用于大企业，也适用于新企业，因此，可以把这些战略称作“创业战略”。

这些创业战略是：孤注一掷；乘虚而入；寻找生存位置；改变价值和特性。

孤注一掷战略是在没有足够的资源和条件的情况下实现一个宏伟的或重大创新目标，一般瞄准的是建立一个全新的产业或市场，因此风险也是非常高的。一旦成功，影响是巨大的，否则，一切努力都将付诸东流，遭遇彻底失败。采用这种战略需要周密的思考和审慎的分析，王安博士的苹果电脑的发明可以说是孤注一掷的结果。当时，他没有任何创业经验，也没有财务背景，但一开始，他就确定了目标，即创造一个新产业，改变办公室工作方式。他的实验室理所当然地成了一个大公司。乘虚而入战略是新企业利用老企业的战略疏漏而进行的战略。它从两个方面体现出来：创造性模仿和企业家柔道。“创造性模仿”战略指改进别人的产品或创新。“企业家柔道”战略指新企业先进入一个行业内领导未设防或不重视的领域，然后集中企业的资源和能力占领该细分市场，凭借该细分市场领先地位提供的资源和能力再次向新的细分市场进军，步步蚕食行业内老企业的市场。寻找生存位置战略属于防守型战略，是指企业专注于特定的产品、技能或市场。改变价值和特性属于创新战略，包括产品创新、工艺创新和市场创新。

这四种战略并不互相排斥，创业者或企业家在一个战略中有时甚至包含两个或三个战略。不过这四种战略各有所长和适用性，同时，每一个都有自己的局限性和风险。

二、新企业的竞争优势

在市场中，许多战略可产生竞争优势，这些战略都可归纳为成本优势、差异化以及目标集聚战略。

成本优势战略要求企业成为既定市场中成本最低的生产者。成本优势的来源从低劳动力成本到高经营效率，手段多样。大小企业都可以在成本优势方面取得成功。

差异化要求企业的产品或服务在除成本之外的其他方面与众不同。产品的差异经常被当作营销优势的方法使用。

有些新小企业家认为他们无法实现市场中的边缘（边际）竞争优势，理由是：第一，认为大多数好的经营机会已经逝去；第二，认为小企业与大公司竞争不可能获利。现有企业都在尽力保护其专利，以阻止潜在的竞争对手。

另一种观点认为，新企业的资源有限，往往采用目标集聚模式，成熟企业经过资源积累，更多的采用成本领先和差异化模式。

以上两种观点都不能完全反映新企业的战略特点。一般来讲，新企业的建立是机会驱动的，早期的战略目标是尽快开发机会，满足市场需要，以求生存与站稳市场，这也就决定了新企业不可能采取全面的战略方式，而是采取局部的策略，其中，选择与占据细分市场、提供差异化的产品与服务、价格与毛利的合理化以及人员销售是主要的竞争手段。

1. 细分市场战略

目标集聚战略的中心战略依赖于细分市场。细分市场就是将一个总市场分为若干部分的过程，每一部分可能对具体的市场战略有积极的反应。

细分市场战略有三种类型：（1）无细分市场战略（整个市场为目标市场）；（2）多个细分市场战略；（3）单一细分市场战略。

新企业的市场目标之一是选择值得进入的细分市场，满足这一条件的市场必须是：（1）市场需求可测量（消费者数量）；（2）目标市场和目标消费者可接近（可沟通）；（3）市场具有足够规模，具有长期成长和赢利的可能；（4）消费者有购买能力与意愿。

选择市场空白是小企业可成功应用的特殊的细分市场战略。在这种战略下，企业家尽力使企业与竞争等市场影响力隔离，而集中于一种具体的目标细分市场。这个战略可通过价格、产品设计、服务、包装等任何一个市场组合执行。填补市场空缺战略对那些试图避免与工业巨头直接竞争而建立竞争优势的小企业尤其具有吸引力。

填补市场空白包括：（1）集中于一个细分市场；（2）集中于单一产品；（3）限制对单一地区的销售；（4）强调产品和服务的优越性。

但填补市场空缺战略也会受以下条件的限制：（1）核心战略被模仿；（2）目标市场由于结构的破坏和需求的消失而失去吸引力；（3）目标分割与其他狭义的

分割没有区别；(4) 新企业再分割产业。

可见，填补市场空白并不能保证可持续的竞争优势，但它可以使小企业通过发挥竞争优势而不断成长壮大。

另一种观点认为，随着产品生命周期的变化，成长中的企业需要集中力量发展其差异性，以使其继续成长。差异性的重点集中在：开发客户群与产品/服务质量；价格与毛利（大于40%）合理化；有计划的独特的营销活动；提高销售队伍专业化水平与目标管理。

2. 提供差异化的产品或服务质量

进一步对客户进行分析与细分会产生新的产品，吸引现有的与新的客户，有利于企业增长。没有“纯”的产品或“纯”的服务，每种产品都有服务的因素（如游戏机需要服务），每一种服务都有产品的因素（咨询公司依赖于高质量的报告）。在竞争激烈的世界里，一些成熟产品与其他产品的不同之处在于它们的服务方式，这就是成功的原因。达到与众不同包含着对成本、质量与服务水平的无止境的努力和竞争。产品质量对成长中的企业至关重要，高成本、低差异应尽量避免。要做到这一点，必须控制供应商成本，寻求良好的设计与形象，确保特性与功效与消费需求相匹配。质量的重点不仅仅是你要做什么，而且是你如何去做。所以，质量是灵魂，是态度和标准。在产品的营销计划中必须包含一些质量目标和评估绩效的措施。因此，对新企业来讲，除了要弄清楚所在行业的产品质量标准这一基本的常识之外，在产品的工艺设计、外观、包装等方面都包含了产品质量的含义。

波特教授认为，获得竞争优势没有规律，只有适合单个企业的方法。像技术创新无止境一样，营销手段也是充满了创新，正是因为有营销手段的创新，才可能使没有技术质量差别的产品在消费者的心中变得与众不同而赋予新的意义。

3. 价格与毛利合理化

在消费者的心目中，价格是与质量紧密相连的。除了像超市、银行这样的服务性公司，大多数制造企业如果毛利低于25%，迟早要垮掉。一旦毛利超过40%，企业会获得真正的优势、现金流与财务的稳定。另外一些企业，如电子企业只有毛利超过60%时，企业才会大步发展。

通常，成长中的企业在经过初期的高价格和毛利后，会发现价格随着企业发展而下降，这时重要的是保持净利润（毛利减营业费用）。许多企业在降价的同时减少营业费用，以便能在较小毛利率的情况下生存下去（比如将董事们的汽车让高业绩销售员使用一段时间）。一些零售商，即使在不景气时，也通过价格与不同档次的产品组合去争取不同的顾客群。

4. 提高销售队伍的力量

销售人员是企业与客户之间沟通的重要一环，如何提高销售人员的绩效？基本的管理方法是确立销售目标并保证目标的实现，从数量上为销售人员制定销售额和毛利目标，还要从质量上考察销售人员花在客户上的时间。除此之外，还有加强对销售人员的培训。

三、如何建立竞争优势——选择和保护创业机会

为了建立竞争优势，企业家需要了解他将来经营所处的环境的性质，研究产业内形成竞争优势的作用力，确定风险的大小，去从事市场最需要的产业。一旦企业家鉴别出宏观和产业环境中呈现的机遇和挑战时，竞争优势的基础就开始形成。

对于新企业来说，创业机会是很重要的，它有利于创业成功。因此，为了能够成功地创建新企业，创业者往往会去开发机会。这就涉及到一个哪些机会适合新企业开发的问题。

新企业更加善于利用能力破坏型变革。这里要特别指出机会的一个重要来源——技术变革。技术变革使人们可以引入新产品或服务，开拓新市场，使用新的原材料，开发新的组织方法或引入新的生产过程。研究者指出，技术变革可能是能力强化型的，也可能是能力破坏型的。能力强化型技术变革能使人们将正在做的事情做得更好；能力破坏型技术变革能使人们将他们正在做的事情做得更差。大部分技术变革是能力强化型的，这样的变革更适合现存企业，而非新企业，因为它们可以更好的利用现成的学习曲线而达到强化自己实力的作用。相反，能力破坏型变革却会使得现存企业措手不及，不知道怎样去应对。因为它们局限于以往的思维和做事方式，而且与完全没有经验的人相比，它们发现自己更难做好新事情，它们舍不得抛弃已经形成的能力。所以说，能力破坏型变革更加适合新企业，新企业应该好好开发这方面的机会。表 10-3 对于适合现存企业和新企业的机会进行了比较。①

机会可以给新企业带来成功，但要想维持这种创业成功还必须依靠战略管理。一般情况下，创业者通过两种方式保护开发机会的利润。第一，他们防止别人了解到这种机会或开发这种机会的商业创意。创业者会对发现机会的信息保密，并且使别人难于理解开发机会的方法。第二，如果别人已经了解到这种机会或开发这种机会的商业创意，那么创业者将运用两种方法阻止他们以同样的方式开发这种机会：保密与建立模仿障碍。这两种战略都是非常有效的，下面就具体分析。

① 罗伯特·A. 巴隆，斯科特·A. 谢恩. 创业管理：基于过程的观点. 北京：机械工业出版社，2005.

表 10-3　　有些机会比其他机会更适合新企业

机会的特点	有利于谁	理由	例子
非常依赖于信誉	现存企业	人们更愿意从他们了解和信任的企业那里购买产品	珠宝商店
具有很强的学习曲线效应	现存企业	现存企业能够沿着学习曲线移动，更善于生产和销售产品	汽车制造商
需要大量资本	现存企业	现存企业可以使用已有现金流来生产新产品或服务	喷气式飞机制造商
要求规模经济	现存企业	当规模经济存在时，随着生产数量的增加，生产产品或服务的平均成本下降	钢厂
在市场营销和分销方面需要互补性资产	现存企业	满足顾客需求的能力经常要求获得零售分销渠道	跑鞋生产商
依赖于对产品的逐步改进	现存企业	同复制其产品或服务的新企业相比，现存企业能够更容易和更便宜地对产品进行逐步改进	DVD 播放器制造商
利用能力破坏型创新	新企业	现存企业的经验、资产和流程受到威胁	以生物技术为基础的计算机生产商
不满足现存企业的主流顾客的需求	新企业	现存企业关注与服务它们的主流顾客，而不愿意引入不能满足那些顾客需求的产品或服务	计算机软驱制造商
建立在独立创新的基础上	新企业	新企业能够开发独立创新而不必复制现存企业的整个系统	药品生产商
存在于人力资本当中	新企业	拥有知识的人能够生产出满足顾客需求的产品和服务	厨师

1. 保密：阻止其他人学习或理解如何利用机会

当除了与创业者交谈外几乎没有别的方式获取创业机会信息的时候，保密是最好的防止别人获取关于创业机会的信息的策略了。例如，假定你了解到多数大学生愿意去昆明而不是去上海过“十一”，如果你正计划开办一家旅游包租企业向度假的顾客提供跟团服务，那么你不会与别人分享关于旅游市场的这种偏好信息。如果别人没有得知“十一”的旅游热点是昆明而不是上海，那么他们就不会意识到开发旅游机会的关键在于在昆明预订旅馆，他们也不会与你争夺必要的资源（靠近景点的房间）来开发机会。

刚才所说的只是一个很理想的情况，就像所有人都知道的那样，关于“十一”的机会很难得通过保密来保护。许多人都能够通过其他渠道获得这种机会信息，所以即使创业者保守秘密，潜在竞争者依然可以获取信息并会以同样的方式开发机会。如果是这样一种除了与创业者交谈外还存在别的获取机会信息的途径，创业者又该怎么做呢？一般来说，如果机会的开发被创业者以商业秘密的形式进行保护时，其他人就会觉得单靠他自己来获取识别机会的信息很困难。商业秘密是一项没有专利的知识产权，但是它却是非常有价值的，具有很强的竞争优势。具体来说，就是一旦你发现了一种别人尚未曾发现的制造产品的新方法的时候，你希望开办一家相关企业来开发这个新方法，你就不要将这种方法告诉别人，别人不知道这种方法就不会去想到寻找这样一个方法，那么也就不会与你的新企业进行竞争了。这就是创业者采取商业秘密的战略时所起到的作用。

以上谈到的是别人尚未了解创业机会存在的情况，如果别人已经知道了创业机会的存在，创业者也可以通过阻止他们理解如何开发机会来防止模仿。借用战略管理研究者的术语——因果模糊性可以很好地描述这种情况下的战略。因果模糊性（Causal Ambiguity）是指看似与一般认知和事实相近，但对其中包含着的事实或过程却难以识别。企业的成功因具有因果模糊的特性，所以在无法完全了解全貌的情况下，他人无法模仿。企业所采取的经营及竞争策略，其资源取得和整合的能力，通常具有独特性、稀少性、不易模仿性和因果模糊性，因此需有动态的管理能力，依时间的进程来获取、累积与运用企业拥有的资源。虽然创业者本人很清楚机会在哪里以及如何开发机会，但是别人不能够理解创业者开发机会的前因后果。

创业者防止别人理解机会的能力通常与创业者的隐性知识有关。隐性知识是关于如何做某种事情的不可记录或者不可编码的知识。人们往往知道自己做了什么，但不知道为什么这么做或怎么做，这就与隐性知识相关。比如，你也许知道如何游泳，但如果真让你对如何游泳做一番介绍，你甚至不能确切地揭示每一个步骤。为什么呢？这是因为游泳知识实际上是一种隐性知识，它存在于程序记忆中。

有许多商业智慧都是隐性知识。一位优秀工程师也许知道如何操作某种制造设备，但是他不能提供关于如何操作的具体指导；一位成功的销售人员也许知道如何销售，但他不能将这些知识写成销售指南，即以文字形式记录下来知识。

当创业者具有开发机会的隐性知识时，别人很难识别出创业过程中的生产、分销和组织等流程的前因后果。除非进入创业者的大脑，否则就不能搞清楚关键的生产、分销和组织流程到底是什么。如果搞不清楚这些具体的流程，就无法模仿，从而保护了创业利润。例如，假定成功创建一个家具店的关键在于创业者具有关于销售的隐性知识，别人即使在同一地点开店，销售同样的家具，创业者依然能够占有创业利润，这是因为别人不能够模仿创业者的销售知识。

在创办新企业的隐性知识来源于稀缺的技能或经验的情况下，运用因果模糊战略就更加有效。如果许多人都拥有开发某种机会所需要的技能和经验，即使创业者保守秘密，他们中的一些人也会知道如何开发这种机会。但是，如果很少有人具有开发某种特定机会的技能或经验，那么创业者就可以通过保守秘密防止别人的模仿了。

2. 建立模仿障碍

如果创业者不能保守秘密或者不能创造出机会开发方式的因果模糊性，一旦创业者开始开发机会，别人就能够模仿他们的创意。因此，如果保密不是一个可靠的防止策略，创业者就要通过建立模仿障碍以阻止别人获取开发机会的利润。即使尽力保守秘密，秘密也会被泄漏，别人甚至能够学习到隐性知识。所以，创业者往往建立四种模仿障碍以便于竞争：获取对资源的控制，获取合法的垄断，建立企业声誉，以及通过创新保持领先地位。

(1) 获取对资源的控制

创业者通过控制开发机会所需的关键资源，可以建立起竞争的障碍。例如，假定你发现了在学校里存在举办运动会时卖饮料的机会。大学里的比赛场地或体育馆的数量是有限的，如果你签约租用了校园里所有能够出售饮料的场所——开发机会的关键资源，你就能阻止别人开发同样的机会。

除了与资源供应商签约以控制关键资源外，你甚至可以买下这些资源的供应源头，尤其是机会的开发依赖于有限的关键资源时，这种战略就会非常有价值。南非的戴比尔斯公司（De Beers）就是这样一家企业，世界上只有几家钻石矿出产高质量的宝石，通过购买这些钻石矿，你就可以有效的组织别人获取首饰上需要的高质量的钻石了。戴比尔斯公司巧妙的利用了这种竞争战略。

(2) 获取合法的垄断

创业者可以用来限制竞争的第二种障碍是在机会开发过程中获取合法的垄断。专利权和政府许可权是两种重要的合法垄断。例如，药品行业是利用专利限制竞争的很好的例子。一个发明了心脏起搏器的创业者可以通过申请这项发明的专利防止别人生产同样的产品。许可权是指政府授予的在特定区域内作某件事情的排他性权利。例如，许多城市都将某区域内销售酒类的店铺数量限制在一家。通过获取政府的许可权，创业者可以保证免受来自同一区域的竞争者的竞争。

(3) 建立声誉

第三种障碍是基于顾客满意而建立的声誉。一旦顾客对新企业有了良好的信任感，创业者就可以防止顾客转向其他企业，从而保护开发机会的利润。例如，如果你开发了一种新型的防盗锁，每个人都认为这种锁的品质好而乐于购买，而你面对的最大问题是别人将模仿这种锁的技术，瓜分市场份额和利润。如果已经树立了为顾客提供优质服务的声誉，创业者就能够阻止顾客转向其他竞争者。声誉是一种竞争优势，可以使企业免受竞争而保护利润。建立声誉的一种有效途径是进行强有力的广告推销活动，向顾客宣传新产品和服务的品质。这种宣传创造了顾客对产品或服务品质的期望。如果模仿者不能够或是没有模仿产品的所有品质，顾客就不会转向购买竞争者的产品。

(4) 创新

第四种障碍是创新。创新是指创业企业的产品或服务在质量、特征、速度、成本等顾客所期望的任何方面都领先于竞争者的所有努力。例如，一个开发财务预算软件的创业者为该软件的基础模型增添了税收支付、账单支付、资产预算能力等功能。只要创业者比模仿者能更快地改进原有产品或服务，向顾客提供竞争者所不能提供的产品品质，创业者就能保留住顾客。创业者用来限制竞争者的障碍如表10-4所示。①

表10-4　　创业者通过建立障碍以阻止模仿

障碍类型	商业创意	例子	这些障碍有效性的理由
资源控制	在大学篮球赛时卖饮料	签订合约获得赛场的特许权	经特许，其他的创业者不能在比赛时卖食品
合法的垄断	销售DVD播放器	获得一种播放器的设计专利	专利禁止他人以同样的设计制造DVD播放器
声誉	卖衣服	树立巴黎最好的设计师的声誉	声誉阻止顾客转向你的竞争对手
创新	销售小型摩托车	每6个月更新一次车的特性	通过保证你的摩托车有其他的摩托车不具有的特性，能确保你的车比竞争对手的更受顾客青睐

总之，没有永远持续的竞争优势，但可建立一个可能持续较长时间、创造较大

① 数据来源同表10-3。

价值的产业位置和空间。起初,企业家可通过竞争者难以模仿的方式平衡(用足)企业独特的能力,将可持续性纳入创造价值的战略。当竞争者模仿产生时,考虑用一种新方式投资以使竞争优势的基础长期可更新。这就是持续的创新能力的重要性。

很明显，竞争优势有一个生命周期。建立一个竞争优势通常需要一个相当多的资源保证，企业为了获得以后可开发利用的竞争优势而不断扩充资源。理解全周期的竞争优势模型，不断评估企业的外部环境并提高组织能力，可持续发展战略才能实现。当企业家高瞻远瞩并先于竞争对手一步时，可持续战略便可实现。

第四节　企业成长阶段的领导风格与企业文化

当一个企业在成长阶段快速增长时，大量的结构性因素开始出现，并对创业者提出了很多挑战，这些挑战要求领导与管理风格的转变和组织结构的调整，在运作流程、制度建设方面开始向一个成熟组织过渡，在这一过程中，企业文化逐渐形成。就像 Hofer 和 Charan 说的，“在所有可能的不同的过渡中，从一个人、创业者型的公司到职能组织的、职业管理团队的过渡可能是最难以实现，同时可能也是最重要的。”

一、领导与管理风格的转变

在一个以成长为目标的新企业里，创业者的行为方式必须由创业者型向管理型方式过渡，从对工作的管理转向对人的管理，从机会（任务）导向向行为导向转变。

创业者的领导风格一般来说有两种：任务导向的领导风格与团队导向的领导风格。两种风格不存在孰好孰坏。对于创业者来说，创业阶段不同，创业的环境不同，就要采取不同的领导风格，但不同的领导风格，会造成不同的团体氛围和工作效率。

任务导向的领导行为特征是：

- 确认目标
- 计划与分配资源
- 决策
- 控制进度
- 审查与评估

任务导向的领导者只注重工作的目标，仅仅关心工作的任务和工作的效率。他们对团队的成员不够关心，被领导者与领导者之间的社会心理距离比较大，领导者对被领导者缺乏敏感性，被领导者对领导者存有戒心和敌意，容易使群体成员产生挫折感和机械化的行为倾向。

团队导向的领导行为特征是：

- 选择合适的人员
- 与他们沟通
- 鼓励
- 协调
- 运用幽默
- 合作

团队导向的领导者注重对团体成员的工作加以鼓励和协助，关心并满足团体成员的需要，营造一种民主与平等的氛围，领导者与被领导者之间的社会心理距离比较近。在团队导向的领导风格下，团体成员有较强的工作动机，责任心也比较强，团体成员自己决定工作的方式和进度，工作效率比较高。

研究者最初认为团队导向的领导风格似乎会带来良好的工作质量和数量，同时群体成员的工作满意度也较高，因此，团队导向的领导风格可能是最有效的领导风格。然而，在另外一些情况下，团队导向型领导风格所带来的工作绩效可能比任务导向型领导风格所带来的工作绩效低或者仅仅与任务导向型领导风格所产生的工作绩效相当。此外，关于群体成员工作满意度的研究结果则与以前的研究结果相一致，即通常在团队导向的领导风格下，成员的工作满意度会比在任务导向的领导风格下的工作满意度高。

在实际的组织与企业管理中，很少有极端型的领导，大多数领导者都是介于任务导向型、团队导向型之间的混合型。

领导者的风格对组织氛围和工作绩效是有影响的，创业者要完成管理风格的过渡，必须了解新企业所必需的关键领导行为。这些领导行为要求创业者：

- 为管理者和员工树立价值观榜样
- 对员工的个人福利表示尊重和关心
- 不必事必躬亲，给管理者和员工一定的权力和灵活性
- 承认员工的多样化，根据多样化来对待员工
- 在恰当的时候鼓励和表扬员工
- 激励和奖励高业绩工作和创意
- 承认员工在工作中娱乐的重要性
- 鼓励每一个人的参与，让员工理解未来战略计划

二、培育与建立组织文化

企业创业者和企业家是企业文化的倡导者、维护者和管理者，他们的思想意识、个人品行和道德准则、思维方式和习惯、价值观和经营哲学，直接决定着企业文化走向和实质性内容。可以说企业文化与企业的创始人和企业家有着千丝万缕的

联系。从某种程度上讲，有什么样的企业创始人、什么样的企业家，就会产生什么样的企业文化。

企业创始人或企业家的个性对企业文化的产生具有重要影响，企业领导风格在企业文化形成过程中具有重要而且是关键的作用，是企业文化的一个不可缺少的要素。如果说环境从外部影响一个企业的文化特色，那么企业领导风格可能在内部影响甚至决定企业文化的特色。企业领导的风格不同，其语言行为表现、对待下属的态度、经营思路和思维模式、处理各种事务的方式、文化主张等都会显然不同。

许多创业者发现，企业到了成长阶段的时候，他们就必须改变“组织文化”。事实上，企业发展到成长阶段之后，如果所有管理决策都仍由创业者一个人做出，将对企业成长非常不利。因此，为实现企业的更好成长，在企业中建立积极向上的组织文化可以帮助企业在困难的时刻取得成功。有一个组织完善、运作良好的企业，创业者可以把更多的时间花在企业的长远发展和战略规划上。

组织文化的建立遵循以下原则：

(1) 建立企业目标和使命，在决策中征求大家意见，巩固中坚力量

(2) 与重要员工沟通所有事情

(3) 经常给员工反馈

(4) 做一名好的倾听者

(5) 乐于放权

(6) 持续培训

(7) 在会议或给员工的通知中，建立“我们”的精神而不是“我”

培养团队精神在这一过渡中可能会碰到很多问题，特别是当企业具有这样一些特征的时候，如 (1) 高度集中的决策体制，(2) 过度依赖一个或两个关键人员，(3) 管理技术和培训不足，(4) 家长式作风的环境。虽然这些特征在企业成立初期通常有用，但在企业成长阶段却是个危险。这些特征约束创业者成功地管理成长阶段的能力。

创业者必须仔细制定计划并逐渐执行，使企业度过成长阶段。Hofer 和 Chran 提出了一个七步法：

1. 创业者必须愿意做出改变并且强烈地想对自己的工作方式做出改变。

2. 日常的决策步骤必须改变。特别地，参加的人员必须扩大。加大对正式决策技能的使用。

3. 必须让决定企业成功的那两三个经营任务制度化。这可能要选择新的人员补充或者替换以前那些“不可或缺”的人员。

4. 发展中层管理者。专家必须学会变成职能管理者，职能经理们必须学会变成通用经理。

5. 如果需要，为了实现增长，公司战略要评估和修改。

6. 公司结构和它的管理制度和步骤必须慢慢地修改以适应公司新的战略和高级管理者。

7. 企业必须发展职业咨询委员会。

在管理成长阶段，创业者必须记住两点。第一，一个适应性的企业需要保留创新和创造性。第二，创业者必须把创新和创造性传递到企业中的人员中去，而个人向管理型转变。

这种创业者/管理者的平衡很不容易达到。就像 Stevenson 和 Gumpert 说的，“每个人都想有创新性、灵活性、创造性。有成千上万的餐饮公司、服装店、咨询公司很有创新性，还表现出其他的创新特征，但是，他们都失败了。”

Stevenson 和 Gumpert 用问题的形式列出了创业型与管理型文化的一些差异性的特征：

创业型观点：
机会在哪儿？
我怎样利用它来赚钱？
我需要什么样的资源？
我怎样控制它们？
什么样的结构是最好的？

管理型观点：
我控制了哪些资源？
什么样的结构决定了企业和市场的关系？
我怎样使别人对我工作能力的影响减少到最小？
什么样的机会是适当的？

在保持创新的同时，过渡到多一些管理特征对一个企业的成功成长是关键的。表 10-5 从五个主要因素列出了创新和管理特征的不同之处：战略导向、机会管理、资源投入、对资源的控制、管理结构。每一个领域对于权衡管理和创新之间的平衡都是关键的。

表 10-5 创业型文化和管理型文化

	创业的焦点		管理的焦点	
	特征	压力	特征	压力
战略导向	机会驱动	机会逐渐消失 技术、消费习惯、社会价值、政策管制的快速变革	受所控资源限制	社会契约 绩效衡量标准 计划体制和周期

续表

	创业的焦点		管理的焦点	
	特征	压力	特征	压力
机会管理	激进的，持续时间较短	行动方向 狭窄的决策窗口 承受适度的风险 缺少决策支持	渐进的、持续时间较长	对多方支持的感谢 对战略进程的协商 减少风险 与现有资源的协调
资源投入	很多阶段，每个阶段最小投入	缺乏可预见的资源需求 缺乏对环境的控制 对大量资源使用的社会需要 国外的竞争 需要更有效率地使用资源	单个阶段，一旦决策，全部投入	需要减少风险 激励薪酬 管理人员的流动 资本预算制度 正式的计划体制
对资源的控制	对必要资源的应急使用或租赁使用	不断的资源专业化 相对于需要而言的资源寿命较长 过时的风险 确认机会中固有的风险 对资源永久投入的不灵活	所有权或必要资源的配制	权力、地位和经济回报 行动的协调 效率衡量 惰性和变革的成本 产业结构
管理结构	扁平化，伴随多种非正式网络	关键的不可控制资源的协调 层级制的挑战 员工独立的愿望	层级制	需要清楚地定义权利和责任 组织文化 奖酬制度 管理理论

资料来源：Kuratko D. F.，Hodgetts R. M. 创业学：理论、流程与实践．张宗益，译．北京：清华大学出版社，2004：556.

三、组织结构的调整

对创业者来说，要适应企业在成长阶段日趋复杂的管理事务，应考虑对企业的组织结构进行必要的调整。

组织的变动可以有各种不同的途径。

（一）将问题和相关的组织职责分配给新的人员或新建立的部门

企业规模较小时，其组织结构可以相当简单，但随着企业成长使得简单的组织结构不能适应有效协调组织运作的要求时，就可以建立一个新的职能型组织管理结构。另外一种常用方法是，建立跨职能部门的、负有特殊使命的组织机构或者小组，其他职责就是解决企业成长中所遇到的特殊问题。应该指出，这种增设人员或部门的办法并不能减少企业管理的复杂程度，而只是减轻了新的问题对现有人员或部门的压力。

（二）着眼于设法简化机构以降低管理难度

例如，如果可以将达到企业的某种特殊目标所需的企业活动融合到一个部门，就可以降低总体的企业管理难度，因为这种模块化的办法能够降低企业内部的协调成本，删除不必要的管理层级，简化完成相对独立的任务的程序。企业战略的转移带来的组织上的调整也能大大有利于问题的解决。例如，企业采取收缩规模的战略时通常会缩小经营范围，剔除不必要的企业操作过程，从而简化企业管理，管理层就能够集中精力来解决企业的问题。此外，借助外部力量来解决企业的问题也是一种有效的方法，这样企业内部就可以避免增设机构和招聘新人。例如，许多企业现在认识到与猎头公司或者一些临时机构合作在解决人力资源问题方面的好处。采用外部销售代表和依赖外部研究力量也在成为许多企业的选择。总体而言，这种解决途径的关键在于通过简化企业内部的运作过程、重新安排内部的职责和借助外部的力量使企业成长中出现的问题得到顺利解决。

（三）通过适时的结构重组以适应企业成长的需要

结构重组有利于从不同的角度去考虑存在的问题，并寻求与企业的总体能力相一致的解决办法，避免“头痛医头，脚痛医脚”造成的机构重复设置和效率低下。例如，生产能力不足是大多数成长企业面临的问题，企业无法及时供应产品满足增长的需求，但是对产能问题的一种更细致的分析表明，生产规划和产量不足的问题可以通过确定合理的销售目标来解决。销售目标的确定应该依据企业的生产速度和存货水平，这样，企业管理者的任务就不再是新建厂房，而是设法将生产部门和销售部门的人员召集在一起共同解决面临的问题。同样，企业内部员工行为不规范的问题可能必须从解决成长企业内部报酬制度的不完善来入手。

组织的重组方法也可以用于解决企业运作方面的其他问题。例如，原料供应不足的问题可能不是采购部门工作不力，而是企业对原料供应商整体的谈判地位不行。因此，企业可能必须着手实施后向一体化战略，收购一些供应商或建立自己的内部供货业务。在此意义上可以说，所谓企业组织重组的方法，就是调动企业各个部门的现有能力来解决某一个部门的问题。

研究发现，正在经历企业成长的新创企业经理需要采用灵活、有机的结构。刚性的、官僚的结构对成熟、稳定的企业最适合。所以说，在组织结构设计时应考虑把灵活、承担风险、创业型的文化因素设计进去。这种结构形式是以前创业者创办企业的重新设计。总之，新企业的组织结构具有以下特征：结构扁平化（1~2个层级），高度适应性和灵活性，结构呈连环状而非阶梯状，以客户和关键任务为中心，以学习能力、贡献和影响力而非职位权力去影响和管理人。

四、建造适应性的企业

在企业成立以后，创业者保持企业的灵活性是十分重要的。一个适应性的企业将为它的员工提供机会，发动变革，灌输创新的激情。创业者可以通过几个方面来创建这样的企业。下面的方法不是一成不变的，但是却能提高企业在成长期和以后时间里保持适应性、创造性的几率。

1. 分享创业者的愿景

为了让员工理解企业的方向和分担企业成长的责任，必须让创业者的愿景弥漫整个组织。创业者可以通过会议、谈话、学术会与员工进行面对面的直接交流。这种进程应该不断地进行，并且每一个管理者都应该成为义务讲师，目的是分享愿景，认同企业的价值观，让企业的员工变成企业内部的一分子。

2. 增强对机会的理解

这能通过仔细的工作设计来实现。工作应该明确谁应当对目标负责。每一层级的人都应被告知他在生产最终产品、服务里所扮演的角色，这也就是经常说的“靠近消费者”。另一个提高增强机会理解的方法是通过仔细的协作、财务领域的一体化来实现。这样可以使不同职能部门的员工像一个整体一样工作。

3. 把变革制度化并成为企业的目标

这样就使创新和变革成为人们的偏爱。如果识别了机会，企业的环境必须不仅鼓励它而且将把它变成企业的目标。在这种情况下，在资源可得到并且消除了部门障碍情况下，对机会的渴望就会成为现实。

4. 灌输对创新的渴望

必须细心培养员工追求机会的渴望。口头本身并不能创造这样一种创新的环境。应采取以下的具体步骤：

（1）奖励的体制。对追求创新的员工应该明确予以承认。比如说，奖金、奖励、加薪、提升应该与追求创新的员工紧密联系起来。

（2）允许失败的环境。企业里有承认成功之前通常会有很多失败的环境，在这样的环境下，可以使对失败的恐惧最小化。这并不是暗示人们追求失败或渴望失败。但是，应该提倡从失败中学习，而不是因失败而受惩罚。当存在着这样的环境时，人们会愿意接受变革和创新的挑战。

（3）灵活的经营。灵活使变革成为可能，并创造出积极的效果。如果一个企业总是很固执地执行计划或战略，它将不会对新技术、顾客变化、环境改变作出反应。创新将不会发生，因为企业并不“适合”它。

（4）企业团队的建立。为了培育创新的环境，应该建立企业团队和团队目标。这些不只是工作小组而是有愿景、责任心的团队，他们有权力制定新的方向和新的标准。

总之，对企业成长阶段的控制，关键在于如何保持企业活力。

伊查克·爱迪思认为，换个骑手并不能把一头驴子变成赛马。只有在企业生命周期的成长阶段，而且前提条件是所骑的马是赛马的情况下，这种换骑手的方法才有效。在老化阶段，只有企业改革了制度，把时间不是花在驴子比赛而是用在使驴子变成赛马时，更换新的领导才有帮助。所以，不少国有企业走马灯式地换领导在很多情况下是没有效率依据的。在企业的成长阶段，是创业者决定企业的性格即文化，是领导带领群众；而在老化阶段，则是企业的氛围决定领导者的类型，领导开始迎合群众。所以，在老化阶段要更换领导首先必须改变领导行为。只更换领导而不改变制度，就像从大海中取一壶水，对大海不可能有任何影响。改变制度的前提是企业首先要弄清楚企业处于生命周期的哪个阶段，并且要区分是哪个部位出了问题，就像机体的老化一样也是从单个部位开始的。健康企业的生命周期应像钟摆运动一样，每一个阶段的行为差很小，且容易得到修补。

第五节　企业成长阶段的风险管理

据统计，1970 年《财富》500 强企业中，如今已有超过三分之一的公司不再存在。另一个统计表明，新小企业的失败率大大高于现有成熟或大企业的失败率。有过创业经历的人深深理解创业的艰难，新企业在成长和发展过程中必定会经历兴衰和成败，只有那些从来不骑马的人才不会从马背上摔下来。理解这一点，就能够以理性的心态看待一时的成功与失败，更能够在顺景时防患于未然。

成长阶段是企业发展的一个十字路口，这意味着在这个阶段，创业者或企业面临选择：最初的机会市场已经开发，企业要么增长速度太快而失去了控制，要么机会市场已经缺乏增长的潜力，面临调整或转型，下一步如何走？很多创业者开始迷失了方向，也迷失了自我。

一、新企业成长期遇到的主要问题和风险

蒂蒙斯教授曾经分析了高速成长型企业的典型问题，表现在：

● 商机超载（不知如何选择合适的机会）

● 资本过多（忽视各种评估交易条件）

● 现金耗用与回收的速度不一致

● 决策制定：短期功能性决策多于长期战略性决策，而前者的决策正确率只有10%左右

● 意外情况：对空间和设施上的扩张引起的意外、延迟、组织机构上的困难和机制障碍，管理者往往毫无准备

在这些典型问题里，有一个容易将"机会"变为"威胁"的问题是因为销售增长过快带来的问题。销售增长过快意味着"增长失控"，即企业经营管理失去控制，企业无法把握现金、存货、顾客和最终赢利等局面。

销售增长过快为什么会导致"增长失控"？原因在于：

● 销售的增长，会要求雇员人数的增加和存货水平的提高

● 销售增长的速度超过生产能力增长的速度

● 生产设施规模扩大，人员在不同生产部门间流动性增加，出现机构与机制障碍

● 财务系统和管理无法跟上发展速度

● 现金和资源耗损速度加快

● 现金回收滞后

所有这些会导致没有赢利的增长，没有赢利的增长的直接表现是销售收入在增加，而利润没有增长，或者说销售收入的增长速度小于成本的增长速度。非赢利性增长的后果短期来看是销售的显著增长带来一些财务上的问题，比如失去控制的增长。"增长失控"意味着企业经营管理失去控制，企业无法把握现金、存货、顾客和最终赢利等局面，最终会导致现金流枯竭和资金链断裂，从而导致企业失败。

此外，蒂蒙斯教授还认为企业在业务早期易犯的典型错误有：

● 没有对公司业务的可行性进行充分的市场调查

● 错误估计市场接受能力，导致制定不正确的销售方案

● 加入不必要的合作伙伴，这些伙伴除了资金上的赞助外别无其他贡献，却占有公司许多业务或股份

● 聘用人员靠关系而不是技能，解雇起来很难

● 缺乏业务技巧，对自己业务之外的事情漠不关心

● 企业没有目标和长期计划

● 没有重点和特点

● 没有撤离方案

德鲁克更从一般意义上归纳了影响企业成长的典型障碍，见表10-6。

表10-6 创业四大陷阱

新企业开创的初期满怀雄心壮志。这些企业一般在前一两年表现极为优异，然后突然陷入严重困境，就算今后它们能够生存下去，也会留下永久难以磨灭的创伤。那么，创业者有什么常犯但其实又可以避免的错误呢？

有四点是新创企业常犯的错误，我将这些错误归结为创业的四大陷阱，其实它们都是可以预见、可以避免的。

第一个问题是，新企业一旦发现自己的新产品或服务并没有在自己想象的地方获得成功，而是在完全不同的市场中获得成功时，就必须接受现实。很多企业之所以最后破产，是因为企业创办人固执地认为自己比市场还了解市场。

这样说来，创业者其实已经成功了，但是自己却并不自知？

不，比这还糟糕：他根本就是排斥成功。有一个最近的例子。我知道有家公司的创办人，设计了一种能提高医院运营效率的软件，他绝对肯定每家医院都需要这种软件。但医院告诉他，医院的组织架构与他想象的不同，结果他连一套都卖不出去。之后由于一次意外的巧合，一个小城市突然发现这种软件正好是它们需要的东西，于是订单开始从全国各地的中型城市蜂拥而来，而他却拒绝了这些订单。

创业者为什么拒绝意外的成功？

因为这点不在他们的计划之内，创业者认为自己完全掌控大局。这就要讲到我们所说的第二个陷阱：创业者认为，在新企业中，利润最重要，但其实，利润是第二重要的事情，现金流量才是最重要的。

一个成长的躯体需要营养，一个正在成长的企业则需要很多现金。你必须不断投资，才能保持损益平衡，这是原先早就该预料到的，现金周转不灵的情况根本就应是可以避免的。企业创办人来见我时，总是告诉我他们的业务进展得多么顺利，而我只得告诉他们，现在应该为下一次筹资做准备。你如果有半年到一年的时间来安排融资，通常一定会得到融资，而且条件甚优。

那么，假设企业从此注意现金流，克服了现金周转危机，而且迅速成长，超出预期，紧跟其后的第三个陷阱又是什么呢？

企业开始成长后，企业的创办人会忙得不可开交，迅速成长会对企业造成巨大的压力，它会超出你的生产能力和管理能力，创业者渐渐忙不过来，要看销售报表，又要看利润预测报表。这些东西会让他觉得，再过一年，他就可以把公司卖掉，并赚到1 000万美元，但他却看不到公司的现有规模，已经大大超出了他的管理能力。

80%的企业都会这样。即使你的企业以正常的速度成长，不是每隔半年就翻3番，而是以极为稳健、可以持续发展的速度成长，这种管理危机也会在第四个年底出现。

为了避免危机的发生，你应该静下心来，建立一个管理团队。等你大概有40个手下的时候，你就得开始评估他们，看看谁有管理能力，你把其中四五个有管理能力的人叫进来（不可

续表

能再多了)，对他们说：“我希望你们每个人在下周末独自坐下来，想想这里的其他人，包括我在内，不要想你自己，只想想其他人，想想他们每个人最擅长什么。”然后，你坐下来，拿出一张白纸，列出公司的关键业务，今天我们把这叫做“建立公司的核心竞争力”。

那么，第四个陷阱是什么？

第四个陷阱最难避免，它通常发生在企业已经成功，创业者开始把自己看得比企业还重要的时候。好比说，这个创业者14年来如一日，每天工作18小时，如今创造了年营业额达6 000万美元的公司，还有一个运作顺畅的管理团队。现在他会自问：“这些都是在做什么？我的角色是什么？”这些都是错误的问题，如果你开始问这种问题，你最后必然会毁掉自己，也会毁掉自己的企业。

应该问什么问题呢？

首先，你应该问：“公司这个阶段需要什么？”然后，下一个问题是：“我具备这些能力吗？’

你必须开始寻找什么才是企业最需要的，这时企业外面的人可以提供很大的帮助。

多年以来，有大约100多位处在这个阶段迷失后的创业者来找我，多数人告诉我，他们的太太说他们已经什么事情都不好，说他们正在毁掉自己、家庭和事业。或者也许，这是他们聪明的女儿跟他说的话。但如果是儿子这样说，企业创始人就会勃然大怒，并把儿子扫地出门，他会想：“我儿子是不是想夺权了？想把我赶出去？”

有时，公司外部的股东、会计师或律师会说这样的话。通常要有人让这位公司创始人明白，并去面对自己已不再乐在其中的严重事实，他得知道自己的心思没有放在应该做的事情上。

您认为今天的公司创始人会比较聪明，可以避免您刚才说的这些陷阱吗？

不会。

不会？已受过这么多教育，并且获得这么多MBA学位也没有用吗？

没有用，教育无法赐给你经验或智慧。

资料来源：摘自2006年《财经》杂志中的书摘：《下一个社会的管理》，本节为德鲁克自行编辑的Inc. 杂志对他的专访。

二、新企业的困境产生的主要原因

企业困境产生的原因一般来自三个方面：对战略性问题的疏忽；一般的管理问题；不健全的财务会计制度及措施。

（一）对战略性问题的疏忽

战略性问题的疏忽表现在：

- 市场定位的错误，比如注重成长忽视赢利，从事低利业务，不断扩大规模出现现金短缺
- 与供应商和顾客的关系处理不当，如付款方式不当

- 进入不相关的业务领域而导致经营过于分散化
- 骑驴找驴式的短视效应，指的是拥有好产品的情况下还去找其他产品，缺乏对商机的分析
- 盲目追求大项目，忽视现金周转，丧失领先者优势
- 缺乏应变计划

（二）一般的管理问题

一般的管理问题表现在：

- 缺乏管理经验、技巧与技术诀窍
- 薄弱的财务功能
- 关键管理人员的流失
- 会计学中的“大公司的影响”（过分注重应计项目而忽视现金流量）

（三）不健全的财务会计制度及措施

不健全的财务会计制度、薄弱的企业规划与工作控制表现在：

- 不当的价格制定
- 信用的过度延长
- 过度的财务杠杆作用
- 缺乏现金预算
- 拙劣的管理报告
- 缺乏标准成本核算
- 拙劣的成本性态分析（不能正确理解固定成本和可变成本之间的关系）

三、危机征兆

当企业出现困境或危机时，总会通过各种显性或隐性的企业行为表现出来。最初容易被忽视的信号有：

- 利润缩减
- 顾客退货
- 存货和应收账目增加
- 清偿能力降低

到后来出现一些明显征兆，表现在：

- 企业家产生逃避情绪
- 回避问题和麻烦
- 不向员工说明困境，表面乐观
- 做假账
- 员工士气低落
- 互相推卸责任

而更可能导致企业失败的隐患是：

- 疏远顾客
- 忽视变化
- 过分自信
- 过于傲慢
- 自恃高贵

四、如何管理风险和不确定性

从一般意义上讲，管理风险和不确定性的策略有三个：降低风险的策略、转移风险的策略和降低风险认知的策略。下面就具体叙述这三种策略。

（一）降低风险的策略

创业者往往喜欢采用以下三种措施来降低风险：搜寻信息，投资最小化，保持灵活性。

1. 搜寻信息。在创办新企业之前，创业者需要收集足够的信息来规避风险。往往一个企业的失败跟创业者没有收集到足够的信息有很大关系。典型的例子就是创业者在还没有明确哪一种特定的机器会更加适合他的新产品之前，就购入标准化的生产设备。然而，这些标准化的设备通常情况是需要进行改造才能适合新企业产品的生产。那么这个时候，创业者就不得不面对这样一种风险，即设备改造难以完成甚至是不能完成，将会丧失市场机会。这样的风险是完全可以在前期进行详细的搜寻信息来规避的，而由于创业者的疏忽过多地承担了风险。

那么，创业者应该如何收集信息来减少新投资项目风险呢？创业者应该在行动之前先做好计划而不是草率地采取行动。创业者需要先详尽的考虑和评价每个投资机会，在确信有行动的必要时才采取行动。通过计划工作，创业者才可以避免不必要的行动去追求不实际的产出。这个计划工作包括明确的创业计划和财务预算两个部分。创业计划是用来阐明开展业务的方式、存在的风险、资金的运用、投资项目各个部分之间的关系。有关学者研究指出，有明确创业计划的投资项目更可能存续，业务开展得更快，产品销售情况更好。① 由于制定了明确的创业计划，创业者就能收集到更多更相关的信息，降低必须面对的不确定性。

另外，创业者在采取行动之前也可以通过验证其假设的准确性来减少风险。创业行为的结果都是难以确定的，因为这些行为是建立在创业者对技术可行性等一系列的假设基础上的，而关于这些假设的信息决定了假设是否成立。创业者可以通过收集信息来判断这类假设是否正确。例如，在投入生产之前，创业者可以就生产手

---

① F. Delmar and S. Shane. Does Business Planning Facilitate the Development of New Ventures. Strategic Management Journal, 2003 (24): 1165-1185.

表的微型芯片的可行性咨询半导体工程师；就治疗胰腺癌用的药品的治愈率咨询肿瘤专家来判断市场容量的正确性。

在这里需要注意的是，在搜寻信息的时候，创业者需要搜寻的是否定性的信息，而不是肯定性的信息。肯定性信息就是支持创业者的创业计划的一些信息，否定性的信息正好与之相反，是认为创业计划不可行的一些信息。换句话说，创业者需要收集"为什么新投资项目不会成功"的信息，而不是"为什么新项目会成功"的信息。由于创业者的一腔创业热情，无意识中就会倾向于搜集支持其决策的信息来肯定他的成就。这样就产生了一种偏见，即创业者不是在搜寻评价该做何种决策的信息，而是搜寻评价其已有决策正确性的信息。成功的创业者就会通过收集否定性信息来消除这种偏见，以抑制创业者普遍存在的过度的乐观。

2. 使投资最小化。创业者的投资中蕴含的风险是很大的，要想降低这类风险就应该对不可回收资产的投资最小化。风险越大，创业者失败后的损失越大，这两者之前是呈强的正相关的。因此，对不可回收资产的投资最小化可以最大程度的减少损失。如果创业者投资在具有高回收价值的资产，就算创业者的新项目失败了，也可以通过资产回收弥补损失。因此，在投资风险确定的情况下，创业者可以大量投资于具有高回收价值的资产，而少量投资于具有低回收价值的资产。

知道了应该将投资在低回收价值的资产最小化，那么究竟应该怎么做呢？一种比较简单易行的方法就是投资标准化的投入品，而不是进行个性化投入品投资。普通的办公设备可以很容易就将其转手，从而就提高了资产的回收价值。定制的办公设备只能适用于本企业，其他企业是不会要的，因此资产的回收价值就很低。不过要注意的是，并不是说所有的资产都用标准性的设备，就像前面所提到的，有些产品非得用特殊的生产设备或是生产线，如果用标准化的设备反而造成损失了。另外是否有专用性投入还要看这种投入能否为企业带来竞争优势，如果带来的竞争优势所产生的价值大于进行这类投资的成本，那么新企业还是要进行这种专用性的投入的。

还有一种最小化这类投资的方法就是通过租赁而不是购买，以获取这类无回收价值的资产。比如，创业者可以租赁卡车而不是购买卡车，因为卡车基本上就是回收价值几乎为零的资产，对于资金不是很充足的新企业来说购买就没有必要了。

另外一种方式就是增加可变成本投入，减少固定成本投入。固定成本是在生产之前就已经发生的，极有可能难以补偿；而可变成本是依赖于产品或者服务的生产过程的。两者相比，可变成本带来的风险更小。

那么怎么样才能降低对固定成本的投入呢？可以通过将固定成本转化为可变成本来降低。创业者可以将生产过程外包出去，自己保留核心技术，即利用合同生产者进行产品生产，利用合同销售进行销售，而不是自己独立建立厂房或者雇用员工进行生产与销售。这样，固定厂房的投入就转化为可变成本。成功采用这种方式的最为典型的公司就是 NIKE 公司。

我们只能最小化的降低对固定成本的投入，一定量的固定资产的投入是必不可少的。那么，在这种情况下，我们就应该考虑怎样将这部分固定资产投资所带来的风险最小化。很有效的一种方法就是创业者从小规模开始做起，然后再逐步扩大企业规模。例如，刚开始的时候只生产一种产品，等到这种产品占领了市场，获得成功之后再扩大规模进行多生产线的生产。按这样的方式做，就算新产品失败了，企业所受到的损失也是最小化的了，也就大大降低了这类投资的风险。

最后一种最小化投资不可回收资产的方法就是及时地放弃这个项目。许多创业者对于新项目往往舍不得放手，总觉得以后会有所好转的，就不断地投入新的资金以期挽救企业。实际上有许多情况并不是资金就能解决得了的，这时候创业者需要做的就是放手，放弃这个新计划，这样才能最小化损失。

3. 保持灵活性。保持灵活性，很好理解。新企业有了灵活性，在遇到不好的形势时才能迅速抽身出来，改变经营方向，将损失降到最低。例如，新一代计算机磁盘设备生产商的案例就表明了灵活性的重要。在将新磁盘设备引入灵活机动的市场时，这些生产商面对着管理风险的困境。最初，生产商就将其目标瞄准那些不想接受这种新磁盘的消费者。在发现其他消费者接受这种新磁盘设备时，生产商迅速转变了目标市场。在将这种新磁盘设备引入市场的例子中，生产商的适应性与细分目标市场的能力，使得他们能够管理关键投资项目的风险。

（二）转移风险的策略

创业者还有一种管理风险与不确定性的方法就是转移风险。风险总是与收益成正比的，因此，总有一部分承受风险能力强的人愿意接受这种风险再配置，以期得到足够大的收益。市场上大概有四种人可以供创业者选择来转移风险。

1. 多元化投资者。多元化投资者的投资很分散，因此抗风险能力也比创业者更强。创业者只能投资在他的新产品项目上，因此风险很集中，抗风险能力差。对于创业者而言，这类投资者更像一个风险投资公司，他们投资多个风险项目，建立包含不相关投资风险的投资组合，这样的组合使得多元化投资者的风险比组合内的单个创业者所面临的风险要小得多。因此，这类投资者能够在特定收益水平下，承受单个创业者在相应收益水平下所不能承受的风险。

2. 强风险承受能力者或其他企业家。这类投资者指的是具有某些专业知识因而有较强的抗风险能力的人。比如说，专门负责催收应收账款的代理商或者公司因为具备收账的专业知识，所以比创业者能够承受更多的应收账目。这样，这类投资者就比创业者能够承受更多的风险而得到预期的收益。

3. 经营项目尚未达到满负荷运转的经营者。这类经营者为了不浪费经营能力，往往同时还经营着其他项目，如果同时参与创业者的项目，就可以和创业者一起承担新项目的风险。比如说，如果某个拥有发电厂的经营者，在他的发电厂设备尚未达到满负荷运转时，可以利用空余的设备生产新产品；而如果完全依赖自己，投资者就需要建立一家新发电厂生产同样的新产品。那么，这些已有经营项目、单位达到满负荷运转的经营者在参与新风险的投资时，就承受了较低的风险。

4. 追求风险的经营者。最后一类就是喜欢高收益、高风险的经营者。这类经营者喜欢追求风险，敢于承担风险，即使创业者的承担风险能力比他们强，他们也还是喜欢和创业者一起分担风险。这类投资者的最好代表就是“天使投资者”。

（三）降低风险认知的策略

除了可以采取降低风险的策略以外，我们还可以对风险进行降低认知的策略。这种策略实际上并没有降低风险或者将风险转移给其他人，而是让人们认为新投资项目中的风险比实际风险要低。降低风险认知策略有以下五种方法：

1. 通过与地位高的参与者合作，创业者可以降低人们对投资项目风险的认识水平。比如，可以与现有的大企业建立战略联盟等形式的合作关系。这样的合作关系可以让新项目显得价值更高，风险更小。之所以会让投资者有这样的感觉，是因为如果投资项目没有价值，加入项目的大企业就会面临损失，因此它们是不会轻易加入没有投资价值的项目的。所以，有大企业加入的项目会降低项目的风险认知，使新项目显得风险较小。

2. 通过建立与政府官员、传媒界，或者其他官方人物的合作关系，也可以肯定风险投资项目确实存在价值。很多国家，特别是中国，人们普遍认为具有官方背景的项目风险较低，价值较高。研究表明，如果一家企业获取了某重要媒体的认可，那么这家企业就被潜在的投资者认为更具有价值，风险更低。①

3. 通过确保新投资项目符合规则、标准、管理以及目前普遍适用的程序，也可以降低人们对投资项目风险水平的认知。比如，许多开发新一代以太网技术的企业在向客户说明其技术符合原来的以太网技术标准时，花费了大量的财力、物力、人力，以增强客户对这种新技术的信心。

4. 尽量使新投资项目看起来像很早以前建立的，也是降低人们对该项目风险水平认知的方法。比如，在车库里开始创业的成功创业者常常借用办公室来进行谈判，因为这样可以使得他们的企业看起来不像新建立的企业，倒像正规、成熟的企业。如果新企业的行为看似符合做大生意的标准，就可以获取大企业的更多支持，还能降低客户的风险感觉。

5. 遵守团体行为准则也可以降低人们的风险认知水平。比如，加入行业协会或者遵守行业标准。这类协会决定了在某个行业中，怎样的行为是规范标准的。新

---

① H. Rao. The Social Construction of Reputation: Certification Contests, Legitimating and the Survival of Organizations in the American Automobile Industry; 1895-1912. Strategic Management Journal, 1994 (13): 29-44.

企业加入这类协会，看起来就会更合法，风险更低。

五、风险管理的过程

蒂蒙斯教授根据自己的经验提出了企业成长阶段困境管理的三个步骤：企业困境诊断，摆脱困境的短期行动以及长期补救行动。

（一）企业困境诊断

困境诊断的关键是将战略上的错误与财务上的错误区分开来。

诊断包括三个方面的内容：（1）企业适当的战略定位；（2）对管理层的分析；（3）数据分析。

在战略分析方面，对企业有能力参与竞争的市场进行分析。一般情况下，小企业大多数的战略失误与企业涉足无利可图的产品线、顾客和地理区域有关。

对管理层进行分析，与管理团队成员进行面谈，客观评价哪些人才是企业真正合适的管理人员。

通过数据分析，确定可利用的现金；确定资金的流向；按企业经营的不同领域计算销售百分比，并分别进行成本趋势分析；经营重组；找出差距。通常，最易发现需要改进的地方是：（1）营运资金管理；（2）工资；（3）超负荷及利用不足的资产。

（二）摆脱困境的短期行动

首先要尽快得到现金，从营运资金账户、应收账款、存货项目等财务管理上着手，并加强促销措施。其次与贷款人协商，要求延长还款期或增加贷款。同时，与购销债权人协商，要求延期付款。最后采取裁员行动，降低人力成本。

（三）长期补救行动

第一，加强制度建设，完善业务流程和程序。

第二，进行资产处置，主要是卖掉低效或闲置资产，提高现有资产的利用率。

第三，提出富有创造性的解决方案，推动组织变革。

第四，最保险的办法就是使公司在观念、文化和管理活动上始终保持创业精神。

第六节　寻求新的成长机会——公司创业

一、公司创业的含义及其作用

1983 年，Miller 提出公司创业（Corporate Entrepreneurship，简称 CE，在国内也称为公司企业家精神）的概念并开始受到管理学界的关注。学者们认识到 CE 可以作为价值创造和创新的工具，用来提高公司竞争地位、改变公司的经营现状并实现持续的成长。在过去20年里，关于CE的理论研究呈现出多方位、多视角的特征，出现了一些令人关注的重要成果和研究前景。学者们普遍认为CE是建立和重新构造公司资源基础的重要手段。

Zahra（1991）认为，CE指在现有的公司内创造新事业以改进组织获利能力和提高公司竞争地位或者战略性更新现有企业的过程。Burgelman（1984）则将CE定位为通过内部产生新的资源组合来拓展公司竞争领域和相应的机会的过程。从组织再生（Organization Renewal）的角度来看，CE是组织更新的一个过程，此过程包括两个相关但又显著不同的维度：创新并开创新的事业领域和战略更新。前一个维度是指通过进行产品、过程、技术和管理创新来开发新事业；后一个维度则包括重新定义公司的概念、再造组织和引进能促进变革的创新系统。

在实践中，CE主要分为两大块：内部创业CE（Internal CE，简称ICE，也称为Intrapreneurship）和外部创业CE（External CE，简称ECE）。ICE是指在一个大公司内发展新的内部市场和相对较小的独立性事业单位，从而创造和扩展改进的人事服务和技术方法（Bolck and MacMillan，1995）。Pinchot（1985）将ICE的承担者称为内创业家，并将他们比喻为梦想者（Dreamers Who Do）。“他们也许是创造者或者发明家，但他们肯定是那些一直在考虑如何将创意转化成利润的梦想者。”ECE是指追求不同于母公司目前活动的战略，采用独立事业单位的结构和组合并配置新的资源，也就是在现有的组织外部开展创新活动。

因此，CE活动可以是内部定位也可以是外部定位的。内部定位通过创造内部测试市场（Test Market）来扩张或改进公司各个层次上的产品、过程或管理创新。外部定位将环境中分散的资源不断进行整合，实现方式可以通过合并、联盟、公司新事业开发和新事业剥离等手段。

概括来讲，CE是指大的现有的公司发展新事业和创造新机会的活动，它是与某一现有组织相关的个人或一群人创建新的组织或者在该组织内更新或创新的过程，现有组织中个人或群体创造出新的机构（业务单位）或开发创新的过程（Morris & Kuratko，2002）。

很明显，创业精神并不局限于特定的企业规模或企业生命周期的特定阶段，如初创期或成长期。在竞争环境下，创业精神是任何商业组织（包括小企业或大企业，新企业或成立许久的企业）长期成功的根本要素。因此，CE就是大公司的创业精神。改进获利能力、实现战略更新、孕育创新和获取知识以实现未来现金流是大企业发展CE的主要动机。CE通过对不确定性的管理而将个人创意转化成集体行动（Pramodita and Chrisman，1999）。Block等（1995）进一步强调“CE是能够点燃公司员工创造力的发动机，同时能将创新变为公司文化的一部分和开发获利的新产品、服务和市场。它还能帮助公司先于竞争对手发现新机会”。

Burgelman（1991）在对创业精神重塑英特尔（Intel）事业的研究中发现，公司创业活动是所有员工和管理人员在各个层次上相互作用的结果，同时这些创业活动包括正式的和非正式的两类。正式的创业活动是由高级管理层制定，为了适应某种战略的需要；而非正式的创业活动来自组织成员自发的努力。它是由员工个体创造性或对自我利益的追求而自发产生，不一定得到了正式的组织支持，但其中一些活动最终受到了公司的正式承认并成为正式创业活动的一部分。根据 Zahra (1993) 的研究，一个完整的 CE 必须包括新事业开发的正式和非正式两个方面："CE 指通过产品、过程创新和市场发展来创建新事业的正式和非正式活动。"这些活动可以发生在公司、部门、职能或项目层次上，但其目标是一致的：改进公司的竞争地位（Competitive Position）和财务绩效。

二、公司创业的层次

公司创业可分为内部革新和创新（Intrapreneurship and Innovation）、公司风险活动（Corporate Venturing）和战略更新（Strategic Renewal）三个层次。

（一）内部革新和创新

学术界最早以公司内部创新活动为基点研究公司创业行为，将组织内的创新活动分为三类：技术创新（Technology Innovation）、行政管理创新（Administration Innovation）和辅助活动创新（Ancillary Innovation）。技术创新包括开发新产品，技术革新，以及对现有的技术过程进行改造和更换。行政管理创新包括改革现有的管理机制，引进新型的管理实践活动或者对现有管理过程进行重组。辅助创新活动主要指通过创建内部市场转换企业内部主业与副业单位的交易关系。

（二）公司风险活动

公司风险活动也称公司创业活动，是指创建与现有业务范围不同的新型业务或者将现有经营单位分离出去，与主业脱离关系。通常，公司设有内部创业基金，培育现有业务团队范围之外的增长机会，也可通过并购、战略联盟的方式进入新市场，还可以通过管理层收购将业务分离或出售。

（三）战略更新

战略更新也可称作战略转型，是指公司进行涉及战略思维和制定战略逻辑层面的大规模变革，这是最复杂的公司创业活动。这种变革是对现有系统或体制上进行彻底改变，从根本上改变组织的核心能力和竞争优势，等同于再次创业。从多元化转向回归战略，重新调整公司在行业中的定位，实施全新的组织结构，甚至重新对企业进行市场定位等都属于战略更新。由于战略更新涉及到包括价值观在内的公司文化和战略理念的改变，战略转型一般伴随公司最高层领导的更换。

三、公司创业的三个维度

Miller（1983）在他的研究中认为公司创业精神应该包括产品市场创新（Product-Market Innovation)、风险承担(Risktaking)和行动领先(Proactiveness)这样三个维度。他的这个概念被许多研究者们广泛接受。

(一)产品市场创新

这个维度指产品和服务的创新，重点强调在技术上的发展和创新。Knight(1997)将在生产中的产品、服务、工艺和技术的发展和提高作为组织创新的一部分。Zahra(1993)将产品创新和技术创新作为制造业企业创新的一个非常重要的方面。

Schumpeter(1934, 1942)则是几个最先揭示业务创新(Business Innovation)的重要性的学者之一，他提到了创造性的破坏。无论是引进新的产品、新的生产方法、开拓新的市场、对新资源的追求还是创造新的组织，都是一个新财富的创造过程，其中的关键因素是创业精神。在描述创业精神时，创新成为一个重要的因素。

(二)风险承担(Risktaking)

风险承担倾向或能力之所以被包括在创业精神中,来源于创业型企业家与一般管理者的不同。其中,区别创业型企业家与一般管理者的最主要因素是风险承担倾向。

(三)行动领先

创业精神的第三个维度由Penrose(1959)提出。他坚持认为，行动领先对公司成长起着很大的作用。许多研究把它作为创业精神的一个重要因素(covin和slevin, 1989; Lumpkin和DesS, 1995)。这些研究认为，行动领先是公司保持竞争优势以获取稳定高收益的最好战略。行动领先与主动发现、运用新机会和参与刚刚出现的市场有关。一个行动领先的公司倾向于通过一系列的试验来主动承担风险。在追求机遇的过程中，他们敢于尝试并且非常的大胆和激进。行动领先这个概念就是指公司在诸如引进新产品和服务、操作流程和管理方法等这样一些关键业务领域，试图领导而不是跟随竞争者的程度。Covin和Slevin(1991)认为，这一点可以通过公司是否积极并主动地和行业竞争对手进行竞争而反映出来。行动领先包括首创精神、风险承担、积极竞争和大胆，这些可以从高层管理者的价值取向和行动中表现出来。

第七节 新企业的收获策略

创业者要制订收获计划是整个创业过程非常重要的部分，它并不意味着放弃企业。这正如创业的定义中曾经表述过的，创业是一个过程而非结局。

一、创业者为什么需要制订收获战略

这里直接引用《创业者圣经》中作者的一段话，标题是“成功之后”。

总有一天，你可能发现你的事业终于成功了。坚持不懈、勤奋工作、专心致志

和精力投入通常能获得成功。你将发现你的企业每个月都有盈利，而且新的机会继续不断地涌现。这时候你还打算做什么呢？你打算如何发展你的企业为需要你产品或服务的顾客服务？你是否应该扩大你的企业？你该如何筹措所需的资金？

这里既有好消息,也有坏消息。此刻你正处于一个有利的地位,你已经实现了大多数创业者为自己设定的目标。你已创业成功。你有工作,有事业,有企业,还有充实的生活。但是,在很长一段时间内,你将不会比现在做得更好了,这便是坏消息。

创业是一种冲刺。它是一种令人振奋的冒险，推动你向前，激励你不断地追求完美。这是一种充满回报的过程。然而，一旦你取得一定的成就，你可能发现所得到的回报不再令人满意，创业的兴奋也不再激动人心。如果你开始有一种倦怠之意，这并不令人奇怪。很多创业家已经发现成功是他们最糟糕的敌人。“既然我已登上山顶，何处是下一个目标呢？”

我的忠告也许让你感到惊讶。请你认真考虑一下继续发展的问题，仔细回顾一下，是什么才干使你达到今天的成就？如果你要继续发展，还需要具备些什么样的才能？

一旦成功之后，你会有三种选择。你可以继续干下去，缓慢地发展，继续赚钱，做出新的成绩；或者你可以卖掉你的企业，并且重新开始；或者你可以向赞助人、风险资本家、银行筹措新的资金，并且大力发展你的事业。

那些最引人瞩目的公司选择了第三条道路。例如雅虎，还有微软公司和戴尔公司等。

我想冒昧地假设，大多数企业家当初用以创业的技能对于创办一个成功的大公司是毫无用处的。总有一天，所有公司的创始人会被迫离开，或是选择离开他们自己的公司。比尔·盖茨可以算是一个例外。智力超群、拥资数亿元的创业家毕竟为数不多，而更多的创业者在他们的董事会解雇他们之前便已明智地离开了公司。

如果你想使你的公司发展上一个台阶，你几乎总是需要别人的资金。一旦你动用了别人的钱，公司就不再是你一个人的了。当然，你可以继续控制董事会，并且签订不可改变的合同。但是，这些钱会渗透到你公司的各个角落，你就欠了别人的债。如果你选择按你自己的主张行事，而不是代表投资者的意图，你将会发现你的资金来源很快便会枯竭。

当你向别人筹措资金时，你实际上是在做一笔交易。为了得到资金，你同意从根本上转变你创业公司的经营方式，使之转化为超越你个人、超越你个人的视野和精力的经营方式。它将成为一个独立的第三方，一个活生生的、充满生机的实体。

这是很难做到的事，远比我们这些已经转变的创业者所能想象的更为艰难。迈克尔·戴尔还记得在他大学的宿舍里手工组装计算机，现在他经营着一家价值数十亿美元的上市公司，世界上最大的计算机直销公司。他的生活是否比以前更好了呢？当然并非在每一方面。当他想到难以对付的董事会会议时，他对过去创业时他所拥有的自由和控制力的怀念一定让他感到苦恼。但是，他所获得的经验，以及所学到的东西则必然远远超过这些缺憾。(大多数时间都是如此!)

如果你是一个真正的创业者，一个创业家，不能抵御白手创业和新主意的吸引力，你就需要真正认真考虑第二种选择——卖掉你的公司并重新开始创业。出售你的公司的收获是将其余的钱存入银行。不要动用你的特别备用金，而是再一次白手起家。生命是一个旅程，你应该欣赏每一段行程。

如果新的挑战完全适合你，你就该再一次投入。要抵制成为迈克尔·戴尔，或者史蒂夫·乔布斯或者比尔·盖茨的压力，走你自己的路。

另一方面，如果你真的想要提高一层次，有五件事情你应牢记在心：

1. 你所投资的事业必须节制资金。这就意味着发展应是进一步投资的直接结果。现金的需求应与发展直接联系。如果你的公司需要在其他方面寻求发展，例如，独特的人才、市场条件的根本变化或技术上的突破，你需要确切的考虑你准备从何处筹措资金。银行家没有投资失败的思想准备。他们希望把钱借给具有确保资金节制计划的企业家，而一个风险资本家关注的是风险，而且很可能冒风险进行投资。但是，你必须明白风险资本家指望获得5倍乃至10倍于银行得到的投资回报。所以，在你向任何投资者筹资之前，你必须准备好描述向你的企业投资时所面临的任何风险。

2. 你投资的企业必须有一个组织结构。你不能让每个人向你报告，你也不能做出所有的决定。你不能匆忙地做出政策决定，而且你需要一本员工手册，以及一个公司法律事务所。最重要的是你的员工应有权独立做出业务决定。你必须准备放弃对企业相当大的一部分控制权。一旦你的雇员达到四五十人，你的公司应该独立动作，你的工作重点应该是外部世界，而不是去发明另一条生产线。

3. 把事情搞得一团糟的办法有千千万，但是成功之路却没有几条。随着你的公司不再是当初你能随意控制的小企业了，它会变得难以驾驭。这就意味着，你必须及早就重要的问题做出决策，而不是等到最后一分钟。一些不合规划的业务将会遭到拒绝。

4. 竞争将会更加激烈。你必须制定计划对付这种竞争。创业者无须接受所有的业务，只要能够生存和发展便可以了。但是，一个多方投资的企业必须致力于尽可能地扩大市场份额。

5. 你需要有一个退出战略。一旦你的公司接受别人的资金，他会关心资金的使用情况。这就意味着如果你计划从公司中抽出一大笔资金，你得想好如何取代这笔钱。这最终意味着卖掉公司或者公开上市募集资金。策划和接受这种结局，宜早不宜迟。①

---

① 塞思·戈丁．创业者圣经．上海：上海译文出版社，2000.

二、制定收获战略：时机的把握是关键

蒂蒙斯教授曾经分析到，创业者们总是避免考虑收获方面的问题。在一项对1983～1986年计算机软件行业的调查中发现在被调查的100家公司中，有80家只有一个非正式的收获计划，而其余的调查对象同样证实了企业家们对收获计划的回避——只有15%的公司在创业计划中正式制定了书面的收获战略，而剩余的5%则是在创业计划后写了其正式的收获计划。对于公司创始人来说，一家公司从最初的成立，然后是为生存而奋斗，到最后开始逐渐发展，最遥不可及的事就是公司的出售了。出售对于创业者而言就意味着完全放弃他们自己的“孩子”。

因此，创业者往往不会考虑出售公司，除非体会到可能损失整个企业的恐惧。但是，这种可能性的发生通常是突如其来、无法预料的：技术的日新月异使现有的产品生产线面临被淘汰的威胁；在很小的市场上突然出现了强大的竞争对手；或者失去了一个重要的客户。恐慌紧紧抓住了牢牢控制企业的创始人和股东，于是公司突然面临待售的境地——在错误的时机，因错误的原因，从而以错误的价格被出售。在正确的时机主动地出售企业，创业者就可以在众多战略窗口中选择“点击”某一窗口。

创业者们直到危机开始萌芽才会考虑收获的问题。一个持续发展的企业创造源源不断的收入，与从零开始发展有着天壤之别。大多数的创业者都认为，留住客户并保持持续的销售收入比他们原来想像的要困难得多，所花的时间也要长得多。此外，在电子数据表上轻而易举地进行的收入预测和财务控制往往也掩盖了将计划转变为实际收入所需花费的巨大时间和精力。

在特定的时候，对于一个发展潜力较大的企业而言，是有可能实现收获的。而且，在“战略窗口”敞开时出售企业要比它关闭时进行更为明智。伯纳德·巴鲁克（Bernard Baruch）在这个问题上非常有见解，他说：“我所有赚得的钱都是因为特别早地出售企业而获得的。”例如，一家销售收入达到1.5亿美元的私营糖果公司当时不考虑出售，但在分析了关于尽快出售公司的建议之后，企业创始人发现了一个绝佳的收获机会，并以19倍于盈利的天价出售了公司。另外一个是关于移动电话公司的例子。该公司是东拼西凑成立和发展起来的，并于1987年末开始运营。然而，在购买了系统建设和运营的基本权利之后仅仅18个月，虽然当时前景还十分看好，创始人就决定将公司出售。这是由于当时所处的卖方市场使他们获得了一个相当有利的估价——要比之前任何移动通信行业交易的平均标准（行业估价标准）高出30%。在短短的一年半之内，收获所得超出了投入资本的25倍（实际上，企业创始人在投资上没有花自己一分钱）。

一旦错过了收获的机会，后果就可能不堪设想。例如，当类似前面提及的收获商机逐渐显露时，另有一位企业家发现自己持有的房地产快速升值到近2 000万美

元，从而使其个人账面资产净值达到了将近700万美元。这位企业家利用净资产进行再融资，并用现有地产进行杠杆融资（有时杠杆比率超过100%），以期进一步把握所谓更好的商机。然而不幸的是，1986年联邦税法进行了修订，加上1987年的证券市场崩溃事件，使1988年的房地产市场一蹶不振。结果到1989年年初，该企业家几乎有一半的资产被破产清算，而其余的资产则陷入极不稳定的危险境地。房地产的前期净增值早已消失殆尽，随着出租空置的不断增加和每平方英尺租金的降低，现金净流入变成了现金净流出。

收获战略的设计是一项极度复杂和困难的工作。因而，这样的战略设计不能过早进行。下列一些原则和注意事项将有助于收获战略的设计：

1. 耐心。正如前面所提及的，成功企业的建立和发展需要好几年的时间，所以，耐心是非常宝贵的。收获战略如果考虑了至少3～5年或长达7～10年的时间段会更为明智。耐心的另一面是在突发事件面前保持镇定，不惊慌失措。在威胁之下不得不出售往往是最糟糕的。

2. 现实的估价。如果缺乏耐心是一笔可观收获的敌人，那么贪婪就将是其葬送者。例如，新英格兰一家出色的小型企业拥有近80年的悠久历史，并一直由成功的家族领导人领导着。到了第三代，这家企业吸引了很多潜在收购者并获得了价值超过2 500万美元的善意要约。然而，企业的所有者却确信这家“伟大的小公司”的价值要远远超过这个数，因而拒绝达成协议。不久就再也没有感兴趣的收购人了，而市场环境也发生了非常不利的变动。另外，利率也飞速上涨。不久之后公司财务就崩溃了，最终以破产告终。贪婪成了收获的掘墓人。

3. 外部建议。找到一位能够帮助企业在发展阶段制定收获战略的顾问虽然很难，但十分值得，同时，他还能对企业进行客观估价并有耐心和技巧使价值最大化。一个关键的问题似乎在于那些出售企业的人，例如投资银行家或企业经纪人，其实扮演着和房地产经纪人相同的角色。事实上，他们的动机是短期内（通常为几个月）的佣金。然而，一位与创业带头人进行了5年甚至更长时间合作的顾问能够帮助创业者为整个企业制定和实施战略，从而有能力及时发现并把握住收获商机。

三、收获选择方式

一个公司可以通过六种主要渠道收获其所创造的价值。下面以其应用的普遍程度将这些方式列出来。

（一）金牛

这里所说的“金牛”（Capital Cow）其实对于创业者而言，就相当于大公司的“现金牛”（Cash Cow）。实质上，高利润的企业（牛）产生了大量供企业家个人使用的资金（牛奶），甚至要比大多数企业家有时间、有意愿的消费支出还要多。其结果就是产生了一家资本和现金充裕的公司，它拥有巨大的融资和再投资能力。“金牛”企业可以使创业者能够实现对其他多家高潜力风险企业的投资、收购以及其他风险投资交易。

（二）员工持股计划

通过员工持股计划（ESOP），创业者可以通过将股票出售给员工持股会或其他雇员的方式实现资产的变现，而且由于员工持股计划通常会在雇员中产生多元化股权，因而它还有利于提高员工的积极性。

（三）管理层收购

另外一种收获方式称为管理层收购（MBO），它是通过将企业出售给现有合伙人或关键管理人员的方式使创业者从中获得收益。如果该企业拥有足够的资产和稳健的现金流，那么就可以通过银行、保险公司以及金融机构的融资来进行杠杆收购（LBO）和管理层收购。即使企业的资产不足，但是如果有足以偿还负债的稳健的现金流，同样也能说服借款人同意进行管理层收购。

通常，问题在于：愿意从所有者手中收购并继续经营公司的管理人员一般没有资金。除非收购者预先有资金——这种情况很少——否则这种收购将相当脆弱，而且能否完全实现收获目标也成问题。管理层收购方式特别要求出售方预先能收到一定数额的现金和一张代表剩余的收购款的票据。如果收购价与企业未来的获利能力挂钩，那么出售方将完全依赖于收购者的能力与诚信。另外，在这一方式下，管理层还可以通过尽快发展企业、在新产品和人员上加大开支的方式降低利润，从而降低收购价格。在这种情况下，往往可以看到在这些高利润的企业被廉价出售后，在以后的两三年内企业能够获得相当不错的收益。在这种交易中，企业的出售方就吃大亏了。

（四）并购和战略联盟

与另一家企业合并是另一种使创业者实现收获的方式。在战略联盟的情况下，企业创办人可以从一家对他们的技术感兴趣的大型公司吸收到迫切需要的大笔资金。这样的方式往往会导致接下来对创业者的完全收购。

（五）完全出售

大多数顾问都认为完全出售是十分理想的方式，因为人们往往更青睐到手的现金而不是股票，尽管后者的交易是免税的。在股票对股票的交换过程中，存在的主要问题在于收购方股票价格的波动性和不确定性。当收购方股票价格持续下跌后，很多创业者仅能留下最初收购价的一个零头。通常情况下，收购方会继续留用被收购企业的核心管理人员，与他们签订好几年的雇用合同。这一措施是否可行，取决于每个创业者的目标及其所处的环境。

（六）公开上市

商学院中谈论的最神圣的话题也许不是“金牛”，而是公司的首次公开上市

(IPO)。在某个证券交易所拥有一家上市公司的远景或梦想会激起欲望、荣誉和伟大等种种感觉。对很多准创业者而言，这种渴望是毋庸置疑的，而且具有极强的感召力。然而，对于绝大多数企业者来说，将公司公开上市并继续苦心经营很可能意味着浪费过多的时间、精力和金钱，这是不值得的。

为什么公开上市这种退出策略对创业者有如此大的吸引力呢？也许最简单的答案就是，通过公开上市可以获取巨额现金——事实上比创业者曾设想的还要多。创业者可以通过注入资金（至少他们实际获得的一部分）进行企业的扩张。正如 Lelux 所说，公开上市的企业随之会获得从投资者到顾客的各种利益相关者的信赖，这对获取竞争优势很有好处。企业一旦上市，市场将对企业的价值进行持续和最新的评估，从而有助于后续的企业融资，增强了企业资产的流动性。另外上市公司还有一些优势：比私有企业实施雇员股票期权更容易，也更易于收购其他企业。

公开上市有很多好处，其中很多与公司为高速发展提供资金的能力有关。公开股权市场为获得长期资本开辟了渠道，同时也满足了短期的资金需求。公司可以将 IPO 所得资金用于扩大企业在已有市场的业务，也可以投向另外一个相关市场。企业创始人和最初的投资者可以寻求变现。公开上市不但会提高公司的知名度，而且还会提高包括特许专营权在内的公司产品的销售能力。

然而，成为上市公司也有一些缺点。过于关注短期收益和业绩成果是成为上市公司的一种负面影响。而且，由于对信息披露的要求，上市公司会失去一些经营上的机密性，更不用说还得不断支付信息披露、审计和税务检查的花费了。

实行 IPO 必须支付巨额成本。首先，上市的过程中不仅存在承包商的销售和为了达到法律和会计标准的严格要求而发生的直接成本，而且还有因企业的高层管理者参与贯穿上市过程始终的、为确保发行成功而要求的路演活动而发生的成本。

另一潜在的成本是多数 IPO 者涉及锁定条款，即阻止内部人，包括创业者，从公开上市过程中获利。条款规定，创业者必须在企业公开上市后持有股票达数月甚至数年之久。由于包销商希望最初的股票购买者能够经历一次股价的迅速上涨，他最初会压低股价。这些购买者往往是包销商偏爱的客户，而他们才是上市初始受益的最大群体。

最后，创业者还应该意识到，公开上市的企业必须经过监管制度的非常细致而彻底的检查——这种检查可能限制了创业团队经营企业的自由。比如，市场倾向于反对具有风险性的商业策略，所以创业者们不得不避免这种策略。另外，投资将精力集中于此并专注于提高当年收益的短期策略，甚至是季度策略以满足投资者的要求，而不是集中于企业的长期目标。没有上市时，创业者不必考虑这些问题，而上市之后，创业者必须仔细考虑这些问题。面对公众持股人，公司管理层还必须为避免内幕交易而谨慎处理信息流程。因此，就不难理解为何企业需要兼顾成为上市公司所面临的正反两方面的因素了。

一般说来，IPO 涉及四个阶段的活动。在第一阶段，努力为“上市日”（Listing Day）作准备以使企业在上市日表现出自身的最佳水平。在第二阶段，就开始与 IPO 工作组（包销商、投资银行、代理人）紧密合作，并准备所有的 IPO 文件（注册陈述、说明书、路演材料）。第三阶段是切实的分销演练，即两三周的高层管理面对公众对企业及其股票的兴趣。但是，在完成前三阶段的活动之后，许多企业已经筋疲力尽并深知难以继续下去。另外，此时再要求高层管理团队进行往日的管理活动也似乎变得很残酷，因为他们已全心地投入到 IPO 的活动中去了。

那么，创业者是否应该视公开上市为一种可行的退出策略呢？一方面，如果企业确实需要巨额资金以实现企业的成长和发展，那么许多专家同意采用这种策略。而且，如果拥有一支有经验的、能够处理上市过程中的压力，并同时能向公开市场进行精彩路演的团队，对企业来讲就非常幸运了。在这些条件下，IPO 可以向创业者提供他们所需要的资金，以充分实现他们的愿景，并最终获得非常有利可图的退出路径。另一方面，不通过 IPO 活动，许多企业同样也实现了卓越的成长，因此 IPO 并不是长期成功的一个必要条件。

小　结

尽管只有少数的新创企业最终能成为规模较大的长寿企业，但创业理论和实践者需要了解哪些关键因素促进了新企业的成长以及如何管理企业的成长。与成熟企业相似，企业发展目标、战略与执行是成长阶段的关键任务，所不同的是，新企业的战略更具有企业家导向，企业家个人的信念、直觉决定了新企业的战略更具有适应性。同时，为了成长，新企业的管理方式开始从机会导向向行为导向转变，注重风险控制。当企业成长到一定阶段时，创业者的创业生涯和企业形态都会发生变化，创业者需要收获或退出，企业需要继续扩张或转型。有七种收获方式反映了这些变化，其中，除了企业完全出售之外，其他几种形式——金牛、员工持股、管理层收购、并购、战略联盟以及公开上市等都标志着新企业已向成长中的成熟企业迈进。

思 考 题

1. 管理新企业成长的关键因素有哪些？
2. 新企业如何建立竞争优势？
3. 新企业的组织结构具有什么特点？
4. 新企业向成熟企业过渡阶段，创业者的管理风格应该发生哪些转变？
5. 新企业为什么需要制订退出策略？

讨论案例 AOL创业之路

在争议中浮出水面

12年前（1985年），27岁的Case还是企业界的无名小辈，他用Commodore计算机推出一项聊天服务。他深深沉迷在自己的电脑空间里。“我就像来自另一个星球。”他回忆道。

今天，已成为美国在线公司CEO的Case，所做的努力就是如何将电脑爱好者的小社区推向大众市场，如何将计算机网络成功地变成娱乐和新闻的全新媒体。到1996年，他的AOL公司已拥有500万用户，每周有7.5万人加入，到1998年底已突破1 200万人。AOL已经成为网络时空中最重要的潜在力量。

AOL的成功，使计算机和通信业最大的两巨头Microsoft和AT&T也垂涎不已，并开始启动各自的网络计划。AOL将微软的网络浏览器IE推向用户，而微软前所未有地做出承诺：将AOL软件与Windows 95捆绑。AT&T则将AOL引入其8 000万用户的WorldNet服务中，使得当时的竞争对手Prodigy和CompuServe仓促应战。

许多年来，几乎所有的分析家都断定AOL必败无疑，但是AOL还是奇迹般地步步高升。即使到了1993年，公司仍出台强大的市场推广活动，以夺取市场份额，评论家们仍坚持说Case将遭遇挫折，AOL将失去控制。的确，有众多理由可支持这种观点。AOL寄出了大量的磁盘和免费试用账号，吸引了成千上万的用户，使公司网络常常超载，使AOL获得了“America on Hold”的绰号。这种侵略性的价格战使原有的用户受到冲击，对收入的刺激也未能达到预期目标。而且，微软也准备涉足在线服务，直接威胁AOL。

当然最大的阴云还是互联网。通过万维网，内容提供商可直接获取千百万用户，谁还需要AOL呢？市场顾问公司Forrester曾预测，1995年随着消费者转向万维网，AOL的新订户将徘徊不前。但是Forrester错了。为了通过减少忙音吸引用户，Case掏出3 500万美元建造了自己的数据网络，而且大胆地张开怀抱。AOL的万维网业务也一举成功。

每一个碰到他的人都会问：“你是靠什么生存下来的？”其中的秘诀就是公司独特的定位。Case始终认为AOL的发展过程中没有多少远见卓识，它的成功仅仅是因为贴近了消费群，而不像竞争对手那样一味沉迷于技术之中。Case的公司几乎有所有大公司的投资，因此他们总会向Case献殷勤。这样做也有坏处：Case个人的股份一再稀释，使其个人财富始终不高。

无疑AOL是华尔街最热门也最具争议的游戏。1992年AOL公开上市，价格每股1.84美元，经过数次拆股和配股，1997年达到50美元以上。1996年，AOL市场价值达50亿美元，为3 900万美元利润的132倍，37岁的Case，拥有了165亿美元的纸上财富。到了 1998 年底，市场价值更是奇迹般地升到 710 亿美元。

Case 1980 年毕业于 Williams 大学，在宝洁公司干过两年。这种经历使他能更接近普通消费者。“计算机业的博学者们完全脱离消费者，这是个巨大的错误。”Case 表示。

“Case 的秘密就是他找到了办法，让消费者更喜欢计算机。”Novell 总裁 Eric Schmidt 说，“看看 AOL 的用户群，全是普通百姓，他们是真正的消费者。”他认为业内人士和竞争对手一再批评 AOL 的技术，这是高科技产业极端骄傲自大的表现。

高科技、媒体和电信巨头们都进来插手这一全新的大众市场。从微软、迪斯尼到默多克的新闻公司都渴望建立自己的在线帝国。AT&T 和 MCI 等电话公司也开始介入互联网访问服务与千百家当地的 ISP 展开竞争。

但 Case 深信，与芜杂和野蛮的互联网相比，大众会更青睐 AOL 的舒适。Case 继续加大赌注，准备建造全国性的互联网骨干网，规模超过 AT&T。而且，他将继续增加内容，比如增加一系列网上出版物，旅游等项目也将大大扩充。

艰苦的创业历程

“Case 从来不缺乏自信和商业头脑，他一直是个独立的思想家，”Case 的哥哥 Daniel Case 说。他是 Case 最早的商业伙伴，现在是旧金山 Hambrech & Quist 投资银行的总裁兼 CEO。他俩一起在檀香山长大，Daniel 比 Case 大 13 个月，从小就相伴在一起。Case 6 岁那年，哥哥就用院子里长出的酸橙制成果汁，摆摊出售。每杯要价 2 美分，但许多人都给他们 5 分的硬币，不要找零钱。“我们很早就知道了高利润的价值，”Daniel 说。

几年以后，他们创办了“Case 企业”，Daniel 说那是一家“国际邮购公司”，他们或是邮购，或是上门推销，从种子到贺卡几乎什么东西都卖。同时，公司还成为一家瑞士手表公司在夏威夷的经销商，虽然他们一块手表也没卖出去，但他们一点也不感到沮丧。不久，兄弟俩又开了一家“Aloha 销售机构”，去卖广告信件。为了给信件起一个动听的名字，Case 曾在半夜把 Daniel 叫醒。两人还一起发送报纸。为什么这两个有着舒适生活的孩子会早早就有经商的爱好？“这是一种挑战，是对观念的追求。”Case 回忆说。

后来，Case 开始为某报写邮评，报纸主要是面向青少年读者。大名一出，总能不断地收到免费邮票以及音乐会的票。Case 还爱好篮球和人体冲浪。在学校，他规规矩矩，有点腼腆，是位富有创造性的好学生。

在 Williams 大学，Case 主修政治科学，虽然他唱歌的天分有限，但他是某乐队成员，还两次被聘出任领唱。毕业后 Case 进入宝洁，他说：“那是一场灾难，管理一个成熟的业务不是我的本性。”因此，两年后他就离开了。Case 就业的下一站是必胜客比萨店，负责开发新比萨饼。他花了好几个月时间，在各大城市穿梭，到处品尝，以寻找新的配方和口味。旅程使他沉湎于新的发现：PC。他买了一台

Kaypro 牌 PC，花了 100 美元订阅了“The Source”的在线服务，常常花几个小时去聊天或细读 BBS。“当我坐在旅馆的房间里，将机器联上，就有一种神奇的感觉。”当然，这也花去了他数千美元。

哥哥 Daniel 是家中最早涉及高科技的先锋。这位普林斯顿大学的毕业生，还是获得罗乐奖学金的研究生。他成了 Hambrech & Quist 公司的助理，很快代表公司成为 Control Video 公司的董事，该公司为 Atari 计算机用户开发游戏服务。

Case 的转折点出现在 1983 年，那一年他和哥哥一起去拉斯维加斯参加消费电子展。展会上 Daneil 将他弟弟介绍给 Control Video 公司的创始人。他们给 Case 提供了一份市场部助理的工作，他接受了。但不久，公司没钱了。董事会解雇了领导层，让一位在公司兼职的企业家 Jim Kimsey 担任 CEO。此时，Daniel 也进了董事会。1985 年，Case 帮助 Kimsey 一起搞到了风险投资，公司获得新生，改名为 Quantum 计算机服务公司，为 Commodore 计算机用户提供在线服务。

一开始，Kimsey 就给他一个极高的职位，但这位小兄弟喜欢一马当先，冲在最前面。1987 年，他签下了苹果公司的单子，纯粹是靠软磨硬泡，在苹果公司总部整整骚扰了 4 个月。“他们被我搞得筋疲力尽。”Case 说。

攻下苹果公司，Case 又瞄准了 Tandy，并一举拿下。但是，为了这些单子，他也将 500 万美元风险投资中的大部分当了“炮弹”。虽然这笔经费的回报是十分可观的，但对于手头很紧的 Quantum 来说，这样花钱实在太大方点了。Kimsey 回忆说：几乎董事会中的每一位风险投资家都给我打电话，让我把他给炒了。我说：“我在这小子身上投入了 500 万美元的教育费用，我怎么能把他扔掉呢？”十多年来，公司一直保持高速增长。1991 年，公司改名为 AOL。1992 年公司股票上市，筹资 6 600 万美元。不久 Case 升任 CEO 一职，并与 AOL 市场“沙皇”Jan Brandt 通过直邮将软件送给千万用户，使用户数激增。用户数量从上市时的 15.5 万狂升至 1996 年初的 460 万，这场战役打得的确扣人心弦。

走向新时代

1992 年公司收入达到 2 700 万美元，有 250 名员工，以 20 万订户紧随 CompuServe 和 Prodigy 之后。一上任，Case 就大刀阔斧。1993 年公司出台一个“以增长为目的，不惜一切代价”的策略，而且义无反顾，从未妥协。到 1996 年，员工狂增至 4 000 人，每月增加 200 人，公司不得不另辟新地，如今员工已达万人。

驾驭增长，是难度最大的挑战。Case 拿出 1 亿多美元发动疯狂的收购行动，以进一步扩充人力、物力。现在回过头来看，许多购并显然很草率。虽然 ANS 和 GNN 公司为 AOL 带来了急需的数据网和互联网访问能力，解了燃眉之急，但许多购并的软件公司，包括 Navisoft、Wais、Medior 等都得不偿失。尤其是开发浏览器的 Booklink 公司，1994 年 Case 以 4 100 万美元把它买下，但明显是一个败笔，最终 AOL 还是选用微软和网景的浏览器。

由于Netscape条件太高，AOL还是选择了微软，因为当时微软为急于追赶，答应针对AOL，专门优化。这也迫使Netscape不得不跟上，使Navigator能与AOL无缝联接。

Case是个不折不扣的工作狂。为减轻负担，他招来了公司首位COO，负责部分日常事务。但这一手太晚了，没能挽回他11年的婚姻。他和妻子在大学时相识，已有三个孩子。

在繁忙的商务中Case克服了腼腆的弱点，成为一名出色的演说家。不论他到哪里，他都要争取将AOL成为首选的频道。“这是一场力量的游戏。”Case很清醒，网络空间出现了一股比AOL更强大的力量：万维网。由于成百上千的ISP以极低的费率招揽用户，而每天都有无数的内容站点推出，AOL明显感到了压力。

首当其冲的当然是价格。当时，AOL的平均月资费已达18美元，AOL又出台了每月19.95美元无限时使用的方案，这对于那些长时间泡网的用户极具吸引力。Case明白自己无法与万维网抗衡，AOL与它的界线必然要打破，双方可相互访问。

如今，订户费用已占AOL收入的90%。由于万维网的竞争压力，AOL必须寻找新的利润来源。广告无疑是首选。Case将其千万名用户，推销给其客户，同时也与媒体巨头广结良缘。名单中有Capital Cities/ABC、时代华纳、Viacom以及德国的Bertlesmann。这些公司都有上网行动，但也都需要AOL的用户。商业网络服务和万维网的区别将日渐淡化，他们将最终实现共存。数字是最好的证据，AOL开始实实在在地赢利了。AOL也成了新时代的“蓝筹股”。1998年4月，AOL将月费提升2美元，达到21.95美元，用户反而增加。2个月前公司刚刚购并了CompuServe，两个月后又以2.87亿美元购并了ICQ。

天王登基

Case已经40多岁了。十多年来，他一直在做一件事：为AOL拉来更多的用户。在这条路上，他已花费了10亿美元。如今可以开始从他的创造中榨挤每一美元。他将用户卖给广告客户。动员零售商花费在他的地盘上建立虚拟商场，还要设法让订户付出更多的钱。像AOL这样做买卖的在网络空间真是独此一家。

Case是位谦逊的CEO，一个时刻处于忧虑的斗士，他从来没有承认过AOL的超级地位。“这仅仅是第二回合，局面可能在一夜间改变。他知道电信公司、有线网以及微软都有可能将他淘汰出局。在互联网中，规模一再构成优势。TCI购并Bell Athantic要修建信息高速公路，时代华纳已在机顶盒上投入巨资，MCI和NEWS公司已携起手来，AT&T为长途用户提供每月4.95美元的网络访问服务，盖茨则与NBC一起推出了MSNBC……在这场混战中，Case凭什么能脱颖而出？

换上别人，可能早就知趣地引身退出，但是对于Case，从第一次起他就相信自己做的是一个大生意，而且从没退缩和动摇。“我相信奇迹会发生”。可以说AOL的成功基础就是Case的信念：在线服务必须方便试用，容易使用，但是现在过于复杂。证据就是，为了提供更好的服务，AOL 有 5 500 人通过电话向用户解释那些我们认为很简单的事情。事实上，对他们来说，许多东西都变复杂了。”尽管业界精英们热衷于新技术、新突破，他们将 AOL 讥笑为“火车轮子上的互联网”。

当你见到 Case，你就会明白一切，因为 Case 本人就极其普通，一点也不像媒体大亨。他穿着卡其布敞领 T 恤衫，吃的是火鸡三明治，孩子气的脸庞。他聪明多智，但不属于天才。其实，Case 骨子里还是一名小贩。他早期为宝洁推销卷发器，然后在必胜客品尝新式比萨饼，去了解人们是喜欢番茄酱还是奶油。也许这就是 AOL 能够保持不败的秘密。

AOL 不是互联网时代的暴发户，它以整整 10 年时间创造需求，吸引客户。但是，AOL 是互联网时代的领头羊，先是稳稳站住脚跟，然后开始健康成长。这如履薄冰的 10 年实在令人后怕。由于 Case 从来没有运作过大公司的经营，这使 1995 年、1996 年公司也处于失控状态。1996 年 12 月，AOL 取消每小时 2.95 美元的计费方式，代之以统一的每月 19.95 美元的收费。结果造成系统超载，老用户都有一种上当受骗的感觉，怨声四起。他在一夜之间使 AOL 成为美国人生活的一部分，使网络第一次开始真正影响人们的生活。

另一位传奇人物 Bob Pittman 的加入，使 AOL 如虎添翼，而且开始极大地改善了公司财务。Pittman 是个市场天才，为了电台的工作他不惜从大学退学，并且成了 NBC 著名的节目负责人。后来他与别人共同创办了 MTV，并发动了极其成功的“我需要 MTV”的广告宣传活动，1986 年离开 MTV 后，四处漂荡。Pittman 曾制作脱口秀，负责时代华纳的“主题公园”，又担任“20 世纪”的 CEO，为房地产商建立了在线服务。这些工作他干得都不错，但都在聚光灯之外。因此，当 Case 拉他当 AOL 总裁时，这家伙兴奋得差点要跳起来。“这是美国下一个魔怪般的行业”。Pittman 又有机会证明自己了。

AOL 面临的问题其实很简单，这是打价格战的行业。越来越多的人花越来越多的时间泡在网上，这是一个大好消息，但你就得考虑成本的激增。1997 年，AOL 增加了 290 万用户，网络建设和用户服务的额外投资就需 7 亿美元。

44 岁的 Pittman 首先向成本发动攻势，一举裁掉因购并而多余出来的人员，其次与主干网 World Com 等供应商讨价还价，将 AOL 每小时的连接成本从 95 美分降至 50 美分，而且在他的长项——市场方面总能以更少的钱做更好的事，使 AOL 品牌进一步得以加强。近两年，AOL 每争取一个订户的成本已从 375 美元，急骤下降到 90 美元。当然，节省不是真本事。Pittman 要从零售商、广告客户、出版商、节目制作公司以及每一个想利用 AOL 的人身上榨出更多的美元，而且都是大钱。

当然，将 AOL 和 Case 推向顶峰的还是购并网景。1998 年 11 月 24 日，AOL 宣布以 42 亿美元收购网景。现在，AOL 股票市值近 1 700 多亿美元，已超过 DELL、HP、Compaq，仅次于微软、Intel、Cisco，成为互联网时代无可争议的领头羊。如今，再也没有人会对 Case 说长论短，他是网络时代的真正天王。

资料来源：科林·巴露，罗伯特·布朗．小企业三步曲：创立、生存与发展．宁光洁，等，译．北京：机械工业出版社，1999.

问题：

1. IT 行业成功的关键要素是什么？
2. Case 的性格与 AOL 公司发展有何关系？
3. AOL 公司采取的融资方式是什么？
4. AOL 公司面临的行业竞争状况是什么？

附 录

全球创业研究与创业教育

创业研究的思想流派与研究方法

创业学研究在近20年得到快速发展，研究方法从早期的对创业者的实证调查研究到后来增加了更多情景条件和过程导向的多维视角研究。

创业理论是一种多学科或交叉学科理论，这一理论既能解释创业、预测创业行为（比如将那些有利于盈利而形成新企业的机会特征化与资本化），又能提供规范性的创业指导（比如在特定环境下如何做出正确的创业决策和采取正确的行动）。

既然是一种交叉学科，便有多种方法解释和理解这一学科领域的特征。这些思想或方法可以分为基本的两大类，它们是创业思想学派和创业过程学派。①

一、创业思想学派（The Schools of Entrepreneurship Thought）

创业思想学派将创业界定为一些特定的行为，这些行为又可分为宏观和微观两种，两者都针对创业的思想行为特征来研究。

宏观创业观（Macro View）包括环境思想学派、金融/资本思想学派和替代思想学派。

微观创业观（Micro View）则以创业者特质学派、创业机会学派和战略规划学派为主要思想学派。

（一）宏观创业观

宏观创业观提出了一个较宽泛的与创业成功或失败相关的一系列因素。这些因素大部分是超越了个人创业者所能控制的外部活动。三个宏观创业学派在分析这些因素时各有侧重。

---

① Donald F. Kuratko, Richard M. Hodgetts. Entrepreneurship: Theory, Process, and Practice. 北京：清华大学出版社，2004.

1. 环境思想学派（Environmental School of Thought）

这一学派着重研究影响潜在创业者生活方式的外部因素，这些因素对创业者希望的理想目标可能是积极的，也可能是消极的，问题焦点取决于所在机构、价值观方面的差异，尤其是这些因素共同作用，形成强烈影响创业者（企业家）产生的社会政治环境。例如，一个中层经理有一个自由和鼓励创新的工作经历，这样的工作环境容易激发人们去追求创业职业的渴望。另一个环境因素是一个人所在的社会群体。朋友圈和亲戚也容易影响一个人成为创业者的渴望。

2. 金融/资本思想学派（Financial School of Thought）

这一学派是基于资本寻求过程。寻求种子和成长资本是整个创业的重点（有些文献也把这类思想归入过程学派），创业资本寻求过程是创业者发展的关键。这一学派是从财务管理角度出发来研究整个创业过程。

3. 替代思想学派（Displacement School of Thought）

这一学派关注群体氛围。它认为，群体会影响或消除个人计划进入创业企业的某些因素。当个人被禁止或阻止从事其他活动时，他（们）才会选择创业。

（二）微观创业观

微观创业观着重考察只与创业相关的内部因素，潜在（未来）创业者有能力控制或调整这些影响因素的结果。与宏观创业思想从外向里看不同，微观创业思想是从里向外看。三个主要学派：创业者特质学派、创业机会学派和战略规划学派，显示了它们各自看问题的方式。

1. 创业者特质学派（Entrepreneurial Trait School of Thought）

这一学派试图研究成功的创业者所具有的共同特质。基于成功的创业者展现了共同的特质这一假设，他们得出的结论是：如果这些特质可以复制，那么可以增加模仿者成功的机会，比如，成就动机、创造性、毅力、技术知识等成功创业者展现的重要特质。另外，家庭和教育背景等也是通常考察的因素。这样的理论推理容易产生这样的信念，即一个人成长早期建立和获得支持的特质会最终导致创业成功。

2. 创业机会学派（Venture Opportunity School of Thought）

这一学派集中研究新企业发展的机会方面。寻求创业理念来源、概念开发、创业机会的开发等都是这一学派研究的兴趣所在。创造性和市场意识被认为是核心。此外，按照这一学派的思想，在正确的时间，为正确的市场细分提出正确的理念是创业成功的关键。

这一学派的另一发展分支是称作"通道原则"（Corridor Principle）的思想。该思想认为，机会可能无处不在，无时不在，它可以以不同的方式出现。当机会出现时去识别机会的能力并能采取必要的步骤去行动是创业成功的关键因素。要使机会变成运气，事先做好必要的准备就是通道原则的基础，这实际上等于我们通常所说的，机会总是垂青有准备的人。这一学派的支持者认为事先预备（准备）适当的具有交叉学科性质的商业知识会增强识别创业机会的能力。

3. 战略规划学派（Strategic Formulation School of Thought）

这一学派强调在成功的创业发展过程中计划的重要性。Ronstadt 将战略规划看作是一系列独特要素的平衡运用。只有确认和使用独特的市场、独特的人、独特的产品和独特的资源(包括获取资源的能力)才能建立一个有效的创业组织结构。与战略思想相一致,这一学派的思想体系中突显了创业过程中战略适应性的重要性。

尽管现有的有关创业方面的知识和研究还处在兴起发展阶段，但将各学派零散的思想整合起来描述创业领域的思想还是可能的，他们是创业理论的基础。然而，既然管理理论使用“理论丛林”作为理解它的基础，那么，创业学在成长和发展过程中也可以使用多种理论。

二、创业过程学派（ProcessApproaches）

考察创业行为的另一种途径是过程和方法。尽管有很多方法和模型试图将创业过程和它的许多要素结构化，但这里主要考察三种传统的方法。第一是整合方法，这些模型体现了影响创业行为的理论和实践的概念。第二种方法是创业评价方法。第三种是多维方法，将个人、环境、组织和过程整合在一起。所有这些方法都试图把创业的过程描述为一个多种要素的联合体。

（一）整合方法（Integrative Approach）

整合方法中的模型是围绕着创业过程的投入和产出这些概念建立起来的，投入要素集中在创业过程本身和对创业过程做出贡献的五个关键因素方面。第一是环境机会，比如人文统计要素的变化、新技术的发展以及新的管理规定的出现；第二是一些个人提出了建立新企业的建议；第三，个人创业者提出了一些商业或经营理念，能够将机会资本化；第四，创业者转化商业机会需要在特定的企业环境下执行，需要特定的组织形式，比如，从个人独资小企业到大公司；第五，需要各种各样的财务和非财务资源维持新企业的运营。

创业过程的产出要素包括创业目标实现的程度。由于创业过程是可变的,因此创业结果可能产生多种事件。根据创业的强烈程度,最终结果可能是建立一个或多个运转中的企业;价值创造;产生新产品、新流程、新技术、利润、工作岗位和经济增长等。当然,创业结果也可能是失败以及随之而来的经济的、心理的和社会成本。

这一模型不仅提供了一个相当综合的创业图景，而且能在不同层次上应用。比如，模型描述的创业环境不仅适用于独立的新起步公司，也适用于大公司的部门或战略业务单元。见附图 1

（二）创业评价方法（Entrepreneurial Assessment）

创业评价方法强调对创业者、企业和环境做定性、定量、战略和伦理的评价。为了考察创业，这些评价的结果必须能够用来比较创业者（企业家）职业的早期、

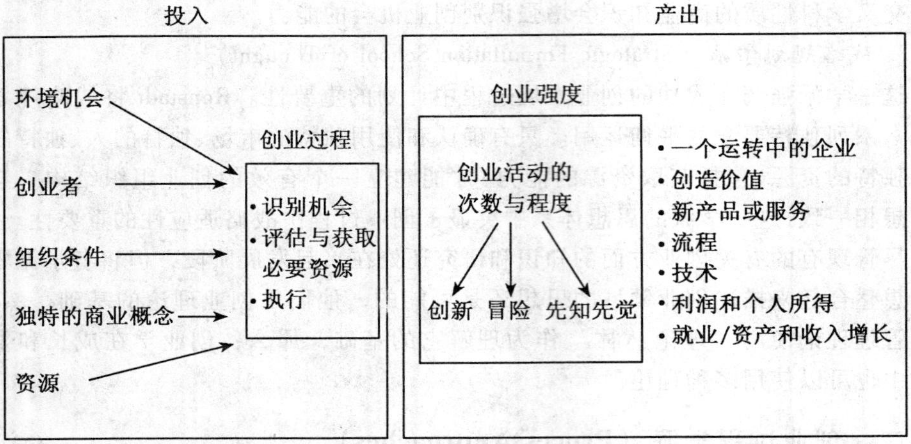

附图 1　创业投入和产出的整合模型（Morris Model）

中期和晚期的表现。Ronstadt 用术语将这一过程定义为“创业（企业家）透视”。见附图 2。

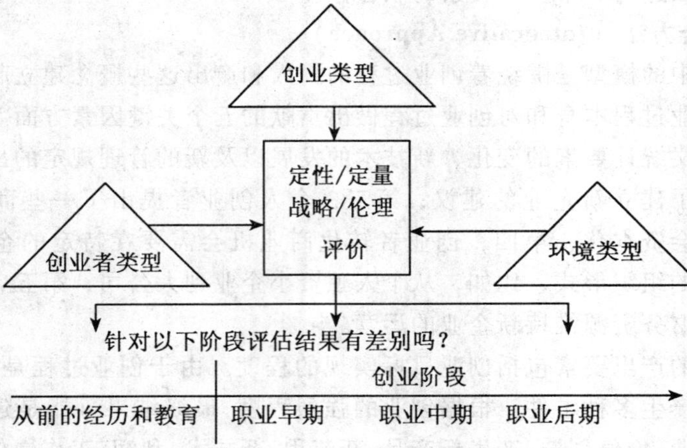

附图 2　创业评价方法（Ronstadt Model）

（三）多维方法（Multidimensional Approach）

一个更为详细的创业过程方法是多维方法，它将创业过程看作是一个复杂的、多维度（角度）的框架，强调个人、环境、组织和过程。与每一维度相关的要素列示如下。见附图 3。

个人：

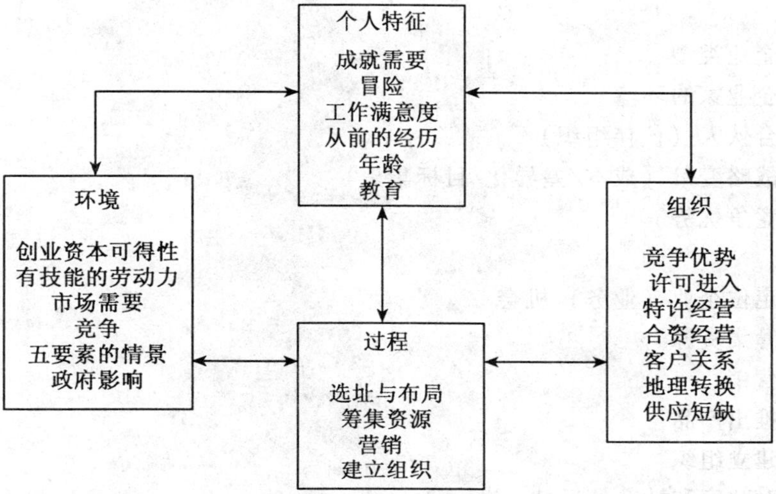

附图 3 创业研究的多维方法（Johnson Model）

（1）成就需要
（2）控制点
（3）冒险倾向
（4）工作满意度
（5）从前的经历
（6）年龄
（7）教育
环境:
（1）创业资本的可得性
（2）有经验的企业家的存在
（3）有技能的劳动力
（4）获得供应商
（5）获得消费者或新市场
（6）政府影响
（7）邻近大学
（8）土地或设备的可得性
（9）交通的便利性
（10）地区居民的态度
（11）支持服务设施的可得性
（12）生活条件

组织:
(1) 企业类型
(2) 企业家的环境
(3) 合伙人 (伙伴组织)
(4) 战略变量 (成本/差异化/目标集聚)
(5) 竞争优势
过程:
(1) 定位企业 (业务) 机会
(2) 筹集资源
(3) 营销
(4) 推出产品
(5) 建立组织
(6) 对政府和社会的反馈

另外, 蒂蒙斯也建立了一个基于机会、资源和团队三要素的创业过程模型, 见附图4。

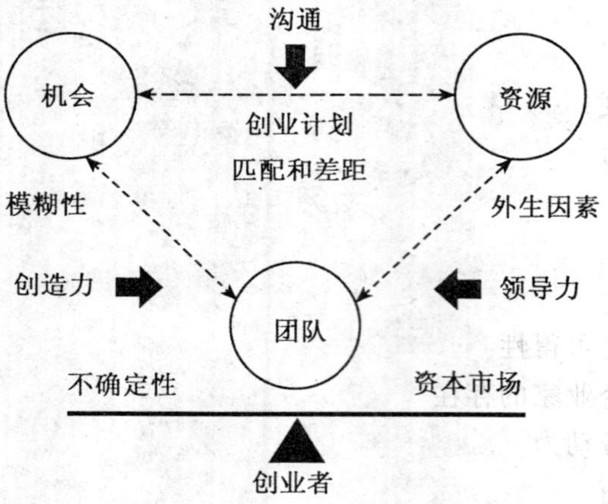

附图4 创业过程的蒂蒙斯模型
(Timmons Model of the Entrepreneurial Process)

该理论认为, 创业过程依赖于商机、工作团队和资源这三个要素的匹配和平衡。商业机会是创业过程的核心驱动力, 创始人或工作团队是创业过程的主导者, 是原始创业成功的必要保证。创业过程是一个连续不断地寻求平衡的行为组合。

具体来讲, 创业过程始于商机, 而不是资金、战略、关系网络、工作团队或创业计划。在企业刚启动时期, 大多数情况下, 真正的商机比团队的智慧、才能或可获取的资源更重要。创业团队的作用就是利用自己的创造力在模糊、不确切的环境中发现商机或者创造商机，并利用资本市场环境、外生因素等组织资源，领导企业来实现商机的价值。在这个过程中，资源与商机是匹配、不匹配再到匹配的动态过程。创业计划通过一定格式的语言，描述了三种驱动力的特性，以及它们之间的适合度和平衡度。

创业研究的多学科性质

创业作为一个讨论和分析的主题，也吸引了经济学和管理学之外的其他学科研究者的兴趣。

一、社会学的研究

社会学家更倾向于把创业现象和相关的问题置于一个社会背景下研究。他们从企业家群体的角度，把创业行为解释为一种处于劣势的少数群体寻求改变现状的一种手段。并认为，由于企业家处于失去或面临失去社会地位的境况，所以他们才愿意承担创业的风险。这种观点比较符合中国创业早期的情景，即大多数创业属于生存型的创业。但美国硅谷和128公路的创业扩散实践说明，企业家并不都是为形势所迫。创业是通过其他渠道对社会缺乏流动性的一种回应（Low，Macmillan，1988）。Reynolds（1991）从三个方面归纳了社会学在创业研究上的进展。第一，由于当今创业的蓬勃发展，社会学家开始重新审视原有的假设，即大规模生产性组织在社会中具有绝对经济优势的假设。第二，影响创业的许多社会因素受到更多的关注，如现代化、政府在经济发展中的角色，非经济问题以及组织的群体问题和生态境遇等。第三，关于如何建立创业的行为模式方面，社会学家尝试研究了人口统计特征对创业的影响，并把社会网络与创业行为结合起来研究。

二、心理学的研究

在心理学看来，创业是创业者特有的一些个性特征或行为，但对这一问题的研究却有两种截然不同的观点。一些学者认为，创业者具有一定的个性/心理特征，如成功需求、内控点、高风险偏好、高模糊容忍度等（Mclleland，1961）。另一些学者则认为，成就需要与创业决策之间并没有必然联系（Sexton，Bowman，1985），创业者之间的差别和创业者与非创业者之间的差别一样多（Gartner，1985）。

三、社会文化理论的研究

社会文化理论将创业的产生和影响置于一定的社会文化环境中，将创业精神与创业环境联系起来，把文化和特定的商业环境作为创业的决定因素，研究其与创业者特性和创业过程之间的关系。这一研究结果可以用来解释什么样的文化有利于产生创业者，为什么有些地区创业活跃，而另外一些地区则不然。用社会文化理论研究创业的开山鼻祖是韦伯（Webber），他在《新教伦理与资本主义精神》（1930）一书中最早将创业精神与社会环境联系起来，认为新教主义的兴起鼓励了勤劳、节俭和为积累财富而奋斗的精神，这反过来又促进了资本主义的发展。

四、信息经济学的研究

这一研究强调创业研究的方法和范式。Shane（2001）认为，创业研究正转向一个基于信息概念的研究框架，这一新范式意味着创业观念的改变，即从把创业看作是某类个体的特权转变为把创业看作是信息在社会中不均衡分布的结果。创业根植于经济系统，由于经济系统在人群间信息分布不对称，因此，他们拥有的信息是异质的，从而导致创业机会的存在和发现，每个人或多或少地掌握一些别人所没有的信息，因而在某种程度上总是存在可能产生利益的资源交易机会。用这一范式来研究创业过程，创业者在创业过程中努力开发利用自己所掌握的信息，从而导致他们为搜集资源和利用机会而建立的组织具有重要的结构化特征。

创业研究的范式

一种范式应该涉及到研究对象、研究内容与重点、研究目标、逻辑主线和研究方法等方面的内容。人们对管理研究范式也进行了多方面的探讨。国内外学者从系统、战略、人本、知识管理、服务管理等角度对传统管理理论进行了反思，并提出一些有启示的观点。如 Gummesson（1993）为强调价值的重要性，识别了三种管理范式，即制造范式（Manufacturing Paradigm）、行政法律范式（Bureaucratic Legal Paradigm）和服务范式（Service Paradigm）。他认为目前我们正在从商品聚焦范式转换到服务聚焦范式。姚立和刘洪（2002）依据复杂系统理论，将企业作为一类非线性复杂系统来研究企业管理的范式转换。

尽管创业的概念最早来自经济学文献，但产生大量系统的研究成果还是来自管理学领域的学者们的贡献。因此，创业研究的范式遵循管理学研究的平台，创业研究是管理研究的一个分支的观点得到大多数学者的认可，美国管理学会成立了创业研究分部即是一个例证。

近 20 年来创业管理的研究取得了很大进展。在研究的内容和范围上，对个体创业的研究从对个性心理特征分析转向对行为和认知内容和过程的研究；从个体创业的研究，扩展到包括在各个层面组织环境下的新经济活动的研究。在方法上，大量运用经验研究方法，开始进行纵向研究，使用多元技术以及使用信度和效度检验，提出并初步形成了共同的创业研究范式。如 M. B. Low 和 I. C. Macmillan

(1988) 提出了创业研究学者应遵循的研究范式，即目的、理论视角、焦点、分析层次、时间框架和方法论等六方面的规范。该方法提出后，掀起了创业管理研究的热潮，并遵循这一研究框架取得了一系列的成就。在研究的理论视角上，一些其他领域的特殊视角，如演化理论、资源理论等被吸收和利用，并开始取得成就。

杜宾（Dubin，1978）首次提出了建立一套新理论的方法，这一方法特别适用于管理领域的研究。杜宾提出了建立理论的八个阶段：（1）理论单元（概念）；（2）概念之间的互动规则；（3）理论边界（可以应用的理论范围）；（4）理论的系统条件（理论可以操作的条件）；（5）理论主张（理论在应用中的逻辑推论、演绎）；（6）实证指标（用来检验主张的实际衡量指标）；（7）假设或命题（对概念之间的可预测价值和相互关系的陈述）；（8）研究结果（可预测价值和相互关系的测试结果）。

如果用杜宾理论来评价创业理论研究的进展，那么可以说，目前的创业研究还处在前三个阶段。随着创业研究的深入，对创业研究文献的不断梳理和总结，形成了非常有价值的概念框架结构模型。如 W. B. Gartner（1985）提出了个人、组织、创立过程和环境的创业管理模式；William（1997）在 Gartner 概念框架的基础上，提出了由人、机会、环境、风险和报酬等要素构成的创业管理概念框架；Timmons（1999）提出了机会、创业团队和资源的创业管理理论模型；Christian（2000）提出了创业家与新事业之间的互动模型，强调创立新事业、随时间而变化的创业流程管理和影响创业活动的外部环境网络是创业管理的核心问题。

Davidsson（2003）基于 Shane 和 Venkataraman 的信息不对称的观点提出了创业研究基本框架，即四个相互联系的问题：（1）创造新的或未来商品和服务的机会为什么、什么时候、如何以及为谁存在；（2）个体、组织、区域、产业、文化、国家等分析单元为什么、什么时候以及如何发现并开发这些新的创业主意；（3）创业者在开发创业主意的时候为什么、什么时候以及如何采取不同的行为方式；（4）针对不同的创业分析层次，开发创业主意的努力产生了什么结果或产出。

另外，也有一些学者认为，无论是对于新企业还是现有或成熟企业，创业管理应该有其独特的研究框架和方法。创业研究要想取得自己学术地位的合法性，就必须定义自己与其他理论的边界。如 Busenitz 教授在他的创业四要素模型（附图 5）里提出了创业学与其他学科的交叉性，探讨了创业学研究的边界问题。

从附图 5 中可以看到，在创业研究中经常出现的主要是四类要素：个体和团队范畴关注的是个体或团队的特征，不同类型的创业者以及创业者与非创业者之间的比较，个体或团队智力资本的动态发展过程；创业机会经常从市场和环境的研究演化而来，包括机会的构成、机会的影响因素等；创业组织的模式范畴包括管理实践、资源的获取和配置，为了发现并把机会转化为可行的产品或服务，而进行的系统、战略和结构的发展等；环境范畴关心的是在一定的生态、文化、经济或市场要

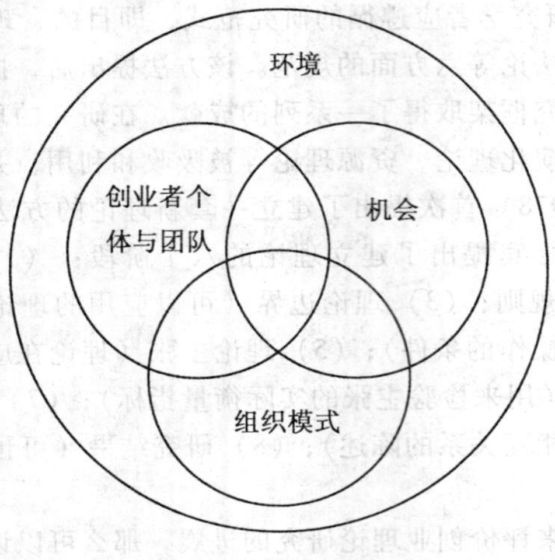

附图5 Busenitz 四要素模型

资料来源：Lowell W. Busenitz et al. Entrepreneurship in emergence: Past trends and future directions. Journal of Management, 2003, 29 (3): 285-308.

素的基础上，促进或抑制创业活动的影响变量等。但是，这些范畴的具体研究边界是什么，与战略管理、组织行为学的边界如何界定；创业机会能否成为创业研究所独特的研究范畴等，类似问题还需要进一步深入探讨。

除了机会范畴，其他范畴的研究已经比较丰富，都曾被管理学或非管理学领域研究过。因此对于创业机会的研究有可能成为一个很有潜力的领域，目前没有任何一个学科把机会作为自己的核心范畴。但是，也应该意识到个体的差异、机会、组织模式、环境等都是影响创业的重要因素，因此探究这几个范畴之间的关系是很重要的，比如个体的差异是如何影响对商业机会认知的，创业者是如何通过调动必要的资源来利用这些机会的等。

所以，界定创业研究的边界，区分创业管理与一般管理的联系与差异，这涉及到管理理念与思维、管理重点与方式等组织行为的改变，这就是前面所讲到的创业管理与一般管理的差异，而不仅仅是企业成长的阶段性的管理差异。如果说一种范式应该涉及到研究对象、研究内容与重点、研究目标、逻辑主线和研究方法等方面的内容，那么创业研究与管理研究至少在目前还不能在以上所有方面与一般管理尤其是战略管理有鲜明的不同之处，细微差别之处可从前面介绍过的来自百森学院的小斯蒂芬·斯皮内利（2006）教授归纳的新管理范式中得到理解。

基于创业研究领域的研究成果，创业管理的范式可以概括为：以环境的动态性与不确定性以及环境要素的复杂性与异质性为假设，以发现和识别机会为起点，以创新、超前行动和勇于承担风险等为主要特征，以创造新事业的活动为研究对象，以研究不同层次事业的成功为主要内容，以心理学、经济学、管理学和社会学方法为工具研究创业活动内在规律的学说体系。

创业教育

创业能力是一种生存能力。创业教育是一种培养和提高生存能力的教育。

1989 年 11 月在北京召开“面向 21 世纪教育国际研讨会”。会议代表“要求把事业心和开拓技能教育提高到目前学术性和职业性教育所享有的同等地位”。世界经济合作和发展组织的专家柯林·博尔更将创业教育总结为：未来的人应掌握的“第三本教育护照”。创业教育思想提出后，得到了联合国教科文组织、世界劳工组织、世界银行和国际教育署的大力支持和积极倡导。

联合国教科文组织指出：“创业教育，从广义上来说是指培养具有开创性的个人”。在该组织《教育——财富蕴藏其中》的报告中进一步指出：在基础教育阶段，实施就业创业教育的主要着眼点，是培养全体受教育者的就业意识、创业精神和社会责任感，努力提供使受教育者终身受益的教育培训。唯有如此，教育才能真正承担起教人生活、教人做人的重任。自此，世界创业教育获得了快速的发展。很多国家在不同程度上进行了就业创业教育的探索。

一、全球创业教育的历程

1947 年，Myles Mace 在哈佛商学院开设了第一门创业学课程《新创企业管理》，揭开现代创业教育的序幕。然而，在随后的 20 年中，创业教育却并没有流行起来。到 1970 年，情况发生了很大的变化，突然间有 16 所大学开设创业教育方面的课程。进入 20 世纪 80 年代，由于科技企业创业活动日趋活跃，形成新一轮创业研究和创业教育的热潮，越来越多的院校开始重视开发创业学教育项目。到 1995 年美国有 400 多所大学开设创业学课程，其中许多大学开设创业学系列课程。近年来，一向以“一般管理”而著称的哈佛商学院也围绕着创业学而重组课程，并形成被称为“创业型管理者”的方向课程，2000 年又将创业管理学确定为 MBA 学生第一年的必修课程。目前，哈佛商学院已在该方向开设了 24 门课程。加州大学洛杉矶分校的创业相关课程也达到 24 门。芝加哥大学、斯坦福大学、麻省理工学院等目前也都专注于此领域，并建立了相应的研究中心。

目前，欧洲和美国重要大学与商学院基本上都开设了创业学方面的课程，其中全球顶尖商学院哈佛商学院、宾夕法尼亚大学沃顿商学院、伦敦商学院以及欧洲国际商学院（INSEAD）以其成功的创业教育项目而闻名于世。参见附表 1、附表 2 和附表 3。

附表 1 美国七所高校创业研究机构①

学校	创业研究机构	研究机构成立时间（年）	是否提供创业教育课程
Babson	Arthur M. Blank 创业中心	1978	4 门必修课和 15 门选修课程
GSB of Stanford	创业研究中心	1996	提供 11 门课程
Sloan-MIT	MIT 创业中心	1996	提供 24 门课程
HBS	创业中心	2003	提供 24 门课程
Chicago GSB	Michael P. Polsky 创业研究中心	不详	提供 14 门课程
Wharton	Snider 创业中心	1972	提供 20 门课程
Kellogg	Helzer 创业研究中心	1988	提供 30 门课程（Kellogg 管理研究生院提供创业项目，并设有创业和创新专业）

附表 2 美国七所高校创业教育对象

学校	本科教育是否有相关课程和授予相关学位	MBA 教育是否有相关课程和授予相关学位	是否有相关的博士学位	高级培训
Babson	有/授予	有/无相关学位	没有	有相关课程
GSB of Stanford	有/无相关学位	有/无相关学位	没有	有相关课程
Sloan-MIT	有/无相关学位	有/无相关学位	有	有相关课程
HBS	有/无相关学位	有/无相关学位	没有	有相关课程
Chicago GSB	有/无相关学位	有/无相关学位	没有	有相关课程
Wharton	有/无相关学位	有/无相关学位	有	有相关课程
Kellogg	有相关学位	有相关学位	没有	有相关课程

① 附表 1 和附表 2 的数据来自高建教授在 2006 年南开大学首届中美创业教育师资班上的讲座。

附表 3　　美国大学已经和计划开设创业学课程的学院数量①

课程名称	针对本科生		针对研究生	
	已经开设	计划开设	已经开设	计划开设
创业学	128	14	98	5
小企业管理	109	5	31	2
企业咨询	44	4	31	3
企业创建与运营	34	2	18	1
创业计划写作	31	3	23	1
风险投资	30	4	30	6
家族企业	16	6	12	3
机会管理	15	1	9	0
管理快速成长企业	11	4	10	4
创造性思维	10	1	7	2
特许经营开发	9	3	9	2
创新评估	7	0	21	1
技术转移	6	2	22	4

我国作为联合国教科文组织“创业教育”课题的成员国，早在 1991 年就开展了基础教育阶段创业教育的研究。当时已在 6 省、20 个县乡和 30 多所学校进行了创业教育的实验，但是未能推广和坚持下去，没有成为全国教育改革的主流。

我国的创业教育真正形成气候是在 20 世纪 80 年代末受新经济引发的全球创业浪潮的影响下开始受到重视的。创业教育最早从高新技术产业开发区开始。当时个别院校教师已经在教学过程中穿插了一些创业的内容。比较成体系的创业管理教育还是起始于 20 世纪 90 年代末，一些高等院校开始开设创业学教育课程和培养研究生，2001 年教育部还在清华大学、武汉大学等设立“创新、创造和创业”（简称“三创”）教育试点。2003 年 3 月教育部高教司在北京航空航天大学召开了创业教育试点学校工作会议，总结了清华大学、北京航空航天大学、中国人民大学、上海交通大学、南京经济学院、武汉大学、西安交通大学、西北工业大学、黑龙江大学等九所大学创业教育试点的经验，进一步推动了创业教育工作的深入开展。

自此，创业教育在全国教育系统红红火火地开展起来。

二、创业学课程体系与内容

一种观点认为，创业教育的课程应由三个部分构成，即认识机遇、整合资源和

① 张玉利等．创业管理理论与实践的新发展．北京：清华大学出版社，2004：16.

创造操作型商业组织。

认识机遇——认识市场上未满足的需求，提供服务或商品，以满足市场需要，这要求个体对市场和消费者的需求有深入、细致的观察，有较强的改造和适应能力。

整合资源——敢于冒险和投资，同时要能够稳定外在的投资环境。

创造操作型商业组织——利用创办的企业为市场提供所需产品和服务，这要求个体具有发展、融资、营销、管理等多方面的能力。

另一种观点认为，创业教育的课程应侧重于三个观念的形成，即评估市场机会、使资产保值、维持和促进企业发展。

第三种观点认为创业学课程的设置，应该考虑到教育对象的差异。这一观点认为由于教育对象的变化性，创业教育应该制定出学习的起点和课程的目标体系，包括三个方面：（1）形成想法，包括学会把握商机，洞察消费者心理，了解市场服务、生产、价格，个人创造力的自我评估，可行性研究，掌握各种进入策略等。（2）准备创办公司，包括评估个人资产，分析风险性，制定可操作的创业计划寻找合伙人等。（3）公司运作，包括源分配，营销策略的应用，财务人事管理等。

附表 4 至附表 6 是美国著名的商学院针对本科生和研究生制定的创业学课程大纲。

附表 4　　百森商学院针对本科生和研究生的创业学教学大纲

本科生大纲	准备工作	研究生大纲
基础管理经验		整合的核心课程模块
创业和创业计划		创业和创业计划
创业融资	基础课程	创业融资
管理成长型企业		新企业成长战略
真实创业经验		管理成长型企业
家族企业		家族企业
社会创业管理		社会创业
特许经营和经销	专业课程	特许经营和经销
风险投资、天使投资和孵化器		MBO/MBI
		公司创业
组织内部创业		公司新事业开发和收获
权益和风险资本		权益和风险资本
企业和税收计划	辅助课程	企业和税收计划
创业营销		创业营销
独立研究		独立研究

附表 5 哈佛商学院（HBS）的创业课程

- （家族企业管理）Management of Family Business
- （网络化管理）Managing Networked Management
- （房地产）Real Property
- （风险投资与私有产权）Venture Capital and Private Equity
- （变革时代的创业管理）Entrepreneurial Management in a Turnaround Environment
- （教育改革中的创业精神）Entrepreneurship in Education Reform
- （全球企业的演进：创业视角）Evolution of Global Business：Entrepreneurial Perspective
- （国际房地产：实地调研会议）International Real Estate：Field Study Seminar
- （创造性管理）Managing for Creativity
- （技术创业管理）Managing Technology Ventures
- （女性创业：实地调研会议）Women Building Business：Field Study Seminar
- （创业融资与私有产权）Entrepreneurship Finance and Private Equity
- （新企业战略）New Venture Strategy
- （新企业和小企业管理）New Enterprise and small Business Management
- （创业专题）Special Topics in Entrepreneurship
- （创业实习研讨会）Entrepreneurial Internship Seminar
- （技术战略）Technology Strategy
- （电子经济下的企业经营）Business in the Electronic Economics
- （战略和信息经济）Strategy and Information Economy
- （网络创业）Internet Venture

附表 6 斯坦福大学（Stanford）的创业课程

- （私有产权投资研讨会）Private Equity Investing Seminar
- （投资和创业）Investment and Entrepreneurship
- （金融中介和资本市场）Financial Intermediaries and Capital Market
- （IPO 管理：控制系统）Management to IPO：Control System
- （全球化启动战略）Startup Globalization Strategies
- （创业：新企业的形成）Entrepreneurship：Formation of New Venture
- （创业和风险资本）Entrepreneurship and Venture Capital
- （管理成长型企业）Managing Growing Enterprise
- （评估创业机会）Evaluating Entrepreneurship Opportunities
- （信息处理产业的战略和行动）Strategy and Action in the Information Processing Industry
- （技术和创新战略管理）Strategy Management of Technology and Innovation
- （全球市场，国家政策和企业竞争优势）Global Markets，National Policies and the Competi

续表

-tive Advantage of Firms ●（公司创业：技术和新业务开发战略）Corporate Entrepreneurship: Strategy for Technology and New Business Development ●（全球创业实验室）Global Entrepreneurship Lab ●（创业早期资本筹集）Raising Early Stage Capital ●（为融资而做的创业计划）Business Plan that Raise Money ●（技术和创业战略）Technology and Entrepreneurial Strategy

三、创业教育的目标

像所有的商业教育（或管理教育）的目标一样，创业教育的基本目的在于三个方面：传授知识（give knowledge），提升技能（sharpen skills），磨砺思维方式（shape mindsets）。

创业教育的目的在于为那些有志于创立或进入新创企业的学生提供必要的知识结构和技能，也为那些打算进入正进行企业内部创业的处于成长期和成熟期企业的学生提供职业指导。

一个普遍认识是，创业教育课程应着重帮助受教育者形成创业者所应具有的品质，因此，规定了创业教育应该具有下列目标：了解创业者的个性特征，具有把握商机的能力；运用基本的知识和能力形成有效的创业计划；了解各种进入策略，通过市场信息判断创业计划的可行性。创业者具有这些品质，不仅有利于个体适应创业型企业的发展，还有利于个体适应社会各个方面的竞争。

美国考夫曼创业领导中心对创业教育目标的定义是：向个体提供把握别人没有注意到的机会所需知识和技能的过程，是培养学生在别人犹豫不定的问题上具有洞察力和自信心的过程。创业教育要在机会识别、整合资源以应对风险、创建企业方面给学生以具体的指导，同时要在新创企业管理方面提供学生必要的知识，如创业计划的编写、资本开发、营销和现金流分析等。

具体来讲，创业教育要帮助受教育者获得如下知识和技能：

●增加对新创企业的创立与管理的过程的认识与了解

●增加学生对创业生涯选择的了解

●加深对管理职能相互关系的了解

●改进对创业者特殊才能的评价

●了解新创公司在经济中所扮演的角色

●培养学生对新机会的识别、评估和捕捉的能力，使他们具有企业家特质

●培养学生应对不确定性环境的能力

●培养学生掌握和运用管理知识和技能创建并管理新企业、新事业，使机会转化为商业利润和社会价值

美国创业教育协会提出，创业是一项终身的学习过程，主要包括五个发展阶段。教育体系中的每个受教育者都应该接受初级阶段的教育，而高级阶段的教育主要应面向创业者和企业家。每一个阶段的教育内容，既可以单独设置课程，又可以融入其他课程之中。

1. 基础阶段

小学、初中和高中的学生应该对企业所有形式有所了解，关键要意识到自由市场经济为经济和事业发展提供了良好的机遇，以及基本技能培养的必要性；在这一阶段的教学中，学生学习动机和对机遇的判断能力，也会在潜移默化中得到加强。

2. 能力意识阶段

学生应该学会使用商业用语，应该能够以小企业家的视角来看待问题，这些特殊能力的培养，主要通过职业教育来完成，既可以开设创业教育的专门课程，又可以通过相关学科的教学完成教学任务。

3. 创造性实践阶段

在这一阶段，学生要思考商业点子和做多样性的商业策划，尽管这属于教育性的实践，但是学生通过实践获得的知识比前面各阶段深广；要鼓励学生想出独特的商业点子，并做出商业策划。这阶段的教学，可以在高级中学的职业课中实施，也可以在两年制大学开设特殊课程或相关课程，以及在其他一些大学、学院中开设；教学目标是使学生认识到怎样做可能成为企业家。

4. 启动阶段

当成年人有时间去进行工作实践或接受高层次的教育时，许多人都需要把他们的商业想法汇集到一起，职业学校、社区学院、四年制学院和大学能够给人们提供这类帮助；美国小企业协会也主办了许多这方面的训练项目。

5. 完善阶段

企业所有者通常是在时机过后，才想到要寻找帮助，一系列的研究班和相关机构，面对企业所有者的困难，不仅能够帮助他们认识到潜在的问题，而且能够帮助他们及时解决问题；许多社区学院、学院或大学的继续教育，都设有上面所提到的研究班和相关机构。

四、创业教育的重要性

创业教育的重要性表现在两个方面：

1. 强调创业教育对受教育者个性品质的培养。人们普遍认为创业者在个性方面通常都具有一定的相似之处，因为创业需要个体具有创造性、冒险性、革新性，

这些品质通常不是在一般的商业环境下所能培养出来的。创业教育能够培养个体的创造力，使他们产生全新的革新性想法，适应社会的不断改革与激烈的竞争。

2. 强调创业教育与商业教育之间的区别。创业教育能够帮助受教育者认识机遇，整合投资资源，自我创造商机。它倾向于创造和把握新的商业因素，而商业教育侧重于已有商业的进一步发展。

理论和实证研究的结果也从正反两个方面分析创业教育对创业者的重要性。

从正面，即创业成功的因素看：鲁西耶的影响创业成功的15项因素（资金、财务控制、创业经验、企业规划、市场机会选择、创业者知识能力、创业者个性特征、承担风险意愿、创业团队成员素质、利益分享机制、网络资源关系、产品创意、经营管理、市场营销、危机管理等）中有13项（其中个性特征和承担风险意愿被认为与个性特质有关）因素所对应的能力可以通过创业教育去培养和得到充实（刘常勇，2002）。对韩国48家创业企业的研究发现，受教育程度对创业有积极影响（Hyungrae Jo. et al，1996）。受教育程度与高潜力创业活动存在不同程度的相关性，高等教育比初、中等教育对高潜力创造活动的影响更为显著（高建等，2004）。

从反面即创业失败的因素看，缺乏资金、缺乏财务控制与会计信息、缺乏管理技巧与经验、无法适应市场环境变化是导致失败的四项原因。这些原因均与管理能力有关，而这些能力是能够通过创业教育得以培养的。Scott Shane的概念模型研究发现：预备知识和经验对于识别和把握机会是十分重要的，从技术发明到机会识别，从机会识别到把握机会之间都有预备知识和经验在起作用（Shane，2000），而大学教育则是提供学生系统性的创业知识的重要途径。

五、美国创业教育经验对我们的启示

创业教育是美国职业教育的重要内容。一方面，美国作为世界上的超级大国，经济发展使得社会产业结构产生了变更，传统产业萎缩，导致传统产业就业机会减少。另一方面，美国小企业独特的经济特点和优势，为美国社会发展做出了重大贡献。这种贡献主要表现在：

（1）为社会提供了新的就业岗位。美国小企业管理协会资料表明：美国共有2 200万个小企业，它们实质上提供了自1987～1992年以来美国社会所有的新工作，雇用了社会53%的劳动力。

（2）新产品的发明。据统计，美国无论是高新技术产品（如计算机软件）还是一般的民用产品（如食物），其新品种中的三分之二，均由小企业发明。因此，在美国的文化里，形成了对小企业的重视和对创业者的尊重的文化氛围。

美国创业教育及创业实践对我们的启示是：

1. 创业教育应该是全民性的，不能只是面向职业学校的学生。目前我国还有

1 150 万国有企业下岗失业人员。除此以外，中国每年还有大约 591 万农村剩余劳动力需要转移，有近 1 000 万城镇新增劳动力急需进入劳动力市场。随着职业流动的加快，垄断性职业时代逝去，个人竞争性职业时代深入人心，“走出去，为自己创造一份工作”，掌握“第三本教育护照”，即提高创业的意识和品质、掌握创业知识和技能是一个必然趋势。因此，创业教育应是全民性的，龙其要面向下岗职工和农村剩余劳动力，不只是面向职业学校的学生。

2. 创业教育应是终身性的，不能只局限在中高等职业教育阶段。我国创业教育的开展，主要是从中等教育阶段开始，这样就错过了培养个性品质的良机——小学。创业教育不仅是教会个体如何去创办公司，更是个性品质的培养和塑造。所以，创业教育应该从小学阶段开始，随着受教育文化程度的提高，逐步加深和拓宽。小学阶段，侧重于学生创造性、合作性、竞争性等各种心理品质的培养；初中阶段开始，由于学生会面对升学与就业两种不同的分流，因此应该把创业知识、技能培养和个性塑造相结合，在发展个性的同时，使有关创业的知识、技能获得提升。

3. 创业教育的课程内容与实施都应该侧重其操作层面。“创业教育是开发和提高青少年创业基本素质的教育”，具体包括四方面内容，即创业意识、创业心理品质、创业能力、创业知识结构。虽然我们对创业教育的内容进行了三个方面的划分，但是和美国对创业教育相关方面比较，我们所教授的课程内容过于笼统，而且多为“是什么”、“为什么”等层面的知识的介绍，缺乏“怎样做”、“谁可以做”这样操作性知识的传授。应该在了解创业教育和认识创业教育重要性的基础上，使受教育者获得“怎样做”和“什么样的人能做好”等方面的知识。这样培养出来的创业者应该是既掌握了创业理论知识，又掌握了企业技能的、具有良好创业特质的高素质的人才。

总之，创业教育有利于自主自强和敢于承担风险的创业精神的培养和社会氛围的形成。我们必须接受这样一个事实：大多数体制允许一些人比其他人富有。经济的平等不能使经济成长和繁荣。要把创业问题提高到国家发展战略的高度，因为解决就业的根本出路不是为失业者找到新的岗位，而是需要唤起社会的创业精神，由创业者创造出新的工作岗位和新的经济发展空间。

参考文献

[1] Howard H. Stevenson, H. Irving Grousbeck, Michael J. Roberts, Amarnath Bhide. 新企业与创立者. 第五版. 高建,等,译. 北京:清华大学出版社,2002.

[2] Kuratko D. F., Hodgetts R. M. 创业学:理论、流程与实践. 张宗益,译. 北京:清华大学出版社,2004.

[3] Scarborough N. M., Zimmerer T. W. 有效的小企业管理:创业方法:北京:清华大学出版社,2001.

[4] T. E. Graedel, B. R. Allenby. 产业生态学. 第二版. 施涵,译. 北京:清华大学出版社,2004.

[5] Zimmerer T. W., et al. 小企业管理与企业家精神精要. 北京:北京大学出版社,2002.

[6] 阿玛尔·毕海德. 创业精神. 北京:中国人民大学出版社,2000.

[7] 阿玛尔·毕海德. 新企业的起源与演进. 魏如山,等,译. 北京:中国人民大学出版社,2004.

[8] 彼得·德鲁克. 创新与企业家精神. 彭志华,译. 海口:海南出版社,2004.

[9] 赫里斯,彼得斯. 创业学. 第五版. 王玉,等,译. 北京:清华大学出版社,2004.

[10] 杰斯汀·隆内克,等. 小企业运营. 郭武文,译. 北京:华夏出版社,2002.

[11] 拉姆查兰,等. 持续增长. 北京:中国社会科学出版社,2005.

[12] 罗伯特·J. 卡尔文. 创业管理. 郑兴山,等,译. 中国财政经济出版社,2004.

[13] 罗伯特·巴隆,斯科特·谢恩. 创业管理——基于过程的观点. 张玉利,等,译. 北京:机械工业出版社,2005.

[14] 罗博特·D. 希斯瑞克. 创业学. 郁义鸿,等,译. 上海:复旦大学出版社,1999.

[15] 斯科特·A. 沙恩. 寻找创业沃土. 奚玉芹,等,译. 北京:中国人民大学出版社,2005.

[16] 伊查克·爱迪思. 企业生命周期. 赵睿,译. 北京:华夏出版社,2004.

[17] Frances Cairncross. 企业生存十法则. 闵丛民,等,译. 北京:机械工业出版社,2004.

[18] 贝蒂塔·范·斯塔姆. 创新力:企业生存与发展的内在动力. 刘寅龙,译. 北京:高等教育出版社,2004.

[19] 科林·巴露,罗伯特·布朗. 小企业三步曲:创立、生存与发展. 宁光洁,等,译. 北京:机械工业出版社,1999.

[20] 曹斌,侯天伟,尹余生. 国内外企业孵化器运作模式比较研究. 科技进步与对策,2003(10).

[21] 陈传明. 知识经济条件下企业组织的结构化改造. 南开大学学报,2000(1).

[22] 冯婉玲. 高新技术创业管理. 北京:机械工业出版社,2001.

[23] 韩复龄. 公司融资渠道选择与资本运营. 中央财经大学金融证券研究所,2002(10). http://www.dajun.com.cn/hanfuling.htm.

[24] 胡卫红,王澄宇. 创业英雄(美国卷). 世界图书出版公司,2003.

[25] 姜彦福,高健,程源. 全球创业观察 2002 年中国报告. 北京:清华大学出版社,2003.

[26] 姜彦福,邱琼. 创业机会评价重要指标序列的实证研究. 科学学研究,2004(1).

[27] 杰弗里·蒂蒙斯,小斯蒂芬·斯皮内利. 创业学. 周伟民,等,译. 北京:人民邮电出版社,2006.

[28] 金维虹. 企业模式及其构成体系初探. 经济评论,2002(6).

[29] 李伯亭,王祖文. 创业计划——创业融资的敲门砖. 北京:新时代出版社,2004.

[30] 李惠斌,杨雪冬. 社会资本与社会发展. 北京:社会科学出版社,2000.

[31] 林强,姜彦福,张健. 创业理论及其架构分析. 经济研究,2001(9).

[32] 琳达·平森,杰里·金尼特. 小型企业开张步骤——从你的理念升华到成功企业的宝典. 刘茜,译. 中国对外经济贸易出版社,2003.

[33] 吕艳玲. 市场机会分析、发现、评价和利用. 商业研究,2000(1).

[34] 麦克尔·罗奇格西. 当和尚遇到钻石. 项慧龄,译. 北京:京华出版社,2005.

[35] 尼古莱,福斯. 面向企业能力理论. 大连:东北财经大学出版社,1998.

[36] 青岛市教委职业技术教育教研室. 创业指南. 青岛出版社,2000.

[37] 塞思·戈丁. 创业者圣经——有创意、无资金如何起家. 赵孝盛,等,译. 上海译文出版社,2000.

[38] 斯莱沃斯基亚德里安 J,莫里森大卫 J,莫译·特德. 利润模式. 张星,等,

译. 北京:中信出版社,2002.

[39] 王立国. 创业投资发展研究. 大连:东北财经大学出版社,2004.

[40] 威廉·萨尔曼. 创业管理. 郭武文,等,译. 北京:中国人民大学出版社,2005.

[41] 邬爱其,贾生华,陈宏辉. 企业成长过程内的企业家能力转换与家族企业组织演替. 外国经济与管理,2003(6).

[42] 吴寿仁,李湛,王荣. 中、美、法、韩四国企业孵化器的比较研究. 上海经济研究,2003(2).

[43] 吴振阳. 创业经纬. 上海:三联书店,2005.

[44] 张健,姜彦福,雷家肃. 美国创业学术研究及对我们的启示. 外国经济与管理,2003(1).

[45] 张曙光,盛洪. 为什么中国缺乏像样的企业家. 郑州:郑州大学出版社,2004.

[46] 张玉利,李乾文,陈寒松. 创业管理理论的最新评述及研究趋势. 预测,2004(4).

[47] 张玉利,张维,陈立新. 创业管理理论与实践的新发展. 北京:清华大学出版社,2003.

[48] 周晖. 企业生命模型研究. 北京:中国财政经济出版社,2004.

[49] 左凌烨,马家啸. 创业机会评价方法研究综述. Global Management Review,2002(7).

[50] Ardichvili A ,R Cardozo ,S Ray. A theory of entrepreneurial opportunity identification and development. Journal of Business Venturing ,2003 ,18(1) :105-123.

[51] Ardichvili A., Caddozo R., Ray S. A theory of entrepreneurial opportunity identification and development. Journal of Business Venturing, 18(2003)105-123.

[52] Ardichvili A., Cardozo R., Ray S. A theory of entrepreneurial opportunity identification and development. Journal of Business Venturing, 2003, 18(1):105-123.

[53] Ardichvili et al. A theory of entrepreneurial opportunity identification and development . Journal of Business Venturing 2003(18), 105-123.

[54] Arthur Rock. Strategy vs. Tactics from a Venture Capitalist . Harvard Business Review, Novenber - December, 1987: 63-67.

[55] Barney J. 1991. Firm resources and sustained competitive advantage . Journal of Management 17(1):99-120.

[56] Bernier R. E. Small-Business Incubators and the Entrepreneurial Environment.

[57] Bhave M. A process model of entrepreneurial venture creation. Journal of Business Venturing, 1994, 9(2): 223-242.

[58] Bolck and MacMillan. Corporate venturing: creating new business within the firm 1995.

[59] Bruno A. V., Tyebjee T. T. The Environment for Entrepreneurship//Encyclopedia of Entrepreneurship. Englewood Cliffs, NJ: Prenticehall, 1982: 288-307.

[60] Buckley, M. R., Eder, R. W. B. M. Springbett and the notion of the "sanp decision" in the interview. Journal of Management, 14: 59-67.

[61] Bygrave W. D. The Entrepreneurship Paradigm: A Philosophical Look at Its Research Methodologies. Entrepreneuship Theory and Practice, 1989, 14(1): 7-23.

[62] Chesbrough H. Rosenbloom R. S. The Role of the Business Model in Capturing Value from Innovation: Evidence from Xerox Corporation's Technology. Spinoff Companies, 1999.

[63] Clark D. The marginal situation. London: Routledge and Kegan, 1966.

[64] Cooper A. C., Bruno A. V. Success among High Technology Firms. Business Horizons, April 1977: 20.

[65] Davidsson P., Low M. B., Wright M. Editor's Introduction: Low and MacMillan Ten years On: Achievements an Future Directions for Entrepreneurship Research. Entrepreneurship Theory and Practice, 2001, Summer.

[66] Davidsson, Wiklund. Levels of analysis in entrepreneurship research: Current Practice and Suggestions for future, Entrepreneurship Theory and Practice, 2001.

[67] Delmar F, Shane S. 2003. Does Business Planning Facilitate the Development of New Ventures? Strategic Management Journal 2003(24): 1165-1185.

[68] Dollinger M. J. Entrepreneurship: Strategies and Resources. Third edition. Prentice Hall, 2003.

[69] Edward B. 2004. How to Prepare a Business Plan. Revised 4th Edition. Kogan Page Limited, 2004.

[70] Gordon M. Why Personal Power?. Price-Babson Refiect, May 1992.

[71] Hisrich R. D. Entrepreneurship, Intrapreneurship, and Venture Capital: The foundation of economic Renaissance. Lexington, MA: Lexington Books, 1986: 71-104.

[72] Hisrich R. D. Entrepreneurship. Sixth edition. McGraw Hill, 2005.

[73] Kirzner I. M. Competition and Entrepreneurship. Chicago: University of Chicago Press, 1973, IL.

[74] Markman G. D., Balkin D. B., Baron R. A. Inventors and new venture formation: the effects of general self-efficacy and regretful thinking. Entrepreneurship Theory and Practice, 2002, Winter: 149-165.

[75] McDougall P. P., Oviatt B. M. New Venture Internationalization, Strategic

Change, and Performance: A Follow-up Study. Journal of Business Venturing, 1996:23, 16pgs.

[76] Murray A. I. Top management group heterogeneity and firm performance. Strategic Management Journal, 1989(10): 125-141.

[77] Powell J. Changing business models and roles: how ecommerce is changing financial services institutions. Computer sciences corporation, 2001.

[78] Rao H. The Social Construction of Reputation: Certification Contests, Legitimating and the Survival of Organizations in the American Automobile Industry; 1895-1912. Strategic Management Journal, 1994(13):29-44.

[79] Ray S., Cardozo R. Sensitivity and creativity in entrepreneurial opportunity recognition: a framework for empirical investigation. The Sixth Global Entrepreneurship Research Conference, London: Imperial College, 1996.

[80] Sarasvathy S. D., Dew N., Venkataraman S. Three Views of Entrepreneurial Opportunity. Invited book chapter in the Entrepreneurship Handbook edited by Acs et. al., 2002.

[81] Shane S. General Theory of Entrepreneurship: Academic Entrepreneurship. London: Edward Elgar Publishing Limited, 2004.

[82] Shane S. Prior knowledge and the discovery of entrepreneurial opportunities. Organization Science, 1999, 11(4): 448-469.

[83] Shane S., Venkataraman S. The promise of entrepreneurship as a field of research. Academy of Management Review, 2000, 25(1): 217-226.

[84] Stancill J. M. Entrepreneurial Finance for new and emerging Business. Thomson, 2002.

[85] Timmons J. A. Careful Self-Analysis and Team Assessment Can Aid Entrepreneurs. Growing Concerns, ed. D E Gumpert, New York: John Wiley&Sons, 1984: 43-52.

[86] Timmons J. A. Discard Many Old Rules about Raising Venture Capital. Growing Concerns, ed. D E Gumpert, New York: John Wiley&Sons, 1984: 273.

[87] Timmons J. A., Spinelli S. New Venture Creation: Entrepreneurship for the 21st century. 6th Edition. Mcgraw Hill, 2004.

[88] Welsch H. P. Entrepreneurship, The way Ahead. McGraw Hill, 2002.

图书在版编目(CIP)数据

创业管理/夏清华编著．—武汉：武汉大学出版社，2007.10
21世纪管理学系列教材
ISBN 978-7-307-05858-3

Ⅰ.创… Ⅱ.夏… Ⅲ.企业管理—高等学校—教材 Ⅳ.F270

中国版本图书馆CIP数据核字(2007)第149388号

责任编辑:范绪泉　　责任校对:刘　欣　　版式设计:詹锦玲

出版发行：武汉大学出版社　(430072　武昌　珞珈山)
(电子邮件：cbs22@whu.edu.cn　网址：www.wdp.com.cn)
印刷：湖北民政印刷厂
开本：720×1000　1/16　印张:28　字数:557千字
版次：2007年10月第1版　2011年7月第2次印刷
ISBN 978-7-307-05858-3/F·1082　定价:35.00元

21世纪管理学系列教材

- 中小企业管理
- 房地产投资与管理
- 企业并购理论
- 项目融资
- 管理科学理论与方法
- 国际企业管理
- 宏观经济管理学
- 物流管理学
- 企业电子商务
- 项目管理